THE WU LIANG SHRINE
The Ideology of Early Chinese Pictorial Art

武 梁 祠

中国古代画像艺术的思想性

*

[美] 巫 鸿 著

柳 扬 岑 河 译

生活·讀書·新知三联书店

ⓒ1989 by the Board of Trustees
of the Leland Stanford Junior University.
All rights reserved.
Translated and published by arrangement
with Stanford University Press.

图书在版编目(CIP)数据

武梁祠：中国古代画像艺术的思想性／(美)巫鸿著；柳杨，岑河译．—北京：生活·读书·新知三联书店，2015.5 （2024.4重印）
(开放的艺术史)
ISBN 978-7-108-05028-1

Ⅰ.①武… Ⅱ.①巫…②柳…③岑… Ⅲ.①武梁祠画像石－研究 Ⅳ.① K879.424

中国版本图书馆 CIP 数据核字（2014）第 094344 号

开放的艺术史丛书

武梁祠——中国古代画像艺术的思想性

丛书主编	尹吉男
责任编辑	张 琳　杨 乐
特约编辑	邹清泉　徐 津
版式设计	罗 洪
封扉设计	宁成春
责任印制	董 欢
出版发行	生活·讀書·新知 三联书店 北京市东城区美术馆东街 22 号 100010
网　址	www.sdxjpc.com
经　销	新华书店
印　刷	天津裕同印刷有限公司
版　次	2015 年 5 月北京第 1 版 2024 年 4 月北京第 6 次印刷
开　本	720 毫米 ×1000 毫米　1/16
印　张	23.5
字　数	288 千字　图 188 幅
印　数	21,001 - 24,000 册　图字 01-2019-4958
定　价	98.00 元

（印装查询：01064002715；邮购查询：01084010542）

巫 鸿

作者简介

巫鸿（Wu Hung） 早年任职于北京故宫博物院书画组、金石组，获中央美术学院美术史系硕士。1987年获哈佛大学美术史与人类学双重博士学位，后在该校美术史系任教，1994年获终身教授职位。同年受聘主持芝加哥大学亚洲艺术的教学、研究项目，执"斯德本特殊贡献教授"讲席，2002年建立东亚艺术研究中心并任主任。

其著作《武梁祠：中国古代画像艺术的思想性》获1989年全美亚洲学年会最佳著作奖（李文森奖）；《中国古代美术和建筑中的纪念碑性》获评1996年杰出学术出版物，被列为20世纪90年代最有意义的艺术学著作之一；《重屏：中国绘画的媒介和表现》获全美最佳美术史著作提名。参与编写《中国绘画三千年》（1997）、《剑桥中国先秦史》（1999）等。多次回国客座讲学，发起"汉唐之间"中国古代美术史、考古学研究系列国际讨论会，并主编三册论文集。

近年致力于中国现当代艺术的研究与国际交流。策划展览《瞬间：90年代末的中国实验艺术》（1998）、《在中国展览实验艺术》（2000）、《重新解读：中国实验艺术十年（1990—2000）——首届广州当代艺术三年展》（2002）、《过去和未来之间：中国新影像展》（2004）和《"美"的协商》（2005）等，并编撰有关专著。所培养的学生现多在美国各知名学府执中国美术史教席。

译者简介

柳 扬 先后就读于西南师范大学、伦敦大学亚非学院（SOAS），文学硕士，美术史和考古学博士。曾任北京第二外国语言学院汉语言文学系讲师。现任悉尼国立新南威尔士艺术博物馆中国部主任，新南威尔士大学人文学院高级研究员。著有《假面：三星堆出土青铜人像》、《灵山：中国明清山水画》、《芬芳的空间：中国明清花鸟画》等六种英文专著及展览图录。新著《浸于深蓝：勿里洞沉船中的长沙窑瓷器》及研究早期道教石刻的英文专著即将出版。

岑 河 教师，从事一些中国美术史研究。

献给我的父母巫宝三、孙家琇

开放的艺术史丛书

总　序

尹吉男

　　主编这套丛书的动机十分朴素。中国艺术史从某种意义上说并不仅仅是中国人的艺术史，或者是中国学者的艺术史。在全球化的背景下，如果我们有全球艺术史的观念，作为具有长线文明史在中国地区所生成的艺术历程，自然是人类文化遗产的一部分。对这份遗产的认识与理解不仅需要中国地区的现代学者的建设性的工作，同时也需要世界其他地区的现代学者的建设性工作。多元化的建设性工作更为重要。实际上，关于中国艺术史最有效的研究性写作既有中文形式，也有英文形式，甚至日文、俄文、法文、德文、朝鲜文等文字形式。不同地区的文化经验和立场对中国艺术史的解读又构成了新的文化遗产。

　　有关中国艺术史的知识与方法的进展得益于艺术史学者的研究与著述。20世纪完成了中国艺术史学的基本建构。这项建构应该体现在美术考古研究、卷轴画研究、传统绘画理论研究和鉴定研究上。当然，综合性的研究也非常重要。在中国，现代意义的历史学、考古学、人类学、民族学、社会学、美学、宗教学、文学史等学科的建构也为中国艺术史的进展提供了互动性的平台和动力。西方的中国艺术史学把汉学与西方艺术史研究方法完美地结合起来，不断做出新的贡献。中国大陆的中国艺术史学曾经尝试过马克思主义的阶级和社会分析，也是一种很重要的文化经验。文化理论和文化研究的多元方法对艺术史的研究也起到积极的作用。

　　我选择一些重要的艺术史研究著作，并不是所有的成果与方法处在当今的学术前沿。有些研究的确是近几年推出的重要成果，有些则曾经是当时的前沿性的研究，构成我们现在的知识基础，在当时为我们提供了新的知识与方法。比如，作为丛书第一本的《礼仪中的美术》选编了巫鸿对中国早期和中古美术研究的主要论文三十一篇；而巫鸿在1989年出版的《武梁祠：中国古代画像艺术的思想性》(*The Wu Liang Shrine: The Ideology of Early Chinese Pictorial Art*)；包华石(Martin Powers)在1991年出版的《早期中国的艺术与政治表达》(Art and Political Expression in Early China);柯律格(Craig Clunas)在1991年出版的《长物志:早期现代中国的物质文化与社会状况》(Superfluous Things: Material Culture and Social Status in Early Modern China);巫鸿在1995年出版的《中国古代美术和建筑中的"纪念碑性"》(Monumentality in Early Chinese Art and Architecture)等,都是当时非常重要的著作。像雷德侯(Lothar Ledderose)的《万物:中国艺术中的大规模与模件化生产》(Ten Thousand Things: Module and Mass Production in Chinese Art)、乔迅(Jonathan Hay)的《石涛:清初的绘画与现代性》(Shi-tao: Painting and Modernity in Early Qing China)、白谦慎的《傅山的世界:十七世纪中国书法的嬗变》(Fu Shan's World: The Transformation of Chinese Calligraphy in the Seventeenth Century)、杨晓能的《另一种古史:青铜器上的纹饰、徽识与图形刻划解读》(Reflections of Early China: Décor, Pictographs, and Pictorial Inscriptions)等都是2000年以来出版的著作。中国大陆地区和港澳台地区的中国学者的重要著作也会陆续选编到这套丛书中。

除此之外,作为我个人的兴趣,对中国艺术史的现代知识系统生成的途径和条件以及知识生成的合法性也必须予以关注。那些艺术史的重要著述无疑都是研究这一领域的最好范本,从中可以比较和借鉴不同文化背景下的不同方式所产生的极其出色的艺术史写作,反思我们共同的知识成果。

视觉文化与图像文化的重要性在中国历史上已经多次显示出来。这一现象也显著地反映在西方文化史的发展过程中。中国的"五四"以来的新文化运动是以文字为核心的,而缺少同样理念的图像与视觉的新文化与之互动。从这个意义上说,这套丛书不完全是提供给那些倾心于中国艺术史的人们去阅读的,同时也是提供给热爱文化史的人们备览的。

我唯一希望我们的编辑和译介工作具有最朴素的意义。

2005年4月17日于花家地西里书室

目　录

总序 ·· 尹吉男　I
序 ·· 费慰梅　1
导言 ·· 5

上　编　千年学术研究

第一章　武氏墓地遗存的发掘和初步研究 ·· 11
　　　祠堂的配置与复原 ·· 19
　　　祠堂主人及建造日期 ·· 31
　　　祠堂及东汉墓地结构 ·· 37

第二章　武氏祠研究的历史回顾 ·· 49
　　　传统学术 ·· 50
　　　19世纪以来的综合研究 ·· 55
　　　现代研究 ·· 59
　　　对意义的探寻 ·· 67
　　　考古学的启示 ·· 76
　　　结论 ··· 79

下　编　武梁祠：宇宙之图像

第三章　屋顶：上天征兆 ·· 91
　　　祥瑞形象及图录风格 ·· 94

　　　　征兆图像的流行 ··· 103
　　　　武梁和征兆图像 ··· 112

第四章　山墙：神仙世界 ·· 125
　　　　西王母与"阴" ··· 128
　　　　西王母与昆仑山 ··· 135
　　　　西王母：从神仙到宗教偶像 ······································· 142
　　　　偶像之表现：西王母及其仙境 ····································· 149

第五章　墙壁：人类历史 ··· 161
　　　　墙壁图像的一般解读 ··· 161
　　　　汉代的史学观 ··· 167
　　　　古帝王和历史进化 ··· 174
　　　　"三纲"与列女、义士 ·· 184
　　　　君主与臣民之责 ··· 201
　　　　拜谒场景：君权的表现 ··· 208
　　　　历史学家的自我表现 ··· 227

跋：武梁祠石刻画像的思想观念 ·· 237

附　录

　一　榜题、图像志、文本 ··· 253
　　　　征兆　古帝王　列女　孝子和义士　忠臣　刺客
　二　武梁祠研究年表 ··· 337
　三　武氏祠画像石详目 ··· 342
　四　引用文献目录 ··· 347
　五　索引 ··· 359

序

费慰梅

公元151年建立的武梁祠原来矗立于山东东南部嘉祥县的武梁墓前。祠内三面墙壁和屋顶雕刻着栩栩如生的画像,包括带翼的精灵、男女众人以及祥瑞之类,使这座祠堂遐迩闻名。这些石刻还具有丰富的榜题,它们是祠堂画像程序不可分割的一部分。祠堂建筑规模不大,后墙仅约七尺宽,边墙的宽度不到五尺,然而它开放的前部和高敞的屋顶使人们可以很方便地进入祠堂上供并观赏内部的浮雕图画。

由于其艺术价值及画像的意义,这座祠堂从其诞生之日开始就应该是当地的一座重要建筑。但只是在经过了千百年的漫漫岁月以后,宋代金石学家才首次将它录入图籍。目前尚无证据表明这些金石学家曾经亲自造访远离京城的武氏墓地,更可能的情况是他们通过购自古董商人的石刻拓片了解到武氏祠堂的画像。如果是由工艺娴熟的拓工所制,这种拓片能够极其精确地反映石刻画像及榜题的内容。由于拓片易于携带和收藏,对宋代金石家来说,似乎反而没有必要亲自跑到遗址去看原来的刻石。

值得庆幸的是,过了大约六百年,一位名叫黄易的清代学者于1786年重新发现了武氏墓地。当时,持续发作的黄河泛滥已将祠堂之石冲得七零八落,大半埋入土中。黄易发掘出了大量画像石,而且卓有远见地建立起一座"保管室"来置放它们。本书首章叙述了这个非同寻常的故事。

根据黄易本人所称,这个保管室将为从石上拓印画像提供便利,而这些拓片又将使武氏祠画像广为流传。这两点他都讲对了。古董商将拓本携往他乡出售,不单是中国的收藏家,甚至远在日本、欧洲和美国的中国艺术爱好者也有机会获得拓片,欣赏和考证武氏祠画像。这些纸本"文件"便于研究,而且它们似乎具备了自己的生命。原来的石刻反倒鲜被注意,事实上成为制作石板画的版面,从上面一张张印刷品被无穷无尽地"揭下"。

由于这种境况，虽然武氏祠画像名扬天下，真正造访偏离通衢大道的武氏墓地的人却如凤毛麟角。在黄易来到此地一百年之后，著名法国汉学家沙畹(Edouard Chavannes)访问了该遗址，他或许是来到此地的第一位西方学者。沙畹一共去了武氏祠两次，第一次在1891年，然后是十六年后的1907年。他的具有里程碑意义的著作《中国北方考古考察》(1913年)随之成为研究武氏祠的西方学术经典。两位日本考古学家关野贞(Sekino Tei)和学者大村西崖(Ōmura Seigai)先后于1907年访问了该地，并出版了研究这个主题的重要日语专著。

巫鸿把为本书写序的荣誉给予了我，因为我作为一长串武氏墓地的造访者之一，也随后出版了研究这个专题的文章。大约是关野贞来此地的四分之一世纪之后，我在1934年访问了该遗址，随后于1941年发表了《武梁祠》一文。

距那次难忘的旅程已经有五十五年了。那时我唯一的准备工作是坐在北京（那时叫北平）的家中，连续个把小时地做一件自我陶醉的工作——复原我所喜爱的武氏祠拓片。那时我尚未读过有关这些祠堂的任何文章，但我是一个很好的观察者。当我最后来到保管室，我惊讶地发现有一些画像石是三角形的。它们中的一些立于地上，不仅呈三角形状，而且两面都刻有画像——无疑是建筑物的元件。很清楚，这些画像石不仅具有图像和文学的功能，而且原来是被设计为建筑的一部分的。它们究竟来自于什么建筑？作为建筑的组成部分它们原来是怎样配置的？这些问题激发起我的好奇心，促使我在回到美国之后专注于对这些问题的研究。我最终在纸上完成了对武氏祠的复原，将它发表于1941年的一篇文章中。这个过程巫鸿在本书中做了描述。在数个世纪以来很多人的贡献中，我所做的是将众人的眼光吸引到画像所处位置的意义上来，而这种意义是与每座祠堂的整体装饰计划密切相关的。

现在，在黄易抢救那些散落的画像石两百年后，巫鸿在这本书里又为武梁祠建立起一座新的"保管室"，其中置放了他对各种散落的有关武氏祠的资料的搜集结果，以及他对这些资料的创造性发现、推论和解说。书中包括了从祠堂初建伊始日复一日积累起来的资料，而他那种全方位的呈现和对各种证据的甄别又为我们提供了一个范本，今后所有对武梁祠的研究都必须从此出发加以发展。此外，他对武梁祠墙壁上图绘历史的专门研究促使他深入探究多种早期文献，启迪了我们对汉代历史、文学、哲学及考古的理解。同时，这些研究也启发他提出自己崭新的、有洞察力的见解，如对于儒家宇宙观、武梁本人的图绘"签名"以及拜谒图中心人物身份的确定。所有这些都将使读者惊异，而且会带给他们极大启发。

巫鸿1945年出生于四川，在北京长大。高中时一位饱学的历史老师愿意辅助有兴趣的学生学习古典文献，巫鸿是两位申请者之一，但另一位不久就退出了。在这位老师的亲授之下，巫鸿早年即培养出他同时代人少有的阅读古典文献的功底，而这对他未来的研究可说是至关重要。中学毕业后他进入中央美院接受高等教育，主修美术史。"文革"中止了大学的教育，他被送到农村，但他设法携带了宋代金石书籍以及其他古典名著去阅读和背诵。1973年他被分到故宫工作。在那里，这位富于书卷气的年轻人将生命中的七年时间花在研究艺术品上，并得益于同事中专家学者的言传身教。1978年"文革"结束，大学重新招生，他回到中央美院，成为那里的美术史研究生。1980年获得硕士学位后他得到哈佛大学奖学金而负笈海外，于1987年获得博士学位。他现在是哈佛大学美术史系教授。他告诉我说这本书是他融合中国传统学术和西方艺术史方法论的一种尝试。

1989年写于马萨诸塞州之剑桥

导 言

武氏墓地位于山东省嘉祥县南边约十五公里之处。这座东汉官吏的家族墓地坐落在紫云山南麓，那是众多散布于黄河下游广袤平原上的小山丘之一。墓地中的地上遗存包括多种石刻，有双阙、圆雕动物以及出自残毁祠堂的大量画像石。武梁祠即是这些祠堂中的一座。之所以称为武梁祠，是由于该石祠是为武氏家族成员之一武梁（公元78—151）而建。

对武梁祠的研究可说是已经形成了中国古代艺术史中一个特殊分支。以下几个事实使得这项研究尤其重要。第一，武梁祠是武氏墓地中唯一可以完整复原的祠堂。事实上，它是唯一完整地保存下来的2世纪的祠堂，而2世纪又是中国古代修建祠堂建筑的黄金年代。第二，该祠堂内部墙壁上满饰浮雕画像，就其艺术的完美和主题的丰富而言，在那个时代里堪称是最出色的。这些石刻多数伴有榜题，这为东汉画像的图像志研究提供了极有价值的证据。而且还有一块与武梁祠相应的石碑铭文被著录下来，从而为了解石祠的建立年代以及祠主人的生平提供了信息。也许最重要的是，武梁祠石刻展示了一个统一连贯、不同凡响的画像程序。这些图像乃是根据东汉的宇宙观而设计，其所表现的宇宙由天、仙界和人间这三个相辅相成的部分组成。

第三，武梁祠之所以在中国艺术史中占据如此重要的地位，还由于学术界对它的长期重视。中国学者从宋代起就已开始研究这座祠堂。而自19世纪以来，西方学者也加入了这个行列。武梁祠石刻以其蕴含的极为丰富的研究多样性对中国艺术研究者不断提出挑战。形形色色的研究方法——包括风格分析、功能论、象征主义以及社会历史分析等等——被用来解说石刻的形式和内容。通过几个世纪以来的连续著录和讨论，武梁祠的意义已经远远超越了这个小小祠堂本身所限定的范围。可以说，对它的研究已使它变成各种相互补充或对立的理论及方法论的竞技场。

本书的研究回应从以往武梁祠研究中生发出来的四个主要方面，每一方面对于未来学术的进展都极为重要。第一方面是对武氏家族墓地的遗存进行清点和著录。尽管这些遗存对研究东汉图像艺术是极重要的资料，但相互矛盾的断代、祠堂归属以及编目等诸多问题仍然存在。此外如错录铭文等问题更使人迷惑。通过重新检验发掘记录、以往著录以及复原设计等材料，本书希望为武梁祠和它原来所处的环境，即武氏家族墓地，提供更完全、准确的信息。

第二方面是对以往武梁祠研究做一系统回顾。如前所述，研究武梁祠的漫长学术历史已成为这一研究不可或缺的一部分。许多时候，二手资料已成为我们知识的主要来源。举例来说，古代作者记录的某些材料早已散佚，对祠堂原来的环境的了解也只有通过追溯其发现的历史。最重要的是，这一历史回顾可以帮助我们检验汉代艺术研究中的方法论，以及每个作者在其著书立说时的严谨程度。

第三方面是重新探讨武梁祠石刻的图像内容。许多学者都曾试图识读和解释这些石刻以及榜题，尽管各自做出了不同的贡献，但所做的解释并非完美无缺。汉代艺术的学子需要对武梁祠图像主题的更准确的辨识，也需要更为标准的榜题录文和英文翻译。这种研究可以说是在"图像志"（iconography）层次上的研究，将为更深入的、对综合单独母题的完整图像程序的解说打下基础，而这种对图像程序的解说可说是本书的最终目标。学者们已指出只有把东汉时期的纪念性石刻放到它们原来的建筑环境中才能对其产生正确理解。但是在将这种想法运用到研究中的时候，这些学者常常试图找出一个"放之四海而皆准"的模式，希望这一模式能够适用于解释所有的祠堂甚至是墓室装饰。但是在我看来，在寻找这种普遍模式之前我们应该仔细考察单个的例子。历史上并不存在两个装饰得一模一样的祠堂，我们因此应该找到造成其异同的特殊条件和因素。

武梁祠中所刻的图像一方面是反映了当时社会的时尚，另一方面又肯定是根据设计者自己的想法而仔细选择安排的。那么这种流行的时尚是什么？图像的设计者是谁？他的想法是什么？跟随着这些问题，对武梁祠的研究就会逐渐延伸开来，进入到考察武梁祠石刻与汉代思想和社会之间的关系，即进入到考察围绕武梁祠整个图像程序而展开的思想观念（ideology）。

本书上编检验武氏家族墓地的遗存和以往研究。其中第一章搜集有关资料，围绕几个世纪以来武氏祠材料的发现、断代、祠堂从属、建筑形式以及墓地整体的情况进行讨论。第二章的目的是勾画出围绕武梁祠所展开的学术研究的发展脉络。我希望比较深入地呈现这个研究领域里不同的文化和历史的趋势，而非仅仅是概括介绍个体研究工作并加以评论。从这个意义上来说，本章是建构汉代艺术史学史的一个尝试。附录二和三是对整个上编的补充。其中，附录二是武氏祠研究中重要事件的年表，而附录三则列出墓地中发现的石刻，提供有关这些发现的详细资料，包括尺寸、原始位置、目前所在，以及对它们的著录。

本书下编探讨武梁祠画像的图像设计程序及其思想内涵。这是全书的中心，以附录一为基础。如果说这个附录是对武梁祠画像的主题和铭文逐一进行图像志研究，下编的讨论则是把单个母题作为一个总体图像程序的组成部分加以解释。下编中三章的划分是根据这个图像程序的内在划分及祠堂建筑的形式来决定的，分别讨论刻于屋顶的图谶、左右山墙锐顶上的神仙世界以及三面墙壁上表现人类历史的画面。全书的结论部分以反思祠堂的礼仪的"原境"（context）而结束。

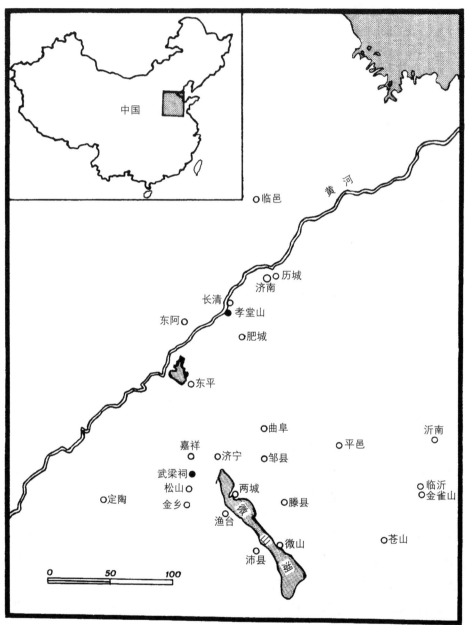

西汉时期山东地区重要的考古遗址和祠堂建筑。
空心点表示汉画像石发现地点,实心点表示祠堂建筑。

上 编　千年学术研究

A Thousand Years of Scholarship:
The Wu Family Shrines

【第一章】

武氏墓地遗存的发掘和初步研究

Excavations and Primary Studies of the Material Remains

人们常常认为最早记载武氏家族墓地遗存的文献是赵明诚写于1117年的《金石录》。[1]但实际上比《金石录》早六十年左右,欧阳修的《集古录》已记录了武家两位成员武斑和武荣的墓碑铭文。同样的内容也出现在欧阳修之子欧阳棐编纂的《集古录目》之中。[2]赵明诚的功绩在于他记录了武氏墓地的另外三部分遗存——武氏石阙、武梁和武开明碑,以及一批后来被称作是武梁祠的画像石。[3]关于后者他写道:

> 右汉武氏石室画像五卷。武氏有数墓,皆在今济州任城县。墓前有石室,四壁刻古圣贤画像。小字八分书题记姓名,往往为赞于其上。文词古雅,字画遒劲可喜,故尽录之,以资博览。[4]

奇怪的是,赵明诚只记录了武氏墓地中一个石祠的画像石。编撰于六百五十年之后的《嘉祥县志》提及,"县南三十里紫云山西,汉太子墓石享堂三座,久没土中,不尽者三尺。"[5]根据这段文字,可知直到清初仍有三间祠堂存在。(下文将说明,《县志》提到的"汉太子墓"实际上是武氏墓地。)赵明诚之所以忽略了另两座祠堂,以及他的书中出现的另一些错误的原因,[6]很可能是由于他本人并没有做过实地调查。就像其他宋代金石学家一样,他对石刻的知识主要依赖于古董商所提供的消息，以及从他们那儿购买的石刻拓片。[7]

赵明诚对武氏刻石所作的评论因而只是根据石刻拓片而发。遗憾的是，他所收藏的拓片早已失传了。在他的《金石录》印行六十年后，大约1168—1179年间，洪适编撰了《隶续》，书中载有根据拓片精心翻刻的祠堂画像，这是现在所知最早的画像石出版物。[8]和赵明诚一样，洪适既没有亲临实地调查，也没有见过原石，错误因此在所难免。比如，他认为他所收藏的六张武梁祠画像拓片来自六块画像石。但我们现在知道，实际的数量只有三块，它们原来是组成武梁祠三面墙壁的石板。[9]除了重复赵明诚和欧阳修的记录外，洪适的著作还记载了一块表现"孔子见老子"的新出画像石。[10]

洪适的《隶释》和《隶续》是宋代最完备的关于武氏墓地石刻的记载。它们代表了对武氏祠堂画像石第一波研究的最高水平。到了18世纪的清代中期，人们对武氏祠的兴趣再次兴起。从宋到清，历经六百余年的岁月沧桑，特别是由于频繁的黄河洪泛，武氏祠堂最终被湮没于淤泥之下。[11]由于这种状况，新一波的研究便自然从重新发现埋没于地下的祠堂建筑开始。

1786年，当著名金石学家黄易途经嘉祥时，他几乎是很偶然地发现了武氏家族墓地的遗存。黄易当时所掌握的唯一线索是上文所引《嘉祥县志》中简短的描述。据县志，县南三十里的紫云山有三座祠堂，壁上雕有古代忠孝人物及祥瑞图像，还有一通古碑，从上面的文字可知乃汉代所刻。县志作者以为这处遗址是某个西汉太子的墓地。黄易雇人拓下祠堂石壁上的画像和榜题，细心审视后，发现它们属于出现在宋人记载中但失踪已久的武梁祠，而石碑乃是为武斑而立。黄易大喜过望，马上带人着手发掘遗址。

黄易的发掘以及他随后所领导的石刻保护工作是武氏祠历史上极其重要的事件。对一般性学术史说来，这几座被遗忘了的汉代祠堂的出土可说是中国历史上第一次有计划的考古发掘。而随后进行的保护工作使得石刻得以留在原址而非落入私人收藏家之手。黄易对修筑保管所的目的说得十分清楚，在《修武氏祠堂记略》中宣称："有堂蔽覆，椎拓易施，翠墨流传益多。从此人知爱

图1 1891年的武氏墓地遗址。前景中的两座阙标志着原先通往墓地的入口,背景中的小房子乃清代修建的保管室,用来保存在遗址所找到的画像石。(沙畹,1913,第二册,图32,第56*)

护,可以寿世无穷,岂止二三同志饱嗜好于一时也哉。"【12】

关于这次发掘,黄易在保管室(图1)内勒石铭记。尽管所叙简略,但却是其后研究武氏祠者必读之文,其中写道:

> 九月亲履其壤,知山名武宅,又曰武翟。历代河徙填淤,石室零落。次第剔出武梁祠堂画像三石,久碎为五,八分书,四百余字,"孔子见老子"一石,八分书,八字。双阙南北对峙,出土三尺,掘深八九尺始见根脚,各露八分书"武氏祠"三大字,三面俱人物画像,上层刻鸟兽。南阙有建和元年"武氏石阙铭",八分书,九十三字。(图2)"武斑碑"作圭形,有穿,横阙北道旁。土人云数十年前从坑中拽出。此四种见赵、洪二家著录。武梁石室后东北一石室,计七石,画像怪异,无题字,唯边幅隐隐八分书"中、平"等字。旁有断石柱,正书曰"武家林"。其前又一石室,画像十四石,八分题字,类《曹全碑》,共一百六十余字。祥瑞图石一,久卧地上,漫漶殊甚。复于武梁石室北剔得祥瑞图残石三,共八分书一百三十余字。此三种前人载籍未有,因名之曰"武氏前石室画像","武氏后石室画像","武氏祥瑞图"。又距此一二里,画像二石,无题字,莫辨为何室者。【13】

概而言之,黄易1786年的首次发掘共出土了以下石刻:

* 图说后括注的出处俱见书末"引用文献目录"。——编者按

图2　武氏墓地遗址西阙上的铭文与画像。(沙畹，1913，第二册，图38，第63)

1. 一组三分为五的残石,黄易认为它们原来组成了武梁祠的三面墙壁。

2. 一组七块画像石,黄易认为它们原本属于坐落在武梁祠背后的另一座祠堂,因此称之为"后石室"画像。另外,在距遗址两里开外找到的两块画像石也被归入这一组。[14]

3. 一组十二块画像石(黄易根据画像的数量记为十四石),它们原属于后石室前的另一祠堂,被称作"前石室"画像。[15]

4. 三块所谓的"祥瑞石",其中两块出土于武梁祠北边,被认为是构成该祠堂屋顶前后坡的屋顶石。

5. "孔子见老子"石。

6. 一对原来分立于东北和东南向的石阙。

7. 武斑碑。

8. 刻有"武家林"三字的断柱,出土于后石室旁。

发掘工作告一段落后,李克正和刘肇镛两位乡绅受托负责修建保管室。1789年秋,当建筑工程仍在进行之际,在武梁祠左侧又陆续出土了八块画像石。它们被命名为"左石室"画像,被认为原来构成另一座祠堂。[16]与此同时,一块以前被村民用作桥石的画像石也被收回,归入"左石室"组,称为"左石室画像一"。[17]另外,早在黄易发掘武氏祠之前就移到济宁孔庙的武荣碑也被发现了。同是在保管室建筑过程中,另两块画像石也重见天日。第一块出土于遗址以南三里之外,第二块发现于北边约半里的地方。这样,到了1789年,三十九块画像石、两个石阙、两方石碑以及一块隔梁石都已被陆续发现。在画像石中,那四块出土于武氏祠堂遗址之外的石头在画像风格上与武氏祠堂不同,或许不应该归入武氏祠遗物中去。

黄易、李克正和刘肇镛在为其发掘的画像石做记录时,给三十六块据认为原先组成四个祠堂(武梁祠及前、后、左石室)的画像石分组并编上号码(例如"左石室二"等)。其中二十五块标了号的石头被嵌入保管室的墙壁,在安排上并没有一定的顺序。其余的石头则被堆放在屋子的地上,一如后人所见。(见图5)[18]

在1786年和1789年的发掘工作结束之后的近百年间,没有任

图3 1907年出土的两个石狮之一及石座。(关野贞, 1916, 图32)

何与武氏祠堂有关的考古活动见诸记载。直至1871年,一位称作轩辕华的人在此遗址又找到两块画像石,其一刻着"有鸟如鹤"等铭文,另一块则刻有"荷馈"等字样。[19]1880年,又有一块带有"王陵母"铭文的画像石出土。[20]两年之后,一个叫蔡纫秋的嘉祥地方官发现了另外三块画像石。其中之一原是一座祠堂的三角形隔梁,另两块则是屋顶的残石。根据蔡的铭文,他随即把这些石头搬进了保管室。但奇怪的是,这三块石头却常常被早期的造访者忽略。[21]与武氏祠有关的最后一次发现是在1907年,一个叫沃尔帕(P. Volpert)的西方人从东阙和西阙前面的位置掘出两个圆雕石狮。(图3)[22]

日本考古学家关野贞(Sekino Tei)于1907年访问了此地。他绘制了一幅遗物出土位置图(图4),还详细记录了保存在保管室中的画像石。(图5)根据他的了解,左石室第一、第十石以及"荷馈"石,在他造访之前就已被盗卖到国外。[23]1910年,嘉祥县长吴君蔚述说当时保管室中共有五十五石,其中二十石散放于地上。在另一些乡绅如罗正钧及姚君鹏等的协助下,吴君蔚于邻近择地建起了一座新保管室,并把那些散放于原屋地上的石头搬进了新址。[24]

此外,有七石曾被归属于武氏祠堂遗物,但是关于它们的来历却不清楚。其中两个柱头曾被喜龙仁(Osvald Sirén)摄入镜

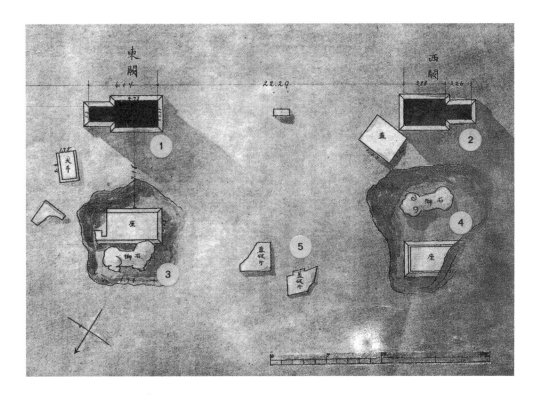

图4 武氏家族墓地入口平面图，关野贞绘于1909年。1.东阙；2.西阙；3.东石狮及座；4.西石狮及座；5.残石碑。(根据关野贞，1916，图29)

头。[25]另外五件是分属于未知祠堂屋顶、供案及墙壁的残石，首次被两位中国考古学家蒋英炬和吴文祺于1981年提及。[26]他们二人于该年合作出版了武氏祠堂石刻的详细目录，但未提及喜龙仁见过的两个柱头。[27]同样，曾载入宋人金石著录中的武梁碑及武开明碑，也下落不明，无处可寻了。

1949年中华人民共和国成立后，武氏家族墓地被列入全国重点文物保护单位。武氏祠石刻成了国宝，武氏祠文管所也适时成立。新建的保管陈列室将东西二阙置于其中，并安放所有被发现的武氏祠画像石。本书附录三列出所有被认为是属于武氏家族墓地的石头，包括现存的和失踪不见的那些材料。

利用将画像石从旧保管室壁上取下及搬入新址的机会，文管所工作人员测量了所有石头，并仔细观察了它们的背部和侧面，因而获取了新的重要研究资料，有助于复原武氏祠堂的工作。不过，由于长期用来制作拓片，这些画像石原本灰色的表面已经变黑。石上的部分榜题以及若干画像不同程度地受损。研究武氏祠石刻因此不得不依赖早期保存较好的拓片。我的研究主要以武氏

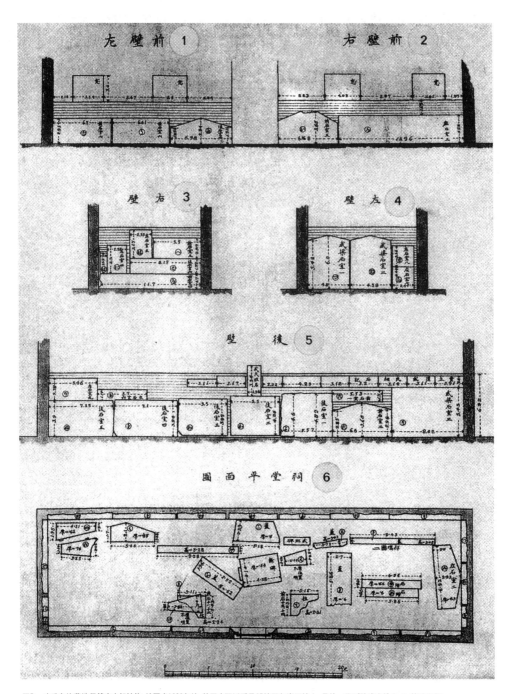

图5 武氏家族墓地保管室内部结构,关野贞1909年绘。从图中可以看见25块石条嵌于墙上,另外一些则散堆在地上。1.前壁左部; 2.前壁右部;3.右壁;4.左壁;5.后壁;6.地面上。(根据关野贞,1961,图52)

武梁祠　The Wu Liang Shrine

石刻两方面的特性为基础,即这些石刻作为建筑结构以及它们作为图像表现的功能。在讨论祠堂原来的建筑结构时,我采纳了文管所1981年发表的石刻实测数据以及相关的材料。在研究画像时,我主要依靠北京故宫博物院、芝加哥自然历史博物馆(the Field Museum in Chicago)、大英博物馆(the British Museum)和哈佛大学艺术博物馆(the Harvard University Art Museum)收藏的拓片,以及一套我收集的武氏祠堂石刻现代拓片,其中有一些石刻未见诸上述收藏。本书附录一中的插图均采自容庚1936年出版的《汉武梁祠画像录》,为黄易所拓。

祠堂的配置与复原

首批武氏祠画像石于1786年出土时是散乱无序的。从那时起,如何在理论上将这些断石残壁复原成从前的祠堂便成了考古学家和美术史学家的一个重要课题。1786年的发掘工作告一段落之后不久,黄易曾首次尝试这项工作。他的配置复原以四方面的证据作为基础:1.出土材料,2.原石形状,3.相应的文字记载,4.其他可以作为参照的汉代建筑遗存。

他在《武梁祠像》一文中写道:"赵德夫云,郭巨石室塞其后而虚其前,此只三石,左右二石有山尖形,中一石平顶,其制正相同也。"[28]当在武梁祠旁边掘出所谓的"祥瑞石"后,他进一步概括说:"背若瓦脊,是为石室之顶。其内题刻,可以仰观也……《嘉祥县志》云:'石室内刻伏羲以来祥瑞',所指即此。"[29]至于复原"前石室",他的主要证据来自可资比较的考古材料:"石室之制,如肥城之郭巨、金乡之朱鲔,孤撑一柱,架屋两间……约略可辨一石柱断碎,其室必是两间,与郭、朱二室相同。"[30]

通过这些研究,黄易展示了在建筑结构上有所不同的两种祠堂样式,同时存在于武氏家族墓地。他的结论得到了现代考古学家和艺术史家的首肯。[31]尽管现代学者们采取了更为科学的测量和计算方式,但其基本方法并没有超出黄易所做复原工作的三个基础,那就是亲身观察、考古学比较以及对历史文献的研究。

继黄易之后,清代金石学家冯云鹏也假设了武梁祠的原貌。他修订了黄易所复原的结构,提出这个祠堂的屋顶原来是由一根中心柱支撑。[32]尽管这个观点已被现代考古学家所否定,但在此之前已误导了不少人。[33]

日本学者关野贞在1907年亦曾试图复原左、后及前石室。[34]尽管其说法难以让人信服,但他的确发现了一些有价值的线索。比如,他指出那一组被认为属于"后石室"的画像石实际上可能来自于不同的祠堂,而且其中的十号石应属于左石室,原来应该是在山墙的位置。[35]

费慰梅(Wilma Fairbank)的《汉武梁祠建筑原形考》是第一篇系统地配置复原武氏祠堂的文章。此文发表于1941年,不久法国汉学家伯希和(Paul Pelliot)把它誉为"二战时美国人发表的最有意思的论文之一"。[36]在文章开头,费慰梅便与众不同地提出了一连串新的问题:"什么是武梁祠?这个遗址原来是什么样子的?现在四散的石头当初是如何组合在一起,形成建筑的?它们相互间在建筑上有何关系?"[37]对她而言,武梁祠和其他武氏祠堂首先是礼仪建筑。她没有急急忙忙地直接着手讨论画像石内容,而是集中全部精力关注祠堂建筑,为进一步的解释做好准备工作。这个基础就是她所完成的在纸面上重构武氏祠的工作。

她的研究是在极其困难的条件下进行的。例如,由于当时大多画像石都嵌在保管室墙壁上,精确的测量几乎不可能。费慰梅的复原方法是:1.首先收集一套优秀拓本,她所使用的拓片包括比利时人类学家伯沙德·劳弗(Berthold Laufer)于1930年收集的精拓,哈佛大学福格美术馆(the Fogg Art Museum)所收的两套拓片,以及她自己收集的五张拓片。2.把这些拓片翻印为比例统一的照片,然后根据黄易在发掘时所做的分类,把它们分成五组,即武梁祠、前石室、后石室、左石室和其他一些归属不明者。(图6)3.通过对建于公元1世纪山东孝堂山祠(该建筑是唯一保持原状的汉代祠堂)的研究,收集与武梁祠的建筑结构和画像配置有关的材料。4.根据各自之间尺寸、形状、构图及雕刻风格的关系,将拓片照片按照比例归类,然后比照同时期祠堂的结构和图像装饰,对这些照片进行建筑配置。[38]

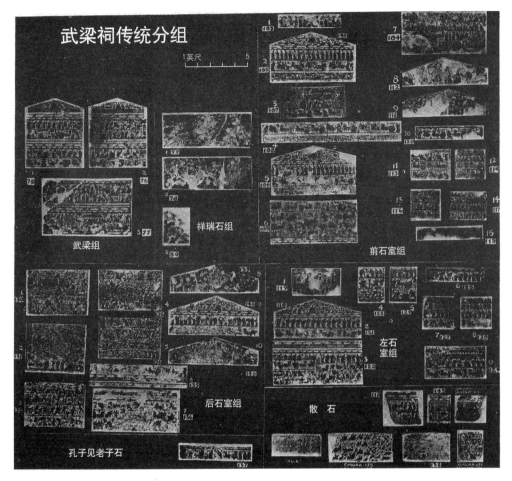

图6 费慰梅所使用的武氏祠堂画像石拓本,根据传统的分类方法分组。每一张拓本都有其在中日文中使用过的组编号。白色方块中的号码为沙畹编号。(费慰梅,1941,图1)

费慰梅所做的工作令人钦佩。除了在武梁祠的结构上肯定了清代学者的看法(图7、10),她还成功地复原了另外两座在结构上更为复杂的祠堂,即左石室和前石室。她认为这两座祠堂都是两间式结构,后壁由两块大条石上下构成,每座祠堂前方正中有一根立柱,支撑三角隔梁石的前端。(图8—10)不过费慰梅的研究尚未解答一些重要的问题,比如说这两座祠堂的屋顶都未被提及,而她对棘手的后石室的复原也语焉不详。这些悬而未决的问题,在一些稍后学者的研究中得到了解答。

几位日本和中国的学者重新审视了费慰梅的复原设计。1963年,秋山进午(Akiyama Shingo)发表了《武梁祠复原再检讨》一文。[39]如它的题目所示,这篇文章专注于武氏祠堂中最有名的建筑单元武梁祠。以对孝堂山祠堂的现代考古调查为基础,辅助以

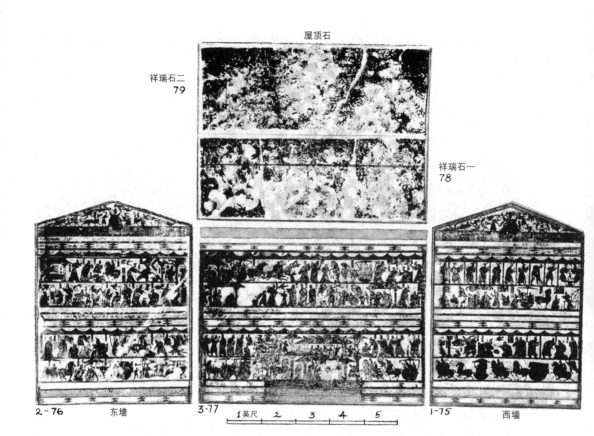

图7 费慰梅所作的武梁祠配置复原,从图中可见内壁和屋顶的情况。(费慰梅,1941,图2)

新发现的画像石拓片,秋山进午提出了修正和完善费慰梅复原计划的两点假设:一是武梁祠正面中间并没有柱子;二是后墙的中间原来曾有一个献祭的台座。蒋英炬和吴文祺在1981年发表的研究证明秋山进午的两个假设正确无误。

蒋英炬和吴文祺的复原方法与费慰梅颇为接近。唯一不同而且使他们的调查更有说服力的地方在于,当1972年所有画像石从旧保管室的墙上取下以便做更好保存之际,他们对其做了不同角度的观察、测量和绘图。他们还有机会实际上拼接石块,以便证明其复原工作的正确。其结论可概括如下(图11—13):

第一,他们认为黄易和秋山进午所做的武梁祠复原基本上是正确的。但也指出,出自建筑比例的需要,祠堂正面上方曾有一挑檐枋石,支撑它的两个柱子相当于边墙的延续。不过,挑檐枋和这两个柱子都失传了。

第二,被认为属于后石室的画像石乃是来自不同祠堂的许多画像石的混乱集合。七块画像石中包括五块屋顶石和两块壁石。

第三,就基本建筑结构而言,费慰梅对前石室所做的复原是正确的。但是蒋英炬和吴文祺提出以下补充:

1. 两块被认为属于后石室的画像石(后4和后5),原来组成了前石室屋顶的前坡。而组成后坡的画像石已经不存。

2. 费慰梅颠倒了两块墙壁石(前6和前7)的位置。

3. 后壁底部,就在费慰梅错置编号前10和前15两石的地方,原先曾有一个小龛。之前的许多学者都忽略了这一点。

4. 编号前10和前15两石顶部都呈斜面。它们组成了前梁。而支撑这石梁的两根柱子现已不存。

第四,新的考古调查也证明费慰梅所复原的左石室基本上是正确的,但下述几个方面除外:

1. 被归入后石室的一组三块石头(后1、后2及后3)原来组成了这个石室四分之三的屋顶,另四分之一的画像石已不存。

2. 费慰梅将两块墙壁石(左3及左7)错置于相反方向,她还错将后壁的两块边石(左4及左5)当作是组成后石龛两边墙壁的石头。正确的后龛壁石应是左7和左8。

3. 早已失传的窄长的左10或许原来是前挑檐枋,而支撑此梁

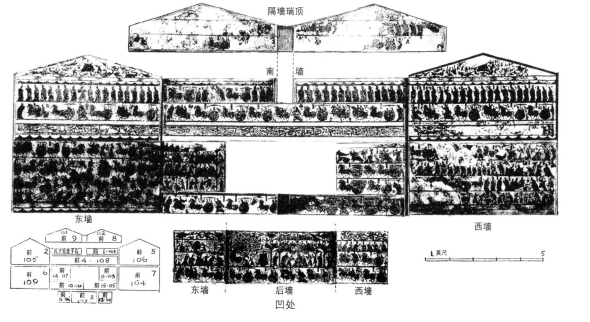

图8 费慰梅复原的前石室,从图中可见内壁的配置情况。
(费慰梅,1941,图6)

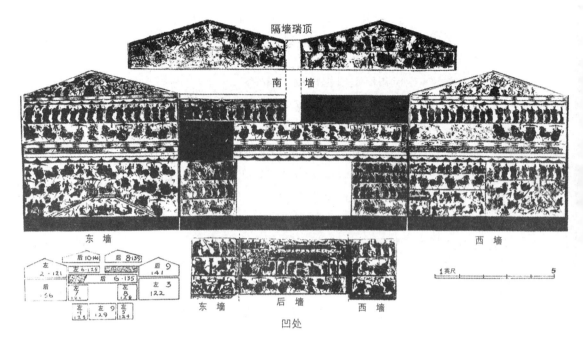

图9 费慰梅所复原的左石室。从图中可看到内壁的配置情况。(费慰梅, 1941, 图8)

的两个边柱则尚未发现。

第五，黄易掘出的"武家林"残石柱的四面中，相邻两面一面刻有人物，另一面刻有几何纹饰。这个石柱原来可能用来承托挑檐枋的一端，在原来的结构中，刻有人物的一面应是朝外，无画的一面应紧贴一座祠堂侧壁的前端。但是这到底是哪一座祠堂尚不清楚。

尽管蒋英炬和吴文祺的研究代表了武梁祠复原的最新成就，但仍有一些问题没有解决。首先，他们认为属于后石室组的三石（后1、后2、后3）原先组成了左石室屋顶的四分之三，但我的重新检验表明，这三石的长度不足以覆盖此石室。左石室的长度可通过以下的方法计算获得：后7（厚度）+左4+左7（宽度）+左9+左8（宽度）+左5+左3（厚度）=426厘米。而蒋英炬和吴文祺复原后的屋顶长度则为336.5厘米（后2+后3）。此外，被认为平行摆放组成屋顶前坡的后2和后3长度不等，后2的宽度为140厘米，后3的宽度则为129厘米。蒋英炬和吴文祺认识到这些问题，因而假设这两石以及组成屋顶后坡之一的"后石室1"的无画部分都被"后人打去"。[40]但问题是"后人"为何要打去无画部分？又为何将三石打成如此统一的形状——后1、后2及后3的长度分别是167.5厘米、

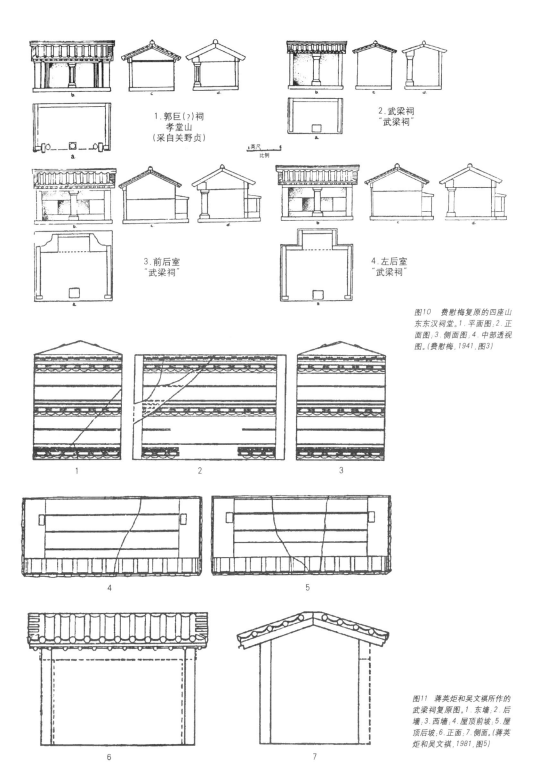

图10 费慰梅复原的四座山东东汉祠堂。1.平面图;2.正面图;3.侧面图;4.中部透视图。(费慰梅,1941,图3)

图11 蒋英炬和吴文祺所作的武梁祠复原图。1.东墙;2.后墙;3.西墙;4.屋顶前坡;5.屋顶后坡;6.正面;7.侧面。(蒋英炬和吴文祺,1981,图5)

第一章 武氏墓地遗存的发掘和初步研究

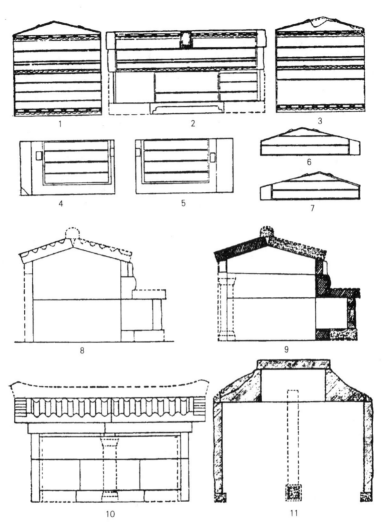

图12 蒋英炬和吴文祺所作的前石室复原图。1.东墙;2.后墙;3.西墙;4,5.屋顶前坡的两部分;6,7.隔墙锐顶部分两面;8.侧面;9.正中透视图;10.正面;11.平面图。(蒋和吴,1981,图6)。

167.5厘米和169厘米?这三石的画像内容互无关联。后3的画像内容规整地分为三层,与后4和后5的画像接近,而蒋英炬和吴文祺认为后4和后5是前石室的屋顶石。反之,后1与后2画像都由众多人物、动物、鸟和云气组成大幅、不分层的图画,与后3的画像缺乏视觉及叙事上的连续性。这些问题使得蒋英炬和吴文祺所做的左石室屋顶的复原缺乏说服力。

第二,费慰梅、蒋英炬和吴文祺三人都认为,左石室和前石室前面正中有一柱承托三角隔梁石。但他们都没有试着去复原这些石柱。前面提到,武氏祠堂保管室一度保存有两个柱头,它们曾被喜龙仁摄入镜头(图14),沙畹和费慰梅也曾发表过它们。这对柱

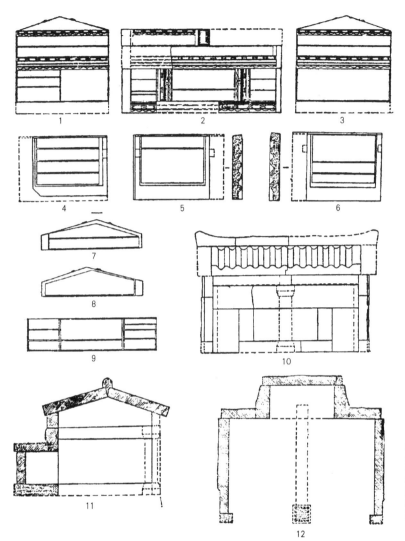

图13 蒋英炬和吴文祺所复原的左石室。1.东墙;2.后墙;3.西墙;4、5.屋顶前坡两部分;6.屋顶后坡东段;7、8.隔墙锐顶部分两面;9.后龛的三面墙壁;10.正面;11.侧面;12.平面图。(蒋和吴,1981,图8)

头呈四边形,顶部稍外侈,上缘雕刻着连弧纹。柱四边则刻着异兽。根据沙畹提供的拓本的尺寸,柱头大约有27厘米高,35厘米宽。因为武氏祠中只有前石室和后石室配有中心柱,我们有理由认为这对柱头原来属于这两个石室。[41]

第三,不少从武氏墓地发掘出来,列于本书附录3中的画像石,都没能在蒋英炬和吴文祺所复原的三座祠堂中找到自己的位置。这些石头包括1880年出土的"王陵母"石(图15);李克正掘出的左石室第一石(图16);轩辕华发现的"荷馈"石(图17)及"有鸟如鹤"石(图18)。在我看来,这四石原属于武氏墓地的另一座祠堂。

后1及"王陵母"石乃一完整石条的部分。[42]把它们拼在一起,就成为一块高约63—70厘米、宽为188厘米的横长条石。[43]后1未残泐的右边是原石的右边,"王陵母"石则是原石的中间部分,而原石的左边部分则已佚失。原石的完整长度看来大大长于188厘米,大约在350厘米左右。[44]为方便起见,以下称此石为"x石"。

从画像表现上看,这两石上的画像与武梁祠关系密切。稍加比较便可以看出,"x石"在许多方面与武梁祠后壁上部画像(见图7)尤其接近。类似之处包括:它们都由上下两层图画组成,有四条图案不同的饰带以及接近的图像题材。另一方面,从建筑特征上看这横长条石又与前石室和左石室有联系,与组成前石室和左石室后壁中间部分的前4和后6(见图8—9)有许多相似之处,比如说长度、形状以及未经刻画的糙边,都相当类似。这样说来,很可能"x石"原来所属祠堂的后壁是由两块横长条石组成的,因为只有这样的结构才能解释这块画像石的用途。(不过,"x石"上部外沿有装饰纹,它也比前4和后6高很多。另外,它的画像并非表现车马出行,而是历史故事。)

"荷馈"石也出自同一祠堂。它的尺寸(52厘米长,63厘米高)、

图14 武氏家族墓地遗址出土的两个"柱头",两块棱形石,以及一块屋顶石条,喜龙仁摄。(费慰梅,1941,图9)

装饰花边以及图画风格与"x石"几乎完全一样;而且所刻画像也是表现历史故事。此石右边未损,因此不能将其与"x石"拼接为一石。因为所有已被复原的三座武氏祠堂的两侧墙壁都由大石组成,所以我们不能考虑此残石乃边墙的一部分。它原来唯一可能的位置是在祠堂后壁下部右边的尽头处。

此外,"有鸟如鹤"石与武梁祠屋顶石(见图34)有惊人相似之处。两者以几乎完全一致的方式刻画征兆图像,也都在背后刻

28 | 武梁祠 The Wu Liang Shrine

图15 武氏家族墓地的"王陵母"石拓本。(沙畹,1913,第二册,图58,第118)

出瓦脊。

根据这些观察,我们可以得出如下的结论:这四石的统一画像风格及建筑特征表明它们属于一座现已不存的祠堂。黄易及19世纪学者陈锦在其著录中指出这四石不属于所发掘石室中的任何一座。左1被发现的时候是当作铺桥石使用;"王陵母"石原属当地张某所有;[45]"荷馈"和"有鸟如鹤""二石是轩辕华于同治年间掘出,说明两石很可能原来埋在一处。如果说武氏三祠是在明末或清初被洪水冲垮,继而掩埋于淤泥之中,这间祠堂则是在更久以前就被毁掉了,其石条被当地人取走使用,散落四处。后1及"王陵母"二石被发现时的状况可以证明这一点。

为了充分理解这所祠堂的建筑结构,我们需收集更多的材料,在此基础上才能系统和令人信服地完成复原的工作。但以上的讨论已经揭示出一个重要的事实,那就是除了武梁祠、左石室

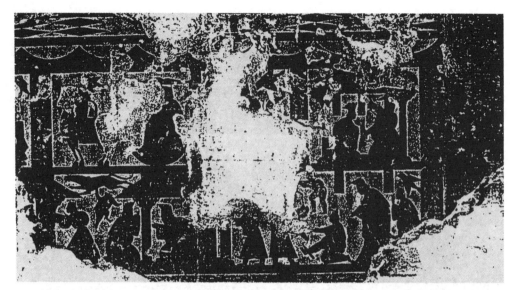

图16 1789年在武氏墓地遗址出土的"左石室一"拓本。(沙畹, 1913, 第二册, 图58, 第119)

图17 1871年在武氏墓地遗址出土的"荷馈"石拓本。(沙畹, 1913, 第二册, 图75, 第143)

24 及前石室以外,在武氏墓地还曾有第四座祠堂。它不是传统所称的"后石室",而是一座在画像及纹饰上与武梁祠相近的另一座祠堂。我姑且把它称作"第四石室"。【46】

祠堂主人及建造日期

判断武氏墓地建造的年代并不难,因为石碑及石阙上的铭文中有五处记载了武氏家族的谱系以及其中四位成员的生平。有些学者认为这些铭文或可帮助推断出武氏祠堂各自的精确建筑年代。如费慰梅就写道:"我们知道武氏家族四个成员的过世日期——假如
25 我们能证明其中某人与已复原三间祠堂中的任何一间有关,我们就具备了一种理论手段,至少可用它来比较和判断其余祠堂的建

图18 1871年在武氏墓地出土的"有鸟如鹤"石拓本。(沙畹,1913,第二册,图47,第80)参阅本书图38。

造年代。"[47]最早开始关注这个问题的是清代学者，其关注焦点主要在两个方面：1.武氏家族的谱系如何？ 2.每座武氏祠是给哪位家族成员，在何时建成的？ 五段铭文中的以下信息为解答这两个问题提供了证据：

西阙铭文(图19)："建和元年，大岁在丁亥，三月庚戌朔，四日癸丑，孝子武始公，弟绥宗、景兴、开明，使石工孟孚、李弟卯造此阙，直钱十五万。孙宗作师(狮)子，直四万。开明子宣张，仕济阴，年廿五，曹府君察举孝廉，除敦煌长史。被病夭殁，苗秀不遂。呜呼哀哉，士女痛伤。"[48]

武开明碑铭："永嘉元年，丧母去官。复拜郎中，除吴郡府丞。寿五十七，建和二年十一月十六日，遭疾卒。"[49]

武梁碑铭(图20)："□故从事武椽，讳梁，字绥宗。……年七十四，元嘉元年，季夏三日，遭疾陨灵。呜乎哀哉。孝子仲章、季章、季立，孝孙子侨，躬修子道。竭家所有，选择名石，南山之阳，擢取妙好，色无斑黄。前设坛墠，后建祠堂。"[50]

武斑碑铭(图21)："建和元年，大岁在丁亥，二月辛巳朔，廿三日癸卯，……敦煌长史武君，讳斑，字宣张。…… 以永嘉元年□月□日，遭疾不□，哀□。"[51]

武荣碑铭(图22)："君讳荣，字含(或作舍)和。……遭孝桓大忧，屯守玄武。慼哀悲憧，加遇害气，遭疾陨灵，□□□□。君即吴郡府卿之中子，敦煌长史之次弟也。"[52]

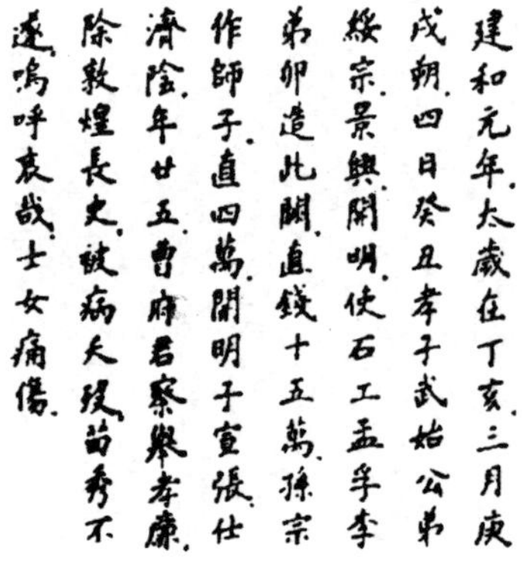
建和元年太歲在丁亥三月庚
戌朔四日癸丑孝子武始公弟
綏宗景興開明使石工孟孚李
弟卯造此闕直錢十五萬孫宗
作師子直四萬開明子宣張仕
濟陰年廿五曹府君察舉孝廉
除敦煌長史被病夭殁苗秀不
遂嗚呼哀哉士女痛傷

图19 武氏墓地西阙铭文抄本。(沙畹，1913，第十三册，图492，第1194)

这些铭文为确定武氏祠的建 26
造年代提供了关键的信息。首先，武家四子武始公、武梁、武景兴及武开明，于公元147年为过世两年的母亲建造了双阙和石狮。第二，武开明已故儿子武斑的旧日同窗及当地乡绅在同一年为武斑建碑并撰刻铭文。武开明及其兄在西阙上题刻铭记,追思武斑的祖母。武斑死于公元145年,享年二十五岁。在其病逝前,曾任敦煌长史。第三,武斑之父武开明死于公元148年。他生前曾官至长乐太仆丞、郎中。武开明碑大约是同一年由其二子武荣建立的。第四,武开明之兄武梁死于公元151年,享年七十四岁。武梁生前德高望重,他隐居不仕,读经讲学。他死后,三个儿子和一个孙儿在其墓前树碑立传,并建起祭坛和祠堂。第五,武开明的二子武荣卒于公元168年,死前曾官至执金吾丞。纪念他的石碑现在仍存。第六,在上述碑铭中,武氏家族五代十一位成员曾被提及,他们间的关系如下图所示[53]:

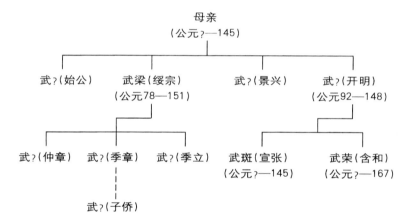

学术界一般认为西阙铭文中所提及的公元147年是武氏墓地的始建年代,墓地中的纪念性建筑,包括所有祠堂,都修造于这一年之后。墓地发现的四通碑分属于武氏家族第二代的武梁和武开明,以及第三代的武斑和武荣。

凑巧的是,黄易发掘出的石刻也被假定为属于四座祠堂。把它们与有碑的这四个人"对号入座"随之成为一个引人入胜的智力游戏。由于发掘记录没有提供任何有关石碑和祠堂对应关系的线索,要想知道一通石碑属于哪座祠堂,唯一的途径是建立起祠堂榜题或画像所表现的内容与碑铭所述个人传略之间的联系。

早在宋代,洪适就将其所知的一座武氏祠堂与武梁碑挂钩,把它称作武梁祠。不过他并没有解释原因。19世纪末,沙畹注意到武梁祠东壁上一处画像乃是表现死者的画面,所刻画的是一位

图20　武梁碑铭抄本。(沙畹，1913，第十三册，图493，第1195)

汉故从事武掾碑梁宇经宗按体德忠孝岐嶙有异治辟持经阙情传护兼通河雒诸子传记广学甄微穷综典○雁不○览州郡请名辟疾不就安衡门之陞乐朝闻之义晦人以道临川不倦秘世雷同不闻推门午瀚从心执节抱分终始不低渝洒益囹大位不济鸟众所伤年七十四元嘉元年季夏三日遭疾陨灵鸣呼良哉孝子仲章李立李孙子倚豹修子道据家所有选择名石南山之阳擢取妙好色无斑黄前故碓砠后建祠堂良匠卫改雕文刻画历列成行摅聘伎巧委蛇有章万世不亡其辞曰懿德真通幽以明兮居靖处休曜章兮乐道忽荣垂兰芳兮身段名存○○○○

"县功曹"，长跪着向一位"处士"敬献匹绢。(见图87)沙畹评论道："这位由后人为他立祠的人，毕生未仕，满足于做一个超越世俗的隐士。"[54]武梁碑铭中所记的武梁正是这样一个人。他拒官不就，其生活方式与其兄弟及外甥忙碌的官宦生涯泾渭分明。

日本学者大村西崖(Ōmura Seigai)曾比较武荣碑上所列的武荣的官职和前石室车马出行画像榜题中所涉及的官吏，发现其中主车表现的是督邮，旁有榜题"为督邮时"。据武荣碑铭，武荣曾任这个职务。这个事实以及另外一些证据使得大村西崖认为前石室乃武荣祠，应建于他去世那年，即公元168年。[55]

由于左石室和后石画像缺乏榜题，学者无法通过对照榜文与相应石碑铭文以推断这两个祠堂的所属，有的论者于是另辟蹊径。如20世纪美术史家叶瀚发现武斑碑中提到他对《诗经》颇有研究，而左石室画像中的很多幅都与《诗经》有关。叶瀚还将所谓的后石室与武开明相挂钩，因为他认为后石室画像充斥着神话题材，可能与武开明曾在朝廷掌管祭祀有关。[56]

费慰梅在完成复原武氏祠堂的工作后，曾重新检验并肯定了许多过往学者所做的假设。她认为武梁祠、左石室及后石室的画像尽管在细节上稍有差别，就总体而言风格一致。但是前石室画像的风格却与众不同，其特征是"所有形式都具有浑圆的特点"。这样，由于左石室、后石室及武梁祠画风接近，它们可能雕刻于临近的147年和151年。而较晚为武荣兴建的前石室在结构和主题上都显示出很大的衍生性。她认为左石室石刻的风格富

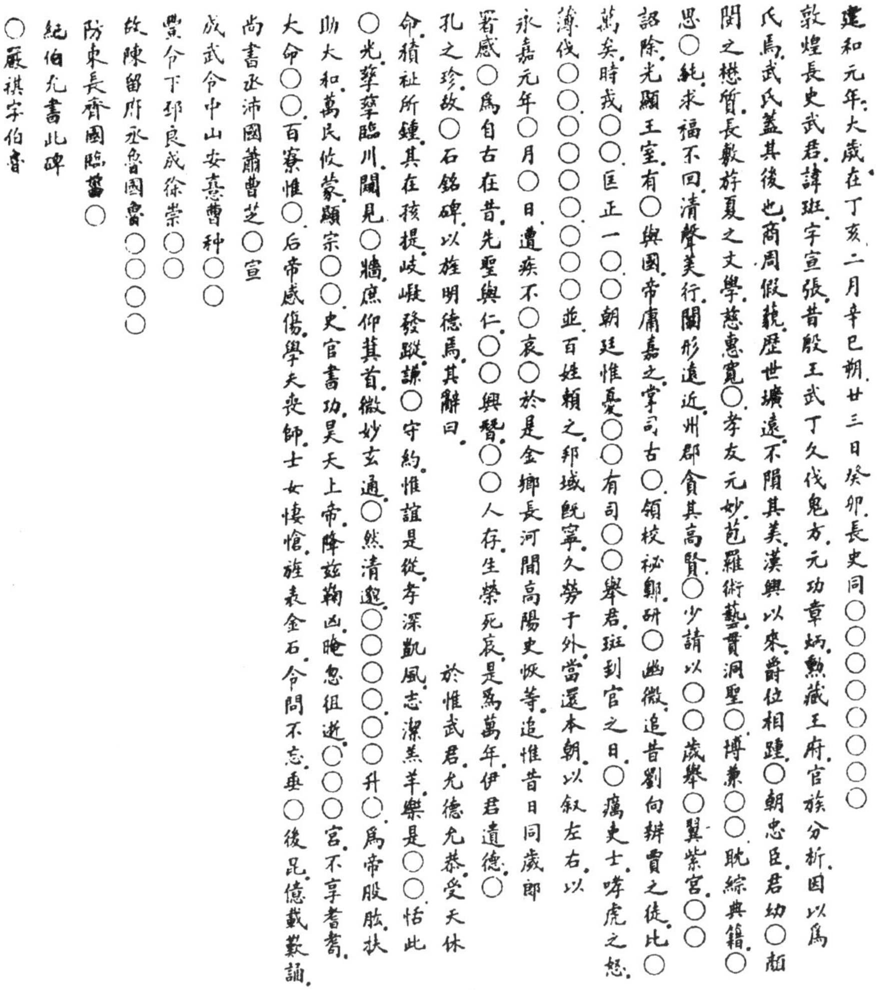
建和元年，大歲在丁亥，二月辛巳朔廿三日癸卯，長史同○○○○○○○○
敦煌長史武君諱班，字宣張。昔殷王武丁久伐鬼方，元功章炳，勳藏王府，官族分析，因以爲
氏焉。武氏蓋其後也。商周假糺，歷世壙遠，不隕其美。漢興以來，爵位相踵。○朝忠臣，君幼○顔
閔之懋質，長敦於夏之文學。慈惠寬○，孝友元妙，苞羅術藝，貫洞聖○，博兼○○，耽綜典籍。○
思○純，求福不回，清聲美行，闡彤遠近。州郡貪其高賢，○少請以○○歲舉○翼紫宮○○
詔除光顯王室，有○與國，帝庸嘉之，掌司古○，領校秘鄣，研○幽微，追昔劉向、辨賈之徒，比○
萬矣。時戎○○匡正一○○朝廷惟憂○○有司○○舉君，班到官之日，○癘吏士，哮虎之怒，
薄伐○○○○○○○○並百姓賴之，邦域既寧，久勞于外，當還本朝，以叙左右，以
永嘉元年○月○日遭疾不○哀○於是金鄉長河間高陽史恢等，追惟昔日同歲郎
署感○爲自古在昔，先聖與仁，○○興醫○○人存，生榮死哀，是爲萬年。伊君遺德，○
孔之珍，故○石銘碑，以旌明德焉。其辭曰：於惟武君，允德允恭，受天休
命，積祉所鍾，其在孩提，岐嶷發蹤，謙○守約，惟誼是從，孝深凱風，志潔羔羊，樂是○○恬此
○光，犖犖臨川，闚見○牆，庶仰其首，徼妙玄通，○然清邈，○○○○○升○爲帝股肱，扶
助大和，萬民攸蒙，顯宗○○史官書功。昊天上帝，降茲鞠凶，晻忽徂逝，○○○宮，不享耆壽，
大命○○，百寮惟○，后帝感傷，學夫喪師，士女悽愴，旌表金石，令問不忘，垂○後昆，億載歎誦。
尚書丞沛國蕭曹芝○宣
成武令中山安熹曹种○○
豐令下邳良成徐崇○○
故陳留府丞魯國○○○○○
防東長齊國臨菑○
紀伯允書此碑
○厳祺字伯音

图21　武班碑铭抄本。(沙畹，1913，第十三册，图492，第1193)

于活力，而前石室的石刻显得刻意模仿，可能是仿自为其兄所修建的左石室。[57]

学术界一般公认武梁祠确实是为武梁所建，而前石室为武蝝
29 之祠，但左石室属于何人，则是个悬而未决的问题。近日白瑞霞(Patricia Berger)和简·詹姆斯(Jean James)二位女士各自在其博士论文中提出了新的假设。虽然行文简略，但白瑞霞的研究很有创意，因为她首次尝试用社会学的理论去解决这个问题。她比较了左石室和武梁祠各自的建筑，认为左石室大而精致，因此很可能是为武开明而建。她相信武开明作为武家长子，因此是一家之长。[58](武开明实际上是武家幼子，这里值得重视的是白瑞

图22 武荣碑铭抄本。(沙畹，1913，第十三册，图493，第1196)

君讳荣字含和治鲁诗经韦君章句阚情传讲孝经论语汉书史记左氏国语广学甄微靡不贯综久游大学学优则仕为州书佐郎曹史主簿督邮五官掾功曹守从事年卅六汝南蔡府君察廉除郎中迁执金吾丞遭李桓大忧毛守玄武感哀恸加过害气遗疾隐冢卽吴郡府卿之中子敦煌长史之次弟也廉孝相承亦世载德不恭命○不克台衡盖观德於始述行於终於是刊石勒铭垂示无穷其辞曰天降雄彦资才卓茂仰高瞻九丈内幹三署外○师旅○勒屯守旧咸○武旌旗将天雷霆电击毅煌赫然陵惟虎虎当遂殷胧○之元辅大何不弔○降此祭痾平我君仁如不寿爵不副德仕不称功咸震伤怆远近哀问身没○万世讽诵

霞的社会学视点）。她还提出，左石室和前石室建筑结构上的相似也应与谱系有关：武荣——前石室的可能主人——乃武家长孙，因此是第二代的家长。[59]

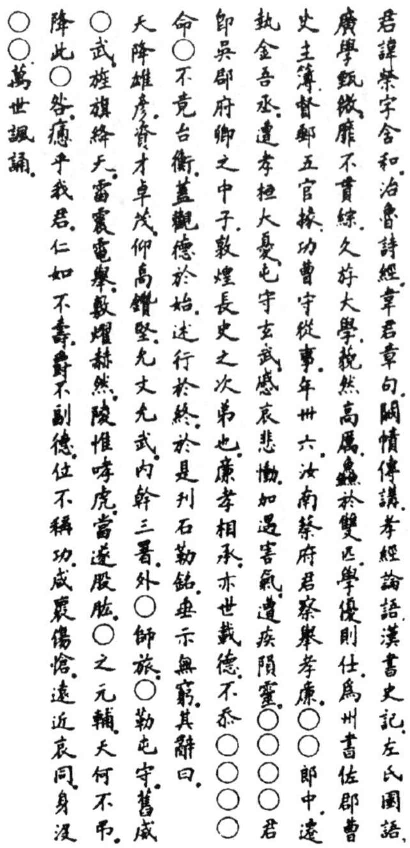

詹姆斯同样反对把左石室归于武斑名下，因为她认为古代中国"祭祖的习俗表明，没有后嗣的武斑不可能享有祠堂，因为他没有儿子前往上供"[60]。她试着通过研究雕刻技术来判断左石室的年代，认为武梁祠和前石室画像中人物风格接近，可能出自相同工匠之手，相反，左石室与前石室在人物画像风格上却大异其趣，"这都要归因于两座祠堂匠师的个人风格"[61]。据詹姆斯推测，雕刻左石室的工匠采纳了修建武梁祠和前石室的工匠所设计的草图，但对某些细节做了富有意义的修改，加入了其个人风格，从而使得画像上的人物形象显得"块头大，但栩栩如生"[62]。根据这一分析，她认为左石室一定是建于公元167年之后。

推断武氏祠堂的所属及建造年代对于进一步研究这些礼仪建筑具有重要意义。但是上述的结论却都是以如下的三个假设为基础而得出的：第一，大部分学者采纳了黄易的看法，认为武氏墓地有四座祠堂。第二，他们假设这四座祠堂自然而然地与四座石碑对应。第三，他们假设祠堂画像的内容反映了死者的官宦生涯或其所学。但是这几点假设都存在问题。首先，前文中对武氏祠堂复原的讨论证明，被黄易归入武梁祠、前石室、左石室和后石室的四组画像石实际上分属于三个石室。这说明上述第一个假设是立不住脚的。至于第二点,至今还没有文字或考古的证据来支持这种假设。东汉时,某一死者可以有一座石碑或一所祠堂,甚至两者兼而有之,但祠堂和墓碑却不一定总是配对的。最后,对汉代墓葬艺术的图像学研究表明,汉墓和祠堂装饰的特点之一是母题的重复。[63]尽管并不排除死者生前可能选择喜好的画像来装饰自己未来的祠堂的可能性,这种可能性还必须有确切的证明,而不能作为预设的前提来判断一座祠堂的所属。

祠堂及东汉墓地结构

这里"所属"这个词有两个相关但不尽相同的意思:一是一座祠堂所纪念的特定的个人,二是一座祠堂对一个家族的集合体所具有的象征意义。祠堂从不独立地存在;它是一个墓地中众多建筑物的一个组成部分,它的功能和象征意义在不同的语境中可能会很不一样。考古发现和文献资料显示东汉具有祠堂的墓地形式

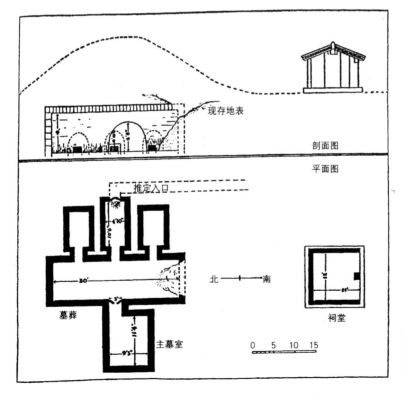

图23 费慰梅所作的山东金乡朱鲔墓地复原图(公元1世纪中叶)。(费慰梅,1942,图15)整个墓地由多墓室的地下坟冢及封土堆前的祠堂组成。

多样,但可归纳为两大类:一是以单个墓/祠为中心的墓地,另一个是由众多墓/祠组成的墓群。

第一类墓地的代表遗址有两个:一是位于山东金乡的传为朱鲔的墓地,可能建于2世纪中期(图23);另一是新近发现的位于江苏徐州附近白集的一座2世纪墓地。[64]这两处墓地的共同点是墓与祠堂相邻,建造于中轴线上,形成墓地的核心。朱鲔墓坐落于祠堂以北约8.2米处,由长方形主室和四个侧室组成——一个在左边,另三个在右边。白集墓结构相仿,也由多墓室组成,坐落于祠堂之后8.56米处。祠堂前原来可能有神道。据文献资料,东汉墓地的神道一般建于墓地的中轴线上,止于祠堂或墓室之前,如下图所示:

郦道元在其《水经注》中记载了单独的墓/祠组合,但这些例子往往展示出更为复杂的建筑设计,在祠堂前增筑了圆雕、石阙和石碑。河南鲁山县尹俭墓可作为这类墓地的代表。[65]此墓和祠堂均坐东朝西。如下图所示,祠堂前面矗立着纪念性的石碑,墓地的入口则以双阙及一对石狮标志:

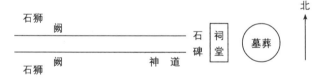

通过增加石雕、石碑、石阙以及其他建筑物,单冢/祠墓地被修建得更为宏伟精致。郦道元所记载的这类墓地有的甚至在祠堂前立有三通石碑、两座石阙及四对石雕。[66]最奢华的单冢/祠墓地是河南密县的张德墓。[67]据《水经注》,此墓地的基本设设计方案遵循东汉单冢墓地的标准模式。与尹俭墓地类似,这里入口处矗立着双阙和石兽,石祠修建于墓前,紧挨着祠堂立着一排三座石碑。但是除却这些基本组成部分,张德墓地里还有立于碑旁的两个石人、数对石柱以及另外一些石兽。其家

人进而将墓地布置得如同私家花园一般。他们引水进入墓园，修建了池塘，池边点缀着口中喷水的石蟾蜍。此外还在水池一侧修建了石亭，周围环以石兽。尽管很难复原整个张德墓地，但郦道元的叙述足以让我们想象这个墓地的规模和布局的繁复。

朱鲔祠、白集祠、张德祠和尹俭祠之类的名称给人一个印象，即这些祠堂都是属于某些个人的。但是需要指出的是，为某个男性家长修筑的这种礼仪建筑同时也是其家庭的纪念碑或象征物。东汉墓地祠堂的这种意义从墓葬的结构得到揭示。白集祠和朱鲔祠后的坟墓都由多个墓室组成，每一座墓都有一个主室和数个耳室和后室。祭品置于主室，家庭成员的棺椁则安放于后室之中。[68]在这种多室墓里，一个家庭的各个成员可以被安葬在一处，形成一个地下家庭。据考古学家研究，这类墓葬大约从东汉初年起渐渐取代西汉时期的单穴墓，进而在东汉中晚期间成为中国东部和南部地区的墓葬规范。[69]西南地区的四川也出现了跟东、南部地区平行的演进：崖墓在这一时期中得到长足发展，其中发现的铭文以及墓室的建筑设计显示大多崖墓属于家庭墓地。[70]一个崖墓通常包括置放棺椁的数个墓室和一个可用作家庙或祠堂的前室。

墓葬结构的这种改变可以在汉代家庭结构的变化中找到说明。社会历史学家告诉我们，秦及西汉时期的家庭规模不大，常包括一对夫妇及其未婚子女。主要原因在于，根据这两个朝代的法律规定，有两个或更多成年子女住在一块儿的家庭需交双倍的税。[71]与这种小规模的"核心家庭"对应的墓葬形式是单穴墓和由这种墓组成的小型墓群。大规模的家庭于东汉时期开始出现，常常是几个儿子各自成婚后仍与父母住在一处，组成一个扩大的家庭。[72]历史记载显示东汉统治者对这种新的住家模式持鼓励态度。[73]如《后汉书》中说到某儒生与其父系亲属住在一块儿，三世同堂而未分家，由此获得社区的高度赞赏。[74]与此变化相应，家庭坟墓和墓地也跟着扩大，一座墓常带有多个墓室，家族的大型墓地也出现了。适合于扩大家庭的多室墓在东汉时期变得极其典型。不过尽管墓的规模有所扩张，一座墓前常常仍只建一座祠堂,这个事实对我们理解东汉墓地祠堂的性质有重大的意义。

在墓地修建祠堂并非始于东汉。木结构祠堂的出现在中国历史上源远流长。[75]西汉时期与个体墓葬息息相关的祠堂可视为死者个人的纪念碑。但到了东汉时期,建于某个多墓室的家墓前的祠堂尽管最初可能是为某个人所建,但在祖先崇拜的祭奠活动中却无可避免地变成了整个"家庭"或"家族"的祠堂。在这样的祠堂里,祭奠的对象既是祠主,也是祠主所代表的葬于同一墓地中的所有其他家庭成员。

不同于以单个墓/祠为中心的墓地,东汉也有一些墓地具有多座墓葬和祠堂。尽管这种大型墓地的内在结构目前还不是很清楚,但考古资料显示,这种墓地的设计可能多种多样,并无定制。这一特点或许与不同类型的家族或不同的居住模式有关。陕西潼关杨氏墓地、洛阳皇室墓地,以及安徽亳县曹氏家族墓地,代表了东汉三种不同类型的大型墓地,它们或可帮助我们理解武氏墓地的结构。

号称"弘农杨氏"的杨家是东汉显赫的官宦家族。这个家族的墓地在古代就引人注目,唐宋以来很多文献都提到它。[76]对这一墓地的发掘始于1959年,共发现七座墓,从东到西一字排开。[77]这些墓的墓室结构相对来说比较简单,每座墓有一间置放祭品的前室和一间安放棺木的后室。其结构说明每座坟墓代表一个核心家庭。下图显示七座墓葬的王位、墓主及其死亡年代:

北↑

4号墓	1号墓	6号墓	5号墓	3号墓	7号墓	2号墓
彪	馥	著	統	讓	牧	震
公元225	173	168	168	?	?	126

根据文献所记,杨家的谱系如下图所示:

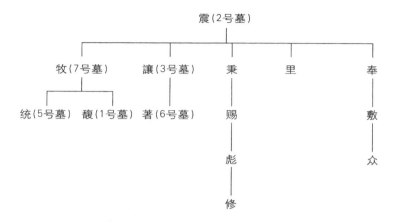

这个墓地里安葬着杨家数代的家庭成员。墓地从东向西延伸,最早的杨震墓坐落在最东端,其后代之墓按辈分逐个向西排列。他旁边的两座墓分属于其二子;随后紧挨着的是两个孙子的墓。有的学者推测葬在最西端应是杨震的重孙杨彪。这一分析显示杨家成员之墓在墓地中的位置完全是由他们与家长杨震的辈分关系决定的。但是并不是所有的杨家成员都安葬于此地,这一点深具意义。杨震有五子,但只有头两个儿子及他们的孩子死后得以安葬在此墓地中。考古学家王仲殊因此认为这种模式是由传统宗亲观念之"大小宗"所决定的。杨氏墓地可能属于家族中的"大宗"。[78]

东汉皇室墓地反映出相似的以谱系关系为准则的墓葬模式——所有十二位皇帝都属于刘氏皇族的大宗。据《帝王世纪》,他们的陵墓全建在洛阳郊外一个宽阔区域内,[79]其中每个陵墓地点的选定则是根据每位皇帝的意愿。举例来说,光武帝决定在临平之南建造其陵墓,因为在那儿他能够看到"河水洋洋,舟船泛泛"[80]。在那里建造的光武帝陵形成了一个独立的中心,拥有它自己的陵园建筑群及管理部门。

东汉墓葬的另一个主要形式是"族墓"。"族"或"宗族"包括同一祖宗的所有男性后代。[81]一族由许多旁支组成,最基本的单元乃是扩大的家庭。学者们认为,规模巨大、代代相沿的宗族墓地在东汉极为盛行。根据社会习俗,死者一般被安葬在其家族的籍贯所在地,甚至死在异乡的人也被送回来,在家墓或族墓中入土为安。[82]

安徽亳县的曹氏墓地可以说是东汉族墓的最佳例子。郦道元在其《水经注》中描述过的这一汉代墓地已在近年被逐渐发掘。他所记载的四座墓分属于曹氏家族中两个不同的家庭。其中三座是曹褒及其二子曹炽和曹胤之墓,形成了一个关系密切的单元,父亲的墓位于两个儿子的墓前。第四座墓属于曹氏家族的另一系成员曹嵩,其地点与曹褒家墓地隔开,在亳县之南的董元村。据郦道元描述,曹嵩安葬处形成一个独立的墓地,其中有阙门、二碑、一祠及一冢。

曹氏墓地的考古发掘始于1974年,为我们提供了更多有关这一氏族墓地结构的信息。[83]据考古报告,在亳县郊区发掘的五座坟墓已被证明是属于曹氏宗族成员。它们分布于一个从北到南约4公里的范围内,每个墓葬都由数个墓室组成。董元村的两座墓相互间隔约100米,据信乃曹嵩及其父曹腾之墓。在所有的墓中,只有这两座算是挨得比较近的。

考古发掘及文献资料都显示,亳县之南当地人称为"曹家孤堆"的很大一片地方,实际上乃曹氏宗族共用的墓地。在这个地域之内散布着数量众多的墓群,有的是多墓室的大冢,也有的是成组的小墓。这些墓各自为阵,关系松散。墓上建筑亦显示出多样性。大型一些的修有祠堂和墓碑,简单一点的则仅有一个土堆和墓碑。事实上,整个墓地作为"宗族墓地"的定义只是由它的地理位置界定的。这种现象仿佛是东汉宗族居住模式的反映。汉代家庭成员称"家属",宗族成员则叫做"宗人"。据瞿同祖的研究,"宗人"只意味着一种血亲关系,尚无证据显示整个宗族实际住在一起。[84]

武氏墓地中至少埋葬了三代人的尸骨,因此并非是一个小型核心家庭的墓地。这三代人包括属于第一代的母亲(及父亲?),第二代的武梁和武开明,以及第三代的武荣和武斑。(这个假说是根据现存的石阙及四通墓碑上的铭文而作出。武家的另一些成员也可能葬于此地,但他们的名字未出现于碑上。或许,为他们而建的石碑早在宋代以前就已毁坏了。)武氏墓地可能的结构如下图所示:

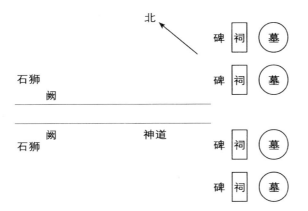

显然,武氏墓地是一个核心家庭墓地的放大形式。双阙及石雕狮子标志着墓地的入口,墓地中有数个墓葬单元,这种模式与潼关杨氏墓地相似。但是武家二子武梁及幼子武开明两人都安葬于此,这点又与只葬父亲及头两个儿子的杨氏墓地不同。另外,这两个墓地还有一点可能的不同之处是在构造上。杨氏墓地所有的坟墓都是属于核心家庭小型墓葬。虽然武氏墓地的坟冢尚未发掘,但我们不能排除一种可能性,即某些,甚至所有的坟墓都具有多个墓室,其中埋葬着几代人的尸骨。[85]如前所述,这类墓葬特别流行于东汉时期的中国东部地区,离武氏墓地不远的曹氏宗族墓就属于这种类型。

研究墓地结构对探讨武氏祠堂的所属及宗教内涵具有重要意义。以曹氏墓地的模式来判断,墓地里数个冢群代表着一个大家庭里不同的分支,各自拥有独立的墓葬建筑。如果武氏墓地中埋葬着武家不同辈分的成员,则四座祠堂(左石室、前石室、武梁祠以及"第四石室")很可能属于分别以武始公、武梁、武景兴以及武开明为首的武家四系。

注释

【1】容庚:《汉武梁祠画像录》,北京:北平考古学社,1936年,2页下。

【2】欧阳修:《集古录跋尾》,1061年,见《石刻史料新编》(二十四),台北:新文丰出版公司,1957年,17845、17847、17954页;欧阳棐:《集古目》,1069年,见《石刻史料新编》(二十四),17947、17954页。

【3】赵明诚:《金石录》,1117年,见《石刻史料新编》(十二),8885页(武斑碑,武氏墓地阙),8886页(武开明和武梁碑),8806页(武荣碑),8914页(武梁祠画像石)。

【4】同上,8914页。

【5】倭什布:《嘉祥县志》,1777年,卷一,16页上。这位《嘉祥县志》的作者错将葬于此墓地的死者当作西汉的一位王子。但黄易的发掘证明这个墓地属于东汉的武氏家族。在倭什布的《嘉祥县志》印行前,坊间已有另外两种《嘉祥县志》。第一种撰于明万历年间(1573—1619年);另一种完成于1652年。黄易于1768年所读到的县志若不是1652年的本子,便是1777年倭氏所撰。

【6】比如,赵明诚曾错误地说武梁祠有"四墙"。见赵明诚:《金石录》,1117年,《石刻史料新编》(十二),8914页。

【7】史绳祖提及每次他欣赏他祖父从古玩商那儿购买的武梁祠拓片时,都为不能见到原作而遗憾不已[《学斋占毕》,1250年,见《丛书集成》(三一三),47页]。同样,另一位宋代学者,也是第一个刊行武氏祠堂画像石的洪适,也是从一位旅行至建康的商人那儿获得拓片的[《隶续》,1168—1179年,见《石刻史料新编》(十),7132页]。

【8】洪适:《隶续》,1168—1179年,见《石刻史料新编》(十),7125—7131页。

【9】洪适:《隶释》,1166年,见《石刻史料新编》(九),6918页。

【10】洪适:《隶续》,1168—1179年,见《石刻史料新编》(十),7161页。

【11】关于武氏祠堂的最后毁坏年代,一些文献资料提供了似乎互相抵触的说法。(1)宋代结束不久,武氏祠堂便被毁了[黄易:《小蓬莱阁金石文字》,道光十四年(1880年)石墨轩翻刻本,"武梁祠像",5页下];(2)一段刻于洪山摩崖上的铭文说元至正四年大水冲垮了所有的祠堂。据此记载,武氏祠毁于元代并被掩埋于土中[黄易引:《左石室画像跋》,1796年,见方朔:《枕经堂金石书画题跋》(卷二),《石刻史料新编》(第二辑·十九),14254页],(3)直到18世纪中叶祠堂还立在原址,只是"久没土中,不尽者三尺"(倭什布:《嘉祥县志》,1777年,16页上)。

【12】黄易:《修武氏祠堂记略》,1787年,见翁方纲:《两汉金石记》,1789年,1544页上—1549页下,《石刻史料新编》(十),7429页。

【13】同上,7427—7429页。

【14】关于后石室画像石的数目论者说法不一。黄易曾提到共有七石(见《修武氏祠堂记略》),但他在别的地方又说共有"十石"[《前后石室画像跋》,1796年,见方朔:《枕经堂金石书画题跋》(卷二),《石刻史料新编》(第二辑·十九),14253页]。后来的学者大都采纳他的第二种说法,但在我看来这并不正确,原因是:(1)这十石包括两块离墓地二里之外发现的画像石;(2)黄易及另外一些学者把一些两面刻画像的石头算作两块。

【15】黄易提到"来自前石室的十四石"(见《修武氏祠堂记略》)。后来的学者或者是附和他的说法(如容庚《汉武梁祠画像录》),或者是将石头的数目增加到十五(蒋英炬、吴文祺《武氏祠画像石建筑配置考》,《考古学报》,1981年第2期,167页)。事实上这两个数字都有误。这一组中有三石双面雕刻画像,因此总数应该是十二石。

【16】李克正和刘肇铺在"左石室一"上刻了一段铭文记载左石室画像石发现的经过。这组画像石中的一号石与其他左石室画像石并非发现于同一地点。

【17】黄易,《左石室画像跋》,14254页。

【18】罗正钧刻于济南府金石雕刻保管所;关野贞(Sekino Tei)引:《支那山东省に于けゐ汉代坟墓の表饰》,东京:东京帝国大学工科大学,1916年,105页。

【19】容庚:《汉武梁祠画像录》,北京:北平考古学社,1936年,4页下。

【20】清代学者陈锦在"王陵母"石上刻有如下文字:"新出土石,与左石室第一石连,庚辰补入,补勤志。"关野贞误将庚辰年(1880年)算作1820年(见《支那山东省に于けゐ汉代坟墓的表饰》,68—69页)。事实上,这块画像石是和"荷馈"石一同被移入保管室的,而"荷馈"石上有如下题字:"新出土第二石,为轩辕华所藏,光绪庚辰四月丁文江增入,陈锦志。"庚辰年应为1880年。

【21】1981年蒋英炬和吴文祺在他们的文章中介绍了这三块石头(见《武氏祠画像石建筑配置考》)。他们只记录了蔡纫秋的题字,对画像内容未作详细描述。我所收藏的一套现代武氏祠画像拓片包括蔡纫秋三石。第一石高0.9米,宽1.42米,上面雕刻神仙、海兽和车马形象。其图像类似传统上称作"后石室一"的石刻。蒋英炬和吴文祺将"后石室一"定为左石室的屋顶石之一。沙畹(E. Chavannes)曾发表此石图像,但略去了蔡纫秋的题字(见:E. Chavannes, *Mission archéologique dans la Chine septentrionale*, Paris: Imprimerie Nationale, 1913: vol. 2, no. 138)。蔡的铭文刻

在石头的右下端:"光绪壬午仲春,得此石于武宅山之东,蔡绂秋题。"

第二石高0.84米,宽1.71米。费慰梅(W. Fairbank)和简·詹姆斯(J. M. James)都曾发表芝加哥自然历史博物馆收藏的该石拓片。(W. Fairbank, "A Structural Key to Han Mural Art," *Harvard Journal of Asiatic Studies* 7, 1942, no. 1, pp. 52—88, fig. 10; W. Fairbank, *Adventures in Retrieval*, Harvard-Yenching Institute Studies 28, Cambridge, Mass.:Harvard University Press, 1972, p. 78; J. M. James, "The Dating of the Left Wu Family Offering Shrine," *Oriental Art* 31, 1985; fig. 2.)石上雕刻数匹马,一辆马车及三个站立的人物,画像内容与蒋英炬和吴文祺认为是左石室屋顶石之一所刻画的几乎完全一致。费慰梅发表此石时略去的数字如下:"光绪壬午二月九日,同长洲龚曾复得此石,即移室内,以公同好。蔡寿生又识。"

第三石呈三角形状,宽2.13米,高0.57米(中间),两边雕刻画像。一侧的图像已渐残,只隐约可见车马形象。另一侧的大幅图像刻画秦始皇捞鼎的故事。类似的图像可于左石室东壁见到。无疑,此石乃锐顶隔梁石部分,这说明武氏墓地肯定不止三座祠堂。不过,要确定此石是否属于假设中的第四所祠堂,也相当困难;我将在下章中讨论这个问题。蔡绂秋的题字如下:"是石两面皆画,与小松所得两面者无异,寿生记。"

【22】E. Chavannes, *Mission archéologique dans la Chine septentrionale*, Paris: Imprimerie Nationale, 1913: vol. 13, p. 21, n1.

【23】但根据陆和九《汉武氏石室画像题字补考》(北京:墨庵金石丛书,1926年),这些画像石于宣统年间(1909—1911年)被出售。

【24】陆增祥刻于济南金石保护所的题字,关野贞引《支那山东省に于けゐ汉代坟墓の表饰》,东京:东京帝国大学工科大学,1916年,104—105页。

【25】同上,74页。W. Fairbank, "The Offering Shrines of 'Wu Liang Tz'u'," *Harvard Journal of Asiatic Studies* 6, 1941, no. 1; fig. 9. [补:据Carry Y. Liu(刘一苇),照片中的两块石头并非"柱头",而是长方形的刻石,目前仍在武氏墓地(*Recarving China's Past: Art, Archaeology, and Architecture of the "Wu Family Shrines,"* ed. Carry Y. Liu, Princeton: Princeton University Art Museum, 2005, p. 9.).]

【26】蒋英炬、吴文祺《武氏祠画像石建筑配置考》,《考古学报》,1981年第2期,168—169页。

【27】同上,165—184页。

【28】黄易:《小蓬莱阁金石文字》,3页下。

【29】黄易:《祥瑞图跋》,1796年,见方朔《枕经堂金石书画题跋》(卷二),《石刻史料新编》(第二辑·十九),14254页。

【30】黄易:《前后石室画像跋》,1796年,见方朔《枕经堂金石

书画题跋》(卷二),《石刻史料新编》(第二辑·十九),14253页。

【31】W. Fairbank, "The Offering Shrines of 'Wu Liang Tz'u'," *Harvard Journal of Asiatic Studies* 6, 1941, no. 1, pp. 1—36; 蒋英炬、吴文祺《武氏祠画像石建筑配置考》,《考古学报》,1981年第2期,165—184页。

【32】冯云鹏、冯云鹓:《金石索》,上海:商务印书馆影印道光元年(1821年)邃古斋刊本,1934年,"石索",卷四,28页。

【33】容庚:《考释》,1936年,6页下。W. Fairbank, "The Offering Shrines of 'Wu Liang Tz'u'," *Harvard Journal of Asiatic Studies* 6, 1941, no. 1, p. 18. (又见:W. Fairbank, *Adventures in Retrieval*, p. 64.)

【34】关野贞(Sekino Tei):《支那山东省に于けゐ汉代坟墓の表饰》,东京:东京帝国大学工科大学,1916年,49—50、59—60、66—67页。

【35】同上,60—61页。

【36】W. Fairbank, *Adventures in Retrieval*, p.15.

【37】W. Fairbank, "The Offering Shrines of 'Wu Liang Tz'u'," *Harvard Journal of Asiatic Studies* 6, 1941, no. 1, pp. 2—3. (又见:W. Fairbank, *Adventures in Retrieval*, pp. 44—45.)

【38】同上,p.12. (又见:W. Fairbank, *Adventures in Retrieval*, p. 54.)

【39】秋山进午(Akiyama Shingo):《武梁祠复原的再检讨》,《史林》,1963年第6期,105—124页。

【40】蒋英炬、吴文祺《武氏祠画像石建筑配置考》,《考古学报》,1981年第2期,178页。

【41】参阅:W. Fairbank, "The Offering Shrines of 'Wu Liang Tz'u'," *Harvard Journal of Asiatic Studies* 6, 1941, no. 1, fig. 9 (又见:W. Fairbank, *Adventures in Retrieval*, p. 78); E. Chavannes, *Mission archéologique dans la Chine septentrionale*, vol. 2, pl. 144—146. (补:这个推论有误,见注释【25】。)

【42】见注释【19】。

【43】据沙畹,"左石室一"长111厘米,高63厘米,"王陵母"石长77厘米,高70厘米。(E. Chavannes, *Mission archéologique dans la Chine septentrionale*, vol. 13, p. 194. 另请参见附录三。)

【44】"左石室一"及"王陵母"石的花纹边饰或许能给我们估计原石的长度提供一些线索。这两石在上部边缘雕刻几乎完全一致的双菱形纹饰。"左石室一"上的这条花边从右边以半个双菱形图案开始。这个图案以完整的形式出现了两次,最右边靠近渐残处,却出现了紧挨着的两对双菱形图案。"王陵母"石上却只有分开的三对完整的双菱形图案。我们可以设想,这两对紧挨的菱形图案必定或是设计在石条的中间,或者是用作有规律的间隔图案。但第一个假设由于以下事实而难以成立:"王陵母"石上

所见是稍有泐残的完整的双菱形图案;而非标志左端尽头的半双菱形。我的两个假设是:(1)两对双菱形图案将完整的饰带分成三等分。其中一对双菱形如今出现在"左石室一"上,另一对双菱形只有一半残存,即我们在泐残的"王陵母"石右端所见。根据这个假设,原石的完整长度应该是200厘米左右。(2)三对双菱形原把饰带分成四等分。其中第三对双菱形刻于现已不存的、与"王陵母"石相连的部分。根据这个假设,原石的完整长度应是350厘米左右。以上两个长度都包括石两端无装饰的部分。据中国学者的复原估计,左石室西壁的长度是378厘米,前石室后壁长352厘米。这两个长度与我所做第二个假设的尺寸相接近。

【45】见蒋英炬、吴文祺:《武氏祠画像石建筑配置考》,《考古学报》,1981年第2期,167页,注2。

【46】关于这个石室的存在:蒋英炬和吴文祺在复原武氏祠后提出类似的建议。见蒋英炬、吴文祺:《武氏祠画像石建筑配置考》,180页。此外需要注意的是,关野贞将一小块端方旧藏的残石收入其1916年出版的书中《支那山东省に于ける汉代坟墓的表饰》,图210)。此石上端雕刻着三道平行的边饰,分别是卷云纹、菱形纹和水波纹,和雕刻在"第四石室"及武梁祠上的边饰几乎完全一致。因为武梁祠所有的石头完整无缺,此石必定来自"第四石室"无疑。它的下端以阴线刻着一只鸟及双鱼。类似的阴线刻可在前石室的挑檐枋石上见到——这似乎暗示我们这小块残石原先的位置可能是向外。

【47】W. Fairbank, "The Offering Shrines of 'Wu Liang Tz'u'," *Harvard Journal of Asiatic Studies* 6, 1941: p. 32.(又见:W. Fairbank, *Adventures in Retrieval*, p. 8.)

【48】E. Chavannes, *Mission archéologique dans la Chine septentrionale*, vol. 13, pp. 102—103; J. M. James, *An Iconographic Study of Two Late Han Funerary Monuments: The Offering Shrines of the Wu Family and the Multichamber Tomb at Holingor*, Ph. D. dissertation, Iowa University, 1983: p. 97.

【49】武开明碑铭从未被完整地著录过,概要性的记录见于赵明诚:《金石录》,1117年,见《石刻史料新编》(十二),8886页;参见:E. Chavannes, *Mission archéologique dans la Chine septentrionale*, vol. 13, pp. 103—104.

【50】E. Chavannes, *Mission archéologique dans la Chine septentrionale*, vol. 13, pp. 104—106; W. Fairbank, "The Offering Shrines of 'Wu Liang Tz'u'," *Harvard Journal of Asiatic Studies* 6, 1941: p. 8(又见:W. Fairbank, *Adventures in Retrieval*, p.50); J. M. James, *An Iconographic Study of Two Late Han Funerary Monuments: The Offering Shrines of the Wu Family and the Multichamber Tomb at Holingor*, pp. 101—102.(补:据洪适在《隶释》卷六中记载,武梁碑"长不半寻,广才尺许",此碑在宋以后佚失。)

【51】E. Chavannes, *Mission archéologique dans la Chine septentrionale*, vol. 13, pp. 96—101; J. M. James, *An Iconographic Study of Two Late Han Funerary Monuments: The Offering Shrines of the Wu Family and the Multichamber Tomb at Holingor*, pp. 98—100.

【52】E. Chavannes, *Mission archéologique dans la Chine septentrionale*, vol. 13, pp. 106—109; J. M. James, *An Iconographic Study of Two Late Han Funerary Monuments: The Offering Shrines of the Wu Family and the Multichamber Tomb at Holingor*, p. 103.

【53】很多学者赞同关野贞所做的一个类似的关系图(《支那山东省に于ける汉代坟墓的表饰》,1916年,28—29页)。

【54】E. Chavannes, *Mission archéologique dans la Chine septentrionale*, vol. 13, p. 166,参见:W. Fairbank, "The Offering Shrines of 'Wu Liang Tz'u'," pp.9—10.(又见:W. Fairbank, *Adventures in Retrieval*, pp. 51—52.)

【55】大村西崖(Ōmura Seigai):《支那美术史·雕塑篇》,东京:佛教刊行会图像部,1915年,56页。

【56】叶瀚:《中国美术史》,容庚引,见《汉武梁祠画像录》,北京:北平考古学社,1936年,4页上—5页下。大村西崖认为左石室应是武斑祠,原因是此石室的工艺制作与武氏墓地双阙相近,因此很可能是同时建立的。见《支那美术史·雕塑篇》,东京:佛教刊行会图像部,1915年,10页。见.W. Fairbank, "The Offering Shrines of 'Wu Liang Tz'u'," *Harvard Journal of Asiatic Studies* 6, 1941: p.33(又见:W. Fairbank, *Adventures in Retrieval*, p. 83.)

【57】W. Fairbank, "The Offering Shrines of 'Wu Liang Tz'u'," *Harvard Journal of Asiatic Studies* 6, 1941: pp.33—34.(又见:W. Fairbank, *Adventures in Retrieval*, pp. 83—84.)

【58】P. Berger(白瑞霞), *Rites and Festivities in the Art of Eastern Han China: Shantung and Kiangsu Province*, Ph. D. dissertation, University of California, Berkeley, 1980: p. 248.

【59】同上, p.252。白瑞霞再次错将武开明的儿子武荣当作武家的长孙。

【60】J. M. James, *An Iconographic Study of Two Late Han Funerary Monuments: The Offering Shrines of the Wu Family and the Multichamber Tomb at Holingor*, p. 238.

【61】同上, p.242。

【62】同上, p.290。

【63】K. Finsterbusch(芬斯特布施), *Verzeichnis und Motivindex*

der Han-Darstellungen, 2 vols. Wiesbaden: Otto Harrassowitz, 1966; P. Berger, *Rites and Festivities in the Art of Eastern Han China: Shantung and Kiangsu Province*, pp. 27—29; M. Powers (包华石), "Pictorial Art and Its Public in Early Imperial China," *Art History* 7, 1984, no. 2: pp. 151—154.

【64】南京博物院:《徐州青山泉白集东汉画像石墓》,载《考古》, 1981年第2期,137—150页。

【65】郦道元:《水经注》,上海:商务印书馆,国学基本丛书本,卷三十一,391页。

【66】同上,卷二十四,304—305页。

【67】同上,卷二十二,276页。

【68】中国社会科学院考古研究所:《新中国的考古发现和研究》,北京:文物出版社,1984年,433页。

【69】同上,413—415页。

【70】洪适:《隶释》,1166年,见《石刻史料新编》(九),6898页。R. C. Rudolph(鲁道夫), *Han Tomb Art of West China*, Berkeley: University of California Press, 1951, fig. 64—65; W. Fairbank, *Adventures in Retrieval*, pp. 25—26.

【71】T. T. Ch'u(瞿同祖), *Han Social Structure*, ed. J. L. Dull, Seattle: University of Washington Press, 1972, p. 5, pp. 8—9.

【72】同上, p.9.

【73】同上, p. 286, 309.

【74】同上, p.301引。

【75】据我所知,最早的墓上建筑遗存发现于安阳殷墟5号墓及坐落在大司空村的T311和T312号墓之上,都属晚商时期。见中国社会科学院考古研究所:《殷墟妇好墓》,北京:文物出版社, 1980年,4—6页;马得志等:《1953年秋安阳大司空村发掘报告》,《考古学报》,1955年第9期,25—40页。

【76】王仲殊:《汉潼亭弘农杨氏冢茔考略》,《考古》,1963年第1期,30页。Wang Zhongshu(王仲殊), *Han Civilization*, Trans. K. C. Chang(张光直), New Haven, Conn.: Yale University Press, 1982: p.210.

【77】陕西省文物管理委员会:《潼关吊桥杨氏墓群发掘简报》,《文物》,1961年第1期,56—66页。

【78】参见王仲殊:《汉潼亭弘农杨氏冢茔考略》,《考古》,1963年第1期,30—33页。

【79】徐宗元:《帝王世纪辑存》,北京:中华书局,1964年,109—114页;参见杨宽:《中国古代陵寝制度研究》,上海:上海古籍出版社,1985年,附录二。

【80】杨宽引:《中国古代陵寝制度研究》,208页。

【81】T. T. Ch'u, *Han Social Structure*, p.10.

【82】杨树达:《汉代婚丧礼俗考》,上海:商务印书馆,1933年, 197—206页。Wang Zhongshu, *Han Civilization*, p.210.

【83】亳县博物馆:《亳县曹操宗族墓葬》,《文物》,1978年第8期, 32—45页。

【84】T. T. Ch'u, *Han Social Structure*, p. 4, 8—9, 11.

【85】本书英文版出版后,武氏祠保管所在保管所院内东南部发掘了两座墓葬,均以石材构造。每个墓由前室、前室旁两侧室、主室以及围绕主室的回廊组成。由于两墓在发掘前被盗,无法推测埋葬的人数。发掘报告见蒋英炬、吴文祺:《汉代武氏墓群石刻研究》,济南:山东美术出版社,1995年,119—127页。

【第二章】

武氏祠研究的历史回顾

A Historiography of the Study of the Wu Family Shrines

当武氏祠遗存吸引了学术界的注意,对这些古文物睿智的或随意的解说便随之开始。尽管大多数研究者同意这些石刻对我们理解历史的意义重大,但每个缔察者都不免受限于其所处时代及当时流行的学术缩念。人的判断很难做到不偏不倚,每个人只能看到其目力所及之处。

不过渐渐地,个体的研究集腋成裘,为进一步的探讨打下越来越深厚的基础。对旧说的不满足使得学者们不仅不断纠正以往的错误,而且还致力于建构起新的方法论和理论模式。这样一来,当新来者进入这个领域时,总会发现自己被拽往两个方向:一方面,他必须一步步地追寻和重构历史中武氏祠的遥远过去;另一方面他也必须走进另一个历史——一个有自己独立生命的、不断发展的学术传统。他既要沿着这个传统走,又要不时地抗拒它,以便发现更丰富的过去。

这个学术传统是本章的主题。在接下来的讨论中,我将追述武氏祠研究中各种不同的焦点及研究方法,进而勾勒出汉画像艺术的史学脉络,最终达到关于这个艺术的一种新解说。

传统学术

对武氏祠的研究始于宋代兴起的古器物学，或称金石学。宋人对古器物的热衷以至研究是传统史学中的一个新发展。尽管对古物的兴趣在宋代以前就已存在，而且也有收藏古董的记载，[1]但只是从11世纪中期起，古器物学才变成文人士大夫的时尚而且发展为专门的学问。这种潮流是随着著录私家古物收藏而出现的。嘉祐（1056—1063年）年间一个叫刘敞的官员印行了著录其收藏的《先秦古器记》，在序言中首次系统地阐述了研究古代青铜礼器的方法。他认为这种研究需从三方面入手：古礼专家必须断定这些器物是如何被使用的；谱系学家必须决定历史名词的传承；而金文家则必须释读铭文。[2]刘敞之后，古物收藏变成时尚，坊间亦出现了更多的私家收藏著录。

宋代以降，古器物学获得了"金石学"之名，因为"金"（青铜器）和"石"（石刻）几乎构成了古物研究的全部内容。这两个类别的一个重要区别在于前者收藏器物，而后者的兴趣则在于保存铭文拓本，而非石碑或画像石本身。北宋文献中经常提到拓本是当时重要的商品。[3]南宋时期的情况仍然如此，如《清波杂志》记载秦汉碑刻的拓本在社会上的需求量很大，行旅商人会将这些石碑拓本从北方携至建安，然后又转至长江以南的其他地区以高价出售。[4]通过这种途径，早期金石学家得以收集到大量石刻拓本。欧阳修可说是最早著录石刻拓本的人物之一，据说他收藏的拓本达千件之多。[5]他所撰之《集古录》成书于1061年，著录了四百二十四件拓本，而这只是他的部分收藏。[6]如前所述，此书乃现存最早的著录武氏墓地遗迹的古代金石著作。

宋人收藏和编撰石刻拓片的一个主要动机是希望保存易受破坏及战乱损毁的古代铭文。洪适曾在对武氏墓地石刻的早期研究中扮演重要角色。他在读到《水经注》中所录汉代石碑时说："陵迁谷变，火焚风利，至宣、政和间（1111—1125年）已亡其十八。"[7]对于宋代的古器物学家来说，保存铭文乃是文人士大夫义不容辞的责任，因为这些古代遗留下来的文字具有重要的史料价值，可用以补充和纠正存世的文字记录。另一位武氏祠早期研究中的重要人物赵明诚就明确提出了这样的看法:"若夫岁月、地理、官爵、世次,以金石刻考之,其抵牾十常三四。盖史牒出于后人之手,不能无失,而刻词当时所立,可信不疑。"[8]

这段文字清楚地显示出宋代石刻研究的基本倾向。其中有几点尤其值得注意。首先,宋代金石学家(或古器物学家)通常是历史学家而非艺术史家。受传统史学的影响,他们视"过去"为一系列具体事件的集合,因此研究者的职能是调动包括石刻铭文在内的一切资源去记录这些事实。[9]其次,由于将古代石刻作为史料看待,宋古物学家自然将研究重点建立在对资料的调查和考证上,因此他们对材料所做的记录精确严谨,令人赞叹。再者,当评估石刻美学价值的时候,宋金石学家常常专注于铭文的书法而非画像的风格。这几项特点在宋人对武氏祠遗存的研究中都显而易见。

有意思的是,尽管宋代学者也收集武梁祠石刻画像的拓本,但他们对图像的兴趣远不如他们对画像榜题的兴趣浓厚。这种态度可以很清楚地从赵明诚的著作中看到。另一位南宋学者史子坚在一段评论中表现出相同的态度:"东州冢间得三碑,高广各五六尺,皆就石室壁间刻古圣贤义夫节妇及车马人物。其质朴可笑。然每事各有汉隶数字,字止五六分,笔法精隐,可为楷式。"[10]

第一位真正对武氏祠画像表现出兴趣的学者是南宋的洪适。和前人不同,洪适将武氏墓地的材料分为各自独立又相互关联的两大类:铭文和画像。他将铭文录在《隶释》一书中,然后又将画像编在《隶续》中,使得材料更加完备。在后一书中,他在画像的木刻复制图版后附有自己的评论。(图24)从艺术史的角度讲,这些评论可以说是现存对武氏祠画像乃至整个汉代画像艺术最早的研究。洪适曾作如下的观察:

右武梁祠堂画记,自伏羲至于夏桀,齐公至于秦王,管仲至于李善。及莱子母、秋胡妻、长妇儿、后母子、义浆羊公之类,合七十六人。其名氏磨灭与初无题识者,又八十六人……范史《赵岐传》云岐自为寿藏图,季札、子产、晏婴、叔向四像居宾位,自画其像居主位,皆为赞颂。以献帝建安六年卒,冢

图24 洪适《隶释》卷六中的两页。(《石刻史料新编》, 7131—7132页)紧接着武梁祠画像复原图的是洪适对画像内容以及汉墓葬艺术文献记录的讨论。

在荆州古郢城中。汉人图画于墟墓间,见之史册者如此。《水经》所载则有鲁恭、李刚碑碣,所传则有朱浮、武梁。此卷虽具体而微,可使家至而人皆见之。画绘之事,莫古于此也。[11]

尽管简短,这一评论揭示了当时金石学者研究汉画像艺术的一些重要观点。首先,他们通过释读伴随画像的榜题来确定画像的主题。第二,他们通过研究传世文献而了解建筑物的礼仪功能。第三,他们把具体的石刻与著录于史书中的其他例子相联系,进行考证式的比较研究。由此,这些石刻画像既是宏观历史的组成部分,又拓展了研究者探究宏观历史的能力。事实上,这三种研究艺术作品的方法自然而紧密地与传统中国古器物学的一般方法相联系。因此毫不奇怪,从武氏祠画像拓片和对其的评论出现伊始,对这些画像的研究就一直沿着古器物学的方向行进。

宋代以后,经过大约五百余年的古器物学的低潮期,武梁祠研究重又复兴。此次复兴是在清代乾隆年间(1736—1795年)古器物学兴盛的背景下发生的。黄易于1786年对武氏祠的发掘,以及随后搜寻石刻的热潮,乃是这一知识和学术潮流的重要组成部分。其结果是清代古器物学精神又一次决定了研究武氏祠画像的主要方向。

尽管与上隔元明两代的宋代金石学有别,清代金石学在本质上仍是前者的延续,依然格外重视以实物作为研究证据。正如清代金石学先驱者顾炎武所说,研究古代石刻的基本原因是因为石上所刻之史实,即其"抉剔史传,发挥经典"的作用。[12]相较于宋代金石学家,清代金石学家更重视古代金石文字在证经补史方面所扮演的角色。现代学者朱剑心解释说:"顾炎武、朱彝尊辈重在考据,以为证经订史之资,此风一开,踵事者多,凡清人之言金石者,几莫不以证经订史为能事。"[13]

别具意味的是,对大多数清代学者来说,"史"是可以检验和纠正的,而"经"却不容新材料的挑战。[14]这一态度深刻影响了清代武梁祠石刻的研究。1789年,也就是黄易完成其发掘和保护武氏祠画像的那一年,翁方纲刊行了《两汉金石记》,标志着新一轮武梁祠研究的开端。八年之后,阮元出版了更为详细的《山左金石志》,这两本书代表了具有浓厚儒学传统的清代金石学主流。到清末之际,三十多名学者步其后尘,殚精竭虑,投身于记录和评论武氏祠石刻画像的工作。[15]一旦这些学者将石刻视为证经补史的材料,对美术形象的解说便不可避免地建立在文献学基础之上。举"孔子见老子"石刻来说(图25),阮元在《山左金石志》中的解说尽力使图画与儒家文献中有关的记载相吻合。比如他认定画像中孔子的马车夫是其学生南宫敬叔,而另一个身形稍小者则为孔子的随从,凭据为这两个人都在史书中有载。阮元还以为画像中孔子所执之鸟必为斑鸠,因为他拜访老子时的身份是史,而据《周

图25 "孔子见老子"石,1786年出土于武氏墓地遗址。拓片。(沙畹,1913,第二册,图71,第137)

礼》,官吏在正式会晤时需执一只相应的鸟以示身份。但阮元在发展这种解释的时候也面临一个难题:画像中孔子见老子的地点是在路上,与文献所记载的场所不同。为了调和这个矛盾,他自圆其说地认为老子一定是在去都城谒见鲁昭公的路上遇见了孔子,而后者是鲁昭公派遣去向老子问礼的。[16]

由于这批清代学者知识渊博,儒学根底深厚,他们的考证极大地丰富了对武氏祠的研究。从现代艺术史的角度来看,他们对形形色色的画像主题的识别大致上等同于图像志研究(iconographical study)。然而,清代学者之工作目标是为了将新的考古发现纳入到那无所不包的儒学研究的框架中去。这一宗旨甚至在其观察及记录视觉材料的方式上也显现出来。对于这些学者来说,文字著录远比视觉表现更重要。当检验一幅画像的时候,他们一般首先着手寻找和释读铭文,因为铭文可以有效地帮助他们在图像及古文献之间搭起桥梁。假如孔子及老子的名字没有被镌刻于"孔子见老子"一石的主要人物旁边,清代学者将很难断定这幅画像所绘乃是这两位先贤之会晤。如果不是根据这些榜题,他们中少有人敢于忽略图画中诸如会面地点这些不符合文献记载之类的疑点。我们可以认为清代学者实际上视汉代石刻为"文献",并竭尽全力把图画转化为文学形式。

因此毫不奇怪,尽管有清一代金石学家都赞美武氏祠石刻画像,视其为无价之宝,但这些画像石在出土后的几十年间却从未被出版印行过。反之,这其间却有超过十位重量级的学者在其金石著作中,以文字的形式详细描述和评说武氏祠画像石。他们记录下每石的形状,以及上面所刻的建筑、树、动物和鸟。对他们来说,描述画像远比复制它们来得重要。因为只有在文字的层次上,这些画像石才能与写在纸上的儒家经典相联系和对应。

对武氏祠石刻文字价值的重视导致了另一个学术趋向,那就是研究这些石刻的拓本。前面已经提到,早在宋代,学者们绝大多数的情况下研究的对象即是拓本而非石刻本身。年复一年,碑刻上的铭文暴露于自然之中且被不停拓印,渐渐磨泐剥蚀。于是对后代学者来说,获得好的(或者说早的)拓本就成为进一步释读铭文乃至在研究上有所突破的前提。这种研究中的实用考虑被传统金石学家的另一个特点所加强:他们同时也是古物收藏家。唐宋拓本极其罕见,因而也就极富价值。就连黄易本人也从未刊行拓自其发掘的武氏祠石刻的拓片,而是印行了他收藏的所谓"唐拓",尽管这份拓本只包含很小一部分武梁祠画像。

当一件稀罕的拓本被装裱成册页形式,进入古物收藏家之手,石刻画像便全然转化成了纸本绘画。也许只有从这个角度我们才能理解为何清代古器物学家有关这些画像艺术价值的评论,大多出现于裱好的画像拓本后的题跋里。举例来说,在众多题于黄易"唐拓"后的跋中有一则为龚翔麟所题,其中写道:

> 武梁祠堂画像,汉镌唐拓,有宋洪景伯收入《隶续》中,当时已叹为难得,况又隔五百余岁乎?汉人碑碣石阙,刻山林人物画绘之事,莫古于此。王厚伯云,顾恺之、陆探微辈尚有其遗法,至吴道子始用巧思,而古意遂减,今此本尚在人间,岂非天下奇宝?[17]

尽管相当感情化,这类评论把汉代石刻的风格特征与后代文人画家的作品联系比对,因此将这些工匠创作的作品纳入了那古老而又有自己独特流变的绘画史的领域。

19世纪以来的综合研究

属于传统金石学范畴的武氏祠石刻研究建立在经史之学上,主要关注铭文,对画像富有启发的观察与评论只散见于著录与题跋中。但随着1821年冯云鹏和冯云鹓《金石索》的刊行,一个大变化发生了。从那时起到20世纪初,武氏祠研究中的一个新特点是对不断丰富的研究材料和学术成果进行综合,并将这种研究纳入到考古框架,即对武氏家族墓地的考察。

白瑞霞(Patricia Berger)曾说,"人们对武梁祠上复杂的画像的兴趣直到19世纪冯云鹏撰写《金石索》时才真正高涨起来。"[18]尽管这种说法并不完全准确,因为宋代的洪适已经显示了对武梁祠画像的兴趣,[19]但冯氏著作的刊行在武氏祠研究史上无疑是个转折点。早期金石著录的作者们不是全力把图像转换成文字形式,便是尽量复制来自罕见拓本的少数图像。冯氏与他们的不同之处在于他印行了几乎所有的武氏祠画像,[20]而且在每幅画像后都附有评说,主要着眼点是考订图画的内容。

粗看起来,冯氏的评说仿佛与清代另一些学者对武氏祠画像的讨论没有多大区别,因为他们都重视每幅图像的文献出处。然而,冯氏却是从相反的角度去对待文献。对他来说,经史文献不再仅仅是画像描绘的内容,而是为研究这些视觉材料的意义提供了必要的证据。甚至铭文也不再是辨认图像内容的唯一基础,他认为图像自身具备"图像志"(iconography)的因素,可以把图绘的

图26 《金石索》中的两页。(冯云鹏,冯云鹓,1821年,《石索》,卷四,12—13页)冯云鹏的评语写于图画的三个边缘,它们有不同的用意:右边的文字说明画像在祠里的位置;底下的短铭文说明画中主要人物为何人;左边的评语则为画像提供文献的资料。

人物和故事与文献联系起来。(图26)在这种新的方法论的基础上,他得以超越前人,辨认出许多缺乏榜题的重要画像,如西王母、东王公、北斗、雷神及海神等等。与其新的思维方法相适应,冯云鹏根据榜题与图像原来的共存关系将它们在书中置于一处。这种新的编撰风格代表了资料分类学的一个重要发展。其结果是读者可以通过文字材料和图像的相互关联理解武氏墓地的石刻遗存。这种对图像、文字及考古材料的综合随即成为武氏墓地综合研究的基础。

《金石索·石索》中的卷三和卷四可以看做是第一部武氏祠资料全集。紧接着这部书的是瞿中溶的《武梁祠堂画像考》,这是一部纯粹研究武氏墓地石刻铭记和画像的专著。继这二书后,一系列由中、日和西方学者所撰的综合性研究著述相继问世。

法国学者爱德华·沙畹(Edouard Chavannes)于1891年首次访问了武氏墓地,并于1893年出版其两部皇皇巨著中之头一部——《中国汉代石刻》。他于1907年再次访问了该遗址,其后完成第二部更为翔实的著作《中国北方考古记》(1913年出版)。1907年,日本学者关野贞(Sekino Tei)也前往武氏墓地进行调查,并于两年后出版了一部初步研究汉代石祠及画像的著作。在此基础上再加增订,他又于1916年出版了装帧精美的《中国山东省汉代坟墓的表饰》。大村西崖(Ōmura Seigai)的集大成之作《支那美术史·雕塑篇》出版于1915年。1936年,容庚完成了其研究精到的《汉武梁祠画像录》。这一波武氏墓地石刻研究热的最后代表之一是林仰山(F. S. Drake)的文章《汉代石刻》(发表于1943年)。在文章的第一部分"武梁祠系列"中,作者简要而翔实地概括了此前有关武氏祠的研究情况。

上述著作的结构和内容都惊人地相似。从图表2.1或可看出这些作者在"综合性研究"特质上的类同。就方法论而言,沙畹出版于1893年和1913年的两部专著是这些研究中最早,而且也是最佳的例证。虽然由于遗址的发掘不断开展,较早的研究不可能包括稍后出现的材料,但是总的来说,这些著作的最大不同在于各自的语言而非研究方法。有意思的是,四种主要的武梁祠专论是以法、日、中、英四种文字写成的。再加上德国学者奥托·费雪

(Otto Fischer)的研究,[21]这些著作在世界性的范围内为艺术史家提供了有关武氏墓地系统的、编排有序的材料。

图表2.1
武梁祠综合研究

活动	沙畹 1893 1909	关野贞 1909 1916	容庚 1936	林仰山 1943
调查武氏墓地遗址	×	×		
对前人的研究作历史性回顾	×	×	×	×
详细记录墓地遗存	×	×	×	
判断祠堂年代	×	×	×	×
判断祠堂所属	×	×	×	
描述祠堂建筑结构	×	×	×	
描述石刻画像并作图像学研究	×	×	×	×
对汉代墓葬艺术作历史性回顾		×	×	×

就其综合性而言,这些著作从本质上来说均为传统武氏祠研究的进一步发展。它们最感兴趣的仍是画像的主题,间或讨论考古发掘,而关于石祠的结构和古代墓葬艺术历史纪录之类的问题则完全基于前人的观察和记录。这些综合性论著的最大贡献在于以下三个方面的发展。

首先,如前所述,大多数清代金石学家为正统的考据学理论所囿,忽视完整而全部地复制石刻画像。虽然冯云鹏在他的《金石索》中尽可能地刊印石刻画像,但是由于当时的木版印刷技术要求将画像雕刻于板上,因而许多细节常常在此过程中被遗漏或刻错。照相制版印刷技术的发明和引进使得"综合研究"派学者们能够直接复制拓本。沙畹、关野贞、大村西崖和傅惜华四人所编的图录就是这方面的佳例。对研究武氏墓地石刻的学人来说,它们是极有价值的材料。尽管每部图录各有缺陷,但综合起来使用,它们提供了一份完备的武氏祠石刻的视觉材料。[22]

第二,新的综合性研究将其焦点放在两个方面:一是武氏家族成员的关系;另一个是石祠建立的年代以及它们可能的主人(有关这方面的讨论,参见本书第一章)。显而易见,学者们对这些问题所做的推测与新的方法论有紧密的关系,可以看成是对资料重新分类所产生的有益结果：一旦铭文和画像被视作互为关联的"历史"信息，对它们的解说就变得你中有我，我中有你了。

对材料重新分类引出的学术趋向所关注的第三个问题是根据画像与祠堂建筑结构的关系而为其分组，并在此基础上进一步研究画像内容。早在黄易的写作中已能见到这种考虑的端倪，[23]但现代研究者在进行综合性研究、对画像做更为完整的研究时，他们采纳了更全面的题材分类法。比如，林仰山把武氏祠石刻的所有画像母体分为如下几类：1.历史景象，2.生活景象，3.祥瑞图像，4.神话主题。[24]容庚则以建筑结构为叙事框架，依次描述画像细节：

> 今以一、二、三石相连而观之，第一层为古帝王十人及节妇梁高行、秋胡妻、义姑姊、楚昭贞姜、代赵夫人、梁节姑姊、齐继母、京师节女八事。第二层孝子曾子、闵子、老莱子、丁兰、伯榆、邢渠、董永、朱明、李善、骑都尉、三州孝人、羊公、魏汤、赵□□、孝孙十五事。第三层曹子、专诸、荆轲、蔺相如、范且、豫让、聂政、无盐八事，属于刺客五，其它者三……层次井然。[25]

由于这些从事综合性研究的学者们尚未对武氏祠堂做系统的建筑复原，[26]他们对"图像系统"的讨论因此只限于武梁祠——武氏诸祠中最简单、从建筑上而言却又是确凿无疑的一座，但他们对图像的分类以及对图像和建筑之间关系的探索无疑给以后的艺术史家和建筑史家提供了重要启示。

现代研究

艺术史研究中的主要趋势

1881年，卜士礼（Stephen W. Bushell）第一次将一套武梁祠拓片带到了欧洲。这些不寻常的艺术作品在柏林的东方议会召开前呈现于西方观众眼前，然后在南坎辛顿博物馆（South Kensington Museum）被拍成了照片。[27]1886年，一位叫米尔斯（D. Mills）的英国军官在途经嘉祥时参观了武氏祠石刻保管室。

他请人制作了一套拓本,在回到伦敦后将它们赠给了大英博物馆。[28]五年之后,沙畹访问了该遗址。他的《中国汉代石刻》出版于1893年,成为西方第一部研究武氏墓地的专著。虽然他的综合性研究是以中国传统学术为基础的,他的解说以及书中复制的精美图片(这点或许更重要)激发了西方艺术史学者对中国汉代艺术的兴趣。

从一开始起,西方艺术史家对汉画的研究便与传统的中国金石学家不同。如前所述,石刻及铭文在中国一直是一般性历史及文献研究的对象。许多学者事实上认为铭文的价值超过画像。传统中国美术研究尽管在其思想深度和成熟性方面令人印象深刻,但多专注于独立艺术家的绘画作品,而非无名工匠的石刻艺术。然而西方美术史在传统上就把这类石刻当成珍贵艺术品——从古埃及和希腊的庙堂到中世纪的教堂雕刻无不如此。许多美术史家投身于这一领域的研究,或求证石刻的作者,或研究其雕刻技术、创作时间和地点。更重要的讨论对象是图像的内涵和功能以及它们的艺术形式和美学价值。简而言之,他们所致力建立的是这类艺术品在美术史上的独特地位。因此毫不奇怪,当沙畹把武氏墓地石刻介绍到西方后,人们马上被这些石刻中的画像所吸引,而只把铭文用作研究图像内容的辅助证据。可以说,这些西方学者主要是站在艺术史而非一般历史的角度来研究这些古代石刻的。

与中国学者不同,西方艺术史家还常常对汉画中的某种"异国情调"而激动。武氏祠画像独特的表现手段,它那浅平、线性的表现技法以及无焦点的构图方式,都使西方学者们迷惑不已。在他们看来,这些艺术特征与文艺复兴以后的西方艺术风格大相径庭,而这些初始的迷惑随即引发出以下两个问题:1. 这些古代中国美术作品是否表现了一种与文艺复兴后西方艺术全然不同的视觉、思想或心理逻辑?2.虽然文艺复兴后的西方艺术和这些浮雕看似截然不同,但是否它们的发展仍旧基于某种普遍的模式?这两个问题就其基本性质而言都是比较性的,因此可能存在两种截然相反的答案,它们各自为进一步的探讨提供了基本的解释模式或设论,这也最终反映在研究武氏祠画像之形式和内容的理论和方法论中。

形式分析

在米尔斯将自己那套武氏祠石刻拓本送给大英博物馆那年即1886年，威廉·安德森（William Anderson）在《大英博物馆图录》中简要地概括了中国艺术的风格。今天看来他的观察饶有兴味，因为它代表了那个时代西方美术家对中国艺术的基本观念。在安德森所总结的中国艺术的五个特征中，第一个关系到描绘方式，第二个关系到构图原则：

> 1.书法入画：对轮廓线之美与丰富笔触的追求超过对形体的科学观察。
> 2.等距透视：只有极少数纯中国派的作品以及一些佛教绘画能够反映出某种初级的线性透视观念，采用了向一个消失点聚焦的线条。但是即便如此，这些线条基本上是平行的，消失点的位置也是错误的。此外，对距离的表现也反映出艺术家缺乏睿智的观察。[29]

在这里，安德森将中国艺术的性格及特殊性质与西方艺术"科学"、"睿智"的观察相对照。不过也有一部分西方学者已经开始质疑运用西方焦点透视法来分析中国艺术是否合适。马利（M.R. Marguerye）所写的文章就强烈表达了这种看法：

> 如果希望正确地观赏中国艺术，西方人必须忘记其内心的先入之见，而且必须抛开其所受过的艺术教育、批评传统，以及脑中所积累的从文艺复兴到今天的所有美学的包袱。他们尤其要克制自己，不要将中国画家的作品和任何一幅西方名画做比较。[30]

虽然精神可贵，马利的建议却难于真正实行。实际发生的情况是许多西方艺术史家往往反其道而行之，运用自16世纪意大利批评家瓦萨里（Giorgio Vasari）以来在西方艺术史研究中渐趋公式化的形式分析模式来解读武氏祠画像。在诸多这类理论模式中，最著名的一套是由瑞士学者沃尔夫林（Heinrich Wölfflin，1864—1945）所创立。沃尔夫林认为艺术是根据其内在法则而发展的。他通过比较文艺复兴鼎盛时期和17世纪的艺术得出五对相反的概念:线条与图绘;平面与纵深;封闭与开放;多元与统一;清晰与相对不清晰。他将这五对概念称作是"艺术表现的普遍形式"[31],意思是每对概念中从前者到后者的转化并不限于一个特殊的历史阶段,而是发生在任何美术史演进中的必要过程。

当沃尔夫林的弟子柏克豪夫(Ludwig Bachhofer)提出一套有关中国绘画发展的理论的时候(西方艺术史家多把浅平的画像石归类为绘画),[32]他将沃尔夫林的五对对立概念简化为一对,即"二维与三维的再现",将其当作衡量中国艺术发展的不容置疑的基本尺度。他写道:"许多世纪的努力为15世纪的欧洲绘画铺平了道路,使它能把空间表现为一个包罗万象、毫无限制的统一体。……在远东也是一样,当初步目标达到之前,现实主义一步步地发展并经历了很多世纪。"[33]

以欧洲绘画的演进过程为典范,西方艺术史家假定中国绘画艺术的目标同样是"现实主义"或"自然主义"。在这种进化论式的解读中,用柏克豪夫的话来说,武氏石刻被认为是代表了一种"空间意识没有得到充分发展"的风格,其特征为图像的严格轮廓,剪影般的表现方式,以及"混合地平面和立面"[34]的做法。柏克豪夫进而以空间表现及相关的视觉因素为基础建立起汉画风格的年代学。从南武阳石阙到孝堂山祠堂(参见图74、75),再到武氏祠、

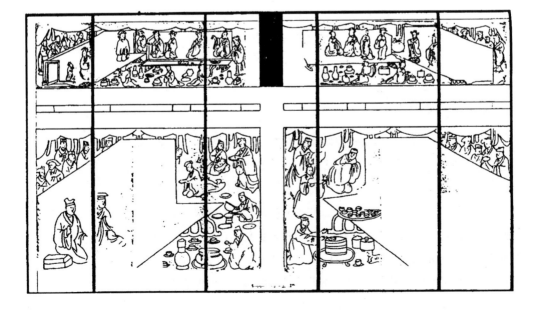

图27 朱鲔祠后壁里面,两幅大的宴饮图反映出很强烈的透视感。费慰梅作复原及线描图。(费慰梅,1942,图9)

朱鲔祠石刻(图27),最终到波士顿美术馆收藏的山墙绘画,汉代画像艺术的发展被视作是朝着三维方向进化的一个技术性的发展过程。由于武氏石刻反映出不够发达的空间意识,柏克豪夫推断它们比朱鲔祠要早。但实际上许多学者认为朱鲔祠比起武氏祠要早一个世纪左右。[35]

20世纪40年代,美国艺术史家罗利(George Rowley)和索珀(Alexander Soper)各自对中国艺术发展史的观念进行了反思,同时也都重新检验了武氏墓石刻。在最根本的设论上他们两人都肯定了沃尔夫林和柏克豪夫的假设前提。尽管罗利强调了中国及西方艺术的文化差异,[36]但他认为两者的发展是平行一致的:

> 中国绘画的发展证明中国文明的确是与时俱进的,其进化可以和希腊艺术的演进相比较,包括古风、古典和希腊化这三个阶段。对于使用文明作为尺度的艺术史家来说,这三个阶段以三种不同的表现方式来揭示其自身:线性平面、立体结构和图画的表现。[37]

武氏石刻被置放于这个系统中的第一阶段。同样,对于索珀来说,不断积累手段以在绘画中征服三维空间是中国和西方艺术表现的共同趋势:"这种进程毫不奇怪,西方的先例早已为我们(研究中国艺术)提供了类似的圆满结论。"[38]

不过,这两位艺术史家并没有停留在此类当时流行的观点上。罗利没有固守形式分析法,反之,他在"人对自身及周围世界的理解能力"的基础上建立起三种风格区分。[39]这种想法引导他去探讨在不同发展阶段中使"中国画之所以为中国画"的品质。从这个角度看来,武氏石刻那平面和线性的表现特质是他所称的"理念艺术(ideational art)"的最佳范例。罗利用这个术语来形容汉代艺术的一般特征,即汉代艺术的视觉表现形式是极为理念化的,在其中任何明显的个性化痕迹都被剔除掉了。[40]

另一方面,不满足于对所谓"武氏风格"的简单归纳,索珀提请关注武氏祠画像中一些富于意味的细节。他认为这些细节展示出的创新性与一般而言带有保守倾向的"武氏风格"截然不同。比

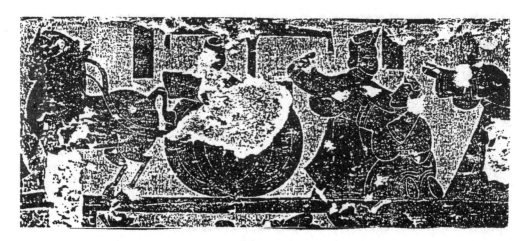

图28 孝子闵子骞故事。前石室第七石上的画面。拓本。(沙畹,1913,第二册,图49,第104)

如说在"孝子闵子骞"的画面中(图28),儿子被表现为跪于父亲前面,背向观者,这两个主要人物组成了一个值得注意的三维组合。相似的一个例子出现在"荆轲刺秦王"图像中(图29),画面上有三个人物前后叠压,造成空间层次。索珀还注意到若干其他例子,在那些画像中人物常常半匿于柱后。他把这些细节均解释为艺术家在试图表达"深度关系"方面所做出的努力。【41】

因此,对索珀来说,武氏祠浮雕代表了一种特殊的艺术风格,它一方面是"几乎完美的平面再现,缺乏背景,对半侧面表现方法一无所知";另一方面,这些石刻又展露出一些细微的创新,表明存在着更为进步的艺术风格。为了解释这种似乎矛盾的现象,索珀将汉代艺术的发展区分为王都和外省两种风格,后者以前者为典范。随着时间的推移,过时的王都风格得以在外省保存,因为那里"远离中心并与宫廷缺乏紧密联系"。索珀将这种理论运用到对武氏祠石刻的分析上,从而得出以下结论:"那些由统治者下令画于宫廷中、遐迩闻名的图画以古典文学和史籍为主题,成为被广泛模仿的原型。在变化缓慢的外省艺术中,这些画面会在很长一段时间内被反复仿制而没有根本性的变化。由于这种情形,武氏石刻里既包括相对较晚、比较'现代'的风格,又包括或许早到武帝时代(前140—前87年)的图像类型。"【42】

索珀在把地域分布和文化传统的观念引入风格分析之后,又马上着手考虑画像作者的问题。他比较了武氏祠和朱鲔祠画像的雕刻风格,将二者差异总结如下:"武氏祠画像乃是由受雇

图29 荆轲刺秦王。左石室第七石上的画面。拓本。(沙畹, 1913, 第二册, 图60, 第123)

的工匠所刻,其所运用的表现方式沿袭当时广为流行的模式;其工艺技巧是公式化的而非个人的。与之相反,朱鲔祠的画像是由某个卓越的艺术家为特殊的纪念目的所刻,两者由此形成了鲜明对照。"[43]

其他一些20世纪学者也注意到地域分布在研究多样化的汉画像石风格方面的意义。早在1914年,法国考古学家色伽兰*(Victor Segalen)就调查了四川盆地的石刻。[44]中国学者关百益和孙文青则自1927年起系统地介绍河南南阳的石刻。[45]1958年,第三种地方画像石风格即陕西风格被介绍到西方。[46]在这种研究氛围中,包括武氏祠石刻在内的山东浮雕被看做汉代画像艺术的一支地方传统。[47]此外,自1950年以来,山东江苏一带出土了大量画像石,这些发现证明甚至在山东传统内部也存在地域差别。[48]这样一来,以一种新的模式来阐释汉代画像艺术,不但考虑其年代的因素同时顾及其地域的变化,就成了艺术史家的一项任务。时学颜(Hsio-yen Shih)在其写于1961年的博士论文中首次尝试着去解释这些现象。

时学颜的论文大概可以看做迄今为止最雄心勃勃的对汉代艺术的形式分析研究。她在讨论中使用了一系列的形式准则,如动感的表达,线的品质,以及雕刻技法等等因素,试图纯粹以风格为基础展示出汉代艺术的发展脉络。在这些因素中,最重要的一项仍是空间感,从二维到三维的发展仍被视为艺术演进的普遍准则。经过一番细致的比较和分析,她得出以下有关风格年代

* 又译谢阁兰,此处沿用传统译法。——译者注

学的结论:

> 公元1世纪的艺术家们尚受限于二维的画面,而古老的观念又要求他们在表现每一主题时都能融入尽可能多的信息。因此,他们把不同的形象要素以平面或立面的形式加以单独呈现,把空间中的物体减缩为一种线性联系。到了2世纪,艺术家们意识到图像的视幻性与对形体的理性认识之间的区别,他们竭力在二维的平面上创造出令人信服的现实中的形象,而这种努力以区分绘画平面和图像空间为开端。[49]

时学颜相信山东的画像石是上述发展过程中最初阶段的例子,而河南的浮雕石刻乃是根据山东模式而创作的。不过河南画像"发展了其独特的图像志,强调道教内容","因而使自己得以逐渐摆脱山东地区僵硬、程式化的绘画及雕刻技法",而"臻至更生动的风格"。同样,陕西北部和四川最早的风格也基于山东和河南的"原始"型画像。随着时间的推移以及来自山东画像发展的新的刺激,四川的刻工"逐渐形成了一种描述性的、自然主义的绘图方式,这种方式与他们对较随意的风俗题材的兴趣相适应,进而使他们创造出画像砖这种更具可塑性的艺术材质","并使浮雕在空间表现及表面装饰性方面迈出了一大步。"时学颜总结说,"当所有地区都成功解决了二维空间上的图像表现问题,……图绘和浮雕技术似乎已获得令人满意的结果",因此导致了一种统一的风格。[50]对她来说,通过对风格的形式分析,学者可以把包括武氏祠在内的所有时间、所有地区的画像组群排列在一条空间意识不断被觉悟及图像化的链条中。柏克豪夫首创的"二维—三维"发展模式似乎在这里获得了最大的成功。

然而,就在柏克豪夫的研究发表之初,他的见解及其先决的理论框架就已受到一些艺术史家的批评。这些人包括本杰明·罗兰(Benjamin Rowland)、奥托·梅兴—黑尔芬(Otto Maenchen-Helfen)以及本杰明·马屈(Benjamin March)等。马屈指出武氏祠石刻与众不同的透视方式乃是有意选择而非对三维空间无知的结果,而这种"选择"则是由一套与西方根本不同的艺术传统所决定的。[51]响应这种观点,一些艺术史家以中国传统的艺术倾向、图像设计技术及雕刻工艺来解说武氏祠石刻的艺术风格。早在1937年,中国学者滕固以"拟绘画"一词来形容以武氏祠堂石刻为典型的山东画像石,而以"拟浮雕"来形容河南画像石。[52]

费慰梅发表于1942年的一篇论文进一步发展了这个观点,即东汉时期同时存在着两种不同的艺术样式。费氏通过比较金乡的朱鲔祠和山东的另两处石祠(武氏祠和孝堂山石祠)的建筑特点,来展开其论述。如同在她之前的其他学者,她发现朱鲔石刻的特点在于运用透视技巧(有时将表现对象置放于整个环境中来处理),引入三维空间,以及刻画人物个性。而武氏祠与孝堂山祠石刻相比则展示出完美的二维平面,缺乏空间感,造型也较程式化。这种差异曾使得柏克豪夫得出以下的结论,那就是这两种风格代表了中国画像艺术发展过程中先后两个阶段,朱鲔石刻风格无疑更为优越,因而必然出现稍晚。[53]但是费慰梅反驳说,这两种风格其实是同时存在的,其风格差异的原因是"这两种风格乃是摹仿两种不同建筑结构的绘画装饰"。她认为武氏祠及孝堂山画像,以及另外一些与之相似的画像,乃是"模仿空心画像砖的石刻,这种画像砖在汉代普遍被用来建造祠堂,因为它造价更低"[54]。

最近,包华石(Martin Powers)研究了武氏石刻的雕刻技术,认为这些石刻形式上的相似乃是工匠"使用规矩来设计所有美术形象的结果"。对他来说,这种假设牵涉到另一个更为重要的问题:"为何当山东的士人可以选择更为写实的形式时,他们却偏偏喜好这种特定的设计?"[55]尽管他的讨论涉及石刻的技术和风格,但如我在下文将介绍,他的主要意图实际上在于发掘武氏石刻风格中所包藏的文学、思想及社会含义。

对意义的探寻

在一些学者对探寻武氏祠石刻形式特质的兴趣不断增长,致力确定其在汉画像艺术发展中之历史地位的同时,另一些学者则把画像的内容及其社会性与思想性作为自己研究的主题。对单个画像母题的考证,对"画像程序"的构图规则的重构,以及在东汉社会和意识形态背景下解释画像的艺术表现,这些课题成为许多学者的研究焦点。在研究过程中,这些学者把建立视觉形象与文学记载的联系作为自己的目标和主要手段,因而延续和光大了中国传统学者及西方汉学家的学术传统。

19世纪40年代以前,几乎所有武氏石刻的榜题都已被大致地隶定和解读,因此新一代的学者开始转而研究没有榜题的画像。费慰梅发表于1941年的《汉武梁祠建筑原形考》(参见第一章)可说是这种研究方向的代表。正如她自己所认识到的,对于任何研究武氏祠图像及意义的努力来说,对这些祠堂的建筑复原都是至关重要的步骤:"当人们研究分散的画像及拓片时,这些石刻之间相互交织的关系及位置的意义就都散失了。关键的问题是理解画像的原有位置,这种理解能够解除目前研究题材方面所遇到的障碍。"[56]当某幅画面在一个完整的建筑结构或画像程序中的特定位置得到确定,不仅画面的文学内容,而且它在叙事程序中的"位置"也成为图像内容的信息来源。根据这个原理,费氏本人提出一种对"扶桑树及中心楼阁"图像(图30)的解释。在她复原的武氏祠画像位置中,这个场面总是处在建筑单元的中心。她觉得由于这一特殊位置,"重新解说或修正原有对这个画面内涵的解释,以便理解它在整体祠堂中的作用,就变得十分必要"[57]。这种观察的说服力和震撼力似乎不言而喻。但是它的一个副作用是在学者们着手

图30 中心楼阁及扶桑树,前石室第三石上的画面。拓本。(沙畹,1913,第二册,图51,第107)

图31 桥头攻战。前石室第六石上的画面。拓本。（沙畹，1913，第二册，图53，第109）

严肃探讨以武氏祠为代表的汉代墓葬艺术的结构程序之前，一些大幅和位置突出的单独画面便已先入为主地成为他们思考的主要对象。由于缺乏对作品上下文间的"位置的意义"的理解，他们所发展出来的是一种"位置的重要性"的特殊观念。

自50年代以来，一些学者围绕着数个画像母题展开了热烈的讨论，包括"中心楼阁"、"桥头水陆攻战"（图31）、"升鼎"（图32）以及"出行"图等。据费氏分析，这些图画在武氏祠画像的次序排列中占据着与众不同的位置：前三例常出现在后墙的中心及两侧的主要部位，而出行场面常横跨三面墙，有时也出现在其他部位。[58] 由于这些画面缺少明显的、描述性的榜题，学者们运用不同的解释理论和方法，各抒己见。他们互相之间的分歧也因之产生。

在各种观点中，占主流的一种理论或可称为"历史特殊论"。持这种观点的人认为汉代墓葬和祠堂画像中的母题和画面表现的一定是某些特定历史人物和事件，与墓主的生活、思想或背景密切关联。大多数现代中国学者也使用了类似的研究方法。因此，他们往往把"出行图"看做是墓主人官宦地位的反映，视"水陆攻战"场面为对死者生前某次杰出事件的追忆，而"中心楼阁"及另外一些生活情景则被解释成对墓主人生前日常生活的写照。与他们的日本同行一样，这些学者花费很多心思去考证服饰、舞乐、器物以及神仙灵怪的名号。[59]

历史特殊论也反映在西方早期汉学家的研究中。他们首要的工作是考证人和故事。例如，早在1897年，沙畹就提出"水陆攻战图"乃是纪念某个中国将领在西北边陲的战绩，而武斑应该就是这个将领，因为他本人曾一度在敦煌任职。[60]索珀虽然不同意沙

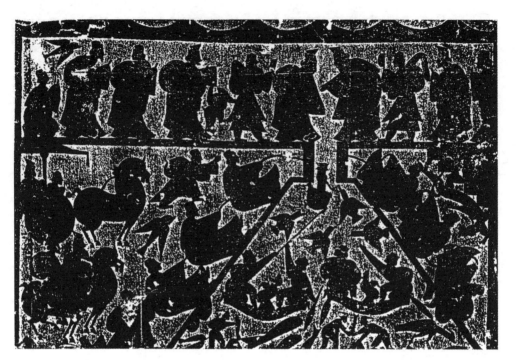

图32 秦始皇取鼎不果。左石室第三石上的画面。拓本。(沙畹,1913,第二册,图39,第121)

畹的说法,但他运用同样的理论思维,提出武斑碑铭中有一段文字宣称武氏家族乃商王武丁后裔,而根据传统文献,武丁征服了南方的蛮人。他因此把画像中汉人与非汉人武士之间的战斗解释成武丁征服南方的事迹。索珀进而找到两点证据来支持这种推测。首先,他认为画像中表现的战斗在水上发生,因此应与多水的南方有关系;其次,这个画面非同寻常的尺幅及突出位置反映出它的特殊重要性。[61]

另一些学者反对这种解释,认为像"中心楼阁"或"水陆攻战"这类画面乃是汉代墓葬艺术中的流行题材,并非为特定的祠堂和墓室所设计,因此不能将它们与墓主人孤立地联系在一起。在评论五块新发现的画像石时,劳弗(B. Laufer)指出:

> 这些画像石并无意唤起人们的特别注意。它们所展现的画面可说基本上毫无新意,只是重复一些早已为人所知的主题和设计。不过这种状况赋予这些石刻另一种意味,即它们再次证明了汉代的雕刻者是根据现成的模式来制作他们的作品,这些作品因而往往表现出某些典型的、变化有限的图

景和人物。因此需要我们回答的问题是：这些一再重复的原型是何时及怎样产生的？[62]

当越来越多的考古材料证明劳弗的说法言之成理，当许多学者对汉画中的流行母题进行了排比归类，历史特殊论的基础便开始动摇了。[63]汉代画像题材的反复出现与认为画像表现墓主人特殊生平事件的假说看来相互矛盾。为了解决这个问题，一些学者提出了一个介乎历史特殊论与象征主义解释之间的折中观点。跟随劳弗的说法，他们认为一些源于重大历史事件的流行图像在以后的流传中逐渐变成了"表现墓主人丰功伟绩的一般性象征"[64]。

这些学者因此试图解答劳弗提出的悬而未决的问题。时学颜、白瑞霞以及土居淑子（Doi Yoshiko）各自提出了有关"水陆攻战图"来源的假说。[65]长广敏雄（Nagahiro Toshio）提出"中心楼阁图"为一种拜谒场面并加以治证。他根据山东嘉祥焦城出土的一块画像石上的榜题，提出刻画于各种楼阁图中的中心人物乃是某位齐王。之所以这个形象常出现于晚期祠堂画像石上是因为：

> "齐王"可以是有一定意义，但同时又可以是来自混沌历史遗产的一个模糊的称谓，它并不一定和某一具体的历史、传说或超自然的人物有关。简而言之，这个图像可能仅仅表现人们对一个卓越人物的崇拜之情，而在此这个人物是以"齐王"来象征的。[66]

这种对画像做一般化历史解释的倾向引发了更加一般化的象征的、思想的和社会学的解释。在象征层面上解释汉代艺术可说是源远流长，而德国学派的一些学者特别热衷此道。如费雪（Otto Fisher）发现汉画像中的织女形象在象征意义上与古埃及艺术中的同类形象相通，而卡尔·海因策（Carl Hentze）则相信树与楼阁的母题与太阳与月亮，或者阴与阳的象征有关。[67]

新一代的学者不满意这些离开特殊文化基础的解释，转而去发掘以当时礼仪象征内涵为基础的汉代艺术的"隐含"意义。德国学者克劳森（Doris Croissant）写于1963年的论文迈出了这种学术倾向决定性的一步。她认为汉代祠堂和墓葬在礼仪中具有双重象征功能,既象征着死者在另一个世界里的官爵府第,又展示出大众膜拜的某种"官宦英雄"的形象。人们在祠堂石刻中看到这种双重功能最生动的表现:在这些画面中,占中心地位的乃是一个抽象化的君主般的人物,那是死者理想化的形象;而所居楼阁则象征着宫殿,也就是中心人物的理想居所。她认为"中心楼阁"的母题与某位贤明国君、诸侯王或儒家的乌托邦式的理想境界有关。而闲置的车马则象征"无为"——一种理想的统治方式。[68]简言之,根据这种解释,画像中所有的视觉形象都完美无缺地与祠堂石刻的礼仪功能有象征性的对应。

布林(Anneliese Bulling)以不同的方式发展了类似的观念,提出东汉墓室石刻中的图像乃是表现当时葬仪中所表演的反映死者灵魂升天的某种傩戏。她认为"水陆攻战图"象征了灵魂升天过程中"某种混沌的状态,死者的魄正经历一个彻底的分解,与他的尘世肉身永远分离"。而"取鼎图"则是天界季节转换的隐喻。[69]

克劳森和布林都在两个不同的层次观察和解释图像。她们首先视这些画像为某种礼仪中具有功能意义的组成部分,或者是表现某种礼仪事件;她们随之深入到图像和隐喻的形式中,以当时普遍流行的象征体系为背景探寻这些形式"隐含"的意味和结构。

这种阐释策略也是白瑞霞完成于1980年的博士论文的基础。白瑞霞以汉代季节性节日,尤其是大傩仪式为框架,重新解释了汉画像艺术中许多重要的题材。她认为武氏祠画像中的某些形象所表现的是大傩中的主要驱鬼者方相氏,还有造成旱灾的蚩尤以及阴历年节时的庆典。她还认为水陆攻战图所表现的就是大傩仪式,而中心楼阁中的主要人物乃是祭仪中受享的死者的替身。楼阁旁的树以及相关的母题(包括无缰之马、马车及弓箭手)则是更加一般的对礼仪净化作用的象征,"它们都是在确保死者作为祖先神的地位,使他向着一种新的、极为重要的阴间社会身份有条不紊地转化"。白瑞霞最重要的贡献在于她对"图像程序"的强调,以及她认为这种"图像程序"并非永远不变的观点。她指出,"尽管单独的母题在某种程度上可被看做是独立的,但我们必须记住,这些母题被聚合并形成'图像程序'的方式却从来不是一成不变的。"在探讨这种"图像程序"时,白瑞霞尝试着展示实际的礼仪结构与画像表现之间的对应性。[70]

在其完成于1983年的博士论文中,简·詹姆斯(J. James)对汉墓艺术的"程序"做了另一番解释。她的论文中有一部分专门讨论武氏祠石刻的工艺以及年代(见第一章),但詹姆斯最关心的是武氏祠石刻的图像志以及图像所含的"类型":

> 到了东汉时期,(石刻画像所表现的)特殊人物的故事早已成为反映一般社会价值的图像代码的一部分。通过艺术所表现出来的某个事件或某个人使得那赋予其意义的观念形象化,并得以永恒。一旦表现这类故事(如周公辅成王)或类型(如拄杖的老子)的方式被设计出来,它们将不断地被重复,只要还具有意义就少有变化。这里最重要的是"模式"。正如巴特森(Bateson)曾指出的,"模式是那个真的东西"。[71]

那么什么是"模式"呢?对此詹姆斯有如下论述:

> 对灵魂及其旅途的信仰乃是部分墓室画像的普遍基础,这些画像包括神仙天人、通天绝地的巫师以及灵禽异兽等。社会秩序的原则及政治秩序的实施则是另一类画像的基础,包括孝子图、墓主人图、祭祖图、出行图及宴饮图等。[72]

因此在詹姆斯看来,整个武氏石刻可以说是两大"套"基本图像的结合。这个结合具有特殊的历史意义,因为它体现了建祠者两方面的向往。"死者的子孙期望他们已逝的祖先能收下他们的献祭",并"期望受祭者一旦心满意足,便会回馈给他们福禄及长寿"。此外,"他们还希望逝者得以平安抵达天上的仙界。因此在祠堂的装饰中表现了这一历程"。[73]

持历史特殊论的学者对这种象征性的或从功能角度出发的解释马上加以回应。索珀批评布林以象征意义来解说汉代画像缺乏历史文献基础。"她在最初的需求和最后的视觉艺术品之间建起一系列的屏障,而其中一通巨大而多面的屏障就是象征主义的语汇。"[74]索珀坚持认为只有通过对墓主人的生平及族谱的了解才能真正懂得水陆攻战场面。基于这种想法,他给在不同祠堂中表现不一的此类画面提供了多种解释。[75]

索珀以文献为基础的研究方法对理解汉画艺术贡献良多,他对布林的批评在我看来也有很大一部分是正确的,但是我们并不能因此断定历史特殊论乃是解释汉画艺术的唯一途径,也不能认为画像具有象征意义的看法完全没有道理。事实上,仔细分析和比较历史文献及画像常能突显出历史特殊论的局限性。举例说来,林巳奈夫(Hayashi Minao)曾对刻画于不同祠堂和墓室中的出行图与文献进行了详尽的比较,其结果是他开始质疑一种向来被视为正确的说法,即这些画面是墓主死前生活和社会地位的真实写照。在他看来,此类画面仅仅在某种程度上表现了汉代人所向往的社会生活。他的观点把人们的注意力转移到汉代人非物质性的思维过程。[76]

林巳奈夫的研究表明汉代墓葬石刻所表达的(或者反映的)是当时社会和思想的普遍价值。这一研究的深层内涵很自然地与观念史、文化史相关联。因此,艺术史家在艺术作品与当代文化及知识现象之间找到多种对应。我们可以把这种汉代艺术研究的学术传统追溯到20世纪初的劳弗。劳弗曾经提出,"在解释汉代石刻所表现的主题和题材的时候,总是有必要将它们与中国人的观念相联系,因为它们的灵感来自中国历史或神话传说。我们必须紧密联系当地传统来理解它们,切不可将其从培育它们的文化土壤里分离出来。"[77]劳弗将这种想法运用到具体研究中,讨论了"杂技和舞乐"以及"连理树"等汉代石刻中流行的母题。[78]相同的研究方法也见于另外一些学者如克劳森、布林以及白瑞霞的著作。

劳弗基本上把汉代画像艺术视为当时社会文化生活的宝贵文献,郑德坤则在更广阔的知识背景上探讨了石刻画像的主题。在一篇发表于1957年的论文中,他批评了那些试图在汉代艺术中发现"外来影响"的做法,指出:

> 那些能够运用中国文学的西方学者总是处在较好的位置上看待当地文化的趋向。举例来说,跟随沙畹去阅读他对著名的汉代遗物武氏享堂上的浮雕所做的描述真是让人心

旷神怡。任谁都不会忽略儒家和道教对那个时期艺术的强烈影响。然而通过仔细的观察还可以注意到,这其间还存在第三种势力,也就是当时的阴阳五行学说,对这些画像起了作用。事实上,这一学说的理论基于自然的两种对立力量和五种基本元素,可谓汉代思想的主心骨,在汉代艺术的形成过程中具有深远影响。[79]

郑德坤以武氏石刻中的一个画面来阐述这个基本理论:

> 对汉代艺术家来说,阴阳的结合乃是生命之源,他们以多种方式表现这种法则。在武梁祠画像中或可看到最通常的一种表现方式,即该祠左壁一组石刻所描绘的古代神话中的两个著名人物:伏羲和女娲。他们那人首蛇身的形象即表现了阴阳结合的观念。[80]

劳弗和郑德坤的例子颇具代表性,它们说明,对文化研究兴趣盎然的学者总是倾向于以个人的知识背景,来解释武梁祠石刻。这个学术趋势的另一种表现是从社会历史的角度来研究武氏石刻。现代中国的艺术史家在马克思主义指导下,常常认为这些石刻表达或反映了当时的政治现象,认为汉画如同其他文化现象,可以直接反映汉代社会的物质状况。段拭的《汉画》可以作为这种历史观的典型代表。他认为画像艺术之所以在汉代变成了占据主导地位的艺术形式,是基于以下三方面原因:1.汉代早期财富的聚集及地主阶级的形成;2.儒家的孝道与道家神仙说结合成新的思想系统,成为统治阶级的正统观念;3.统治者大力提倡表现这种观念的画像艺术。这些决定性因素在"艺术"中起到直接作用,其结果是"汉画艺术是封建社会的产物……并作为统治阶级藻饰宫殿、寺观、陵墓、器物与嬉戏玩赏之用"。[81]

段拭在这里所说的并非是艺术和社会因素之间的特定关系,而是社会这个集合体对艺术的制约。这种宏观的学术眼光由此突显出中国社会主义艺术史家与同样持有社会历史方法论的西方学者(如包华石)之间的区别。近年来包华石撰写了一系列从政治和社会角度研究武氏石刻的文章。[82]他并没有尝试着将石刻与一般的社会准则相联系,而是以个案为基础处理艺术与政治之间的关系,专注于艺术赞助、重要政治事件的冲击以及同时代的政治运动之类的问题。他细心收集了许多文献资料以支持其论点。比如他认为,东汉时期最值得注意和最有影响的一个社会现象乃是儒士集团的形成,此集团的核心是心怀求仕和求知欲望的学人和官吏。这一点对武氏石刻的创作至关重要,因为武氏祠堂的赞助者即属于这个集团,而山东又是正统儒教的基地。[83]随之而来的另一个问题则是:作为艺术品的武氏石刻与它们的政治意义是如何联系起来的?

包华石从以下几个方面来回答这个问题。首先,武氏建筑和石刻乃是地方精英阶层对自己进行社会展示的手段,其成员通过这种展示得到朝廷举荐制的认可并由此获得俸禄。第二,武氏祠堂艺术反映出一种特点,包华石称之为"复制性"(duplicity),这种"复制性"既是汉儒的文学话语特点,亦是举荐制度中的一个关键标志。第三,儒士阶层的祠堂出资人参与了祠堂设计工作。第四,某些画面指涉当时重要的政治事件,比如宫廷中的斗争以及王位继承问题。最后,在选择艺术风格时,当时的社会政治要求起了重要的支配作用。武氏石刻选择了一种可称之为"古风"的风格,作品构图对称、平衡,人物形象呈几何形。这种风格突出了儒士阶层的赞助人所希望表达的文学内涵,同时通过减少视觉的复杂性以呼应于汉代的宇宙观。[84]从这类研究中我们看到,社会历史的视角可以被运用于风格分析,因为视觉元素(如形式、结构和透视)被看做是政治和哲学思想的具象化形式。

考古学的启示

近千年来,中国学者对汉画像石的研究主要集中在辨识主题、形象以及确定其文献根据。尽管这类问题仍吸引着现代学者的注意力,但近年来考古学方法作为一种新的趋向开始主导汉画像石研究。过去三十年间,频繁的考古发掘以及对新出土画像石所做的综合分析,对我们理解汉代画像艺术的年代学及地域性发展起到关键性作用。

汉画像石的考古学研究经历了三个发展阶段。第一阶段是考古资料的积累,一个重要的起始点是1954年对鲁南沂南北寨画像石墓的发掘。到60年代中期,考古工作者已在不同地区发掘调查了一百多座画像石墓及遗址,其中二十多座坐落在山东和邻近地区,其余的则散布在河南、陕西北部以及四川等地。[85]这些发掘调查所得的材料为汉画像石研究的第二阶段,即为进一步的综合性考古研究铺平了道路。

第二阶段始于20世纪60年代中期,以李发林发表的《略谈汉画像石的雕刻技法及其分期》为标志。在此之后,各省博物馆及考古队的考古工作者撰写了一系列研究文章,试图建立起画像石的地域编年历史。蒋英炬、吴文祺及李发林专注于山东的石刻,而河南、江苏及陕西等省博物馆的研究人员则着眼于各自地区的画像石,做出了相应的贡献。[86]

李发林对汉画像石进行分期的主要依据是雕刻技法。他将山东及邻近地区的画像石分成九组,其技法为:1.形象纯以阴线勾勒外形;2.形象纯以凸起阳线勾勒外形;3.平面凸起的图像,稍稍铲去背景;4.凸起而带有略圆边缘的图像,背景铲去较深;5.阴刻平面图像;6.阴刻圆起图像;7.浮雕;8.高浮雕;9.镂空雕。武氏祠石刻在这个系统中属于第三组。[87]

李发林的下一步工作是在这些不同组的石刻之间建立起编年关系。他根据以上分类系统检验了两千多件山东画像中十九件有年款的作品,获得以下四组年代确切的画像石[88]:

第一组:刻于公元前80—前75年间,以及前26年、公元183年[89];

第二组:刻于公元16年、83年、86年及87年;[90]

第三组:刻于公元85年、113年、122年、147年、157年、176年及190年;[91]

第四组:刻于公元130年、137年、141年、144年及151年。[92]

根据这个年代序列,李发林将山东画像石刻归纳为两个大阶段。[93]早期阶段约相当于昭帝元凤年间(前80—前75年)到章帝年间(公元76—88年),画像以阴线刻为主。某些属于这个阶段的画像石图像从平面上稍稍凹入;而另一些例子则在背景上刻垂直平行线。第二阶段自和帝（公元89—105年）始而止于献帝时期（190—220年）。在这个时期，浅浮雕成为山东画像艺术的主流技术，同时高浮雕技法也已出现。此外，在同一作品中使用多种雕刻技术的做法开始流行。武氏祠石刻是这一时期山东画像石的典型范例，其做法是在平整的石头表面浅浅地铲出背景且刻上平行线条，人物形象则以平面浅浮雕的形式浮现于上，细节以阴线表现。带有条纹的背景及浮雕的装饰带与平滑的图像形成了鲜明的对照。

汉画像石研究的第三个阶段始于20世纪80年代初。在大量出土材料地方性研究的基础上，考古学家开始综合画像石的跨地域发展，将其纳入全面的地理和年代的综合系统中。信立祥1982年完成于北京大学的硕士论文是这种研究中富有代表性的一个早期尝试。20世纪80年代初，在山东及邻近地区二百多个遗址中出土的画像石数量已增加到约三千块；在河南则达到一千多件；而在四川、云南、陕西、山西、安徽、湖北、浙江以及北京等地出土的画像石总计达七千件之多。[94]信立祥首先根据地理区域将这些石刻分成以下几组：1.山东及邻近地区，包括山东、苏北、皖北以及豫东；2.河南及邻近地区，包括豫南、鄂北以及鄂西，以南阳为中心；3.陕北和晋西北；4.四川及滇北。

在这个一般性的分区基础上，信立祥进一步发展出一个非常复杂的分类系统，以此建立跨地域的汉画像发展模式。他对画像石的分类包括以下标准：1.雕刻技术（六种类型、十二种次类型）；2.画像母题（九种类型、五十四个次类型）；3.构图样式（两种类型、八种次类型）；4.背景设计（五种类型）；5.五种主要母题之表现（站立人物、坐姿人物、行进图、建筑，以及神异图像）和十三种次类型。信立祥为每个类型定名，把每一画像石纳入不同类别。举例来说，根据他的系统，武氏祠石刻的分类是："结构——类型2"；"雕刻技术——类型C、次类型3"；"构图样式——类型甲，及次类型1、3a及4"。[95]在他看来，具有相同分类号码的画像一定带有相似的类型样式并共同形成了一个阶段，该阶段的绝对年代可由属于同组的有年代榜题的作品来断定。这些阶段的次序展示了汉代画像艺术的发展过程。

在四个区域中,前两个区汉画像艺术(即河南和山东风格)发展水平最高,对外地影响也最大。从西汉末到东汉初,南阳、鄂北区已对外地的影响非常突出。早在西汉末到王莽时期,这一区的影响已达到河南洛阳和山西郊县;至东汉早、中期,又进一步向北扩大到北京,并西抵四川,促进了四川、滇北区汉画像石的出现和发展,向东还把浅浮雕技法传播到山东、苏北、皖北、豫东区,而河南嵩洛地区更完全处于其影响之下。但到东汉晚期,它的对外影响大大消退,山东、苏北、皖北、豫东区的对外影响大大加强,在北达京津,南抵苏杭,西到豫北甚至远及甘肃这一广阔区域内,都出现了具有这一区域风貌的作品。同时期,陕北、晋西北区的影响也达到豫北地区;而四川、滇北区的特有风格在其他地区则几乎看不到。[96]

这种类型学研究令人想起时学颜所建构的汉画像的跨地域编年发展。[97]但二者又有许多不同之处:不仅二者的结论有异,而且就其训练和思维方式而言,以信立祥为代表的中国学者首先是考古学家,其次才是美术史家。他们将研究工作置放在对材料进行分类的基础上,较少关心"视觉因素",而对这一因素的分析却是时学颜以及其他一些西方形式主义美术史学者首先要考虑的问题。

结　论

所有对艺术品所做的历史研究都是阐释性的,每种识别、分类或分析都仅仅是一种阐释,而非唯一的阐释。无论是持形式主义观的研究者和考古学家,还是专攻图像志的研究者,或是持社会学观点的学者,他们的阐释都具有自己的理由和特殊观点。[98]但这不等于说阐释的理论是一成不变的或独立自主的。从一个角度看,每个学科的工具,即理论和方法论,在探索充满未知数的过去历史时是必要的。但从另一个角度看,这些理论和方法论往往只不过是从以往研究成果中演绎出的假说,它们受到现有学识的局限,却又给后来者的研究定下了方向和调子。对历史的追索因此总是面临着来自两个方面的挑战:一方面,理论和方法论必然要求在付诸实践时保持一贯性;但另一方面,历史学者为了扩大自己的眼界又必须不断重新检验这些理论和方法,吸收立场不同的研究者的学术成果。上文对武氏祠画像研究的回顾凸显出一些学术争议背后的重要假设。尽管一套观点会对其他各种说法的合理性提出挑战,但大多数观点借助具有普遍意义的艺术、社会及观念的准则解释了特定的艺术作品。

形式主义研究者从武氏祠画像本身入手,他们的目标是要阐释出这些画像的视觉内容。他们坚信艺术形式具有自己的生命,其发展轨迹总是从简单到复杂,从线性到立体,从二维到三维,从散点透视到焦点透视,从装饰到表现——即从古风到写实。这个模式使得这些学者能够把汉代画像系统而有序地组织起来。不过,这种方法论的最大危险在于它预设了一种"普遍进化模式"的存在,并由此将中国艺术史转变成西方艺术史的等同物。但谁能够证明汉代艺术的发展之途是与西方艺术相互平行的呢?事实上,一些学者如包华石已经提出武氏祠画像的"古风"风格反映了一种特别的艺术趣味及观念,与汉儒的兴起紧密相关。这种风格并不一定自然地蜕生于较早的艺术形式,但却很可能是对以往画像风格的反动。

尽管对汉代艺术的社会学研究与形式分析在方法上有重大区别,但二者在本质上都以集合性的作品为研究对象,而非对单独作品进行深入讨论。持社会学研究方法的学者通常从一般的政治、社会层面解说武氏祠画像,视这些画像的主顾为宽泛的社会阶层或集团的代表。他们的研究方法的基础可以归结为艺术乃是一种社会现象。尽管这个观点不可谓不对,但艺术究竟不同于政治。这两个领域间的特殊关系常常被忽略,以至于任何历史特殊性都被视为一般性的既定事实。从这个意义上讲,如果要对武氏祠画像做扎实的社会学的阐释,我们仍需要从分析石刻本身入手。而且,由于没有两座东汉祠堂的装饰是完全一致的,研究者也必须甄别和解释促使祠堂石刻相互不同的因素。

那种想发现具有普遍意义的进化模式之学术倾向,不单从沃尔夫林式的形式主义理论或马克思主义社会学说那里获得力量,而且也从持象征主义观念的研究者那儿得益。对汉画像做象征主义阐释的人将这种艺术看成是体现某种根本代码的"征兆",这种代码能在整个人类活动范围内以无穷无尽的方式表现出来。【99】在武氏祠画像的研究中,这种方式常使得学者专注于对图像功能的解释。这派学者认为,由于石刻画像是当时复杂的丧礼活动的一部分,它们在葬仪中具有实际作用,因此研究者必须从礼仪的象征含义上来理解这些作品。这种考虑自然有其道理,不过学者们在追寻汉画像"基本象征意义"的时候常会遇到一个难点,就是何处是这种解释的界限。实际上,这一学派的实践表明特定历史活动的具体形式可以被轻而易举地压缩为简单的抽象概念,如阴、阳这两种宇宙力量,而对历史的追询也常常变为对人类本性的形而上的、超历史的玄想。

以上各种研究方法都把武梁祠画像视为一般意义上的艺术或社会活动的产品,或是将它们看做是普遍理念的显现。这种看法的好处之一是自然而然地把这些画像置于中国艺术史的宏大框架中去思考其意义。但我们是不是因此就能够真正掌握和理解作为特殊历史现象的武氏祠石刻呢?本书作者认为,任何概括和抽象必须基于具体的案例。除非细心研究个案,否则概括便不能成立。对武氏祠画像的一般性阐释,不论是形式分析抑或是社会学或象征意义上的探索,都必须以那些散落在各处的画像和榜题为基础。不过这些材料都相当零碎,若孤立处理,我们很难回溯它们原来所具有的历史意义。这里我希望再引用一次费慰梅的重要论点:"当画像石仅被当作分散的石头和拓片来研究时,它们那相互交错的关系和位置的意义就失去了。在目前的研究困境中,掌握位置的意义将被证明有益于理解主题。"【100】

这里所说的"位置的意义"指一个画像题材由其在建筑中所处的位置所界定的意义。一套画像作品总是含有许多题材并与一座礼仪建筑的结构呼应。正如对武氏祠的复原所显示,一个特定的题材从不孤立存在,而总是有意识地与其他母题相互联系,共同装饰一座祠堂。这样,某种画像设计总是以特定的象征结构为基础。如果不去了解某一祠堂的装饰程序的特定逻辑,而仅是在一般性的社会学或象征性的层次上讨论,所建立起来的理论将很难具有坚实的基础。

本书接下来的篇章是对汉画像艺术进行"中层分析"的一个尝试,它将以辨析武梁祠各个画像题材的图像志为基础,然后把分析所得的结论与其他材料相印证,以便为更高层次的分析打下根基。

我曾经使用这种分析方法分析四川出土的汉代石棺画像。[101] 当传说和故事从书写或口头流传转化为三维结构上的画像时,其形式和意义都有所改变。一幅画像通常具有两层意义——文学上的和礼仪或象征层次上的。以"秋胡戏妻"为例,在第一个层次上,这个画像通过描绘一个特定场面叙述一个故事。其创作者假定观者熟悉这个著名的儒教故事,因此能通过观看一个场面复原其余的情节。对故事情节的想象进而使观者理解到这个画面在它所属的一个更大的图像结构中的象征意义。观者将懂得这一图像象征了儒家的高尚道德,而且也是汉代宇宙观中人类历史的组成部分。这些单独的画面或母题因此成为一个更高的象征性图画结构中的基本因素。

尽管这种阅读汉画的方法也是本书的基础,但武梁祠石刻比起四川石棺石刻远为复杂,而且我们所了解的关于这座祠堂的情况也远较四川石棺为多。这两个因素要求我们进行更为缜密的分析,以期获得更为丰硕的成果。笔者不仅试图复原武梁祠的画像程序,而且希望确定画像设计者的身份,以及他在这些画像中融入的思考和意图。我们也将去寻求他所处时代的精神及艺术语汇——也就是画像设计者用以创造这一中国艺术史杰作的理念和形式。我希望经过这一分析,我们可以公允地将武梁祠石刻画像视为一部表现人类思想的史诗性作品,在世界美术史上可以与西斯廷教堂的壁画或者夏特尔大教堂的雕塑相媲美。

注释

【1】关于宋代以前收集古物的证据,参见朱剑心:《金石学》,香港:商务印书馆,1964年,13—19页。

【2】欧阳修:《集古录跋尾》,1061年,见《石刻史料新编》(二十四),台北:新文丰出版公司,1957年,17832—17838页;朱剑心:《金石学》,20—21页。K. C. Chang(张光直), "Archaeology and Chinese Historiography," *World Archaeology* 13, 1968, no. 2; pp. 156—169.

【3】参见全汉升:《北宋汴梁的输出入贸易》,《中央研究院历史语言研究所集刊》(八),1939年第2期,189—301页。

【4】周辉:《清波杂志》,1192年,《丛书集成》(二七七四),61—62页。参见: R. C. Rudolph(鲁道夫), "Preliminary Notes on Sung Archaeology," *Journal of Asian Studies* 22, 1963; p. 175.

【5】欧阳棐:《集古录目》,1069年,见《石刻史料新编》(二十四),17926页。

【6】陈俊成:《宋代金石学著述考》,台北:自印本,1976年,1—3页。

【7】洪适:《隶释》,1166年,见《石刻史料新编》(九),6749页。参见: R. C. Rudolph, "Preliminary Notes on Sung Archaeology," *Journal of Asian Studies* 22, 1963; p. 170.

【8】赵明诚:《金石录》,1117年,见《石刻史料新编》(十二),8799—8984页。

【9】C. S. Gardner(伽德纳), *Chinese Traditional Historiography*, Cambridge, Mass.: Harvard University Press, 1938; p.69.

【10】史绳祖引:《学斋占毕》,1250年,《丛书集成》(三一三),47—48页。

【11】洪适:《隶续》,1168—1179年,见《石刻史料新编》(十),7132页。

【12】顾炎武:《金石文字记》,见《石刻史料新编》(十二),9191页。

【13】朱剑心:《金石学》,35页。

【14】一些清代学者视儒家经典为历史文献并以这种态度来研究它们。不过在社会道德的层面上,儒家典籍一般仍被视为不可挑战的经典。参见刘节:《中国史学史稿》,河南:中州书画社,1982年,384—390页。

【15】容庚:《汉武梁祠画像录》,北京:北平考古学社,1936年,《考释》,39—40页,同时参见本书附录二。

【16】毕沅,阮元:《山左金石志》,1797年,见《石刻史料新编》(十九),14431页。

【17】黄易:《小蓬莱阁金石文字》,道光十四年(1800年)石墨轩刻本,《武梁祠像唐拓本》,21页下—22页上。

【18】P. Berger(白瑞霞), "The Battle at the Bridge at Wu Liang Tz'u: A problem in Method," *Early China* 2, 1976; p. 4.

【19】C. S. Gardner, *Chinese Traditional Historiography*, p. 69.

【20】此书没有刊印"左石室2"、"王陵母"石及"荷馈"石,而且只印了"左石室4"及"左石室5"的部分。

【21】O. Fischer(费雪), *Die Chinesische Malerei der Han-Dynastie*, Berlin: Paul Neff Verlag, 1931.

【22】沙畹(E. Chavannes)1913年著作《中国北方考古记》(*Mission archéologique dans la Chine septentrionale*)中所刊印的照片非常清晰。但是他所使用的原拓却相对要晚些,拓于光绪年间(1875—1908年),因此反映的是这些石刻出土一百年后的状况。沙畹发表的照片缺少"前石室2"、"前石室5"以及"荷馈"石。还略去了为数不少的石头边缘以及装饰带。据费慰梅,沙畹的照片少了前石室2及5两石,而左石室2山墙锐顶则被单独列出;许多石头的边缘部分都被略去,包括前石室2、4及5三石底部的花边,前石室11、12及13三石的最上面部分;前石室8和9二石的右面边缘,后石室1一石左边约4英寸部分,后石室6一石左侧约5英寸部分,后石室8一石左侧约2英尺部分。另外,这些照片中也不见后石室7、左石室3二石顶部,以及后石室6一石底部的装饰花边,而这些在关野贞出版的照片中是清晰可见的。关野贞书中刊印的图版100及101也不见于沙畹的图片中"(1941年,13—29页)。

大村西崖书中(《支那美术史·雕塑篇》,东京:佛教刊行会图像部,1915年)所刊印的那一套拓片比沙畹所使用的拓本年代为早,一部分出自收藏在东京工专及国立博物馆的一套老拓片。但所刊印的图版较小且清晰度较差,因此在很大程度上影响了它们的价值。刊印在关野贞书中的同一套拓片的质量要好得多。尽管关野贞出版于1916年的这些照片在清晰度上比沙畹书中所刊印的那一套稍逊一筹,但它们是迄今为止所发表最完备的武氏祠堂石刻图片。与沙畹的图片相比,关野贞的那一套只缺少"水下"那一幅(见E. Chavannes, *Mission archéologique dans la Chine septentrionale*, fig.138),但却包括许多完整无缺的边缘部分及花边,还有一些未受损坏的画面。据慰梅(W. Fairbank, "The Offering Shrines of 'Wu Liang Tz'u'," *Harvard Journal of Asiatic Studies* 6, 1941; no.1; pp. 13—26; W. Fairbank, *Adventures in Retrieval*, Harvard—Yenching Institute Studies 28, Cambridge, Mass.; Harvard University Press, 1972; p. 55, n26),这套"很不寻常的图片包括有前石室的一组画像石,其中有2、4、5三石底部的花边,6及7号石底部两条装饰带,很稀罕的8及9号石的完整图片,11号石上部的云纹,14号石完整无缺的图片,以及15号石的清晰图。后石室7号及左石室3号石上沿,以及后石室6号石底部所见的四圈装饰带从未在别处刊印过。另外图78和79中显示的后石室4号左面,以及后石室5右面也不见于别处……每张拓片的尺寸标于其后。另外,他还提供了石阙的详细画图,以及遗址和保护室的平面图。"傅惜华1950年出版的书中刊印的一部分图片后来出现在蒋英炬和吴文祺的文章中(《武氏祠画像石建筑配置考》,《考古学报》,1981年第2期,181—184页)。

[23] 黄易在讨论武梁祠画像时写道,"此室三面画意联而为一。第一列古帝王,节妇,二列尽是孝子,三列刺客,义士,列女,四列止有处士,县功曹二榜,中作楼阁人像,与上列连,余皆仪从,车马,庖厨,井阑,疑是葬者历官与祭祀之事。《武梁祠像》,1800年,载《小蓬莱阁金石文字》,4页上。

[24] F. S. Drake(林仰山),"The Sculptured Stones of the Han Dynasty," *Monumenta Serica* 8, 1943: pp. 282—284.

[25] 容庚:《汉武梁祠画像录》,《释》,6页下。

[26] 如第一章所述,黄易及冯云鹏都描述了武氏祠堂的原貌。但他们的叙述并非以细致和系统的研究为基础,而基本是有赖于直接的一般性观察。

[27] S. W. Bushell(卜士礼), *Chinese Art*, 2 vols, London: Board of Education, 1910: vol. 1, p. 26.

[28] 同上。简·詹姆斯(J. James)在与本人的交谈中提到,米尔斯的那一套拓片缺少两个三角锐顶部分。

[29] W. Anderson(安德森), *Descriptive and Historical Catalogue of a Collection of Japanese and Chinese Paintings in the British Museum*, London: British Museum, 1886: p. 491.

[30] 卜士礼所归纳,见:S. W. Bushell, *Chinese Art*, vol. 2, pp. 104—105.

[31] H. Wolfflin(沃尔夫林), *Principles of Art History*, Trans. M. D. Hottinger, 1915. Reprinted Mineola, N. Y.: Dover Publications, 1950: p. 13.

[32] 早期西方学者根据石头材料和雕刻技术将汉代浮雕归类为雕塑(参见:S. W. Bushell, *Chinese Art*)。在1925年出版的《中国艺术》雕塑专章中,喜龙仁(Sirén)讨论了这些艺术品,他评论说:"它(武氏石刻)表现了一长列站立人物,马车及骑马者。这一件以及许多类似的作品的艺术意义主要在于其与众不同的、由连续的人物轮廓所表现出来的韵律。有证据说明,这类作品早在被刻于石头之前,就已出现在画中了。浅平浮雕的创作离绘画装饰并没有相去太远。"(48页)席克门(L. Sickman)指出:"尽管汉代祠堂石刻浮雕常被描述为雕塑,但它们很少具备立体的特性,即便是那些以浅浮雕方式刻出,稍稍具有圆雕的外廓及画面刻痕显著的作品,从根本上来说也依然是绘画性的。"(见:L. Sickman and A. Soper, *The Art and Architecture of China*, London: Penguin Books, 1956: p. 36.)

[33] L. Bachhofer(柏克豪夫), "Die Raumdarstellung in der chinesischen Malerei des ersten Jahrtausends n. Chr.," in *Münchner Jahrbuch der Bildenden Kunst*, vol. 3, Trans. H. Joachim into English, MS in the Rübel Art Library, Harvard University, 1931: p. 1.

[34] 同上,pp. 4—5.

[35] L. Bachhofer, *A Short History of Chinese Art*, New York: Pantheon House, 1946: pp. 91—92. (补:根据目前所知的考古材料,朱鲔祠应是2世纪中叶或稍后的作品,和武氏祠年代相近。祠堂上的刻铭不可靠。)

[36] G. Rowley(罗利), *Principles of Chinese Painting*, rev. ed. Princeton, J.: Princeton University Press, 1974: "Preface" and p. 3.

[37] 同上,p. 24.

[38] A. Soper(索珀), "Life—motion and the Sense of Space in Early Chinese Representational Art," *Art Bulletin* 30, 1948, no. 3: p. 167.

[39] G. Rowley, *Principles of Chinese Painting*, p. 24.

[40] 同上,pp. 24—28.

[41] A. Soper, "Life—motion and the Sense of Space in Early Chinese Representational Art," *Art Bulletin* 30, 1948, no. 3: p. 175.

[42] 同上,pp. 174—175.同时参见:A. Soper, "Early Chinese Landscape Painting," *Art Bulletin* 23, 1941, no. 2: pp. 145—146.

[43] A. Soper, "Life—motion and the Sense of Space in Early Chinese Representational Art," *Art Bulletin* 30, 1948, no. 3: p. 175. (索珀在此之前就已提出这个观点,见:A. Soper, "Early Chinese Landscape Painting," *Art Bulletin* 23, 1941, no. 2: n11.)

[44] V. G. Segalen(色伽兰), *Mission Archéologique en Chine*, vol. 1, *L'art funéraire à l'époque des Han*, Paris: Geuthner, 1914—1917.

[45] 如关百益:《南阳汉画像集》,上海:中华书局,1933年;孙文青:《南阳草店汉墓享堂画像记》,《国闻周报》,1933年;孙文青:《南阳汉画像访榻记》,《金陵学报》,1934年;孙文青:《南阳汉画像汇存》,南京:金陵大学中国文化研究所,1937年。

[46] H. Y. Shih(时学颜), "Han Stone Reliefs from Shensi Province," *Archives of the Chinese Art Society of America* 14, 1960: pp. 49—64.

[47] 李发林:《略谈汉画像石的雕刻技法及其分期》,《考古》,1965年;H. Y. Shih, *Early Chinese Pictorial Style: From the Later Han to the Six Dynasties*, Ph. D. dissertation, Bryn Mawr College, 1961第4期. 信立祥《汉画像石的分区和分期》(硕士论文),北京:北京大学,1982年。

[48] 蒋英炬、吴文祺:《试论山东汉画像石的分布、刻法与分期》,《考古与文物》,1980年第4期;李发林:《山东画像石概述》,

《文史哲》，1981第2期；李发林：《山东汉画像石研究》，济南：齐鲁书社，1982年。

[49] H. Y. Shih, *Early Chinese Pictorial Style: From the Later Han to the Six Dynasties*, p. 102.

[50] 同上, pp.165—166。

[51] B. March(马屈), "Linear Perspective in Chinese Painting," *Eastern Art*, 1931, no.3, pp. 113—139; O. Maenchen-Helfen(梅兴—黑尔芬), "Some Remarks on Ancient Chinese Bronzes," *Art Bulletin* 27, 1945, pp. 238—239; B. Rowland(罗兰), "Review of Ludwig Bachhofer: A Short History of Chinese Art," *Art Bulletin* 29, no. 2, 1947, pp. 139—141. 罗兰强烈质疑柏克豪夫先入为主的进化论概念，即将艺术品视作前后相续、逐年发展的风格之代表物。但他也同意汉代艺术中最重要的发展是从线性表现到立体表现的进化。

[52] 滕固：《南阳汉画像石刻之历史的及风格的考察》，见蔡元培、胡适：《王云五张菊生先生七十生日纪念论文集》，上海：商务印书馆，1937年，483—502页；参见信立祥：《汉画像石的分区和分期》, 4页。

[53] L. Bachhofer, *A Short History of Chinese Art*, pp. 91—92.

[54] W. Fairbank, "A Structural Key to Han Mural Art," *Harvard Journal of Asiatic Studies* 7, no.1, p.53. （又见：W. Fairbank, *Adventures in Retrieval*, p. 90.）

[55] M. Powers, "Pictorial Art and its Public in Early Imperial China," *Art History* 7, 1984, no. 2, p.137, 142.

[56] W. Fairbank, "The Offering Shrines of 'Wu Liang Tz'u'," *Harvard Journal of Asiatic Studies* 6, 1941, no.1, p.3. （又见：W. Fairbank, "Adventures in Retrieval," *Harvard-Yenching Institute Studies* 28, 1972, p.45.）

[57] W. Fairbank, "The Offering Shrines of 'Wu Liang Tz'u'," *Harvard Journal of Asiatic Studies* 6, 1941, no.1, p.35. （又见 W. Fairbank, *Adventures in Retrieval*, p.85.）

[58] 同上。

[59] 例如，李发林：《汉画像中的九头人面兽》，《文物》，1974年第2期；李发林：《山东汉画像石研究》，28—30页；刘敦愿：《汉画像石上的针灸图》，《文物》1972年第6期；刘铭恕：《汉武帝祠中黄帝蚩尤古战图考》，《中国文化研究汇刊》，1942年第11期，34—36页；孙作云：《蚩尤考》，《中和月刊》，1941年2卷第4期，27—50页，2卷第5期，36—57页；孙作云：《评沂南古画像石墓发掘报告》，《考古通讯》，1957年第6期，77—87页；曾昭燏等：《沂南古画像石墓发掘报告》，上海：文化管理局，1956年，49页；曾昭燏：《关于沂南古画像石墓中的画像的题材和意义——答孙作云先生》，《考古》，1959年第5期，245—249页。

[60] E. Chavannes(沙畹), *Mission archéologique dans la Chine septentrionale*, Paris: Imprimerie Nationale, 1913, vol. 13, p.97, no.138.

[61] A. Soper, "King Wu Ting's Victory over the 'Realm of Demons'," *Artibus Asiae* 17, 1954, no.1, pp.55—60.

[62] B. Laufer(劳弗), "Five Newly Discovered Bas-reliefs of the Han Period," *T'oung Pao* 8, 1912, p.3.

[63] 有关水陆攻战场面的讨论，参见，H. Y. Shih, "I-nan and Related Tombs," *Artibus Asiae* 22, 1959, no.4, p.292; J. James (詹姆斯), "Bridges and Cavalcades in Eastern Han Funerary Art," *Oriental Art* 28, 1982, no.2, pp.165—171. 长广敏雄(Nagahiro Toshio)在其著作《汉代冢祠堂について》(1961年)中刊印了十三种楼阁画像。林巳奈夫(Hayashi Minao)发表于1966年的文章《后汉时代の车马行列》中提供了数目不少的出行图像。芬斯特布施(K. Finsterbusch)也是一位重要的汉画像编纂者；见：K. Finsterbusch, *Verzeichnis und Motivindex der Han-Darstellungen*, 2 vols. Wiesbaden: Otto Harrassowitz, 1966, no.373.

[64] H. Y. Shih, "I-nan and Related Tombs," *Artibus Asiae* 22, 1959, no.4, pp. 292—293.

[65] 同上。P. Berger, "The Battle at the Bridge at Wu Liang Tz'u: A Problem in Method," *Early China* 2, 1976, pp. 3—8. 土居淑子(Dio Yoshiko)于1965年提出攻战图起源于公元14年吕母在山东的起义。白瑞霞注意到武梁祠东墙上的一个小小的画面表现了一个男人沉落河中，旁边一条船上有三位男子。她认为这个画面对于确认攻战场面很有意义，首先，旁边有一条榜题证明这个画面表现的是吴王庆忌的事迹。第二，左石室和前石室中的大型水路攻战场面也同样刻在左墙上。根据这些证据白瑞霞总结说，攻战场面源自庆忌图像原型并被加以完善。武氏石刻服从于一个一般的规律："为这个遗址中三个复原了的祠堂中最早的一座（即武梁祠）所设计的图像，在设计稍后几座祠堂时被继承下来。这几座晚期祠堂的建筑结构类似于前者，却更精致。最早那座祠堂上的图像的特性在后面几座祠堂里也显得更为概括。"但白瑞霞本人也提到"在确证这种论断时仍有许多无法避免的难题"。(P. Berger, *Rites and Festivities in the Art of Eastern Han China: Shantung and Kiangsu Provinces*, Ph.D. dissertation, University of California, Berkeley, 1980: pp.66—67.)

[66] 长广敏雄(Nagahiro Toshio)：《汉代冢祠堂について》，《塚本博士颂寿纪念佛教史学论文集》，京都：塚本博士颂寿纪念会，1961年，50—51页。

[67] O. Fischer, *Die Chinesische Malerei der Han-Dynastie*; C. Hentze(海因策), *Chinese Tomb Figures: A Study in the*

Beliefs and Folklore of Ancient China, London: Coldston, 1928; C. Hentze, Frühchinesische Bronzen und Kultdarstellungen (Early Chinese bronzes and religious images), Antwerp, 1937, p.128.

【68】克劳森(D. Croissant): 1963年;有关这本书的书评,见:J. James(詹姆斯), An Iconographic Study of Two Late Han Funerary Monuments: The Offering Shrines of the Wu Family and the Multichamber Tomb at Holingor, Ph. D. dissertation, Iowa University, 1983, pp.246—254.

【69】A. Bulling(布林), "Three Popular Motifs in the Art of the Eastern Han Period: The Lifting of the Tripod, the Crossing of a Bridge, Divinities," Archives of Asian Art 20, 1966—1967: p. 42, 89.

【70】P. Berger, Rites and Festivities in the Art of Eastern Han China, Shantung and Kiangsu Provinces, pp.30—38, 52—77, 99—100, 127, 179.

【71】J. James, An Iconographic Study of Two Late Han Funerary Monuments: The Offering Shrines of the Wu Family and the Multichamber Tomb at Holingor, p. 119.

【72】同上, p.69.

【73】同上, pp.335—336。

【74】A. Soper, "All the World's a Stage: A Note," Artibus Asiae 30, 1968, nos.2—3: p. 258.

【75】A. Soper, "The Purpose and Date of the Hsiao-t'ang-shan Offering Shrine: A Modest Proposal," Artibus Asiae 36, 1974, no.4: pp.249—266.

【76】林巳奈夫, 《后汉时代の车马行列》, 《东方学报》第37册, 1964年, 183—226页.

【77】B. Laufer(劳弗), Chinese Grave Sculptures of the Han Period, London: E. L. Morice, E. C. Steshert and E. Leronx, 1911: p.31.

【78】同上, pp.6—22, pp.35—45。

【79】T. K. Cheng(郑德坤), "Yin-yang Wu-hsing and Han Art," Harvard Journal of Asiatic Studies 20, 1957, nos.1—2: p.163.

【80】同上, p.182。

【81】段拭, 《汉画》, 北京:中国古典艺术出版社, 1958年, 7—8页.

【82】包华石在与本人的交谈中提到, 他的观点自他完成其博士论文后有所改变, 他的新想法表达于他后来发表的一系列文章中。参见: "An Archaic Bas-relief and the Chinese Moral Cosmos in the First Century A.D.," Ars Orientalis 12, 1981, pp. 31—36; "Hybrid Omens and Public Issues in Early Imperial China," Bulletin of the Museum of Far Eastern Antiquities 55, 1983, pp.1—55; "Pictorial Art and its Public in Early Imperial China," Art History 7, 1984, no.2: p.141.

【83】M. Powers, "Pictorial Art and its Public in Early Imperial China," Art History 7, no.2: p.136.

【84】同上, pp.142—146, 151—158, M. Powers, "An Archaic Bas-relief and the Chinese Moral Cosmos in the First Century A.D.," Ars Orientalis 12, 1981: p. 36; M. Powers, "Hybrid Omens and Public Issues in Early Imperial China," Bulletin of the Museum of Far Eastern Antiquities 55, 1983: pp.17—23. 有关这个题目更扎实的研究, 见: M. Powers, "Artistic Taste: the Economy and the Social Order in Former Han China," Art History 9, 1986, no.3: pp.285—305; M. Powers, "Social Values and Aesthetic Choices in Han Dynasty Sichuan: Issues of Patronage," in Stories from China's Past, San Francisco: Chinese Cultural Foundation, 1987: pp.54—63.

【85】信立祥:《汉画像石的分区和分期》, 3页.

【86】例如, 参见河南省博物馆:《南阳汉画像石概述》,《文物》, 1973年第6期, 16—25页; 蒋英炬、吴文祺:《试论山东汉画像石的分布、刻法与分期》,《考古与文物》, 1980年第4期, 108—114页; 李发林:《山东画像石概述》,《文史哲》, 1981年第2期, 86—88页; 陕西省博物馆:《陕西东汉画像石选集》, 北京: 文物出版社, 1958年; 山西省博物馆:《山西石雕艺术》, 北京: 文物出版社, 1962年; 徐州博物馆:《论徐州汉画像石》,《文物》, 1980年第2期, 44—55页.

【87】李发林:《山东汉画像石研究》, 43—44页; 参见李发林:《山东画像石概述》,《文史哲》, 1981年第2期, 86—88页.

【88】李发林:《山东汉画像石研究》, 45—48页.

【89】这一组中的三石包括沂水县鲍宅山出土的带有元凤(公元前80—前75年)铭文的"凤凰"画像石; 出自平邑, 上有"河平三年八月"(公元前26年)铭的"立鹤"画像石; 以及出自临淄, 带有"光和六年三月廿十四日"(公元183年)铭文的王阿合画像石.

【90】这一组包括以下四石: 1. 出自汶上县路公食堂, 上有"天凤三年"(公元16年)铭的画像石; 2. 出自肥城栾镇, 张文思于建初元年八月(公元83年)为亡父所建的一石; 3. 出自平邑县, 上有"元和三年八月"(公元86年)铭文的所谓皇圣卿阙; 4. 出自同一个地点, 上有铭文"章和元年二月六日"(公元87年)的功曹阙.

【91】这一组的七石包括: 1. 出自莒南县, 孙仲阳于元和二年(公元85年)元月六日为亡父所建的石阙; 2. 戴氏家建于永初七年(公元113年)十二月的祠堂; 3. 发现于滕县西户口, 上有"延光元年八月十六日"(公元122年)铭的画像石; 4. 武氏阙(公元147年); 5. 出自嘉祥宋山, 上有"永寿三年"(公元157年)铭的画像石; 6. 出自临淄, 建于熹平五年(公元176年)的梧台里石社碑;

7.出自滕县董家村,上有"初平元年"(公元190年)铭的残碑画像。

【92】这一组的五石包括:1.出自微山两城山,上有"永建五年二月廿三日"(公元130年)铭的祠堂画像石;2.出自微山两城山,上有"永和二年九月二日"(公元137年)铭的画像石;3.出自微山两城山,永和六年(公元141年)二月廿五日两位从弟为桓桑终所建祠堂的一块画像石;4.建于建康元年(公元144年)八月十九日的文叔阳祠堂;5.出自苍山晒米城东汉画像石墓,上有"元嘉元年八月廿四日"(公元151年)铭。

【93】李发林:《山东汉画像石研究》,48页。

【94】同上,2,61页;信立祥:《汉画像石的分区和分期》,9页。

【95】信立祥:《汉画像石的分区和分期》,图表三:"山东、苏北、皖北及豫东祠堂画像石分期"。[补:信立祥在他的近著《中国汉代画像石综合研究》中对祠堂画像做了更全面的论述(文物出版社,1999年)。]

【96】同上,75—76页。

【97】H. Y. Shih, "Han Stone Reliefs from Shensi Province," *Archives of the Chinese Art Society of America* 14, 1960; pp. 49—64. 参见此书中的讨论。

【98】W. E. Kleinbauer(克莱恩保), *Modern Perspectives in Art History*, New York: Holt, Rinehart & Winston, 1971; p. 77.

【99】M. Powers, "Artistic Taste: the Economy and the Social Order in Former Han China," *Art History* 9, 1986, no. 3; pp. 285—305.

【100】W. Fairbank, "The Offering Shrines of 'Wu Liang Tz'u'," *Harvard Journal of Asiatic Studies* 6, 1941, no. 1; p. 3. (又见: W. Fairbank, *Adventures in Retrieval*, p. 45.)

【101】Wu Hung(巫鸿), "Myths and Legends in Han Funerary Art," in *Stories from China's Past*, San Francisco: Chinese Cultural Foundation, 1987; pp. 72—81.

下 编 | 武梁祠：
宇宙之图像

The Wu Liang Shrine Carvings:
A Pictorial Universe

【第三章】
屋顶：上天征兆
The Ceiling: Heavenly Omens

坐落于嘉祥附近的武梁祠距离汉代鲁国的都城不远。大约在公元前154—前129年之间，一位富有显赫的诸侯王在这里建造了一座灵光殿。两百五十年后，诗人王延寿游历此地，写下了著名的《鲁灵光殿赋》，其中描写的殿中壁画似乎至今仍熠熠生辉：

> 忽瞟眇以响像，若鬼神之仿佛。图画天地，品类群生，杂物奇怪，山神海灵。写载其状，托之丹青。千变万化，事各缪形。随色象类，曲得其情。上纪开辟，遂古之初。五龙比翼，人皇九头。伏羲鳞身，女娲蛇躯。鸿荒朴略，厥状睢盱。焕炳可观，黄帝唐虞。轩冕以庸，衣裳有殊。下及三后，淫妃乱主。忠臣孝子，烈士贞女。贤愚成败，靡不载叙。恶以诫世，善以示后。[1]

如同所有汉代的木构建筑，灵光殿随时光而流逝，早已无影无踪。但它丰富多彩的壁画却借王延寿的妙笔而保存了生命。《鲁灵光殿赋》使我们知道那里的壁画描绘了众多的神异灵怪，叙述了从华夏始祖到后世的历史，而且还提供了一部可资参考的道德教科书，指导世人在现实生活中的行为举止。

但是王延寿的赋文仅仅描述了壁画的内容，对于这些题材是如何以视觉方式表现的却语焉不详。其他没有回答的问题还包括：壁画中的"图画天地"是什么样的结构？这个当时人认为包容一切的宇宙体系又是如何得以表现在一个建筑的结构之中？画家如何叙述华夏历史？而这个历史是如何以图画展示出来，激发起观众的敬畏之心，使其行为循规蹈矩、中规中则？此外，在中国古代宗教和观念的语境里，这个图画的天地有着什么独特的特征？所有这些问题都关系到汉代艺术的根本问题。

这些问题的答案都能在武梁祠的浮雕画像中寻得。这座小小祠堂能够使我们形象化地理解东汉美术展现出的宇宙观。其画像的三个部分——屋顶、山墙和墙壁恰恰是表现了东汉人心目中宇宙的三个有机组成部分——天界、仙界和人间。

一个当时的来访者会看到武梁祠室内天顶上刻有一系列独立图像，包括不寻常的动物、植物、器物以及神仙等等。(图33)它们排列成行，每个图画旁边都伴有刻在竖长条框里的榜题，让人得知所刻是何种揭示天意的图谶。

现存的两块武梁祠屋顶画像石长期以来被称作"祥瑞石一"和"祥瑞石二"。它们已不同程度地受到损坏，很多图像和榜

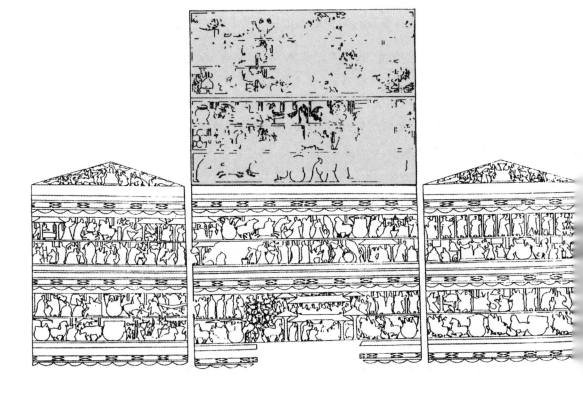

图33　武梁祠屋顶画像位置。

题都已漫漶不清甚至荡然无存。目前可以确定的只有二十四个祥瑞图像,可能还不到原来的一半。这二十四个形象从左到右依次是:

祥瑞石一(图34—1)

第一列:浪井、神鼎、麒麟、黄龙、蓂荚。

第二列:六足兽。

第三列:白虎。

祥瑞石二(图34—2)

第一列:玉马、玉英、赤熊、木连理、璧流离、玄圭、比翼鸟、比肩兽、白鱼、比目鱼、银瓮。

第二列:后稷诞生、巨畅、渠搜献裘、白马朱鬣、泽马、玉胜。

这些形象在古代的中国都属于"祥瑞图"的范畴(参见附录1中有关这些形象的文献出处)。本章将专门讨论这些图像设计的艺术风格及其含义,还将证明这些图像与祠主武梁——一位退隐的儒生有着密切关系,精确地反映了他的学术倾向和政治态度。

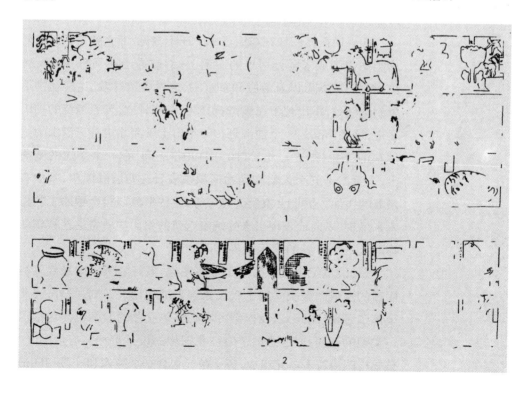

图34 武梁祠屋顶前后坡:1.征兆画像石一,2.征兆画像石二。线描图。(林巳奈夫,1974,图47)

祥瑞形象及图录风格

不同的祥瑞图设计在古代中国反映了人和自然界关系的变化。东周之际,人们越来越关注上天的可见征兆,也越来越多地记载"祥瑞"和"灾异"之事。不过,正如子产所说,"天道远,人道近",那时的人们还是把人作为出发点。[2]这种倾向明显地反映在东周时期的艺术品中,特别是当时刚刚出现的画像艺术。东周青铜器的纹饰开始大量表现人的活动,诸如战争、狩猎以及祭祀场面。人和动物常常被表现为直接的对抗,短促、不连贯的线条传达出搏斗的规模和激烈程度。某些图画、雕刻和青铜纹饰把人表现为英雄般的战胜者,凌驾于野兽之上。如同张光直所注意到的,"在东周之际,人变成了主人或至少是成为了动物的挑战者"[3]。然而有证据显示,到了西汉之际,艺术品中表现人兽对抗的场面减少了,人类以强力降服动物的情形渐渐被平静和谐的场面取代。大体而言,动物不再被认为是需要降服的威胁,而是多被表现为与人类命运协调的祥瑞形象。[4]

如果说征兆图像在东周艺术中还不多见,那么到了西汉之际这类图像则成了随处可见的主题。它们被描绘在马车、铜镜、香炉、酒食、漆器上以及房屋和墓室中,通常表示祥瑞。这些动物形象刻画精致,常出现于充满奇石异树,奇峰耸立、云彩缭绕的神山之中。这类作品的一个佳例是1965年出土于河北定县三盘山的一件车饰,约制作于公元前110—前90年之间。在一个短短的圆筒上,一百二十五个人物和动物形象被安置在四层画面里,其中有带翼的飞仙、龙凤、大象及天马等等。这些形象以错金银的工艺技术来呈现,以曲线表现出来的蜿蜒起伏的崇山峻岭将这些祥瑞动物融入一个奇异的欢乐世界。(图35)[5]

公元2世纪出现了另一类征兆图像,最好的例子即是武梁祠屋顶的浮雕图像及同属于武氏家族墓地的相关石刻。另外,河北望都二号墓(图36)以及内蒙古和林格尔汉墓的壁画也都包括这一类型的画面。[6]这些例子中征兆图像的设计都相当有规则,一整幅构图由若干单元组成,每一单元包含一个图像和一段相应榜

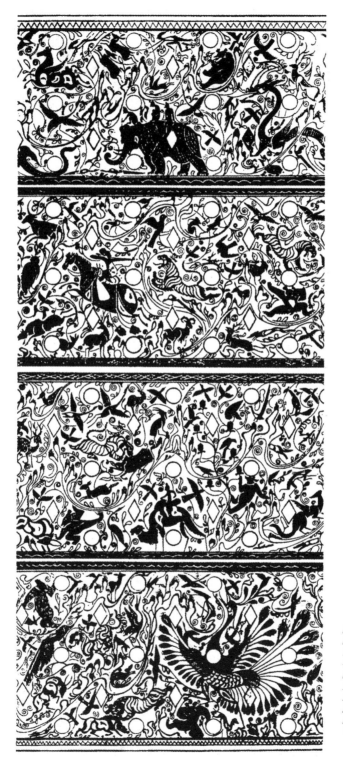

图35 河北定县三盘山出土的马车饰件上的图像,约公元前90年左右。从上至下,刻画在青铜管形器上的四层画面的重心分别是:吉祥的龙和南方所贡之象;狩猎;吉祥的鹤及北方所贡之骆驼;祥瑞的凤凰。线描图。(《中华人民共和国出土文物展览展品选集》,1973,图85)

图36 河北望都二号墓壁画,公元2世纪。图中的榜题说明,画中动物为祥瑞的白兔和鸾鸟。线描图。(《望都二号汉墓》,1959,图9)

题。每个形象都相当规范化而且自成一体,缺乏任何背景和环境表现。我们可以把这种形式称作为"图录式"(cataloguing style)的设计,其在古今中外的动植物图典中屡见不鲜。

这种样式事实上早在汉代以前就出现了。现存于美国华盛顿弗利尔美术馆的著名的"楚帛书"显示出类似的样式和风格特征。(图37)有意思的是,两者的类似性很可能源于其相近的用途。正如许多学者所认为的,"楚帛书"很可能是巫师所用的图籍。[7]据笔者的研究,东汉时期的"图录式"祥瑞图像乃是从当时流行的形形色色的征兆图籍中翻制的。

大体上说来,东汉有两大类征兆图籍,一种表现祥瑞,一种反映灾异。但二者都由图像和解说性的文字构成。描述瑞兆的图书称为"瑞图",其起源可以追溯到汉武帝时期(前140—前87年)。据载公元前109年,玉芝生于甘泉宫齐房,武帝为此赋诗贺之:

齐房产草,九茎连叶。
官童效异,披图案谍。
玄气之精,回复此都。
蔓蔓日茂,芝成灵华。[8]

西汉典籍尚较少提到这首诗里称作"图"的这类征兆图典,但到了东汉它们便越来越多地出现在文献中了。其频频出现或可说明这类书籍在当时的广泛流行。"瑞图"这个名称见于东汉王逸的《九思》,[9]随后也出现于班固的《白雉诗》中:

启灵篇兮披瑞图,
获白雉兮效素乌。[10]

王充的《论衡》也提及征兆图像,他在批评当时儒生的迷信倾向时说:"儒者之论,自说见凤凰麒麟而知之。何则?案凤凰麒麟之象……如有大鸟,文章五色;兽状如獐,首戴一角,考以图象,验之古今,则凤麟可得审也……世儒怀庸庸之知。赍无异之议,见圣不能知,可必保也。夫不能知圣,则不能知凤凰与麒麟。"【11】这段话告诉我们,当时的一些儒生是以图画来判断上天所降的征兆的。应劭的《风俗通义》进一步让人们了解到,征兆图籍不但为这些儒生所热衷,而且也在普通人中流行:"七日名为人日,家家剪彩或镂金簿为人,以帖屏风,亦戴之头鬓,今世多刻为花胜,象《瑞图》金胜之形。"【12】

有意思的是,我们在武梁祠屋顶的瑞图中也能看到一件"胜",其形状如两个圆盘中间以轴连接。"胜"在古籍中通常被认为是西王母的头饰。但武梁祠屋顶上的"胜"有着更强的政治含义。图旁边是一行榜题:"玉胜,王者……"尽管后半部文字残泐不清,相关的记载仍可以在《宋书·符瑞志》里见到:"金胜,国平盗

图37 湖南长沙出土的楚帛书,公元前3世纪,线描图。[巴纳(Barnard),1973,图1]

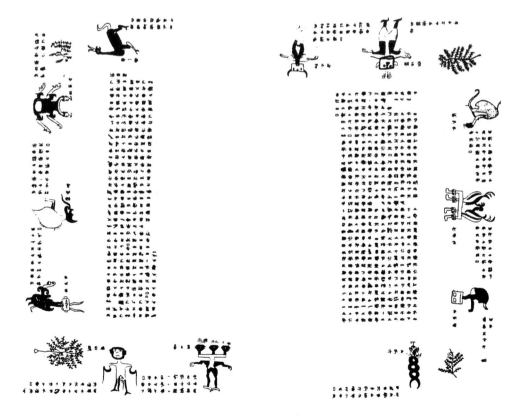

贼,四夷宾服则出。"[13]

迄今为止还没有发现传世的汉代《瑞图》。《宋书》中的《符瑞志》是沈约于6世纪中叶整理的。如同本书附录一中论证的,沈约的记录很可能部分或全部基于汉代的《瑞图》。但不幸的是《宋书》只保存了文字部分,原来《瑞图》的图像部分却已完全失传了。因此武梁祠屋顶图像就更加弥足珍贵,因为它们可以被视为真正的汉代传世《瑞图》,而且可以作为汉代和汉代以后这类图画的最佳代表。

征兆图像还可以在另一件武氏祠残石上看到。如本书第一章中所谈到的,就题材、雕刻风格及榜题书写格式而言,这块叫做"祥瑞石三"或"有鸟如鹤石"的画像(图38)非常接近武梁祠屋顶图画。不同处在于它不但刻有瑞象,而且还有灾异之象。由于这个原因,此石的传统名称"祥瑞石三"不够准确,我将它改称为"征兆石三"。此外这块画像石还有一点与武梁祠祥瑞图不同,即它的榜题中所引文字来自不同的出处:祥瑞图像的榜题文字与武梁祠石

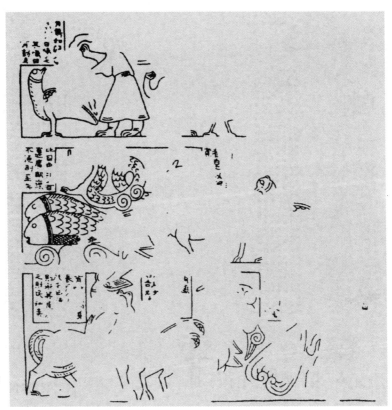

图38 "有鸟如鹤"石(祥瑞石三)。线描图。(林巳奈夫,1974,图46)又见本书图18。

刻榜题来源相同,但灾异图像的铭文却很像是引用了《山海经》中的记载。比如,一条残损不全的榜题说:"有鸟如鹤……名……白喙……其鸣自……"相近的一条文献可以在《山海经》中看到:"有鸟焉,其状如鹤,一足,赤文青质而白喙,名曰毕方,其鸣自叫也,见则其邑有讹火。"[14]在另一个例子里,灾异之兆是一头怪兽:"有……身长……曰发……则衔其尾……之,则民殃矣。"同样,《山海经》记载说,"有兽焉,其状如豹而长尾,人首而牛耳,一目,名曰诸犍。善吒,行则衔其尾,居则蟠其尾。"[15]

我之所以引述这些文字,是由于它们为确定《山海经》的性质提供了重要证据。它们显示出这部书在汉代是灾异之象的索引,直接为武梁祠"征兆石三"的画像提供了资料。

学术界通常认为《山海经》最早由文字和插图组成。清代学者郝懿行在其《山海经序》中提出历代至少有五种不同的插图版本存在。[16]根据他的看法,最初的《山海经》是绘有山川道路的一部地图集。但这个最初的版本在晋代以前就已佚失了。郭象(?—312?)和陶渊明(365?—427)所提及的《山海经图》是当时流行的一个新版本,其内容是书中所记载的各种精怪的图像。这个新版本可能代表了最早的"图录式"《山海经》插图,随即成为后世《山海经》图的样板。根据郝懿行的看法,第三种《山海经》插图产生于南朝梁代,乃张僧繇所作;第四种是由晚唐画家舒雅在999年画的。第五种插图尚流行于郝氏时代,据他推测可能是宋以后的作品。

尽管郝氏所指的第二种插图的创作年代不易确定,但我认为它很可能成于汉代,或是汉代原作的翻版。以下两条证据或可使我们一窥汉代版《山海经》的面貌。第一条是《汉书》中记载的一个故事,说的是异域曾进贡给汉武帝一只怪鸟,百官中除了东方朔以外无人知其为何物,但是东方朔一眼就认出了此鸟而且详细说出它的习性。汉武帝问他如何得知,东方朔引《山海经》为据。第二条所记载的事情发生在几十年后,有人掘地得一石室,其中有一个手缚于背后的人。宣帝(公元前73—前49年在位)询问刘向此人为何名,刘向同样引《山海经》为证,告诉宣帝说此乃"贰负"。[17]

这两则记载让我们相信这两位西汉学者所引的《山海经》版

本一定是有插图的。不过对汉代插图本《山海经》最有说服力的证据还要数武氏墓地所出的"征兆石三",其上所刻怪鸟奇兽旁的榜题与《山海经》中有关段落相当吻合。我们有理由认为这些石刻仿自当时流行的《山海经》,它图文并茂,既有图像,又有旁列的名称以及详细的说明。

作为征兆图像汇编,汉代的《山海经》帮助人们识别奇异现象,进而理解其含义。这种作用可以从刘向之子刘歆于公元前6年写给哀帝的《上山海经表》中明显看到。他当时刚刚编辑好此书并将其呈给皇帝,《表》中说:"禹别九州,任土作贡,而益等类物善恶,著《山海经》。皆圣贤之遗事,古文之著名者也,其事质明有信……(至汉代),朝士由是多奇《山海经》者,文学大儒皆读学以为奇,可以考祯祥变怪之物,见远国异人之谣俗。"[18]

细读《山海经》,很容易发现其双重性质:它既是一部记载奇异现象的百科全书,又是征兆图像的索引。许多条记载灵异怪物的段落以如下的套语结尾:"见此则某某事会发生。"这种写作结构非常类似瑞图的笔法。但是与瑞图不同的是,《山海经》主要记录灾异之兆。书中五十二条带有预兆性质的记载中,四十七条与反常的自然现象有关,其中所说的动物(兽、鸟、鱼以及另外一些超自然之物)的出现预示了诸如洪水、旱灾、风暴、大火、瘟疫、蝗虫等形形色色天灾的发生。还有一些恶兆则警示人祸,例如战争、暴行、繁重的徭役、腐败政治,以至政局变换、改朝换代等等。

这四十七条恶兆中有三点很值得注意。首先,所有这些段落都出现在《山海经》的头五章中。这说明在汉代,这几个通常称作《五藏山经》的章节可能是独立的兆书。此外,这些记载还点明恶兆所预示的灾难发生的五级行政单位:邑、县、郡、国及天下。这种行政区域的划分在秦汉以前还不存在。因此,尽管由于本章的篇章局限,我们难以在此详细讨论《山海经》的成书年代,但上述事实或可证明《五藏山经》中征兆的"验辞"乃汉代人在2世纪中叶以前所加,下限应该是"征兆石三"镌刻的时代。[19] 最后,除了这写明是征兆形象的五十二个神灵怪物以外,此书中记载的其他大量动物和精怪可能具有同样意义。比如说《山海经》在述及诸犍这种怪兽时并没有提到它是一种征兆。而"征兆石三"上"诸犍"的榜题

图39．敦煌出"瑞应图"卷，6世纪。本段图中所见之两头祥瑞兽及鸟分别是（从右到左），白龙，黄龙，以及状似凤凰的发鸣。（松本荣一，1956，129页）

却明确说明，如果此兽出现"则民殃矣"。这句话可能是石刻设计者所加，也可能是《山海经》的佚文。

上述讨论引导我们达到一个初步的结论，即武梁祠征兆图像，无论是刻于武梁祠屋顶上的，还是"征兆石三"上所见的画像及榜题，都是以流行于汉代的征兆图籍为蓝本的。祥瑞图像源自《瑞图》，而灾异图像则来自《山海经》。这一理解进而说明武梁祠征兆图像的功能与这些图像的风格样式间存在着密切的关系。

我在前文中使用"图录风格"一词来形容武梁祠屋顶及"征兆石三"上的石刻画像。这个术语涉及这些画像的两个方面，即它们的构图和描绘风格。"图录风格"的作品总是由多个单元组成，也总是包括图像和解说的榜题。每个单元各自独立，因此设计者可以随心所欲地根据需要删减或添加某些单元，增大或缩小作品的规模。这种征兆图籍最初很可能是绘于布帛而非狭窄的竹片上。有幸的是我们今天还能见到一件存世的以"图录风格"创作的瑞应图。这张图画出自敦煌石窟藏经洞，现收藏于巴黎法国国家图书馆。它大致作于6世纪晚期，图文并茂地绘在长450厘米、高27厘米的一段帛上。二十二个祥瑞图像绘于图的上部，互不相干地排成一列。每个图像下面有一段文字说明所绘动物的名称及意义。(图39)[20]这件存世的瑞应图回答了为什么武梁祠及"征兆石三"上的图像排成几个平行的长列:这种表现形式明显是从窄长的帛画发展而来的。

如上章中所回顾的,许多研究者认为汉代画像石的一个重要特点是其"平面"及二维的空间表现。武梁祠征兆图像乃是这种绘画风格的最佳例子:所有形象,包括兽、鸟、鱼、树以及器具人物,无一例外地如剪影般浮现于空白背景之上。其表现方式纯然是概念化和图解式的。在《中国绘画原则》一书中,罗利(George Rowley)使用"理念风格"(ideational style)一词来形容唐以前的中国绘画艺术,并做了如下解释:

> 在唐代以前的绘画中,由于艺术家关心的是事物的本质,其结果是表意的图像而非描述性的形似。这种视觉表现的心理学基础乃是人们试图把理念形象化时都会体验到的。就像在脑海里唤起任何一件东西,比如一匹马,那个东西立刻会以平面形象出现在我们的"心眼"前:正面而孤立,浮现于空白无物的背景之上。形状自身足以使人们确定客体的概念。[21]

自罗利写下这段文字以来,许多唐代以前的艺术品又被陆续发现,学者们的大量研究也证明唐以前的美术表现远比罗利所描述的要复杂。然而,罗利的论述仍然为我们所讨论的"图录风格"提供了最佳的描述和解说。正如武梁祠屋顶的画像所显示,刻在那里的祥瑞图像没有一个是表现特定情况下的特定事物,它们所表现的都是抽象的类型,用罗利的话来说就是"事物本质上的理念"。因此在表现比翼鸟的时候,艺术家就仅仅画出鸟的侧影,有两条腿以及一前一后的两个头。(参见图100)他在设计这个形象时绝对避免叠压和覆盖,甚至一个孩子看到这张画也明白这只鸟有两个头、一个身子和两条腿(而非四条腿)。考虑到图像的功能,这种概念式的表现可能是将征兆视觉化以便作为图像"索引"之用的最佳方式,"自然主义"的表现方式反而会削弱这些图像帮助人们判断征兆的作用。

征兆图像的流行

武梁祠祥瑞图像及相关榜题揭示出一种流行于汉代,将某些特定自然现象解释成上天意愿的思想模式。这种思想方式与汉代建立在天命论基础上的政治体系息息相关。根据这种理论,一旦某个皇帝获得天命,他就成为普天下芸芸众生的君主和父亲。皇帝因此得以向大臣发号施令,父亲得以向子女发号施令,男人得以向女人发号施令,如此类推,形成完整的社会结构。[22]这个结构中的第一个环节,即上天与皇帝的关系,是最为关键的但也是最难于证明的。但是如果上天可以通过征兆传达其意志的话,那么第一个环节就能够成立,从而为整个政治结构打下基础。正如汉代最著名的官方思想家董仲舒所说,"帝王之将兴也,其美祥亦先见"[23]。他因此将这种祥瑞之象称作"受命符"。[24]

但是值得注意的是,汉代文献记载的许多异象具有与通常意义上的"征兆"不同的内涵。它们的出现并不预示未来,却是表现了上天对过往事件的反应。汉代征兆的这种特别功能同样源自当时的天命说。根据这个理论,上天在赋予一个王朝的奠基者以受命之符后仍将继续干预人世的政治事务。它的手段是通过征兆对开国之君与其继承人的行动进行不断的裁判,送下祥瑞之象来肯定某位贤明君主的天命;也会发布恶兆以回报暴君的恶行。其结果是,一国之君需要根据这些征兆修正其行为和政策,以保持上天对其政权的支持。[25]

为了区分这两种不同概念的征兆,我们或称受命符为"奇迹"。根据鲁惟一(M. Loewe)所下的定义,奇迹"是自然界中已然存在的符号,可以被人们观察和利用"[26]。但是对于生活在已经被赋予合法性的王朝的人来说,这种区分一般没有必要。一旦本朝或前朝的某个受命符被确认,它就造下了一个先例。这个符号的再现(或消失)必然会被理解为上天对人类行为的反应。举例来说,据说上天曾送下一条神秘的鱼来预示周代的奠基者武王将取代商朝。当类似的鱼重现于汉代时,它自然而然被人们认作是当今皇帝圣明的重要信号。同样,史书记载稷山的一次山崩预示了周代的覆灭。当相同的事情于公元前26年再次发生时,儒生刘歆便提出这是上天对当时衰败政局的反应,表明西汉王朝日落西山的命运。[27]

因此,虽然从理论上讲征兆是上天与世人交流的媒介,但实际上它们是人与人之间对话的手段。征兆被用来评判人事,在汉代政治中扮演两个基本的角色:某些人利用它们来支持朝廷,另一些人则利用它们来针砭时政。当一位皇帝下诏说:白鱼与五彩鸟出现于都城,甘露自天而降,他实际上是试图让人相信,他是个治国有方的贤君,上天了解和肯定了这一点,因此通过祥瑞延续其天命。但是一位对时政不满的臣子也有可能上书朝廷,陈说自陛下登基以来祥瑞之兆罕有出现,麒麟隐没,河不出图,经常见到的却是地震山崩、夏霜冬雷。较为温和的批评则可采用间接的方法,通过征兆的语汇表达某种政治主张。比如一个大臣可以上书说:如果陛下如此这般广施仁政,何种祥瑞之兆则会出现。

诸如此类的话语在汉代历史中屡见不鲜。各种发言者将自己的主张和意愿表达为佚名的征兆,同时也就推波助澜,促使了征兆的流行,使其成为汉代历史书写、文学以及艺术中政治辩术的标准语汇。任何对汉代思想与艺术中征兆表现的探索因此不可避免地面对两个既相关又不同的问题:一个是这种语汇的程式,另一个是它的各种功能。

受命符

汉代史学通常将古史分为三皇、五帝及三代这三个阶段。人们相信每个开国帝王的天命都由祥瑞事先预示。但这种看似公平的方式并没有妨碍汉代人厚待某些帝王。因此在艺术中,几位格外受人敬重的圣王之崛起的兆象出现得最为频繁。武梁祠祥瑞图中有七种母题与五位圣王有关,他们是黄帝、尧、夏禹、后稷和周武王。

汉代史书记载说,当五帝中排在第一位的黄帝横扫敌国、一统天下的时候,所有祥瑞之象"尽现",其中包括祥云吉星、凤凰麒麟、龙图龟书、大蝼如羊、大螾如虹,以及一种南夷所献、称作巨邕的吉祥之禾。[28]最后这种瑞物在武梁祠画像中出现。(见附录一,I.32)

武梁祠画像的另外四种祥瑞与夏代以及周王朝的建立有关。夏的建立者禹的最大贡献在于治理了洪水。汉代人创造了许多征兆之象把禹的成就归功于上天的旨意。据说当禹治水成功，上天就送下一枝玄圭。在武梁祠石刻中可以见到这个长方形一头尖锐的圭，旁边的榜题写道："玄圭，水泉流通，四海会同则出。"（见图99）武梁祠另一幅画像也是证明禹乃天命圣王，表现渠搜氏在禹当政的时候来献皮裘。（见图105）

周代的创立者姬姓氏族追溯其先祖至后稷。在古代传说里稷乃天帝之苗裔，《诗经》中《生民》一篇讲述其母姜源如何踵天帝之足迹而受孕，以及稷出生以后如何被弃于隘巷、平林及寒冰之上，但每次都有牛羊、路人及大鸟来庇护他。[29]汉代人把这些奇迹解释为上天预告稷将成为君王的征兆。[30]武梁祠石刻画像中有一幅表现一位妇女立于树下，旁边一条略泐的榜题曰："□生后稷。"此图或表现后稷的母亲将他弃于平林，伐木者见而救之的故事。

武梁祠的另一个祥瑞图像表现一条鱼，与周代的建立有关。（见图102）旁边的榜题写道："白鱼，武王渡孟津，中流入于王舟。"据《宋书·符瑞志》，武王伐殷途中于孟津渡黄河时，一条三尺长的白鱼跃入船中。武王捡而视之，见鱼眼底有红字，预言武王的胜利。武王于是把这条鱼祭祀给上天，感谢上天对他的佑护。[31]

由于武梁祠屋顶前后坡两石早在宋代洪适首次将它们记录于《隶续》时即已残泐，现在已很难搞清其中原来有多少瑞应图与圣王有关。但有意义的是，现存的所有七幅此类瑞图都与汉代流行的一种政治理论紧密联系，其目的是解释朝代的更替以及汉代在朝代史中的地位。充分讨论这个理论需要更全面的研究，但对其基本原则稍事探索将有助于我们理解这些瑞应图流行的原因。

朝代更迭的模式是汉儒孜孜不倦的辩论题目。形形色色的说法基本跳不出作为立论基础的两个根本观念：其一是构造一部与抽象宇宙元素循环转化相对应的政治历史；其二是由朝代更迭模式证明汉代的合法历史地位。对历史发展模式的追求可以解决汉代统治者面对的难题：与前代统治者无亲无故的汉皇室，如何能证明自己承天之命，开创一个新朝代？[32]

正如许多学者已经阐述过的，对历史发展模式的严肃探求在东周时期已经开始,阴阳五行学派对这种探索可能起到重要的推动作用。但在汉代儒学奠基者董仲舒之前,尚没有人系统地运用宇宙观念来解说历史。[33] 董仲舒创造出一套环环相扣的循环理论体系来解释朝代的更替。鲍吾刚(Wolfgang Baur)对这一体系做了如下的总结:"阴与阳、天地人、四季和五行为四种不同发展模式提供了原型,各以二、三、四、五为循环单位。"[34] 董仲舒提出:"故王者有不易者,有再而复者,有三而复者,有四而复者,有五而复者,有九而复者。"[35] 这种说法为汉代史学奠定了基础。根据这种理论,汉代乃是不同历史循环系统之交接点,而非单独的线性发展的终点。

董仲舒的五种历史循环论中之两种,即二阶段循环和五阶段循环的说法,给汉代思想带来巨大的影响,而且也有助于我们理解汉代艺术中对祥瑞形象的自觉选择。二阶段循环论的基础是"文"与"质"的相互交替。夏代被认为是和"文"对应,随后的商代则是和"质"对应。周代返回到"文",秦代又复归于"质"。在这种交替出现的模式中,汉王朝与"文"紧密相关,因此是夏和周的继承者。在武梁祠石刻中,我们可以看到与夏和周之奠基者有关的重要祥瑞,但却找不见任何与商和秦有关的征兆图像。这种选择应该不是偶然的。而且不仅仅是武梁祠,即便是在整个汉代美术中都缺乏和商、秦两代对应的瑞应,这个事实进一步支持了上述的论点。

与黄帝有关的祥瑞的流行则可以由五行循环论来解释。这种理论把朝代更迭与金、木、水、火、土五种元素相生相克的模式联系起来,以此来解说历史的变迁。根据自西汉开始流行的一种说法,由于黄帝创立了国家政体,他也就代表了朝代史的开端。正如他的称谓中的"黄"字所象征,他的崛起对应着"土"的元素。以此开始,随后的夏、商、周、秦四朝代各自对应其余的四种元素。汉朝则再次和"土"对应,标志着一个新周期的开始。[36]

二阶段和五阶段循环论赋予汉代在历史上的合法地位,但却不能解释其创立者世系上的优越。司马迁在《史记》中记载了汉代开国皇帝刘邦的卑微出身:"高祖,沛丰邑中阳里人,姓刘氏,字季。公曰太公,母曰刘媪。"[37]正如顾颉刚所指出的,这一记载实际显示的是高祖父母之名不可考,遑论其远祖之名了。[38]如此卑微的出身给汉代统治者证明其作为天子的正当性带来困难。为了解决这个问题,一个精心构造的皇族世系便渐渐被炮制出来了。到了公元1世纪晚期班固撰写《汉书》的时候,刘氏家族世系已经可以追溯到远古的圣王尧那儿去了,如这段写给高祖的赞辞所示:

> 汉帝本系,出自唐帝。
> 降及于周,在秦作刘。
> 涉魏而东,遂为丰公。[39]

而尧的世系则更是被神化了。《史记》没有片言只语提及尧的祖先,然而不久之后,有关尧的精致神话便被编织出来了。他的母亲被说成是一位超凡的女性,常有天龙陪伴。某日,一条龙带给她一幅尧的画像,旁有题文:"亦受天佑。"刹那间,浓云密布,该女性从赤龙受孕,十四个月后生尧。[40]这样一来,汉皇室的祖先就进而被延伸到天帝那儿去了,可以说再没有比这更好的解决汉皇室世系的办法了。

汉皇室与尧的特殊关系为汉代流行的有关尧的祥瑞提供了解释。武梁祠石刻祥瑞图中有一幅描绘了一个样子奇怪如鱼骨般的植物(图92),其榜题告诉我们这是一株蓂荚。据文献记载,蓂荚这种神秘的植物乃是显示尧之天命的特别征象,曾生长于他的宫殿的台阶上。从农历月初起它每天长一叶,直到月圆的十五,然后每天落一叶直到月末(据汉儒,若月小则蓂荚的最后一叶枯而不落)。[41]由于武梁祠画像中的蓂荚图有笔直的枝茎和十五片完好的叶子,冯云鹏因而解释所画乃十五日之蓂荚。[42]

以上所论的六个征兆之象以及神鼎(本章稍后讨论)可以被理解为支持汉王室建立其正统性的"历史证据"(此处所说的"历史"指汉代人心目中的历史),因此解释了这些图像在汉代流行的原因。

天命之更新

西汉儒生褚少孙与友人论天命时曾说:"黄帝策天命而治天

下,德泽深后世,故其子孙皆复立为天子,是天之报有德也。人不知,以为氾从布衣匹夫起耳。"[43]在汉代的神学思想中,汉王室的正统性基于两点:一是开国皇帝与古代圣贤帝王的关系,二是每个汉代皇帝与上天之间的直接联系,二者都要求有祥瑞作为证明。这种思潮的出现可以追溯到大约公元前1世纪左右,到公元1至2世纪愈演愈烈。其结果是两种并行的发展倾向:一是变本加厉地将汉高祖刘邦神话化,二是越来越频繁地制造祥瑞征兆并繁衍其种类。

如上所述,司马迁记载了高祖如何崛起于陋巷,对其家世的叙述尚属平实。[44] 班固有关高祖的描述则截然不同,不但将其祖先追溯到了尧,而且还绘声绘色地描写了这位王朝缔造者神秘的诞生:"母媪尝息大泽之陂,梦与神遇。是时雷电晦冥,父太公往视,则见交龙于上。已而有娠,遂产高祖。"[45]《汉书》还叙述说,高祖"隆准而龙颜","左股有七十二黑子",曾杀死一条白帝之子化身的蟒蛇。所有这些都被解释为高祖受天命创大业的证据。

与有汉一代将统治者神话化的倾向相并行的是祥瑞之层出不穷。这些瑞应之象被视为上天继续庇佑代代相传的汉皇室的有力证据。汉代初年瑞兆的种类还相当有限,即便是那位热衷于寻求神灵相助的武帝,也只见过不到十种祥瑞。然而到了一百多年后的章帝(公元76—88年在位),在短短十来年间至少出现了二十九种瑞兆。特别是在公元85—87年间,麒麟出现了五十一次,凤凰一百三十九次,黄龙四十四次,白虎二十九次。[46]除了这二百六十三次四种主要瑞应之兆,其他各种各样的祥瑞也被报告到朝廷,包括灵鸟、青龙、白虎、大尾狐、白鹿、甘露、瑞禾、吉麦、瑞瓜、黄云、白云、白兔、赤鸦、三足乌、白雀、灵雀、黄雁、灵鱼、连理树、明珠、秬秠、华平树、赤草、白鹇、灵芝和神鼎等。[47]

武梁祠屋顶上原来可能刻有四十到五十种祥瑞,与汉代末年和林格尔墓中所画的瑞象数目大致相等。[48]二者的根据应该就是叫做"瑞图"的流行祥瑞图籍。随着祥瑞理论在汉代建立后近三百年的发展和风行,这种祥瑞图籍不断扩大和增益,武梁祠祥瑞图代表了这种艺术形式在2世纪中叶的状态。

神鼎之例

在此没有必要一一详论每幅武梁祠祥瑞图的文学和政治内涵(详细的讨论见本书附录一),对"神鼎"这个特例的分析或可集中说明这种图像在汉代政治中的象征意义。(图89)上文说到汉王室需要证明其正统性,同时也需要不断地重复肯定其所承之天命。神鼎图像的流行与这两个方面息息相关。通过揭示其意义,我们也可以理解作为祥瑞的神鼎与一个对应的画像题材——秦始皇捞鼎之间的关系。

神鼎传说的一个早期记载见于成书于东周时期的《左传》:"昔夏之方有德也,远方图物,贡金九牧,铸鼎象物。百物为之备,使民知神奸。故民入川泽山林,不逢不若,螭魅魍魉,莫能逢之,用能协于上下,以承天休。桀有昏德,鼎近于商,载祀六百,商纣暴虐,鼎迁于周。"[49]另一有关但不尽相同的神鼎传说也出现于东周时期,见于《墨子·耕柱》:"昔者夏后开使蜚廉折金于山川,而陶铸之于昆吾,是使翁难雉乙卜于白若之龟,曰:鼎成三足而方,不炊而自烹,不举而自臧,不迁而自行,以祭于昆吾之虚(墟),上乡(飨)!乙又言兆之由,曰:飨矣!逢逢白云,一南一北,一西一东。九鼎既成,迁于三国。夏后氏失之,殷人受之。殷人失之,周人受之。"[50]

尽管这两段记载有所不同,但它们都肯定"神鼎"乃是王权及统治者德行的象征。文中所叙述的鼎之传承也就是三代嬗递的过程。根据这种逻辑,随着周、秦的覆灭,神鼎理应归于汉室。然而汉代皇帝和他们的谋士所面临的现实却是这些鼎早在汉代建国之前已杳然不知所之。甚至连司马迁也不能明确回答这个问题,因此推测九鼎有两个可能的去处:"周之九鼎入于秦。或曰宋太丘社亡,而鼎没于泗水彭城下,其后百一十五年而秦并天下。"[51]

我们可以把司马迁的含糊当作他治学客观的证据,但他的同时代人,包括汉武帝在内,却把九鼎的传承视为纯粹的政治问题而必须找出一个清楚的说法。因为神鼎并没有在皇室手中——这让汉代的皇帝们多少有些尴尬,于是他们从另一个角度来看待九鼎。真正重要的问题不再是历史上神鼎的一般性象征作用,而是鼎作为上天赐予的祥瑞在汉代政治中扮演的特殊角色。新建的王朝急需这类神物。而且，由于汉代的法统地位有赖于朝代更替的循环模式，过往传说中有关神鼎从一代传之一代的线性模式也需要加以修正。

公元前116年，汾阴出土了一只大鼎，这马上被看做是上天宣告汉王朝受天命的征兆。武帝本人亲自前去迎接，就在他及其随从返回都城长安的途中，在一个叫中山的地方，黄云突然出现，笼罩于鼎上。[52]一些大臣根据东周文献所载之鼎的样式，断定这只鼎就是那套从夏传至商、周和秦的九鼎之一。但一位来自齐地名叫公孙卿的方士不同意这种说法。他认为汾阴之鼎是在更远的时候由黄帝铸造的。他的证据来自一部叫做《鼎书》的文献。据他自己说，此书乃是从黄帝那儿秘密地传至他手中的。书中记载此鼎铸于乙酉冬至，与汾阴获鼎之日恰恰相合。书中的一句话说明了这个巧合的含义是"汉兴复当黄帝之时"。当时有些大臣怀疑这本书的可靠性，但武帝本人龙颜大悦，即以公孙卿的说法为正统。[53]

有一位曾从董仲舒学习《春秋》的大臣寿王提出一个"周鼎说"："上天报应，鼎为周出，故名曰周鼎。今汉自高祖继周，亦昭德显行，布恩施惠，六合和同。至于陛下，恢廓祖业，功德愈盛，天瑞并至，珍祥毕见。昔秦始皇亲出鼎于彭城而不能得，天祚有德而宝鼎自出，此天之所以兴汉，乃汉宝，非周宝也。"[54]尽管这些关于鼎的说法相互矛盾，但武帝还是一并接纳。公孙卿被封以官职，而寿王则被赐黄金十斤。[55]

如果我们更仔细地观察一下，我们会发现鼎的神话在汉代出现了一些变化，而这些变化是和汉王朝之法统地位紧密相关的。根据当时的新说法，只有黄帝、夏、周和汉与鼎有从属关系。这些朝代的统治者或者是鼎的始作俑者，或者是其继承人。与此形成对照的是，上天拒绝了秦代拥有这些神物的权利。尽管东周和西汉初的文献都提到"鼎迁于商"，但汉代儒生在很大程度上有意地忽略这个记载。[56]当时所流行的两个有关朝代更迭的理论，即"文、质"交替的二阶段循环论和"五行"相继的五阶段循环论，为神鼎与各朝代间或和或离的关系提供了完美的解释：

　　　　黄帝(土) …… 汉(土)

铸鼎	……	受鼎	
夏(文)	……	周(文)	…… 汉(文)
铸鼎	……	受鼎	…… 受鼎

神鼎传说在汉代的演进逻辑可以概括如下：以东周的传说为依据，上述第二种说法根据二阶段循环的理论模式为汉王朝的合法性提供了根据。类似的动机也促成了上述第一种说法的产生，把神鼎与黄帝相联系。其道理是根据"五行"学说，这位远古帝王乃是汉代皇帝的远祖。对于汉代神学家来说，很难想象上天没有赐给黄帝这个最重要的祥瑞。然而不幸的是，《左传》的作者清楚地指出九鼎乃夏禹所铸。这样一来，在汉代有关鼎的传说中黄帝就不得不另铸一个神鼎，尽管这个鼎在三代时期的所在从未被清楚说明。

武梁祠上的鼎的图像以及相关榜题揭示出在东汉时期，鼎的传说又有了新的发展。《墨子·耕柱》中已经开始显示的鼎的超自然特质成为武梁祠榜题中的唯一内容："神鼎，□炊自孰(熟)，五(味)自□。"和武梁祠很多别的榜题一样，这条铭文只是对其所依据的原本的缩写。一份完整的"神鼎"的解说词可以从刘宋时期孙柔之的《瑞应图》里找到：

> 神鼎者，质文精也，知吉凶存亡。能轻能重，能息能行。不灼而沸，不汲自盈，中生五味。昔黄帝作鼎象太一，禹治水收天下美铜，以为九鼎象九州。王者兴则出，衰则去。[57]

与东周和西汉有关神鼎的传说比较，这段文字揭示出这一传说在东汉以后的两个重要发展。首先，这个神物不仅与合乎法统的王朝相应，而且是"王者兴则出"，会在任何贤明的帝王当政时期出现。第二，这段话明确地提出曾有两套神鼎，黄帝铸了第一只，禹则铸了第二套。第一个发展是由于适应天命不断更新的理论；第二个发展把西汉时期的五行循环论和阴阳(或文质)循环论融为一体。两个发展都衍生自东汉新政治环境中的鼎的象征含义。

除了汾阴发现的古鼎，更多的鼎在公元63年、82年及89年被陆续发现，都被视为证明东汉各代皇帝为贤明之君的证据。[58]与此同时，有关秦始皇捞鼎失败的传说也广泛流传，与神鼎在汉代不断出土的事实形成了鲜明的对比。根据这个传说,周亡时鼎沉落河底。当秦王朝初建的时候,水落鼎出。秦始皇大喜过望,派遣上千人去打捞神鼎。就在他们系牢绳索准备将鼎拽出水面的瞬间,一条龙突然从空中闪出,一口咬断绳索,神鼎因此重新消失。[59]这个故事在很多汉代石刻中都能见到,包括武氏祠左石室东墙上的一幅画像。(图32)这个图像的主题无疑是显示秦始皇的厄运。画中场面表现神龙咬断绳索的瞬间,绳的突然断裂使拽鼎者人仰马翻。这幅图画所蕴含的教训是:秦朝的建立并没有获得上天的恩准。与神鼎之祥瑞形象一起,这类图画栩栩如生地揭示出征兆在东汉社会中的政治价值,以及征兆图像广泛流行的原因。

武梁和征兆图像

那么汉代皇帝是否真的满足使祥瑞出现的先决条件而因此获得祥瑞了呢?历史记载显示他们似乎采取了更为方便的途径。汉王朝鼓励地方官上报其管辖地出现的祥瑞之兆,并对报告者封官晋爵或给以物质奖励。这类事情可说是司空见惯。[60]史书中记载的众多幸运者中有一位名叫哀章的"好事者"。此人因为伪报发现一个天赐的"金匮"而被封为大将军,因为这件东西被王莽用来作为自己承天命的关键证据。[61]正如这一事件所暗示,不论报告者或是统治者自己都不一定相信征兆的真实性。从这个意义上讲,各种来源不同的祥瑞均可以被视为国家政治宣传的产物。因为这种宣传得到整个政治体系的支持并且能够迎合大众热衷奇迹的心理,所以它变得威力极大且流传极广。每当一种重要的祥瑞之兆出现时,皇帝更新年号,百姓唱起新编歌谣,举国上下同声欢庆,因为上天又一次肯定了当今朝廷的正统地位。

但是如上文所说,征兆也可以被官吏及学者用作表达其政治见解和不满的工具。征兆的这两重训诫功能为我们探讨武梁祠祥瑞图像的意义提出了进一步的问题:为何像武梁祠这样一个墓葬享堂,既非政府资助建造,也不属于需要诉诸瑞应来获取民心的重要家族,装饰有如此众多的征兆图像?这个问题与这座祠堂的三个特点有关。首先,一般都认为,几座武氏祠以及邻近宋山村所发现的小祠堂都是由嘉祥地区的工匠于公元2世纪下半叶所建。然而武梁祠是唯一一个刻有大面积祥瑞图像的祠堂,其他两个已被复原的武氏祠(左石室和前石室)的屋顶装饰的是神话图像。第二,尽管祥瑞是汉代艺术中的重要题材,但很少以"图录风格"在墓葬石刻中表现。事实上,武梁祠的屋顶以及相关的"征兆石三"是现在所知唯一以这种风格表现征兆的东汉时期祠堂画像。第三,恶兆图像从未在汉代艺术中流行,"征兆石三"上留存的两个这类形象是现存数千件汉代石刻及壁画中的孤例。

由于这些特殊性,武梁祠上所刻的祥瑞图像一定具有某种特别的意义,也一定是有目的地表达某种观念。是谁设计了这些图像?这个设计者想通过祥瑞图像传达给观者什么样的想法?回答这些问题的关键隐藏在武梁碑铭中,而武梁祠就是为了这位东汉儒生所修建的:

□故从事武椽,讳梁,字绥宗。椽体德忠孝,岐嶷有异。治韩诗经,阙帻传讲,兼通河洛,诸子传记。广学甄彻,穷综典□,靡不□览。州郡请召,辞疾不就。安衡门之陋,乐朝闻之义。诲人以道,临川不倦。耻世雷同,不阙权门。年逾从心,执节抱分。始终不愆,弥弥益固。大位不济,为众所伤。年七十四,元嘉元年,季夏三日,遭疾陨灵。[62]

简而言之,这段碑文证明武梁属于东汉的"今文经学派",而且是一位隐居教书的儒者。这两重身份都与其祠堂中所刻画的征兆画像紧密相关。

武梁和今文经学派

"今文"是儒学之一支。秦始皇焚书坑儒,毁灭了存世的儒学经典,因此西汉初期的一批学者必须凭记忆以汉隶重新写出这些经典,因此获得了"今文家"之名称。与他们相对的"古文家"则是研究于公元前1世纪重新发现的以古文写就的儒家经典的学者。[63] 然而这两派学者的不同远远超过了其所研究的文献的形式,而是涉及到学术理论和政治目的等关键问题。《隋书》中的一段文字可以帮助我们理解两派在东汉时期的历史含义:

……王莽好符命,光武以图谶兴,遂盛行于世。汉时,又诏东平王苍正五经章句,皆命从谶。俗儒趋时,益为其学,篇卷第目,转加增广。言《五经》者,皆凭谶为说。唯孔安国、毛公、王璜、贾逵之徒独非之,相承以为妖妄,乱中庸之典。故因汉鲁恭王、河间献王所得古文,参而考之,以成其义,谓之"古学"。当世之儒,又非毁之,竟不得行。[64]

天命论是今文经学派的重要理论基础。此派的追随者强调他们能够借助于纬书和谶言发现儒家经典的秘密,进而可以预示未来。古文学派的兴起可以说是对今文学派的反动,其使命是要将儒学从今文学派所营造的对儒学的神化倾向中解放出来。武梁所研习和教授的乃是今文学教义。在他精通的典籍中,《河图》、《洛书》为最负盛名的二种图谶,而《韩诗外传》则属于纬书一类。毫无疑问,武梁属今文经学派之一员。

据东汉张衡,"立言于前,有征于后……谓之谶书"[65]。属于此类典籍的《河图》、《洛书》据传是远古时从黄河和洛水中所出,两书因而被视为重要的祥瑞符命,其中隐含着上天的密旨。《隋书》记录了西汉时期作,但自称为"自黄帝至周文王所受本文"的《河图九篇》与《洛书六篇》。[66] 据武梁碑铭,武梁曾研习这两种神秘的典籍。

《河图》、《洛书》早已亡佚,但《韩诗外传》仍然存在。一般认为这部著作是西汉《诗经》学派的奠基人韩婴所撰。但海托华(J. R. Hightower)认为,现在我们所见到的《韩诗外传》与其说是原著,不如说是一个集子。韩婴的追随者把它当作教科书使用,"不是把它看做是韩婴对经典的诠释,而是用以展示如何实际使用经典的例证"[67]。在这个意义上,这部书是汉代流行的纬书的一个早期典范。

"纬"在字面上的意思是指织物上横向的纱或线,与"经"相对。"经"乃儒家先圣的原著,"纬"则指后人的诠释。用冯友兰的话来说,"这两个术语以比喻的方式表达了知识的编结。二者交错在一起,就形成了古代中国人想象中凝聚了所有人类智慧的统一织物"[68]。但是值得注意的是,"纬"的目的并非是要探索古典的原意,而是要通过发掘其潜能而对其赋予新意。因为今文学派的基础为天命论,所以今文家对古典的诠释也以此为出发点。这种倾向的一个有名的例子是董仲舒注《春秋》的事例。在他看来这部史书充满神圣的智慧,每一个字都蕴含深意:"天下之大,事变之博,无不有也。"【69】

董仲舒和韩婴为同时代人,两人都是武帝朝廷里的理论家。董仲舒撰《春秋繁露》,韩婴则专论《诗经》。现在我们所能见到的残本《韩诗外传》显示,其理论取向与董仲舒著作中的基本思想如出一辙。下面所引的段落可以让我们一窥他的理论倾向,并有助于我们了解韩诗学派诠释儒家经典的风格:

> 传曰:国无道,则飘风厉疾,暴雨折木,阴阳错氛,夏寒冬温,春热秋荣,日月无光,星辰错行,民多疾病,国多不祥,群生不寿,而五谷不登。当成周之时,阴阳调,寒暑平,群生遂,万物宁,故曰:其风治,其乐连,其驱马舒,其民依依,其行迟迟,其意好好,诗曰:"匪风发兮,匪车偈兮。顾瞻周道,中心怛兮。"【70】

《诗经》原文并没有提及征兆之事,但是韩婴及其追随者在解释此诗时加上了他们自己的想法,这种诠释经典的模式贯穿了整部《韩诗外传》。书中提到许多出现在远古黄金时代的祥瑞。据韩派学者,尽管《诗经》没有明显记载这些征兆,但实际上在字里行间"隐含"了这些内容。更主要的是,他们认为《诗经》指出了祥瑞出现的特定条件。通过探索这些征兆的深层含义,他们可以掌握那些连君王都必须服从的上天的意旨。韩诗学者武梁的祠堂上刻有远古时的祥瑞因此绝非偶然。

《韩诗外传》中有一段话可视作韩诗学派儒生的座右铭:"原天命,治心术,理好恶,适情性,而治道毕矣。"【71】探究上天的意愿是其学术的基础,属于此派的儒生都忠心地追随这个教条。台湾学者赖炎元曾列举出五十五位专门研究《韩诗》的汉儒。【72】虽然其中很大一部分人只知其名,但是有些人的生平则能从汉代史书或他们的墓志中了解。这些传记资料(包括武梁碑铭)反映出这些韩派儒者通常都热衷于谶言符命。比如说《后汉书》中有传的薛汉是东汉初一位著名的《韩诗》学者,"尤善说灾异谶纬",因此在建武初受光武皇帝诏校定图谶。[73]与薛汉同时代的郅恽也精研《韩诗》和今文学派的另一经典《颜氏春秋》。他通晓天文历数,能从天象预测未来政局。《后汉书》记载说:"王莽时,寇贼群发。恽仰占玄象",预言汉室将兴,由此触怒了王莽,以致被下狱。王莽使人威迫他自承乃狂病恍惚之间胡言乱语。郅恽坚决拒绝,说:"所陈皆天文圣意,非狂人所能造。"[74]

韩诗学派的另外一些追随者,尽管史书所记简略,其生平和志向与武梁碑文所载有着惊人的相似之处:

> 唐檀字子产,豫章南昌人也。少游太学,习《京氏易》、《韩诗》、《颜氏春秋》,尤好灾异星占。后还乡里,教授常百余人。……永建五年,举孝廉,除郎中。是时白虹贯日,檀因上便宜三事,陈其咎征。书奏,弃官去。[75]

> 公沙穆字文乂,北海胶东人也。家贫贱,自为儿童不好戏弄,长习《韩诗》、《公羊春秋》,尤锐思《河》、《洛》推步之术。居建成山中,依林阻为室,独宿无侣。时,暴风震雷,有声于外,呼穆者三,穆不与语。有顷,呼者自牖而入,音状甚怪,穆诵经自若,终亦无它妖异,时人奇之。后遂隐居东莱山,学者自远而至。[76]

> 廖扶字文起,汝南平舆人也。习《韩诗》、《欧阳尚书》,教授常数百人。父为北地太守,永初中,坐羌没郡下狱死。扶感父以法丧身,惮为吏。及服终而叹曰:"老子有言:'名与身孰亲?'吾岂为名乎!"遂绝志世外。专精经典,尤明天文、谶纬、风角、推步之术。州郡公府辟召,皆不应。就问灾异,亦无所对。[77]

> (田氏)家于东平阳,君总角修韩诗京氏易,究洞神变,穷奥极微。[78]

和这些儒生一样,武梁专门研究《韩诗》并精通《河图》、《洛书》。这些图籍帮助他洞悉上天的意旨。他无疑很熟悉韩婴有关天意的思想,也许还了解韩诗派著名儒者如薛汉之流所撰之图谶。他的这种背景和其祠堂所饰的祥瑞图像是完全一致的。汉代历史上有一位类似的儒者在辞世前设计了自己的墓葬纪念碑。《后汉书·赵岐传》记载赵岐身前为自己建造坟圹,其中"图季札、子产、晏婴、叔向四像居宾位,又自画其像居主位,皆为赞颂"。【79】据武梁碑铭,他的祠堂乃是其子在他死后所建。然而祠堂中不同寻常的征兆图像,包括这些图像和武梁学术生涯间的密切关系,以及这些图像旁边精心撰写的榜题,都使我们感到武梁本人似乎亲自参与了祠堂的设计。这个推论可由下一节中所讨论的这些祥瑞图像的政治含义获得进一步的证据。

武梁和隐居贤人

有汉一代,儒生常利用谶言干预政事,现代历史学家常举董仲舒诠释图谶以表达自己政治见解的例子。据《史记》,董仲舒被罢黜相位以后全身心地投入撰写一部关于符命谶言的书。当位于辽东的高祖庙以及高祖陵旁便殿发生火灾,董仲舒按照自己的意见解释了这两起事故的含义,因此被判刑,几乎处死。【80】

董仲舒传和汉代史书中所载的其他一些今文经派儒生的生平常常反映出一个固定的模式,即他们大体上都无官无职(或罢官隐居),也都爱用谶语表达对当前政治的不满。他们相信隐居乃是儒家纯粹德行的最高体现,而诠释上天的意旨则是他们最高的使命。武梁所属的韩诗学派是这个潮流中的一股重要力量。上文所引此派追随者的生平以及《韩诗外传》中屡次提及的"理想儒者"形象,生动地揭示出韩诗学派的立场:

> 儒者,儒也。儒之为言无也,不易之术也。千举万变,其道不穷,六经是也。若夫君臣之义,父子之亲,夫妇之别,朋友之序,此儒者所谨守、日切磋而不舍也。虽居穷巷陋室之下,而内不足以充虚,外不足以盖形,无置锥之地,明察足以持天下。【81】

《韩诗外传》中的另一段文字赞美隐居的圣人,将他们比作山谷中的幽兰:

> 夫兰茝生于茂林之中,深山之间,人莫见之故不芬;夫学者非为通也,为穷而不困,忧而志不衰,先知祸福之始,而心无惑焉,故圣人隐居深念,独闻独见。[82]

《韩诗外传》中的这两个主题——洞察上天旨意之特权以及隐退之荣耀给韩诗派学者的生活态度树立了榜样。据武梁碑铭,他曾被召请担任官职,但他"辞疾不就,安衡门之陋,乐朝闻之义",专注于研读和教授儒家经典。该学派许多别的学者也都持相同的态度。除了上面谈到的例子,尹勤退隐回乡,牧牛维生,"门前荆棘遍布"[83]。赵晔拒绝出仕;而张匡则授博士而不就。[84]所有这些史书记载的韩诗学派儒者都生活在东汉时代。这个现象与当时一个被称为"隐逸"的特殊社会政治集团的形成大有干系。《后汉书》提供了有关此集团产生原因的重要信息:

> 至王莽专伪,终于篡国,忠义之流,耻见缨绋,遂乃荣华丘壑,甘足枯槁。虽中兴在运,汉德重开,而保身怀方,弥相慕袭,去就之节,重于时矣。逮桓、灵之间,主荒政缪,国命委于阉寺,士子羞与为伍,故匹夫抗愤,处士横议,遂乃激扬名声,互相题拂,品核公卿,裁量执政,婞直之风,于斯行矣。[85]

包华石指出,尽管这些"隐士"赞美隐退之举,但实际上他们中大多数人实际上心怀入仕之愿。[86] 这种态度也流露在武梁碑文的苦涩语调中:"大位不济,为众所伤。"然而,正如陈启云及包华石两人都指出的,东汉朝廷多为皇亲国戚及太监所掌控,隐者的入仕之途愈来愈狭窄。由此我们也可以理解儒生为什么在这个时期越来越多地运用谶语来表达政治见解和讽喻时政。[87]

汉斯·别伦斯坦(Hans Bielenstein)于1950年指出,儒生进谏之途受阻之时,便是越来越多的灾异之兆出现之日。[88]根据这些儒生所持之理论,乖异现象"是上天直接的干预,显示了朝廷之腐败并提醒当政者悔悟"[89]。灾异因此成为他们对统治者和政府进行批评的媒介。在最近发表的一篇讨论汉代艺术中"混合型(hybrid)动物"图谶的文章中,包华石进一步指出:"议论符命和图谶乃是文人能够使用的很少几种合法的发表异议的媒介之一。由于上天(假定的符命之源)被视作是儒家政治见解的化身,它的征兆很自然地代表着儒生的利益。"[90]别伦斯坦和包华石各自讨论了不同类型的上天征兆——前者集中于灾异,后者集中于祥瑞——但是他们的结论在很大程度上是相呼应的,都揭示出儒生是如何将抽象的天的概念加以形象化,变成可触可摸的符号或者说是批评的代码,来为自己的政治观点服务。

祥瑞和灾异被刻画在武梁祠屋顶以及相关的"征兆石三"上。祥瑞图像大多伴随着标准化的榜题,其格式通常是:某种征兆,如果国君有德(或治国有道),它就会出现。这些榜题及其相关图像的功能故而是宣告国君应具备的德行,以及应该以何种方式来治理国家。以下对武梁祠祥瑞榜题内容的概括清楚地显示出这些图像的政治道德取向:

1.玉英、神鼎、麒麟、黄龙、白虎及连理树:这些祥瑞的出现要求王者应多行仁义、正直、礼仪之举,并要富有智慧和真诚之心。

2.玉马、比翼鸟、比目鱼、白马朱鬣及赤熊:这些祥瑞出现的条件是王者必须延揽有德之人和退隐之尊者,同时疏远小人和奸佞者。

3.泽马、六足兽或比肩兽的出现要求王者关心普通百姓。

4.玉璧之出现要求王者不掩饰自己的过错。

5.玄圭、胜以及连理树出现的条件是国家的强大、和平和统一。

6.银瓮或浪井之出现要求王者"无为而治",废除苛刻的刑法。

显然,儒家道德观念和社会理想是这些榜题内容的基础。这些榜题实际上可以被看成是一种政治宣言,写作者竭力强调儒家的理想道德,强调对有德儒生的任用。这些都非偶然,下面所引出自《韩诗外传》的段落和武梁祠榜题所体现思想之间的相似之处发人深省:

> 度地图居以立国,崇恩博利以怀众,明好恶以正法度,率民力稼,学校庠序以立教,事老养孤以化民,升贤赏功以劝善,惩奸绌失以丑恶,讲御习射以防患,禁奸止邪以除害,接贤连友以广智,宗亲族附以益强。[91]

《韩诗外传》中反复强调的一个主题是国君必须尊重儒家有道之士,甚至在一处说,"故无常安之国,宜治之民,得贤则昌,不肖则亡,自古及今,未有不然者也。"[92]对于中国文化史的研究者来说,这样的说法不可谓不熟悉:孔子和孟子在东周时期即已说过类似的话。对于东汉儒生来说,经过董仲舒及其他今文学家的努力而发展出来的天命论已成为汉代儒家及国家政治哲学的基石,也是他们影响政治的基本理论武器。由于汉代皇室采纳了这种观点以证明其正统、巩固其统治,因此汉儒得到影响国家大事的便利。东周的儒学宗师只能告诉当权者假如他遵循儒家原则他就能统治天下,但东汉的儒家却可以威胁皇帝,告诉他如果他一旦失去上天的佑护就会丢掉皇位。他们的论点基本可以压缩成一个三段论:1.一个合乎正统的王朝必须合乎历史循环的模式(并以祥瑞的出现得到证明);2.汉朝继承黄帝、夏代和周代之祚并且获得了上天送下的瑞应,所以是合乎正统的;3.如果一位承袭皇位的汉代皇帝按照儒家教诲行道德之事,他就能继续获得上天降下的祥瑞以肯定其天命,反之上天将降下灾异来动摇其统治。根据这一连串推论,皇帝的责任被规定为遵循儒家教义,以使皇位永固、祚业无穷。

武梁生活于2世纪上中叶,那个时期的政治现状可以用上引《后汉书》中的一段话来概括:"逮桓、灵之间,主荒政缪,国命委于阉寺,士子羞与为伍,故匹夫抗愤,处士横议。"[93]这段话也表达了退隐儒生的行为方式。

并非偶然,《后汉书》记录了这一时期内无数的灾异,但却鲜有祥瑞之兆。举例来说,公元147年,即武梁祠建造之前四年,京师地震,儒生将其解释为上天之警告。在他们的压力下,桓帝下诏令大将军、公卿、校尉举贤良方正、能直言进谏者各一人。[94] 公元149年,廉县下肉雨,肉似羊肺,或大如手。这个奇异现象被儒生解释成是由于当时梁太后摄政,兄梁冀专权,枉诛李固、杜乔两相,天下冤之,于是上天震怒,送下警告。[95]据司马彪《续汉书》,杜乔为今文经学之大师,精研《韩诗》。[96]

公元147年发生的另一起事件或许更能说明人们的政治取向如何影响他们对征兆的解释。是年一只五彩大鸟在山东现身,对它的解说可说是众说纷纭。据《续汉志》的记载,"时以为凤凰。政既衰缺,梁冀专权,皆羽孽也。"【97】有意义的是,这段话中"时以为"一语所指的是社会中俗人之见。武梁碑文使用了相似的话语,在突出武梁的德行时说他"大位不济,为众所伤"。

这些例子有助于我们理解在武梁所处的时代中,退隐的儒生是如何使用征兆或图谶来表达思想的。我们因此可以认为,武梁祠上的征兆图像不仅表达了韩诗学派儒生对历史及社会的一般性认识,而更重要的是它们表现了桓、灵时期隐退之儒生对当时政治的批评。"征兆石三"上的灾异之兆直截了当地触及了日益恶化的政治状况,但是武梁祠上的祥瑞图像和榜题则必须"反读"才能理解:

> 白马朱鬣,王者任贤良则见。(但是当今皇帝并非如此行事!)
>
> 玉马,王者精明尊贤者则出。(但是当今皇帝并非如此行事!)

并不是武梁发明了对祥瑞的反读,先圣孔子早已开启了这种做法。面对混乱的社会现状又深感自己无回天之力,孔子叹道:"凤鸟不至,河不出图,吾已矣夫!"【98】另一个记载说鲁哀公十四年(公元前481年)时,一只麒麟在大野出现,但随即被一无知之士杀死。孔子看到这只神圣动物的遗体,涕泪沾襟:"麟也,胡为来哉!胡为来哉!"【99】传世并有一首传孔子谱的《获麟歌》,歌曰:

> 唐虞世兮麟凤游。
> 今非其时来何求。
> 麟兮麟兮我心忧。

注释

【1】萧统编,李善注:《文选》,"卷第十一,赋己,宫殿",上海:上海古籍出版社,1986年,515—516页。参见:S. Bush(卜寿珊) and H. Y. Shih(时学颜), *Early Chinese Texts on painting*, Cambridge, Mass.: Harvard University Press, 1985: p.26.

【2】阮元校刻:《十三经注疏·春秋左传正义·昭公十八年》,卷四十八,北京:中华书局,1980年,2085页。参见:J. Legge(李雅各布), *Chinese Classics*, vol.3, *Shoo King*, vol.5, *The Ch'un Ts'ew with the Tso Chuan*, Oxford: Clarendon Press, 1871: p.669. 郭沫若:《先秦天道观之进展》,《青铜时代》,北京:科学出版社,1966年。

【3】K. C. Chang(张光直), "Changing Relationships of Men and Animals in Shang and Chou Myths and Art," 1963, in idem, *Early Chinese Civilization*, Cambridge, Mass.: Harvard University Press, 1976: pp.174—198.

【4】Wu Hung(巫鸿), "A Sanpan Shan Chariot Ornament and the *Xiangrui* Design in Western Han Art," *Archives of Asian Art* 37, 1984: pp.49—52.

【5】同上,pp.38—59。

【6】J. Fontein(芬顿)and Wu Tung(吴同), *Han and Tang Murals*, Boston: Museum of Fine Arts, 1976: p.27.

【7】N. Barnard(巴纳), "The Ch'u Silk Manuscript and Other Archaeological Documents," in idem, ed. *Early Chinese Art and Its Possible Influences in the Pacific Basin*, New York: Intercultural Arts Press, 1967: vol.1, pp.38—59. N. Barnard, *The Ch'u Silk Manuscript: Translation and Commentary*, Canberra: Australian National University Press, 1973. 安志敏、陈公柔:《长沙战国绘画及其有关问题》,《文物》1963年第9期,48—69页;商承祚:《战国楚帛书述략》,《文物》1964年第9期,8—22页。

【8】班固:《汉书》,北京:中华书局,1962年,1065页。

【9】王逸:《楚辞补注》,台北:广文书局,1962年,195页。

【10】范晔:《后汉书》,北京:中华书局,1965年,1373页。

【11】王充:《论衡》,卷十六,《讲瑞》。参见《论衡注释》,北京大学历史系,北京:中华书局,1979年。

【12】这段文字不见于今本《风俗通义》,《古逸丛书》卷一引,《汉魏逸书钞》之董勋《问礼俗》所载略同。参见王重民:《敦煌古籍叙录》,北京:中华书局,1979年,173页。

【13】沈约:《宋书》,北京:中华书局,1974年,852页。

【14】《山海经·西山经》,"西次三经·章莪山",见袁珂:《山海经校注》,上海:上海古籍出版社,1980年,53页。

【15】《山海经·北山经》,"北山经·单张山",见袁珂:《山海经校注》,72页。

【16】郝懿行的文章,见袁珂:《山海经校注》,484页引。

【17】袁珂:《山海经校注》,477—478页。

【18】同上。

【19】参见本书第五章有关《山海经》的讨论。

【20】许多日本和中国学者都讨论过这份文献(伯希和编号2683),如,陈盘:《古谶纬书录解题附录》,《中央研究院历史语言所集刊》,1943—1948年,17,73—77页;松本荣一:《敦煌本瑞应图卷》,《美术研究》,1956年,184号,241—258页;王重民:《敦煌古籍叙录》,北京:中华书局,1979年,167页。

【21】G. Rowley(罗利), *Principles of Chinese Painting*, rev. ed. Princeton, N. J.: Princeton University Press, 1974: p.27.

【22】董仲舒:《春秋繁露》,杭州:浙江书局,1901年,卷七十,6—8页。

【23】同上,卷五十七,4页。

【24】同上,卷十六,3页。

【25】M. Loewe(鲁惟一), *Chinese Ideas of Life and Death*, London: George Allen & Unwin, 1982: pp.80—90.

【26】同上,pp.80—81。

【27】同上,pp.82—83。

【28】沈约:《宋书》,1974年,760页。

【29】K. C. Chang(张光直), *Art, Myth and Ritual*, Cambridge, Mass.: Harvard University Press, 1983, pp.14—15; B. Karlgren(高本汉), *The Book of Odes*, Stockholm: Museum of Far Eastern Antiquities, 1977.

【30】沈约:《宋书》,764页。

【31】同上,765页。

【32】顾颉刚:《古史辨》,上海:上海古籍出版社重印本,1982年,卷五,430—439页。

【33】Feng Youlan(冯友兰), *History of Chinese Philosophy*, ed. D. Bodde, Princeton, N. J.: Princeton University Press, 1953: vol.2, pp.7—87.

【34】W. Bauer(鲍吾刚), *China and the Search for Happiness*, Trans. M. Shaw, New York: Seabury Press, 1976: p.75.

【35】董仲舒:《春秋繁露》,卷二十三。

【36】汉在五行循环中的位置曾多次改变。根据西汉早期的流行理论,汉对应水。从武帝时起,汉王朝被认为拥有土德。到了东汉,汉王朝又被说成是火德的化身。见顾颉刚:《古史辨》,卷五,430—440页,492—499页。

【37】司马迁:《史记》,北京:中华书局,1959年,341页。

【38】顾颉刚:《古史辨》,卷五,502页。

【39】班固:《汉书》,北京:中华书局,1962年,81页。

【40】沈约:《宋书》,761页。

【41】同上。

【42】冯云鹏、冯云鹓:《金石索·石索》,卷四,25页。

【43】司马迁:《史记》,北京:中华书局,1959年,505—506页。

【44】同上,392页。

【45】班固:《汉书》,1页。

【46】沈约:《宋书》,1974年,791、794、796及807页。

【47】同上,791—874页。

【48】内蒙古自治区博物馆:《和林格尔汉墓壁画》,北京:文物出版社,1978年,25、34及136—137页。

【49】阮元校刻:《十三经注疏·春秋左传正义·宣公三年》,卷二十一,北京:中华书局,1980年,1868页。

【50】王焕镳:《墨子集诂·耕柱》,上海:上海古籍出版社,2005年,993—1001页。

【51】司马迁:《史记》,北京:中华书局,1959年,1365—1366页。

【52】同上,464—465页,1392页。

【53】同上,1392—1394页;班固:《汉书》,1227—1228页。

【54】班固:《汉书》,2798页。

【55】同上,1228页及2798页。

【56】在汉代,似乎仍然有人认同东周文献中那种传统的、线性发展的神鼎传承模式,参见《史记》,1392页;《汉书》,1225页;赵铁寒:《说九鼎》,见《古史考述》,台北:正中书局,1965年,132页。

【57】孙柔之:《瑞应图记》,见叶德辉:《观古堂所著书》,湘潭叶氏刊本,10页上。

【58】沈约:《宋书》,867—868页。

【59】《水经注》,327页。尽管《水经注》的成书年代在汉代之后,但书中很多细节可在东汉石刻中找到依据。

【60】《论衡》:1140—1142页。

【61】顾颉刚:《战国秦汉间人的造伪与辨伪》,北京燕京大学史学年会史学年报(二),1935年第1—2期,598页。

【62】E. Chavannes(沙畹), *Mission archéologique dans la Chine septentrionale*, Paris: Imprimerie Nationale, 1913: vol.2, no.138: pp.104—106.

【63】Feng Youlan, *History of Chinese Philosophy*, vol.2, p.7.

【64】魏征:《隋书》,北京:中华书局,1973年,941页。

【65】范晔:《后汉书》,1912页。

【66】魏征:《隋书》,940—941页。

【67】J. R. Hightower(海托华), *Han Shih Wai Chuan*, Cambridge, Mass.: Harvard University Press, 1952: p.2.

【68】Feng Youlan, *History of Chinese Philosophy*, vol.2, p.89.

【69】董仲舒:《春秋繁露》,卷十二。

【70】韩婴撰,许维遹校释:《韩诗外传集释》,卷二,北京:中华书局,1980年,74页。参见: J. R. Hightower, *Han Shih Wai Chuan*, Cambridge, Mass.: Harvard University Press, 1952: pp.70—71.

【71】同上。

【72】赖炎元:《韩诗外传考征》,台北:台湾省师范大学,1963年,卷一,9—23页。

【73】范晔:《后汉书》,2573页。

【74】同上,1023页。

【75】同上,2729页。

【76】同上,2730页。

【77】同上,2719页。

【78】欧阳修:《集古录跋尾》,1061页,见《石刻史料新编》(二十四),台北:新文丰出版公司,1957年,17850—17851页。

【79】范晔:《后汉书》,2124页。

【80】班固:《汉书》,2524—2525页。

【81】《韩诗外传》卷五。

【82】《韩诗外传》卷六。

【83】赖炎元:《韩诗外传考征》,卷一,13页。

【84】范晔:《后汉书》,2575页;参见赖炎元:《韩诗外传考征》,卷一,13—14页。

【85】范晔:《后汉书》,2185页。

【86】M. Powers, "Hybrid Omens and Public Issues in Early Imperial China," *Bulletin of the Museum of Far Eastern Antiquities* 55, 1983: p.8.

【87】同上,p.11; C. Y. Chen(陈启云), *Hsün Yüen: The Life and Reflections of an Early Medieval Confucian*, London: Cambridge University Press, 1975: pp.19—20.

【88】H. Bielenstein(别伦斯坦), "An Interpretation of the Portents in the Ts'ien Han Shu," *Bulletin of the Museum of Far Eastern Antiquities*, 1950, no.22: pp.138—141.

【89】M. Loewe, *Chinese Ideas of Life and Death*, p.86.

【90】M. Powers, "Hybrid Omens and Public Issues in Early Imperial China," *Bulletin of the Museum of Far Eastern Antiquities* 55, 1983: p.11.

【91】韩婴撰,许维遹校释:《韩诗外传集释》,卷八,北京:中华书局,1980年,283—284页。

【92】同上,卷五。

【93】范晔:《后汉书》,2185页。

【94】范晔:《后汉书》,289页。

【95】同上,294页。

【96】赖炎元:《韩诗外传考征》,卷一,20页。

【97】范晔:《后汉书》,291页注引。

【98】阮元校刻:《十三经注疏·论语注疏·子罕》,卷九,北京:中华书局,1980年,2490页。

【99】《左传·哀公十四年》。参见: J. Legge, *Chinese Classics*, vol.3, *Shoo King*; vol.5, *The Ch'un Ts'ew with the Tso Chuan*, Oxford: Clarendon Press, 1871, pp.833—835.

【第四章】
山墙：神仙世界
The Gables: The World of Immortality

武梁祠东西壁锐顶山墙部分的画像形成了该祠内部浮雕的第二个单元。(图40)两组图画人物众多,安排紧凑。主要形象正面端坐,处于正中,其余形形色色的形象则对称地分布于左右。巨大的身躯,肩上的双翼,以及围绕着他们的众多带翼神灵,无不突显出两位中心神祇的特殊身份和地位。因此尽管画像石上没有榜题,但从其形象特征及在画像上的位置来判断,我们可以肯定他们是仙界的两位主神:刻于西壁山墙的是西王母(图41-1、41-2),位于东壁山墙的是东王公(图41-3、41-4)。[1]西王母在中国古代神话中有着悠久的历史和极其重要的地位,本章将专门讨论这个形象。东王公则不具备同样的意义:这个男性神祇几乎是西王母的一个"镜像",其出现也不会早于公元2世纪。

西王母的传说源远流长,大量的文学作品给我们提供了甄别这个形象的有用资料,而这个形象的象征内涵也在不断改变,因此我们必须将西王母放到其传说演变的过程中去解读。但不幸的是,这个神祇的历史也许是中国古代神话最难厘清的课题之一。尽管许多中外学者如马伯乐(Henri Maspero)、高本汉(Bernard Karlgren)、德效骞(H. H. Dubs)、陈梦家、袁珂等都在这方面做过重要的研究,但西王母传说的发展过程可说依然是扑朔迷离。[2]一个基本的难题涉及到四种含有西王母传说的

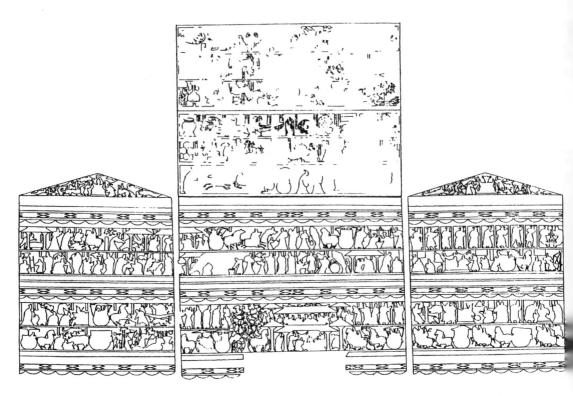

图40 武梁祠山墙锐顶画像的位置。

主要文献的可靠性和编纂年代,包括《山海经》、《穆天子传》、《竹书纪年》和《汉武帝内传》。[3]尽管上述学者都在各自的著作中引用了这四种典籍中的材料,可是关于它们的源流及成书年代却无定论。这样一来,一个研究西王母图像的艺术史家,甚至在还没开始他的研究之前就陷入了一个两难境地:或是在展开自己擅长的研究之前先去考订这些文献(这将要求他首先成为一个古文献家),或是随便从前人的研究中拈出自己认为适当的结论(这将使人们对他的严肃性发生怀疑)。在我看来,这两种方法都不可取。

　　本章的研究希望另辟蹊径。首先,我将暂时抛开对"有问题"的古文献的难于达成定论的考据,而只选用那些作者和成书年代都相对可靠的材料作为讨论的基础。基于这种考虑,尽管上述四书包括了重要的材料,但我将不把它们用作我的首要证据。其次,我将集中讨论西王母与其他四个概念间的关系,包括:1.西王母作为"阴"的象征;2.西王母传说与昆仑神话的错综关系;3.西王母从众多神话人物中脱颖而出,成为一位受民众崇拜的神祇的过

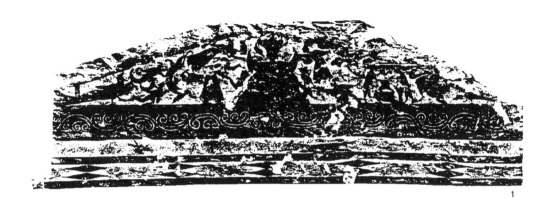

图41 武梁祠山墙锐顶部分。1、2.西山墙锐顶上的西王母仙境；3、4.东山墙锐顶上的东王公仙境。(拓片采自沙畹，1913，第二册，图44—45，第75—76；线描图采自林巳奈夫，1974，图31)

第四章 山墙：神仙世界 | **127**

程;4.西王母以宗教崇拜的"偶像"样式在中国早期艺术中的出现。这些概念及其关系是在西王母形象演进的不同阶段逐渐形成的,对它们的讨论因此能极大地帮助我们理解西王母形象及传说的变化过程。通过这种追溯,本章将为西王母形象的艺术表现及传说勾画出一个简要的轮廓,同时解释武梁祠上的西王母和东王公画像。

西王母与"阴"

西王母在汉代人的信仰中是一位女神,而东王公则是其配偶。武梁祠山墙上的两个主要形象的性别可以由其明显不同的头饰及侍从相区别。西边山墙上的西王母(见图41-1、41-2)戴华冠,其上有一个花瓣般的凸起,两边各有饰带。在汉代,这种冠或称作"五凤冠",为贵族阶层妇女所戴。和西王母相比,东王公的头饰则不甚华丽,看似一小冠,顶部隆起,两边各有饰带。在西王母两侧有四位着长裙的女性羽人,她们头发高束成圆髻,各执或许各具象征意义的不同物什。对面山墙上(图41-3、41-4),东王公两侧有两个穿短袍的男性羽人,左边那位双手执杖状物,右侧那位双膝跪地,举右手,似在拜谒东王公。他们的头发都束成奇特的长条棍状样式。

除了这些人形侍从,还有别的灵禽异兽簇拥着西王母、东王公。值得注意的是,出现在东王公旁边的是龙和虎,而西王母身侧则是一只人头长尾的怪鸟。在古代中国人的信仰里,龙是百兽之王,同时也是男性君主的象征;而凤则是众鸟之王,是皇后的象征。显然,武梁祠山墙上的形象是根据汉代宇宙观中的阴阳观念设计的。总而言之,西王母仙界的特征包括其所处的"西"边位置、陪伴主神的禽鸟和女侍从,西王母因此代表了阴的概念。而东王公在东边山墙上的位置,侍卫他的龙虎以及他的男神身份,无疑与阳的概念密切相关。

以艺术形象表现阴、阳是东汉祠堂山墙上石刻的一个重要特征。与武梁祠画像相近的还有同属于武氏墓群的前石室、左石室(见图8、9),宋山的四个祠堂(图42),以及徐州附近白集出土的祠堂上同样位置的画像。从这些石祠堂的时代推测,只有到了公元2世纪,也就是西王母传说历经二百余年发展之后,这种以西王母和东王公象征阴、阳相对概念的表现方法才逐渐开始流行。这种观察有助于我们进一步了解东汉艺术中的视觉象征含义,同时也为我们提供了追溯汉代图像志演进的线索。

目前所知最早的西王母形象见于洛阳卜千秋墓室壁画。此墓约建于公元前1世纪上半叶。(图43)[4]西王母出现在带状壁画中段,端坐于云彩之上,而东王公则阙如。阴、阳概念在这里由另外两位神祇——伏羲和女娲来表现。这两位半人半蛇的形象出现在壁画两端,各自紧挨着太阳和月亮。在另外一些西汉美术作品中,如长沙马王堆及临沂金雀山出土的帛画,阴阳概念由画幅上端两角的太阳和月亮来代表。(图44、45)日中有金乌,而月中则能

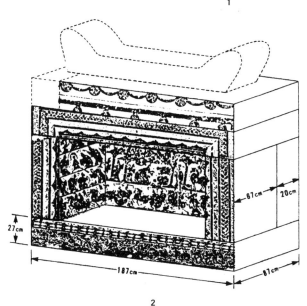

图42　山东嘉祥宋山出土的小祭龛。1. 三面内壁,分别表现后壁的中心楼阁情景,以及位于两侧壁顶端的西王母、东王公。拓本。2. 小祭龛复原图。(西武美术馆,朝日新闻社,1986,144—145页。版权:西武美术馆)

图43 河南洛阳卜千秋墓壁画，公元前1世纪。1. 长条状的作品（在这里分为两节）表现右端的伏羲和太阳，以及左端的女娲和月亮；西王母和形形色色的动物出现于这两位主要神祇的中间。2. 壁画细部，显示西王母，以及骑三头凤及大蛇的死者夫妇正向女神仙境进发。线描图。（洛阳博物馆，1977，图33—34）

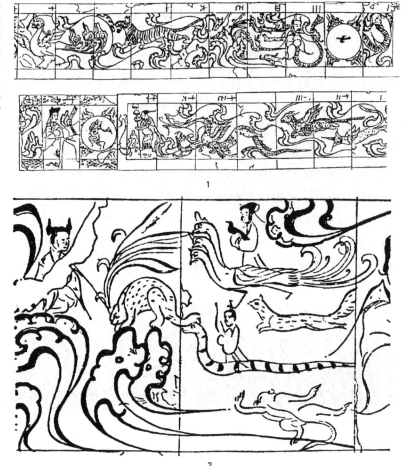

见到蟾蜍。在中国古代神话中，这两个动物居住在天庭之中，把抽象的阴、阳概念转化为视觉形象。

　　东汉美术对表现阴、阳概念的兴趣方兴未艾，不过用来代表这一对概念的象征物则发生了变化。从公元1世纪起，西王母渐渐取代女娲而成为阴的象征，而人格化的箕星则成为阳的象征。将西王母与箕星相配的一个早期例子出现在著名的孝堂山祠堂画像里。该祠西山墙下部西王母端坐正中，左右有侍从及捣药的玉兔。（图46—1、46—2）在东边相对的位置上则是一幅奇特的画面，其中一个身躯庞大的人物正腾身跃起，同时用一件不明物什将房屋的屋顶吹走。（见图46—3、46—4）这个形象可被定为箕星或风伯。[5]

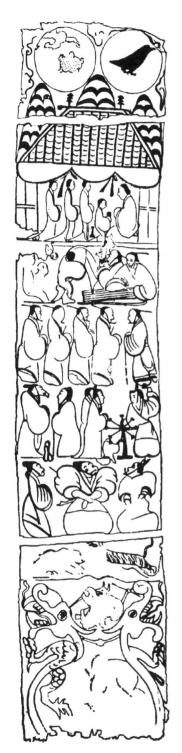

图44（右） 长沙马王堆一号墓出土的帛画，公元前2世纪。墓中出土的清单称之为"飞衣"。帛画可能用作类似萨满教的器具，以便将死者之魂招之空中。帛画分三层四部分，所绘之情景从上到下分别是：天界、死者及侍从、祭祀死者、阴间。

图45（左） 山东临沂金雀山出土的帛画，公元2世纪早期。死者被表现坐于一间大屋内，其上有日、月及三峰耸立的大山。其下几层分别表现舞蹈、悼念及劳作的情形。线描图。（《文物》，1977年11月号，封面）

第四章 山墙：神仙世界

箕星的传说在汉代广为流传,人们相信"箕主八风","箕为天口,主出气"。[6]从这个意义上来说,箕星其实等同于风伯,就如东汉学者蔡邕所说,"风伯神,箕星也。其象在天,能兴风"[7]。应劭的《风俗通义》及郑玄的《周礼》注中也有类似的说法。[8]据司马迁《史记·天官书》,箕星位于天之东方,是青龙座的组成部分。[9]箕星与东方及青龙的这种关系可以解释为何在东汉早期祠堂画像中,它被用作"阳"的象征,同时它那主风的身份也解释了为何它被表现为"天口,主出气"的形象。这个形象的流行也许同东汉时期盛行的箕星崇拜有关。应劭的《风俗通义·祭典》一章记载了当时广受崇拜的和农业有关的六位神祇,其中箕星被认为是"以风雨养成万物,有功于人王者"。[10]

尽管西王母已出现于孝堂山祠堂西山墙上,但在她上方偏右的位置我们仍可发现人身蛇尾的女娲。(图46-1、46-2)"阴"因此由女娲和西王母同时来代表,这种现象反映出象征阴阳的图像在演变中的一个过渡状态:西王母和箕星在东汉初开始成为这种象征,但还没有完全取代传统的伏羲、女娲组合。但这一过渡并没有花很长时间,因为大多数公元1世纪的山东画像石已只见西王母而不见伏羲女娲了。[11](我在下文将谈到伏羲、女娲组合在2世纪的四川画像中仍然盛行。)这些山东画像石还显示,西王母以及仙界的图像特征已在这个时期进一步丰富和成形。在这些画面中,作为仙界中心的西王母头戴胜,左右有捣药的玉兔、九尾狐、三足乌、月精蟾蜍,以及另外一些人形或神怪的侍从。(图47)属于这个仙界的另外一些形象,如仙人六博等,则出现于2世纪左右,进而流行于西南部的四川地区。大多数与西王母仙界相关的形象都能从汉代文献中找到文字资料。英国学者鲁惟一(M. Loewe)在其《通往天国之路》中曾有详述。[12]

在武梁祠东西壁山墙上表现的仙界中,东王公进一步取代了箕星而成为跟西王母配对的神祇,这代表了阴阳概念在美术表现中的更深入的阶段。这种变化不难解释:汉代的宇宙观视阴阳为对立统一的两极,任何具体事物——包括男女、禽兽、天地、日月、方位等等都可视为阴阳的具体表现。对汉代人说来,阴阳不是抽象的教条,而是万物内在的本质。不论在理论或是艺术中,他们对阴阳

图46　孝堂山祠山墙锐顶部分，公元1世纪。1、2. 西山墙上的女娲、西王母以及"贯胸国"人；3、4. 东山墙上的伏羲及风伯。(拓片：沙畹，1913，第一册，图26—27，第47—48；线描图：林巳奈夫，1947，图13)

第四章　山墙：神仙世界

图47 山东嘉祥出土的画像石。公元1世纪。从上至下,三层画面分别表现:西王母仙境、木作发明、战斗,及拜谒情形。拓本。(山东省博物馆、山东省文物考古所,1982,图181)

相克相生"模式"的追求可以说是到了着迷的程度。对他来说,整个宇宙之所以可以被理解,是因为阴阳对立和转化的模式是普遍的、可见的。他们把阴阳概念推而广之,运用到对所有社会和自然现象的解释中去,创造了许多具体的象征阴阳的物象,并用它们来阐发这一对概念。[13]伏羲和女娲原本是两个互不相干的神祇,但在汉代神话中被配成一对,东王公的创造也出于相同的动机。东汉初年,西王母与箕星被凑合在一起,刻在祠堂上作为阴阳的象征。但这样相配显然并不那么合适,因为这两个神祇并无紧密的内在联系。除了各自与东西方位对应以外,其实并没有什么理由将它们配对。因此东王公这个新神祇便应运而生了。别的不说,甚至他的名字也是完美地与西王母对应——这一点也意味着他被创造的理由。

这种转变主要发生在中国东部。而在另一个石刻画像的中心四川,东王公形象在整个东汉时期都很少见。东王公在东部地区流行的原因,也许是如同很多历史学家所指出的,是由于山东乃阴阳学派和汉儒学的发源地。[14]这个地域性的传统也可用来解释西汉以降山东画像艺术为何特别强调表现阴阳相对的概念。西王母、东王公的组合很快便风靡东部,并且出现在中原和西北地区,建筑、家具、铜镜上及墓室壁画中几乎是无所不在。事实上,在山东大部分地区,以西王母和东王公配对表现阴阳观念的做法是如此流行,以至于西王母本身所特有的图像特征反而变得次要了。在武梁祠画像中,西王母既不戴胜,也没有传说中的九尾狐和三足乌做侍从。因此,与其说是表现这位女神的特殊神性,不如说这个画像更注重如何使她成为"阴"的化身,更强调她与山墙对面代表"阳"的东王公之间的对立而和谐的关系。

西王母与昆仑山

一如武梁祠画像所表现的,西王母是西方仙界的主神。在东汉文学中,这个仙界被认为是坐落于昆仑山上,那里有玉兔捣药,仙人异兽徜徉其间。武梁祠画像中的西王母被刻画于西壁锐顶部分,这个图像在西边的位置、其建筑部位"山墙"或"房山"的称谓,

图48 山东嘉祥宋山出土画像石,公元2世纪,从上至下,三层画面分别表现:西王母仙境、拜谒情形,及车马出行图。拓本。(山东省博物馆、山东省文物考古所,1982,图330)

以及锐顶的形状，似乎都暗示出西王母与昆仑山传说的关系。

一个更为具体的昆仑山形象可以在宋山祠堂画像石中见到。西方学者如詹姆斯(J.James)等认为，宋山石刻与武梁祠画像是2世纪下半叶嘉祥地区同一作坊的产品。(图48)[15]在这处画像中，西王母戴胜，两边侍卫的羽人或为其高举华盖，或手握树枝。西王母端坐在一个顶部平坦、茎部弯曲的蘑菇状宝座上。与此类似的形象流行于很多地区，在河南、山西和四川出土的画像石上随处可见。[16]东汉至六朝的许多有关文献可以证明这形状奇特、蘑菇状的宝座是昆仑山的一种形象。如《河图括地象》和《神异经》都说昆仑如柱，通天接地。[17]而《十洲记》则更生动地描绘昆仑如盆，下窄上宽。[18]

然而，昆仑山在汉代文献记载中更常见的构成是一座包括三个高矮不一山峰的大山。这种形状可以被视作昆仑山的多种形式之一，与蘑菇状的山形并存。比如在山东沂南汉墓中室的画像柱上，西王母端坐在三峰耸立的昆仑山上，其下有神龟背负昆仑(古人相信海中仙山由神龟所驮，抵达该地便可长生不老)。(图49)同出此墓的另一画像石表现了昆仑山的第三种形式(图50)：三个柱形山峰顶部稍宽而平，底部相连；西王母居中，两个捣药的兔子各占一峰。这一形象综合了传说中的三峰昆仑和蘑菇状昆仑。

上述画像清楚地表达出昆仑乃西王母的居住地。但是这种说法并不是自古就有的。只是到公元2世纪，当西王母传说与昆仑山神话相互融合后，这些图像才被创造出来并得以广为流传。在以下的讨论中，我将探寻西王母传说与昆仑山神话从东周时风马牛不相及，到西汉时逐渐相互渗透，直到东汉时最终融合的演变过程。

曾有论者认为关于西王母的信仰早在商代就已存在，证据是甲骨文中"西母"一词与约千年后文献中"西王母"这个名称相合。[19]这个推断是否可信值得商榷。最早涉及西王母名称的可靠文献是成书于东周时期的《庄子》和《荀子》。在《大宗师》这篇文章中，庄子述及一些得道神人，其中就有居住于少广的西王母。[20]因为"少广"这个地名从未在其他先秦典籍中出现过，它或许出于

图49 山东沂南东汉墓出土石柱上的画像,2—3世纪。最上层的人物(从左到右)分别是东王公、佛像、西王母、佛像。线描图。(曾昭燏,1956,图65—68)

第四章 山墙:神仙世界 | 137

图50 神山昆仑上的西王母（左）和东王公（右）。沂南墓门楣上的石刻。(曾昭燏,1956,图65—68)

庄子丰富而著名的想象力。而荀子则把西王母说成是一位古代圣贤,是夏禹的老师。[21]

无论庄子或荀子都未提到昆仑。他们的同时代人屈原却被这座神秘的灵山强烈吸引,屡屡在自己的诗篇中提到它。这个现象使得某些学者(如德效骞)提出西王母传说可能源自北方,而处于南方的楚国人则对此少有所闻。[22]这种推测似可由考古发现证明。日本学者曾布川宽(Sōfukawa Hiroshi)考证出一些绘于西汉早期墓葬器物上的图像为昆仑山形象,包括山东金雀山9号墓出土的一件帛画(图45)、湖南沙子塘1号墓的棺画,以及长沙马王堆1号墓的棺画。(图51)[23]虽然在造型上稍有变化,昆仑在这些图画中均表现为三峰耸立,中间的山峰高,两边的山峰低一些。这种昆仑形象的屡屡出现及其在画面中的中心位置说明它在当地墓葬美术中的重要性。值得注意的是,所有这些例子全都发现于楚地和深受楚文化影响的周边地区,而且在这些图画中都看不到西王母的影子。

这种状况在西汉中期发生了重要的变化。西王母传说和昆仑山神话不再分属于互不相干的文化领域。随着国家统一对文化融合的强化影响,这两个神话传说逐渐成为华夏文化的共同组成部分,并且不时成为同一部书的描述对象。不过这类文献以及美术表现都显示,在这一时期西王母和昆仑山在很大程度上仍是分离的。以下几个例子可以作为证据。

约在公元前122年以前成书的《淮南子》中有三处提及西王母,两处说到昆仑山,但却从未指明昆仑是西王母的住地。相反,其作者告诉我们西王母住在"流沙之缘"。[24]

西汉诗人司马相如(公元前117年去世)在他于公元前130—前120年间写的《大人赋》中两次提到西王母。[25]西王母的名字也出现在另一位西汉诗人扬雄(公元前53—公元18)的《甘泉赋》里。[26]但是这两个诗人都没有把这个女神和昆仑联系起来。[27]

据司马迁《史记》,汉武帝(公元前140—前87年在位)以昆仑来命名他所建造的明堂的一部分,但这件事似乎与西王母信仰无关。司马迁在同书中还记载了穆天子与西王母的相会,但是却没有明确指出他们是在何处见的面。[28]

《尚书大传》和《大戴礼记》都记载了一则西王母谒见舜并献白玉笛的传说。[29]前书传统上认为是伏生(卒于公元前179—前157年间)在前人的基础上整理而成,而后书的成书年代约为公元前1世纪左右。两部书都未指出西王母这个神话人物的住地。

德效骞和鲁惟一在各自对西王母传说的研究中都忽略了一个重要文献材料,那就是崔篆撰于公元前1世纪左右的《易林》。[30]在这本书中西王母和昆仑的名字常被提及。据我的统计,"西王母"或"王母"一共出现了二十四次,而"昆仑"也出现了十次之多。但是,其中仍然没有任何线索把两者联系在一起。

当时的美术作品也证实西王母和昆仑在西汉人的观念中缺乏直接关联。上述所有出自这个时期的作品没有一件把西王母和昆仑山表现在一起。事实上,洛阳卜千秋墓室壁画中的西王母是坐在云彩而非山巅之上。

这些论据揭示了两个重要事实:一方面,西王母传说与昆仑山神话各自独立的现象到西汉并没有得到根本改变;另一方面,这两种传说在西汉时都得到广泛流传,二者在观念上的并行之处使得它们在随后的阶段越走越近。其中有两个因素对西王母和昆

图51 马王堆一号墓出土画像棺,2世纪。1. 棺之侧面,及2. 前端,表现三峰耸立的大山,两边围绕着灵兽。线描图。(湖南省博物馆,考古研究所,1973,图23、25)

仑的融合起到重要作用,一是昆仑逐渐成为西王母的住地,二是它们与神仙观念的共同联系。这两个因素进而反映出当时人们不断高涨的对神奇西域的兴趣以及对长生的追求。

东周之际的中国人对昆仑的地理位置还只有模糊的认识,那时"昆仑"这个词常在抽象或比喻的意义上使用,有时仅仅含有"神山"的意思。因此无论西边或是东海中的仙山都可以被称为"昆仑"。[31]昆仑有时还被用作对遥远西方的代名词。比如在屈原的《离骚》中,诗人两次描述其沿太阳轨迹横贯天空的神游历程,每次都是起始于东方的苍梧,终止于西方的昆仑。[32]值得注意的是成书于西汉时期的《尔雅》也以地理概念来界说西王母,说她是"四荒"之一。("觚竹、北户、西王母、日下,谓之四荒。"[33])

不过这种想象式的对地点的认识到西汉中叶以后便很难再

124

让思想家们信服了。汉武帝在其五十四年的在位期内，利用汉王朝早年休养生息所积蓄起来的实力穷兵黩武、开疆拓地，使汉帝国几乎扩大了一倍。而武帝的军事战略目标主要集中在西方。随着帝国西向扩展，人们的地理知识随之加深。以前只存在于东周人想象中的西部山川河流、王国庶民现在一下子成了现实。汉帝国的开疆拓地也使人们把原先传说中的地名标示在舆图之上。《史记》中关于西王母以及昆仑山位置的两段话可以说是这种趋势的最好证明：

> 条枝在安息西数千里，临西海。暑湿。耕田，田稻。有大鸟，卵如瓮……国善眩。安息长老传闻条枝有弱水、西王母，而未尝见。

> 初，汉使至安息，安息王令将二万骑迎于东界。东界去王都数千里。行比至，过数十城，人民相属甚多。汉使还，而后发使随汉使来观汉广大，以大鸟卵及黎轩善眩人献于汉……而汉使穷河源，河源出于窴，其山多玉石，采来，天子案古图书，名河所出山曰昆仑云。[34]

这两节叙述提供了当时人对昆仑位置以及西王母传说的"科学"理解。昆仑不再是如以前所想象的那样处在西方世界的尽头，而是位于汉帝国西边疆界。不过西王母却仿佛依然是住在更遥远的西方，靠近某些学者认为在波斯湾附近的"弱水"。[35]这两段话把西王母的住地及昆仑山想象和描绘成同样富有传奇性的地方，都有大鸟、巨卵以及"善眩人"。

对那些不是如此"科学"的西汉文学家和哲学家来说，这些神奇的特征一定在将昆仑和西王母王国联系起来的过程中起到了重大作用，因为他们常常用对应的语句来描绘昆仑和西王母，例如《淮南子·坠形训》中就说："西王母于流沙之濒，乐民拏间在昆仑弱水之洲。"[36]许多学者同意这里所说的"流沙"是戈壁滩，[37]而"乐民"也许是指《史记》中提到的"善眩人"。《史记》所载西王母住地附近的"弱水"现在与昆仑连到了一块。在《淮南子》的作者看来，西王母居住的地方既不是在世界终极的"四荒"之地也不是在遥远的条枝,而是在离昆仑山不远的中国西境。这个解释在西汉后期成为主导性的看法,而且被大众视为标准性的答案。《汉书》随即吸收了这种意见,把西王母住地与昆仑连在一块儿:"西北至塞外,有西王母石室、仙海、盐池。北则湟水所出,东至允吾入河。西有须抵池,有弱水、昆仑山祠。"[38]

与《史记》相比较,成书于公元1—2世纪前后的《汉书·地理志》为昆仑和西王母住地提供了全新的地理位置。尽管两者仍然是分开的,但它们已相距不远,都处在汉帝国境内的西方某处。这种新的理解为两者最终的合并打通了道路,如《河图玉版》就说:"西王母居昆仑之山。"[39]但是如果希望了解西王母和昆仑山合为一体的确切年代,恐怕画像石刻可以提供最可靠的证据。如前所述,所有三种表现西王母坐于昆仑山巅的画像形式都出现在创作于2世纪下半叶的画像石上。在此之前,西王母和昆仑山全都是分开刻画的。

因此在建造武梁祠之际,西王母已经与东王公配对,成为阴的象征。她被表现为居住在神仙之境,辖下有形形色色的神仙灵怪,而这个仙界坐落在神奇的昆仑之上。可能成书于六朝的《神异经》中有一段文字表达了这个发展的结果:

> 昆仑有铜柱焉,其高入天,所谓天柱也。围三千里,圆周如削,下有回屋,仙人九府治。上有大鸟,名曰希有,南向,张左翼覆东王公,右翼覆西王母。背上小处无羽,万九千里,西王母岁登翼上,之东王公也。[40]

126

西王母:从神仙到宗教偶像

上文的讨论尚未触及一个关键问题,那就是为何以西王母为中心的这个神仙世界能够成为汉代艺术表现的重点并获得长足发展。各种概念和母题之间的交织是那样清晰地反映在西王母的形象上——刚刚讨论的有关这位女神与昆仑山神话的融合只是其中一个例子——促使我们进一步去寻找这种艺术运动后面的动力。我相信求仙——在艺术中即表现为寻找求仙的象征性视觉符号——在这个发展过程中起到了关键性的作用。正是在西王母和昆仑山相结合的形象上，人们找到了"仙界"的最佳表现，因为这种结合把两个传统的求仙象征符号综合成为一个强有力的单一体。

早在东周之际，昆仑山的巍峨就已使得人们把它视为接通天地的天柱，通过它便可以上达仙境。屈原在《天问》中问道："昆仑悬圃，其居安在？增城九重，其高几里？四方之门，其谁从焉？西北辟启，何气通焉？"[41]《淮南子》给这些问题提供了答案：昆仑高一万一千里一百一十四步二尺六寸，其中"增城九重"，有四百四十门。当北门洞开，不周山之风将浩荡而入。此外，昆仑更是一个不死之境，在那里人们可以找到"不死树"和"不死水"，更可以攀登其三重峰峦而进入脱凡入圣的神奇之地："昆仑之丘，或上倍之，是谓凉风之山，登之而不死。或上倍之，是谓悬圃，登之乃灵，能使风雨。或上倍之，乃维上天，登之乃神，是谓太帝之居。"[42]这种说法与流行于世界上许多种文化里的"宇宙柱"的信仰不谋而合。人们幻想矗立于天地间的某种"柱"或"梯"可以使他们通往天上。在中国，这种观念与昆仑神话牢牢地结合着。[43]

跟强有力的昆仑形象相比较，西王母在早期神话中显得逊色得多。东周文献所记载的这位女神不但象征内涵含糊不清，而且自相矛盾。前面提到荀子曾说她是大禹之师，她的形象因此反映了儒家的价值观。庄子则把她与黄帝、伏羲一类古代圣人相提并论。但是在《尔雅》中，她的名字又成了"西荒"的同义语。这些片断的描述显示出西王母的特征至少在东周和汉代早期还没有定型，不同人可以各取所需，以她的名义寄托自己的思想。更重要的一点是，那时候还没有任何文献显示西王母能帮助人长生不死，永享幸福。

这类早期有关西王母的看法也反映在司马迁的笔下。他所叙述的西王母是一个居住在遥远西方的神秘形象，可以同时跟远古的圣贤和当时人相往来（比如《史记》中说周穆王曾去拜访她，又说人们在安息见到过她）。西汉中期的一些文献显示出西王母的传说开始发生重大变化。正如鲁惟一所指出的，这个变化在于这些传说把她与求仙活动联系了起来。[44]西王母不但自己万寿无疆，而且还具有赋予别人长生不老的法力。人们传说这位女神掌管着"不死药"，故世间凡人成仙途径之一便是从她那儿获取这种仙药。最早记载这种信仰的文献是《淮南子》，书中提到远古的射日英雄羿如何从西王母处讨得不死药，可是却被其妻嫦娥偷吃，孤身只影地飞往月亮。[45]其他一些文学作品则说嫦娥偷吃灵药飞天后变成了一只蟾蜍。[46]后一传说可以解释为何汉代艺术中的西王母总是由捣药的兔子和蟾蜍相伴，这两种动物无疑是象征了西王母使人升仙的法力。

西王母与昆仑山的对应关系由此在"求仙"这一基础上得以建立。《淮南子》的作者相信昆仑山是天堂之门，在这个神奇的地方长生之树常青，不死之水长流，同时这部书也把西王母描绘成一个拥有成仙秘诀的女神。司马相如的《大人赋》描写了汉武帝对神仙之道的痴迷。赋中武帝向西王母的诉求紧跟着对昆仑仙境的描述："吾乃今目睹西王母……必长生若此而不死兮，虽济万世不足以喜。"[47]

和以往相比，西汉中期文献中的西王母扮演了越来越重要的宗教角色。这个发展与汉代宗教概念的具体化和个人化密切相关。我在前一章讨论图谶时已经涉及到这个汉代宗教中最富有特色的方面：比起周人，汉代有关天的概念远为具体和形象化。汉人的天具有目的性、意志和理智，它以世人可感触的方式来表达自己对善恶的评判。而西王母在宗教信仰中所扮演的角色也显示出这种趋向。有汉一代，人们对长生成仙趋之若鹜，对神奇的西域尤其心向往之。西王母，这位原本就与那片神秘土地若即若离的古代女神，自然变成人们祈福的对象。这种信仰还导致了西王母角色在汉代宗教中的另一个转换：她现在不但能在日常生活中赐福于人，而且还能在特殊情况下消灾攘难，救百姓于倒悬。由于被赋予了这些特质，西王母就远远不仅是长生不死的象征：她进而变成了一个超验的神祇和宗教崇拜的偶像。

公元前3年，对西王母的崇拜发展成一场风行一时的群众性宗教运动。《汉书》中有三处记述了这一事件，[48]其中以《五行志》的叙述最为生动细致：

> 哀帝建平四年正月，民惊走，持稾或棷一枚，传相付与，曰行诏筹。道中相过逢多至千数，或被发徒践，或夜折关，或

逾墙入，或乘车骑奔驰，以置驿传行，经历郡国二十六，至京师。其夏，京师郡国民聚会里巷仟佰，设（祭）张博具，歌舞祠西王母。又传书曰："母告百姓，佩此书者不死。不信我言，视门枢下，当有白发。"【49】

我们可以在这场崇拜西王母的运动中找到许多有组织的宗教活动的因素，包括象征物（诏筹、博具）、符咒、仪式、奇迹、结社，以及宗教偶像。德效骞对这段记叙的评论——尽管和我的解说不尽相同——给我们提供了理解这场运动所蕴含的宗教和神学意义的重要启示：

> 不难设想这场突然爆发的大众性狂热背后的神学意义。根据当时流行的理论，昏君不道，上天于是降灾难于人间。随着道德理想的发展和个人化，人们越来越意识到这种上天加之于人间的惩罚是多么不公正：民间流行的宗教把诸如干旱之类的灾异看做是西王母的神力所致。但是，如同其他神祇一样，西王母在人们的心里必定是公正不阿的。她是众生之母，因而也绝不会故意毁灭其子民。女神是公平正义的化身，而大众却遭受着干旱之苦，这两者之间似乎是矛盾的。不过一旦女神能让她所爱惜的人们长生不死，不管怎样受苦，上述公正与不公正的冲突就涣然冰释了。这样一来，西王母自然被视作能解众生于倒悬的救世主。【50】

我对德效骞这段议论最基本的保留之处在于他所认为的"民间流行的宗教把诸如干旱之类的灾异看做是西王母的神力所致"。我们已在前一章讨论过，汉代一个牢固的信念认为灾异（包括干旱）乃是上天警告和惩罚人类的方式。没有证据证明西王母具有同样法力。儒家学者认为上天的惩罚乃是针对多行不义的奸佞者和纵容他们的国君而发的，因此这种惩罚是合理的，而且为他们自己的政治观念提供了理论依据。但是对普通人而言，这种来自上天的惩罚却必然被理解为"非合理"的，因为他们是直接的受害者而且深受其苦。《汉书》记载了西汉末年的一次大旱灾中，"民多饿死，琅邪郡人相食"【51】。

于公元前3年爆发的这场群众性运动实际上是"天命"论的这种矛盾带来的,一般百姓不再寄希望于上天,而转向另一个神祇。与严峻苛刻的上天相比,西王母对人类更富有同情心,希望让其子民过上幸福日子。与只通过征兆和符命表达意愿的抽象的上天相比,西王母是更实在的,她居住在一个理想的乐园中并具有一个可见的形象。《汉书》中的叙述显示,西王母如同佛教中的弥勒一样,被看成是一位将要来到的"救世主"。她自己或是她的使者将降临人世,救苦救难,伸张正义。

只有考察西王母崇拜的这种理论背景,我们才能明白东汉艺术中这位女神形象的一个重要的特征,即在这个时期的所有作品中,西王母及其乐园总是一无例外地区别于代表政治权威和道德根源的"天"。如我们在武梁祠画像中所见,屋顶上的征兆图像代表了上天的意愿。作为至高无上的神祇,天虽无形但却通过征兆显示其可畏的存在,观察和审判人世间的善恶。相比之下,西王母并没有这种超越一切的权势,然而却给予那些向往她的人们以热情款待。

《汉书》所记的群众运动并非偶然孤立的事件,它反映出西王母已经从一位不起眼的神祇转化为一位威力无比的宗教偶像。一些富有意味的因素进一步揭示了群众性西王母崇拜与汉代艺术的关系。

这场崇拜活动中一个值得注意的特征是对某些信物的使用。"行诏筹"一语出现在《汉书》涉及这场群众运动的所有三段叙述中。《汉书·五行志》中的记载清楚地显示出这类宗教活动使用了具有特殊意义的特殊物件:"(民)持蒿或棷一枚,传相付与,曰行诏筹。"显然,蒿(禾秆)或棷(麻秆)是用来表达人们对这位女神的宗教信诺的,同时也被用作信徒之间交流之物,或用作招募新成员时所用的信物。饶有兴味的是,我们在武梁祠和其他东汉画像石刻中都可见到这种象征物。在武梁祠山墙画像中,西王母两侧有两位飞在空中的侍从,左边一位右手握一树枝。(见图41-1、41-2)同样的东西可在其他许多东汉画像石刻中见到,有的相对写实,看似长短不一的带叶树枝(见图47、48);有的则比较图案化,形状如同一只糖葫芦或烤肉串。(见图41-1、41-2)[52]

在这些图像中,除了羽人以外还有一些穿戴日常服饰、散发齐肩的人物围绕着西王母。这些人物都手执神器,毕恭毕敬,面向女神跪拜。(见图47、48)这些形象使我们想起《汉书》中所记载的敬神活动:西王母的崇拜者手执稾或梜,有的还"披发跣足"。值得注意的一个现象是这些手执枝条状信物的人像只在山东画像石上出现,而四川同时期的画像石却未见此类形象。这个现象进一步肯定了西王母群众崇拜与山东画像之间的密切关系。据《汉书》,这场发生于公元前3年的崇拜运动起源于函谷关(现在的陕西潼关)以东地区。德效骞也强调这场运动很可能源于山东。[53]

作为一个宗教偶像,西王母的权威远远超出了一般的神仙。信奉她的人相信她是全能的,可以使人多子多福,消灾攘祸。大约和公元前3年西王母崇拜运动同时期成书的《易林》中有二十四节谈到西王母。这些文字为我们提供了珍贵的材料,让我们进一步了解这位被民众所崇拜的女神的威力。其中一些谈到这位女神对人们尘世安全和幸福的重要性:

> 戴尧扶禹,松乔彭祖。西遇王母,道路夷宜,无敢难者。
>
> 稷为尧使,西见王母。拜请百福,赐我喜子。
>
> 孔鲤伯鱼,北至高奴。木马金车,驾游大都。王母送我,来牝字驹。[54]

然而,更多的文字则是吁请西王母帮助他们逃避灾难和危险:

> 晨夜惊骇,不知所止,皇母相佑,卒得安处。
>
> 穿鼻系株,为虎所拘。王母祈福,祸不成灾,突然自来。[55]

最后一段文字所象征的困境一定为当时人所熟悉,因为这段文字在《易林》中不同的地方出现了三次。显然,这种困境是激发人们崇拜西王母的重要原因。根据《汉书》,公元前3年爆发的崇拜西王母运动的直接原因是旱灾和趋于恶化的政治状况。

当西王母从一个普通的神仙发展为一个威力强大的保护神,

对这位女神的崇拜活动也就糅合了许多其他宗教的因素。比如《汉书》记载的相关内容就透露出某些巫术或萨满教的特征,如以枝条作象征物,重视符咒,跣足散发,以及使用博具等等。其中的一些做法即使在今天的萨满教仪式中也还能见到。[56]《易林》也暗示人们可以通过某些神秘的手段(或能够在想象中)遇见这位女神。上引的段落显示出那些向女神仙境进发的崇拜者能够超越时间的局限,一路上由古代圣王贤士以及神人相伴。而另外一段文字则告诉我们女神的崇拜者还能得到某些神异动物的帮助:"驾龙骑虎,周遍天下,为神人使,西见王母,不忧危殆。"[57]

已知纪年最早的表现西王母的作品已经开始反映这些观念。(见图43)在卜千秋墓室壁画中,一对男女在神异动物的协助下正向着西王母进发。一个双手捧鸟的女子站在一只三头凤凰背上;一位男子则乘着一条蛇或龙。孙作云曾提出这两位人物可能是墓主夫妇,正由动物陪同向西王母乐园行进。离他们最近的是九尾狐和蟾蜍——两个与西王母有密切关联的动物。[58]

张光直曾把类似的美术母题解释为对萨满教中"神游"的表现。他的研究显示,灵魂由特定的禽兽陪伴着向另一个世界飞升,这一信仰在东汉前即已存在,诸如《楚辞》、《山海经》以及马王堆帛画等文学艺术作品对此都进行了栩栩如生的描写或图绘。[59]这一理论可以解释为何西王母总与特定动物相联系,如我们在《易林》和卜千秋壁画所见。可以理解的是,一旦有关西王母乐园的信仰被建立起来,人们面临的一个实际问题便是如何到达那儿。古代的巫术或萨满教恰好为这种需求准备了答案。据说在萨满仪式的迷狂中,人们可以体验到被动物的精灵高高举起,向着另一个世界飞升,去会见各种精灵和神祇。西王母的乐园可以通过相同的途径达到,而且正如《易林》告诉人们的,一旦他们达到那里,就不必再担心尘世的艰难险阻。绘于墓室和祠堂中的动物可能具有同样的功能,帮助死者抵达西王母的神奇世界。

可以预见的是,一旦西王母的光荣达到顶点,她便自然而然地取代了原来占据昆仑山的天帝。到了西汉中期,昆仑和西王母住处的界线日渐模糊,两者都被认作是位于西方的不死无忧的乐园。昆仑和西王母仙境的逐渐混同反映了当时人们对一个单一、有力和个人化的永久幸福的象征物的渴望。西王母和昆仑山最终的融合发生在公元2世纪左右。与这一发展相适应,西王母仙境在汉代美术中也获得了最充分的表现。

偶像之表现:西王母及其仙境

在本节中,我们将把注意力从西王母形象的图像内容转移到它的视觉表现,也就是将焦点放到作品的构图样式以及其他有关画像风格的问题。别具意义的是,东汉艺术中西王母仙界的构图有别于中国画像的传统表现方法。根据考古材料和文字记载所提供的证据,我们或可将这种新的构图法追溯到印度佛教艺术。众所周知,大约自公元1世纪中叶以后,这一来自西域的艺术形式在中国的影响变得越发有迹可寻。

武梁祠东西山墙上的画像具有两个主要特征。首先,两处图画都作对称式设计,分别以身形硕大的西王母和东王公为视觉中心,再在两边配以向中心移动的神人异兽。山墙的三角形状增加了主神的中心性,而主神两边的形象则使稳定的三角形产生了动感。两条斜边成为构图的重要因素,它们与神人异兽一起把观众的眼光引向端坐于中心的西王母和东王公。

第二,在这两幅图像中,除西王母和东王公外,其他神人和动物均被表现为侧面。但这两位主神则正面危坐,威严神圣,无视左右侍从而直视着图像外的观者。同时,观者的目光亦被导引到画面的中心,直面这两位主神。由此,画像本身不再是封闭和内向的,画中之主神也不仅仅存在于图画的内部世界。图像的意义不但在于其自身,而且还依赖于画外观者的存在。事实上,这种"开放性"的构图以一个假设的画外观者或膜拜者为前提,以神像与这个观者或膜拜者的直接交流为目的。

这种对称构图和正面的主神是各种宗教艺术表现神像最常见的特点。为了便于叙述,我把这种构图称作"偶像型"(iconic representation),以与另一种我称之为"情节型"(episodic representation)的构图相区别和对照。[60]"情节型"构图通常是非对称的,主要的人物总是被描绘成全侧面或四分之三侧面,而且总是处于行动的状态中。换言之,这些人物的运动总是沿着画面向左或向右进行。一幅构图中的人物都是相互关联的,他们的姿态具有动势,并且表现了彼此之间的呼应关系。这种图像一般以表现某个故事情节或生活中的状态为主题,因此可以称作是叙事性的。与"偶像型"的画面不同,这类构图是自足和内向的,其内容的表现仅仅依赖于画面内的图像,观看这种"情节型"图像的人只是一个观者,而非参与者。

这两种构图类型为武梁祠画像提供了两种主要模式。西王母、东王公及其仙境的形象是以"偶像型"的构图设计的,而表现孝子列女、忠臣刺客的图画(将在下章讨论)用的则是"情节型"构图方式。区分这两种构图类型对研究早期中国美术的发展极为关键,因为它们隐含着不同的创作观念以及观看艺术作品的基本方式。大量证据表明,情节型构图是东周以来创作早期中国人物画的传统方式,而偶像型构图则是一种新方法,只是到公元1世纪才开始流行。

134

情节型构图方式可以追溯到很早的中国人物画。东周青铜器画像上的人物纹饰(图52)、长沙出土的两幅最早的人物肖像(图53),以及含有最早西王母形象的西汉墓室壁画,都延续了这种构图传统。在卜千秋墓室壁画中(见图43),表现西王母的那一段采用了水平式构图以表现一队行进行列。位于左方的西王母等待着接见向她行进的崇拜者和神兽。与这一形象相似的侧身西王母还可以在一面铸于公元8年的规矩镜上见到。(图54)

这种构图在公元1世纪左右渐渐被一种新的模式所代替。正如我们在孝堂山石刻以及另一些与其基本同时的画像石上所见(见图46、47),西王母形象成为一幅对称画面的绝对中心,两旁围绕着跪拜的崇拜者和侍从。这种偶像型的构图方式随之成为东汉时期表现西王母(稍后包括东王公)及其仙境的标准模式,尽管此时许多别的画像题材仍然沿用传统的情节型构图来表现。

为何偶像型构图方式出现在这个特定时期?它是本地的创造抑或是另一种艺术传统的舶来品?假如它是外来之物,又是从何处而来?我对这些问题的回答是明确的。在我看来,以武梁祠西王

图52 错银青铜壶上的设计，公元前6世纪。(故宫，1956，图66)

图53 湖南长沙陈家大山出土的帛画，公元前3世纪。线描图。(郭沫若，1961，图1)

母图像为代表的偶像型构图方式来自印度佛教艺术。汉代艺术家在1世纪左右开始以这种构图方式表现西王母。其原因是在这个时候这位女神成为宗教崇拜的偶像，而且被等同于西方的神仙——佛陀。

人们通常把汉明帝于永平年间（公元58—75年）遣使去西域求法作为佛教东渐的肇始。[61]尽管这个年代是否可靠还值得商榷，但历史文献显示，佛教艺术两个最重要的题材——佛塔和佛像很可能是在这个时期传入中国宫廷的。据说明帝曾下令制作一尊佛像，并以佛塔装饰其坟墓。[62]据说此后佛塔便成为非皇室墓葬装饰的流行题材。[63]这些记载似乎可信，因为我们的确在现存的汉代墓葬画像中见到佛塔图像。[64]但是这些记载还传达了另一个更为深刻的含义，即在这些佛教题材进入汉代艺术的同时，中国艺术家也学到了表现这些题材的艺术风格和视觉样式。

与以表现侧面人物为主的传统中国绘画不同，印度佛教艺术有着以对称构图表现宗教崇拜主题的悠久传统。[65]这种构图原则是由图画主题本身所决定的，因为它的目标是要同时展现崇拜者和被崇拜的偶像。具有代表性的早期实例包括桑奇（Sānchī）、巴尔胡特（Bhārhut）及拉马拉瓦提（Ramalāwadī）的石刻。在那上面，以佛塔、菩提树或宝座等圣物所象征的佛陀总是处于画面中心，两边围绕着侍从及崇拜者（图55）。到了公元1—2世纪，在犍陀罗及秣菟罗佛教艺术中，佛陀不再以象征物来表现，而是以人的

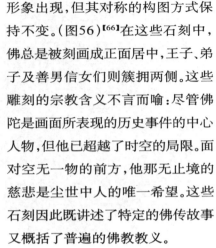

形象出现,但其对称的构图方式保持不变。(图56)【66】在这些石刻中,佛总是被刻画成正面居中,王子、弟子及善男信女们则簇拥两侧。这些雕刻的宗教含义不言而喻:尽管佛陀是画面所表现的历史事件的中心人物,但他已超越了时空的局限。面对空无一物的前方,他那无止境的慈悲是尘世中人的唯一希望。这些石刻因此既讲述了特定的佛传故事又概括了普遍的佛教教义。

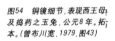

图54 铜镜细节,表现西王母及捣药之玉兔,公元8年。拓本。(曾布川宽,1979,图43)

这种对超越时空的佛陀的信仰及其在艺术中的表现,与大众部佛教(Mahāsanghika School)和大乘佛教(Mahāyānism)的发展密不可分。正是在二者的兴盛期,也就是大约公元1世纪之际,佛教和佛教艺术传播到了中国。【67】这样一来,佛陀便很容易

图55 膜拜佛塔图。巴卢特石刻,公元2世纪。(巫鸿,1986,图16)

152 | 武梁祠 The Wu Liang Shrine

与中国传统中那些具有超自然法力的神祇挂上钩,变成中国人宗教观念中的一尊保护神。《后汉记》中的一段话生动地显示了当时人们是怎样看待佛的神性的:"佛身长一丈六尺,黄金色,项中佩日月光,变化无方,无所不入,故能化通万物,而大济群生。"[68]可以想见,佛陀的怜悯爱人、"大济群生"之法力与西王母在人们心中的含义相当近似。二者之间的关系更由于他们都住在西域边陲,又都与神仙信仰有着千丝万缕的关联而被强化。

艺术作品生动地反映出佛陀与西王母之间的呼应和相似。理查德·爱德华兹(Richard Edwards)于1945—1950年间调查了四川麻濠的一座东汉石刻画像墓,在那里发现了一尊刻于石梁上的浅浮雕人物形象。(图57)它呈正面坐姿,左手握衣袍,右手举至胸前,似作施无畏印姿势。雕像头顶部有凸起,如同佛之肉髻;颈后还有一具头光。根据这些特征,爱德华兹和其他学者判断这个形象是一尊佛像。[69]此外,闻宥和俞伟超也介绍了四川其他墓葬中发现的与此类似的形象。[70]这些石刻佛像共有的特征显示,在东汉时期,佛像被用作墓室装饰是四川盆地区域内相当流行的做法。

四川彭山东汉墓出土的一个陶座上装饰有另一尊相当标准

图56 佛陀于忉利天宫给诸神说法。西克瑞(Sikri)佛塔石雕,公元2世纪。(英高尔特和莱恩斯,1957,图104,康涅迪格艺术和科学院特许复制图片)

第四章 山墙:神仙世界 | **153**

的佛像。(图58)这个陶座也就是通常所称的"摇钱树"座,在一个圆形基座上有树干式柱状凸起。基座侧面塑有二龙衔璧,柱前是近乎圆雕的佛像,高肉髻,右手施无畏印,左手执袍端,所着之袍衣褶繁密。坐佛左右各有站立人物,是麻濠佛像未见之重要特征。俞伟超认为他们是胁侍佛陀的菩萨。[71]因此在这个陶座上,佛的形象乃是一个更大的对称构图的一部分。这个构图明显源于印度艺术,当它传至中国以后,为表现西王母仙境提供了一个原型。同时,西王母的神性也为佛的"中国化"提供了一个原型。

很多学者都注意到,四川发现的佛像是对印度原型相当接近的模仿。不过由于这些形象出现在墓葬中,其宗教环境和功能

图57 四川麻濠墓石刻佛像,公元2世纪。(巫鸿,1986,图1)

都发生了很大的变化。一个发人深思的改变是,与印度佛像不同,这些中国的仿制品不是出现于向公众开放的寺庙里,而是被放置在私人和"世俗"的墓室中,与死者同葬一穴。佛不再是一个神圣的、被人在公众场合崇拜的圣像,而是成为希望死后臻至永生之境的逝者的象征。[72]饶有兴味的是,我们发现西王母形象出现于相同的位置,表达着同样的意思。

图58 四川彭山出土陶摇钱树座。公元2世纪。佛与二胁侍菩萨。(巫鸿,1986,图8)

麻濠墓前室的墙上雕出仿木结构的柱子,柱间有浮雕人物故事,分两层刻于横梁和墙上。下层的画像故事包括荆轲刺秦王、秦始皇寻鼎、天马及门吏等。上层则刻有佛像和一个龙头。武梁祠画像的配置与此相似:壁上所描绘的著名历史故事也包括荆轲刺秦王,而在历史画面上方的三角形山墙上则表现了西王母、东王公的形象,各自有众多的神人异兽随从。很显然,壁上所表现的乃是人间世界,目的是宣扬作为汉代人基本行为准则的儒家伦理信念。与此对照,人们在山墙上看到的是超越世俗、与人的彼世及永久福祉息息相关的神仙世界。这种现世和超验、儒家和神仙家的双重性同样反映在麻濠崖墓的前室中,只不过在那里佛陀取代了西王母和东王公。

佛陀与西王母之间的对应关系在一些四川出土的摇钱树座上表现得更为直接。据豪亮,相当数量的摇钱树座雕塑有西王母形象。[73]如图59所示,这个女性神祇正面端坐于龙虎座上,两位神人或朝拜者侍立左右。就整体布局而言,这个构图很接近彭山东汉墓出土的摇钱树座。因为此前的中国美术中未见这类对称的"偶像型"图像,我们可以假定这种构图模式来自印度佛教艺术,或是来自印度原型在中国的更早期翻版。

中国其他地区的考古发现显示,在公元2世纪,佛像和西王母像在美术表现中的并行和联系已成为全国性的普遍现象。[74]

图59 四川三台出土陶摇钱树座，公元2世纪，西王母出现在座之上层，端坐于龙虎座上，左右有两位神人相伴。下层可见骑象行进的图像。(巫鸿, 1986, 图9)

如内蒙和林格尔东汉墓前室顶部东侧绘东王公，西侧绘西王母，南侧则画"仙人骑白象"，它所表现的题材被认为是佛传故事中的"乘象入胎"情节。而北壁上画了一个盘子，其中放有榜题为"舍利"的球状物。[75]因此在这个构图中，西王母与东王公和两个佛教美术题材并置，说明在东汉人心目中它们的意义是互相匹配的。

进一步的例子发现于山东沂南汉墓中。此墓的中室中心立有一八角形石柱，在主要的四个面上刻着东王公、西王母和两个带头光的立像，全都正面朝向观者。(见图49)东王公戴平顶冠，西王母则头顶一个华丽的花冠，他们的手都隐于宽袖之中，拱托一扁平物于臂间。二者都端坐于神山昆仑之上，头上方张有华盖。两个戴头光的立像在石柱上占据了和西王母、东王公同样重要的位置。二者都穿狭袖上装和有花边的短裙，身上披挂璎珞。其中一位由一条龙拱托着，另一位则立于一株灵芝之上。他们的头光、异域服饰以及与西王母和东王公旗鼓相当的位置，都证明他们所表现的可能是佛教形象，不过象征其神性的符号却来自不同宗教传统：头光是佛陀的特征，而龙和灵芝源自中国传统的神仙观念。

这两个例子显示，如同对西王母及其仙境的表现吸收了许多佛教艺术的因素，东汉时期山东一带的佛教形象也同样综合了不少神仙家的特点。这种趋向在沂南汉墓同一石柱南面的另一个人物形象上表现得尤为清楚。(图49)这个人物呈坐姿，肩生火焰或双翅，右手上扬，作佛教的无畏印。所有这些特征都能在犍陀罗佛像上见到。但它的另一些特征却反映出当时的艺术家对佛教图像的误解。比如这个人物头顶的凸起应是表现佛之肉髻，但在它上面又刻了一个小冠和飘带，大概是当时山东的民间艺术家把肉髻理解成某种冠帽了，同时对佛像来说必不可少的头光也省略了。由于这种折中和变异，人们很难把这类汉化"佛像"与中国传统的神仙像区分开来。有意思的是,这个坐姿"佛像"与武梁祠东山墙上的东王公像非常接近,都有双翅,头顶上也都有一个凸出的小冠。(图41-3、41-4)

西王母形象之发展有两个特点:一是其图像内容的不断丰富,另一是其标准化表现图式的形成。这两个趋势与这位女神形象在大众信仰中的演变密切相关。西王母最先是以永生不死之象征出现的。西汉时期的人们把她与西方神仙世界联系起来,认为她拥有升仙之药。到了西汉末年,她变成大众宗教崇拜的对象,法力也大大增加,被视为能操纵生死的神祇。西王母在东汉时期进一步成为"阴"这种宇宙力量之化身。伴随着这种观念的流行,东王公应运而生,成了她的配偶和"阳"的化身。这位女神在汉代最后的重要演变发生于公元2世纪之际,这一次,原先被认为是上帝所居的神山昆仑变成了她的乐园。

这些演变全都反映在汉代美术中。随着西王母地位的不断升高,她所统辖的西方领地在艺术表现中也吸收了不同来源的众多人物和象征物。到了东汉末年,西王母及其仙界的表现至少拥有十种图像特征。正如鲁惟一所总结的,这些特征包括:1.西王母头上所戴之胜,2.龙虎座,3.捣药之玉兔,4.神龟,5.三足乌,6.执兵器之侍卫,7.祈福者,8.九尾狐,9.六博戏,10.昆仑山。[76]这个清单或许还可以加上西王母崇拜者手中所执,作为西王母信物的带叶树枝或麻秆。

到了西汉晚期,对西王母的崇拜成为有组织的宗教活动,而她也被看做是超凡入圣的至高神祇。一旦她的这种神圣地位被建立起来,主要用以描绘生活景象或文学故事的传统构图方式便不再适合于表现这位法力无边的神仙,她的神性要求一种新的"偶像型"图像,而新传到中国的印度佛教艺术恰好适应了这种需要。在公元1世纪中叶后,西王母仙境的设计开始显示一种严格的对称模式。女神出现在画面的中心,接受众多侍从和世俗信奉者的朝拜。这种构图的出现反映出中国宗教艺术开始朝向一种纯粹的供养型偶像图式发展,而这种图式在稍后的南北朝佛教艺术中最终达到成熟。

注释

【1】蒋英炬、吴文祺:《武氏祠画像石建筑配置考》,《考古学报》,1981年第2期,172页;南京博物院:《徐州青山泉白集东汉画像石墓》,《考古》,1981年第2期,137—150页。

【2】有关西王母神话的演进发展,参见:H.H.Dubs(德效骞),"An Ancient Chinese Mystery Cult," *Harvard Theological Review* 35, 1942; B.Karlgren(高本汉), "Legends and Cults in Ancient China," *Bulletin of the Museum of Far Eastern Antiquities* 18, 1946, pp.199—367. 小南一郎(Konami Ichirō),《西王母と七夕传承》,《东方学报》,第46册,1974年,33—81页;M. Loewe(鲁惟一), *Ways to Paradise: The Chinese Quest for Immortality*, London: George Allen & Unwin, 1979, ch.4.

【3】关于这四种文献的真伪及成书年代,参见余嘉锡:《四库提要辨证》,北京:中华书局,1980年,1117—1121,1130—1136页;张心澂:《伪书通考》,商务印书馆,1939年,490—500,514—520,547—549,572—588页;A.F.P. Hulsewé(何四维), "Texts in Tombs," *Asiatische Studien* 18/19, 1965, pp.78—79; B. Karlgren, "Legends and Cults in Ancient China," *Bulletin of the Museum of Far Eastern Antiquities* 18, 1946, pp.199—367.

【4】洛阳博物馆:《洛阳西汉卜千秋壁画墓发掘简报》,《文物》,1977年第6期,1—12页。

【5】信立祥:《汉画像石的分区和分期》(硕士论文),北京:北京大学出版社,1982年,50页。

【6】司马迁:《史记》,北京:中华书局,1959年,1298页,注2、3。

【7】蔡邕:《独断》,程荣《汉魏丛书》,新安程氏刊本,10页上。

【8】信立祥:《汉画像石的分区和分期》,50页注1。

【9】司马迁:《史记》,1295—1296页。

【10】《风俗通》,卷八,57页。

【11】这一类例子可在如下一些出版物中见到: K. Finsterbusch(芬斯特布施), *Verzeichnis und Motivindex der Han-Darstellungen*, 2 vols, Wiesbaden: Otto Harrassowitz, 1971; nos.271, 364. 山东省博物馆,山东省文物考古所:《山东汉画像石选集》,济南:齐鲁书社,1982年,图181, 194, 229。

【12】M. Loewe, *Ways to Paradise: The Chinese Quest for Immortality*, pp.101—112.

【13】T.K. Cheng(郑德坤), "Yin-yang Wu-hsing and Han Art," *Harvard Journal of Asiatic Studies*, 1957, p.171.

【14】安作璋:《山东汉代儒学》,《山东师范学院学报》,1979年第5期。

【15】J. James(詹姆斯), "The Dating of the Left Wu Family Offering Shrine," *Oriental Art* 31, 1985, pp.34—41.

【16】K. Finsterbusch, *Verzeichnis und Motivindex der Han-Darstellungen*, 2 vols, Wiesbaden: Otto Harrassowitz, 2 (Sichuan) nos.44, 196, (Shanxi) nos.430—433, 439, 486—487. 南阳汉画像石编辑委员会:《南阳汉画像石》,北京:文物出版社,1985年,图182, 332。

【17】《太平御览》,卷三十六引;又见《水经注》,卷一,10页。

【18】《水经注》,卷一,9—10页。

【19】参见陈梦家:《古文字中的商周祭祀》,《燕京学报》,1936年第19期,131—133页。

【20】J. Legge(李雅各布), *The Tao Te Ching, the Writings of Chuang-tzu, the Thai-shang*, in Sacred Books of the East, vols.39—40, London: Oxford University Press, 1891, p.293.

【21】《荀子·大略》载:"尧学于君畴,舜学于务成昭,禹学于西王国。"这段话中的"西王国"之名让人困惑不解。有的学者认为其所指非人名而是地名。(见:B. Karlgren, "Legends and Cults in Ancient China," *Bulletin of the Museum of Far Eastern Antiquities* 18, 1946, p.270.) 这个解释缺乏可信度,因为根据《汉书》,君畴和务成昭均为传说中的人物。相比之下,德效骞(H.H. Dubs)的说法更为合理,他认为"国"和"母"两字接近,后人很容易将它们混淆。(见:H.H. Dubs, "An Ancient Chinese Mystery Cult," *Harvard Theological Review* 35, 1942, p.231, n25.)

【22】见:H.H. Dubs, "An Ancient Chinese Mystery Cult," *Harvard Theological Review* 35, 1942, p.229, n19.

【23】曾布川宽(Sōfukawa Hiroshi):《昆仑山と升仙图》,《东方学报》,第5册,1979年,87—102页。

【24】这三段有关西王母的文字分别出自刘安《淮南子》,《四部丛刊》本,卷六,44页,43页,及卷四,29页。两段有关昆仑的文字见刘安:《淮南子》,卷四,26—27, 29页。

【25】班固:《汉书》,北京:中华书局,1962年,2596页。

【26】同上,卷八十七(上)。

【27】司马相如的《大人赋》曾提到西王母和昆仑,涉及西王母的那段如下:"低徊阴山翔以纡曲兮,吾乃今日睹西王母,皓然白首戴胜而穴处兮,亦幸有三足乌为之使。长生若此而不死兮,虽济万世不足以喜。"如此说来,这位女神是与阴山而非与昆仑山相关。见班固:《汉书》,2596页。

【28】司马迁:《史记》,卷二十八,1401页;班固:《汉书》,卷二十五(下),2696页;沈约:《宋书》,北京:中华书局,1974年,卷四十三。参见:H.H. Dubs, "An Ancient Chinese Mystery Cult," *Harvard Theological Review* 35, 1942, p.229.

【29】《尚书大传》的记载为孟康在他对《汉书》的评注中所引用,

见班固:《汉书》,958页。对《大戴礼记》那一段文字的讨论,见:H.H.Dubs, "An Ancient Chinese Mystery Cult," *Harvard Theological Review* 35, 1942; p.230。

[30] 一般认为《易林》是西汉王延寿或焦赣所撰,但《新唐书》和《旧唐书》又录有公元1世纪崔篆的《周易林》。余嘉锡(《四库提要辨证》,741—758页)和胡适(《易林断归崔篆的判决书》,《胡适选集》,台北:文星书店,1966年,41页)都认为现在所见的《易林》实为崔篆所撰。

[31] 见唐兰:《昆仑所在考》,《国立北京大学国学季刊》,1937年,第6卷第2期。

[32] "朝发轫于苍梧兮,夕余至乎悬圃";"朝发轫于天津兮,夕余至乎西极"。如同太阳,旅程始于苍梧终于昆仑。在前两句里,昆仑由其三座山峰之一来代表,在后一例子里,"西极"之意可以从前几行来理解:"邅吾道夫昆仑兮,路修远以周流;扬云霓之晻蔼兮,鸣玉鸾之啾啾。"

[33] 徐朝华:《尔雅今注》,天津:南开大学出版社,1987年,226页。在许多研究过《尔雅》的学者中,德效骞(H. H. Dubs, "An Ancient Chinese Mystery Cult," *Harvard Theological Review* 35, 1942; p.233)认为它的成书年代为公元前3世纪。余嘉锡(《四库提要辨证》,89—92页)则认为这本书中有很多西汉的词汇,要晚到公元3年以后才引起学者们的注意。

[34] 司马迁:《史记》,3163—3164,3172—3173页。何四维认为条枝是指波斯湾靠近布什尔(Bushire)市希拉(Hilla)河口的塔克(Taoke)。(A. F. P. Hulsewe, *China in Central Asia*, Leiden: E. J. Brill, 1979, p.113, n 255, p.114, 224, n849.)鲁惟一也同意这个看法。(M. Loewe, *Ways to Paradise: The Chinese Quest for Immortality*, pp. 95—96, n150.)

[35] M. Loewe, *Ways to Paradise: The Chinese Quest for Immortality*, p.150, n51。

[36] 《淮南子》,卷四,13页上。

[37] 同注[35], p.150。

[38] 班固:《汉书》,北京:中华书局,1962年,1611页。

[39] 《山海经》郭璞注引,见袁珂:《山海经校注》,上海:上海古籍出版社,1980年,409页。

[40] 郦道元:《水经注》,上海:商务印书馆,国学基本丛书本,卷一,10页。

[41] 屈原:《天问》,见金开诚等:《屈原集校注》,北京:中华书局,1996年,318—319页。

[42] 《淮南子》,卷四,26页。

[43] J. Campbell(坎佩),*The Mythic Image*, Princeton, N. J.: Princeton University Press, 1974, pp. 77—103。

[44] M. Loewe, *Ways to Paradise: The Chinese Quest for Immortality*, p.97。

[45] 《淮南子》,卷七,10页上。

[46] 袁珂:《中国神话传说词典》,上海:上海辞书出版社,1984年,424页。

[47] 司马迁:《史记》,卷一一七,3060页。

[48] 除文中所引文献,《汉书·哀帝纪》和《天官书》中的两段记载也与此事有关。前者载:"四年春,大旱。关东民传行西王母筹,经历郡国,西入关至京师。民又会聚祠西王母,或夜持火上屋,击鼓号呼相惊恐。"(班固:《汉书》,342页)后者载:"到其四年正月、二月、三月,民相惊动,灌哗奔走,传行诏筹祠西王母,又曰'纵目人当来'。"(班固:《汉书》,1311—1312页)

[49] 班固:《汉书》,1476页。

[50] H. H. Dubs, "An Ancient Chinese Mystery Cult," *Harvard Theological Review* 35, 1942: pp.236—237。

[51] 班固:《汉书》,1309页。

[52] 山东省博物馆、山东省文物考古所:《山东汉画像石选集》,济南:齐鲁社,1982年,图181、184—188、194;小南一郎:《西王母と七夕传承》,《东方学报》,第46册,1974年,62页,图17。

[53] H. H. Dubs, "An Ancient Chinese Mystery Cult," *Harvard Theological Review* 35, 1942; p.236。

[54] 《易林》,见:严灵峰《无求备斋易经集成》,151—152册,台北:成文出版社,1976年,72、455、108页。

[55] 同上,518及191、448、562页。

[56] 1981年我曾于青海五屯,在当地六月节的宗教仪式上亲见类似的萨满表演。

[57] 同注[54],232页。

[58] 孙作云:《洛阳西汉卜千秋墓壁画考释》,《文物》,1977年第6期,18—19页。

[59] K. C. Chang(张光直),*Art, Myth and Ritual*, Cambridge, Mass.: Harvard University Press, 1983: pp.73—80。

[60] "情节型"在此专指那些以叙事文学为基础的作品。不过,这类作品并不一定使用前后相承的连续性表现方法。

[61] Wu Hung(巫鸿), "Buddhist Elements in Early Chinese Art," *Artibus Aasiae* 47, 1986: pp.264—265, n9。

[62] 朱孔阳:《历代陵寝备考》,上海:上海申报馆,1937年,十三,10页上。

[63] 同上。

[64] Wu Hung, "Buddhist Elements in Early Chinese Art," *Artibus Aasiae* 47, 1986: p.271, pl.15。

[65] 同上,pl.16, 17。

[66] 犍陀罗佛教艺术中的这类崇拜景象可参见英高尔特和莱恩斯的著作:H. Ingholt and L. Lyons, *Gandhāran Art in Pakistan*,

New York: Pantheon, 1957.

【67】关于佛教东渐的开始还有以下一些说法：秦始皇时有一些僧人到达都城；前138年后不久张骞的西域之行；前2世纪下半叶汉帝向僧人请教；霍去病房获休屠王金人；以及汉明帝梦见佛陀等等。不过这些故事的传说成分居多，其中一些也许带有宣传的功效。我采用《汉书》所载楚王英于公元65年事佛的记载为佛教传入中国的最早证据。参见：Wu Hung, "Buddhist Elements in Early Chinese Art," *Artibus Aasiae* 47, 1986: pp. 264—303; E. Zürcher(许理和), *The Buddhist Conquest of China*, Leiden: E. J. Brill, 1959, pp. 19—24, 26—67.

【68】袁宏：《后汉记》，上海：商务印书馆，1937年，122页。

【69】R. Edwards(爱德华兹), "The Cave Reliefs at Mahao," *Artibus Aasiae* 17, 1954, no. 2: p. 113.

【70】闻宥：《四川汉代画像选集》，北京：中国古典艺术出版社，1956年，图59之解说；俞伟超：《东汉佛教图像考》，《文物》，1980年第5期，75页。

【71】俞伟超：《东汉佛教图像考》，《文物》1980年第5期，75页。

【72】Wu Hung, "Buddhist Elements in Early Chinese Art," *Artibus Aasiae* 47, 1986: p. 267.

【73】于豪亮：《钱树、钱树座和鱼龙漫衍之戏》，《文物》，1961年第11期，43页。

【74】Wu Hung, "Buddhist Elements in Early Chinese Art," *Artibus Aasiae* 47, 1986: pp. 263—303.

【75】俞伟超：《东汉佛教图像考》，《文物》1980年第5期，68—69页。

【76】参见：M. Loewe, *Ways to Paradise: The Chinese Quest for Immortality*, p. 103.

【第五章】
墙壁：人类历史
The Walls: Human History

屋顶与山墙下，武梁祠的三面墙壁形成一个最大的装饰单元。(图60)四条连贯的水平区域中绘满人物、故事，又有一组装饰带进一步把它们划分为上下等高的两部分。这种相当复杂的分层结构需要我们首先明确将在以下讨论中频繁出现的各项术语。"装饰体系"指三壁上画像石的整体图像构成（祠堂的另外两个"装饰体系"是屋顶和山墙上的画像）。这个装饰体系由上下两个"装饰区域"组成，每个区域进而由两条紧密相连呈水平排列的"装饰带"组成。根据其内容，每个装饰带里的人物和故事又可分成若干"组"或"系列"。

墙壁图像的一般解读

上部

在这个装饰区域里，两层平行装饰带贯穿三面墙壁。与传统中国书籍的写法和读法相似，其中图像的排列次序和阅读方式均为从右向左、从上到下。这也就意味着任何人在观看祠堂原建筑中的画像时都须从上层开始，从右壁、后壁到左壁，然后又回到右面起首再从第二层开始观看。武梁祠空间狭小，不过一人多高，按照这样的次序观看图像就像是在阅读一本书，并不需要来回走

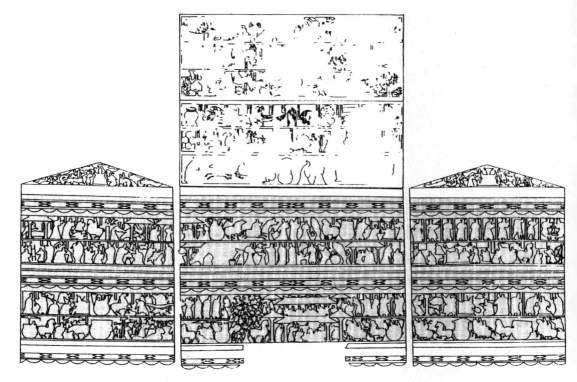

图60 武梁祠墙壁画像的位置。

动。而且由于每层的图像都由水平装饰带隔开,观者的目光被这些水平线引导,很容易跟着图像循序渐进。此外,有些位于墙角的故事画横跨相邻的墙壁,它们明确地告诉观者应沿着同一层次的水平方向,从一面墙壁到另一面墙壁不间断地看下去。

上部装饰区域中所有的人物和故事都有长方形榜题。这些榜题有的仅仅简单标明人物的姓名和身份,有的则采用了东汉时期流行的"赞"体文学形式,以精练的语言帮助观众理解故事的情节和意义。作为解读画像石内容的关键,这些榜题是学术研究的一个独立课题,将在本书"附录一"中讨论。

这个装饰区域上层装饰带中的人物和故事可以分为两大组:右壁描绘了十一位古帝王(图61中的1—10),紧接着在后壁和左壁上描绘了七位列女的故事(图61中的11—17)。下层装饰带中的十七个故事通常被说成是"孝子"事迹。(图61中的18—34)然而这些故事的中心人物并不止是孝子,除了十二位孝子以外还包括一位忠仆(李善)、一位义士(羊公)、一位贤兄(朱明)、几位挚友(三州孝人)及一位孝孙(原穀)。很明显,这一"义士"系列与上层"列女"系列的主要区别在于主人公的性别。

对于观看这部分画像的人来说,不仅这些形形色色的历史人物的道德品质意味深长,而且三组人物的年代结构也耐人寻味。一个看似明显但却被以往研究者所忽视的事实是:这三组图像大致是按照时间顺序来安排的。第一组的古代帝王像从传说中的人类始祖伏羲和女娲开始,押尾的是夏朝末代君王桀。紧接的七位列女都生活在周代。第三组以东周时期曾参的故事开始。虽然画在最后的"孝孙原穀"的年代不清,但是倒数第二位的赵徇是东汉时期的一位有名孝子,生活时代和武梁祠修建的时间相隔不远。[1]

人物的动态进一步强调了这个历史顺序:画像中的主要人物都被表现为朝向右方。古代帝王一个接一个地排成一行,紧跟他们的是列女和义士。特别值得注意的是,所有动态较大的人物和动物无一例外地向右边运动。(图61中的13、15、17)如同一些加重的"强音",他们突出了整体画面的动势。

毫无疑问,这一连贯的动势是有意设计的结果,目的是形象化地隐喻历史的连续进程。图像所体现的是一种线性的观念,即历史由从早到晚的朝代构成。在上部装饰区域,这种线性通过把属于不同历史时期的人物组合进一个连贯的运动链表现出来。如果我们把图像放回到祠堂原建筑中,那么它们的时代性将更容易被理解。当观者的眼光从右向左移动,首先"遇到"的历史人物是远古的三皇五帝,然后是第一个朝代夏代的君主,此后是周代及汉代的列女和义士。由此我们感到重新"经历"了历史。

下部

下部装饰区域也包含两层装饰带,其中图像的构成相对复杂。与上部区域相比较,这里只有有限的几幅图像带有榜题。除了下层装饰带左端尽头的两处短榜题外,所有带榜题的人物都出现在上层装饰带,并且都是东周时期的历史人物。六位著名的刺客被雕刻在两面边墙上。(图61中的35—37,40—42)两位有名的忠臣——蔺相如和范睢被描绘在后壁的右端。(图61中38—39)丑女钟离春谏齐王的故事则出现在东壁(即左壁)左端。(图61中的43)

没有榜题的图像在这部分中占据了更重要的装饰空间。这些图像大致可分为三个单元,相互联系并组成一个更大的结构。这个结构的中心图像是一座精美的二层楼阁,它的左端是一株"连理树"。(见图72)楼阁图像的下部已遭毁坏,但是借助另外两座武氏祠中相对应的画像石,我们可以复原其本来面貌(见图30、73)。复原结果表明楼阁下层是一个"拜谒"场景,表现官吏和侍从正在觐见一位体量硕大的贵人。坐在楼阁上层的人戴着精美头饰,表明她们是女性。中心楼阁和相邻的连理树矗立在这个装饰区域的底线上,在同一底线上的其他图像包括楼阁右方的车马出行和左方的庖厨场面。(图61)

这座楼阁的重要性不仅通过它的中心位置,而且也通过它所占据的装饰空间显示出来。实际上,它是武梁祠内唯一跨越两个装饰带的图像,其结果是它把下层装饰区域分为不相连贯的左右两部分,每个部分只和"中心楼阁"发生关系。上部装饰区域线性的构图原则因此被打破了,所采取的是以中心楼阁为焦点的对称构图。

人物的动态进一步强调了下层图像与上层图像的区别。这里,中心楼阁对整个构图和观众视线的控制被周围人物朝向中心的动势强化。右边是驭手驾着马车向中心楼阁奔驰而来,左边则是谦恭的官吏朝阁楼中的大人物施礼。右壁上著名的刺客荆轲将匕首掷往左方(图61中的37),左壁上的一幅画像则表现赵襄子乘马车向右疾行(图61中的41)。上层装饰带的左右尽头各站立一位面向中心的人物,他们下面的马和马车也朝着同一方向行进。这

146

图61 武梁祠墙壁上有榜题的44幅画像位置.

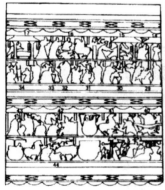
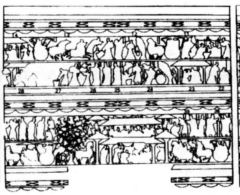
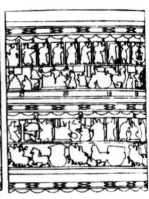

些图像因此都是以楼阁为中心而成对设计的。下部装饰区域中所有这些视觉因素,包括主宰一切的中心图像、对称型的构图以及向心的运动,都是上部装饰区域中所没有的。如上所述,上部区域中的人物是按照历史顺序安排的平等的元素,而在下部区域中,图像的主次关系泾渭分明。在观看上部区域时,观众的视线随一连串故事和人物的图像平行移动;但在观看下部图像时,他的视线总是不由自主地被中心楼阁中的大人物所吸引。

墙壁画像的另一个特征也与这种构图的变化有关系。如上所述,上部装饰区域中的所有图像都有榜题,而下部区域只有一部分图像有榜题。武梁祠是东汉祠堂中罕见的精心刻满榜题的例子。这些题铭文风明晰,内容连贯,一定是经过精心的策划。这反过来也说明,石刻中某些图像尤其是中心楼阁中的人物缺乏题记,同样是有意设计的结果而非疏忽大意。根据武梁祠现有图像和榜题之间的关系,我们可以看出一个规律,那就是凡有文献根据的历史人物和事件,以及仿自某种图籍的图像,都伴有辨识和解释画面的榜题。而那些具有纯粹象征意义的"非历史"形象则无榜题。如果这样看,除两组画像以外,祠堂上的图像或表现历史人物和事件,或录自图籍,因而几乎都刻上了榜题。这两组情况一是两面山墙锐顶上的西王母和东王公图像,二是下层处于中心位置的楼阁以及相关的拜谒、车马行进和庖厨等图像。西王母和东王公是神仙,显然不属于人类历史的范畴。而中心楼阁及其相关场面则象征着抽象的"君权"观念。

中心楼阁和拜谒场景的象征内涵及其图像来源将在下文详加讨论。但是我需要在这里概括说明一些基本论点,因为只有理解了这个题材的内涵我们才能解释清楚下部装饰区域的图像程序和历史故事的意义。

一个似乎让人费解的现象是,在这部分图像中,性别、德行以及社会身份不同的各色历史人物相杂一处,明显有别于上部装饰区域中对人物的清晰分类。这里,围绕中心楼阁刻画着六个刺客、两位贤相和一位列女。更令人迷惑的是虽然如上层图像中的女性人物,钟离春的故事也出自《列女传》,但她却被单独放在这里,与其他女性形象分开。这种安排是不是有意设计的呢?如果是的话,那么是什么因素把这位列女和忠臣、刺客安置在同一组图像中？又是什么因素把这些历史人物和中心楼阁及其相关的题材连在一块，编织入一个更大的构图中去？

我认为这些历史人物被特意挑选，列入同一装饰区域，是因为他们都联系着一个中心主题，那就是"忠君"的观念。画像中的大臣是辅佐国君的谋士；勇敢的刺客想方设法杀死敌国的君王来效忠自己的主人；而钟离春则是一位有德行的王后，在画像中她正在向自己的丈夫进谏。实际上，这些图像对君臣关系这个主题的表现是毫不隐讳的。每幅画面中都包括英雄和君主的形象：曹沫故事里有鲁庄公和齐桓公；荆轲故事包括未来的秦始皇；专诸故事里有吴王僚；要离故事里有王子庆忌；豫让故事里有赵襄子；聂政故事里有韩王；钟离春面对着齐宣王。这种"君主/臣民"相对的模式在上部装饰区域中完全缺乏，尽管其中一些故事涉及到国君或皇帝。

下层画像中的君王都生活在东周时期，他们统治着当时七个强大诸侯国中的六个，因此代表了汉代以前那个历史阶段的整体。在武梁祠里，他们的形象围绕着中心楼阁，楼阁中坐着一位头戴冠冕、身穿王袍的贵人。(见图72；又见图30、图73)与其他人相比，这个人物的形体特别高大。下文的讨论将证明他实际上象征着一位抽象意义上的"当代"君王，被历史上的统治者、贤明的大臣、忠心的子民和聪慧的王后环绕。在图画中他正在召见官吏，其他相关的题材——精美的宫殿、大型的车马队伍、恭敬的侍从以及为准备宴会而忙碌的仆人——都象征了他的无上权力和显赫地位。

如果说上部装饰区域中的图像为一条线性的连续历史观念所贯穿，"君权"观念则是下部区域中所有画像的主旨。我在下文将要讨论，这两个主题在古代中国史观中紧密相连。除此之外，武梁祠画像还有第三个主题，或许可称之为"史家的自我表现"。在左壁的左下角也就是墙壁画像的结尾处，(图61中的44)一位"县功曹"跪在一辆牛车前面，由榜题可知此车中的文人是一位隐退的"处士"，或者说武梁本人。下文的讨论将揭示这幅画面与整个墙壁画像之间的关系：出现于此处的武梁是一个历史的观察者和阐释者,而墙壁上的画像程序则以视觉化的形式呈现了他对历史的阐释。

汉代的史学观

武梁祠墙壁画像石上所有的题材都与汉代人对历史的观念有关。与武梁祠这部图像历史最为接近的文字历史是早于它出现的司马迁的《史记》。

历史是什么?《简明牛津英语词典》提供了一个约定俗成的定义:"历史是一种书面叙述,对重要的或公众的事件,尤其是那些与特定的国家、人民或重要个人相关的事件按照时间顺序、连续而有条理的记录。"[2]

尽管这个定义概括了书面历史的某些基本特征,但它马上又提出了更多的问题,因为定义者使用的所有关键概念——包括叙述、连续性、方法、时间顺序、重要的事件等等——在不同文化背景和不同作者书写的历史著作中常有着十分不同的意义和形式。因此,尽管一些历史学家认为历史仅仅是对以往事实的客观收集,[3] 但实际上任何历史作品,不论是书面的、图像的或口头的,都绝不可能是过去本身,而必然反映特定史学家对过去的理解,体现他与过去的关联。杰弗瑞·巴拉克劳夫(Geoffrey Barraclough)写道:"我们所读到的历史,尽管都说是根据事实,然而严格说来毫无事实可言,只是一系列被接受的判断而已。"[4]

巴拉克劳夫在1955年提出的这个观点被认为是跨出了迈向现代史学的一大步。但这个观点却早已被两千多年前中国第一位真正的史学家司马迁清楚地认识到。司马迁自己阐述了他撰写《史记》的目标:"罔罗天下放失旧闻,王迹所兴,原始察终,见盛观衰。"[5] 他的著作因此既总结他对历史模式的考察也表达他对过去事件的评判。书中所记载的"事实"从本质上来说是说教性的,目的是"惩恶扬善"。[6]

正如学者们已经指出的,司马迁的这种史观——即书写历史的基本功能是探索历史范式及提供道德训诫——可以追溯到汉代以前的著作如《尚书》、《诗经》和《春秋》的传统。[7] 但这些学者也都同意司马迁写于公元前2世纪晚期至前1世纪早期的《史记》"代表了中国历史学的一个全新的起点"。[8] 这个起点的标志是司马迁首次采用了一种被称为"通史"的撰写历史的新形式。这种方法在汉代以前是没有的,它给后来中国几乎所有的历史叙事,包括武梁祠墙壁上的历史故事画,提供了一种基本范式。

当使用"形式"一词讨论司马迁在中国史学领域中的变革时,我们应该牢记伯顿·沃森(Burton Watson)对此的忠告:

> 对于中国人,特别是对那些认为社会和自然界有着森严等级观念的汉代人来说,形式与意义是同义的。西方人很难想象这种观念对中国文学形式影响的程度。虽然我们有时会觉得中国人试图从古代文学作品的形式和秩序中探索意义是异想天开和勉为其难的,但我们必须记住这种观念的确存在,至少在汉代是这样。[9]

这里沃森想要表达的是,中国古代史家已经充分意识到文学或图像中形式作为一种工具的价值,它可以用来传达人们对历史事件的理解和评价。这种观念也可以从另外一个角度来理解:不管什么时候,当一位作者有意识地对描述和阐释历史的形式进行较重要的变革,他实际上是在实践一种新的历史观。

许多有创见的学者都在他们的著作中对司马迁之于中国史学的革命做了论述和评价。他们的发现表明,在这个伟大的历史学家带来的所有变革中,有四个方面的发展是最重要的,它们把汉代的史学与前代区别开来。这四个方面既涉及到历史著作的内容也涉及到它的形式。[10]

司马迁的第一个,或许也是最明显的贡献在于对通史体例的创立。他通过对朝代更迭的线性描述,把中国的历史从汉代追溯至远古文明的开始。司马迁的第二个创新在于他确立了描述通史的基本单元。一反东周时期流行的编年史格式,他在《史记》中创造了一种"纪传体"形式,通过个人或成组人物来构成和说明整体的历史。实际上,个人的生活和行为成为司马迁考察历史的直接对象。通过对历史人物世系、家族纽带、政治联系以及类似的道德和行为的考察,他把这些人物归纳分类,形成更大的单元。

司马迁的第三个创新是营建了写作通史的总体结构。他把所挑选的历史人物归入三大部分,即"本纪"、"世家"和"列传"。《史记》的另外两个部分是"年表"和"书"。"年表"对业已出现在三个传记部分的基本信息进行归纳和表格化,显示出司马迁对家谱和年表这些历史工具的兴趣;"书"是关于政治、经济、社会和宗教等方面的一系列专文。

司马迁编纂《史记》的第四个重要特征是,历史学家的观点和评价成为历史叙述不可分割的组成部分。这部著作的大部分章节都以"太史公曰"为起首的评语结束。早期的史学著作,如《左传》和《国语》,也用了类似的短语"君子曰"[11]。但《史记》对这种结语的使用更加个人化,其有规律的出现显示出司马迁把自己看做历史的见证人, 因而采用相应的文体来肯定他的这种角色。

以上四个方面的原则对武梁祠画像中的图像历史叙事产生了重大影响。实际上,我们可以说它为这部图像历史提供了基本的框架结构。首先,武梁祠墙壁上的画像描绘了从人类产生一直到汉代的中国"通史"。其次,就像《史记》一样,它通过精心挑选的个体人物来浓缩历史。再者,这些个体人物根据他们的政治关系、生平德行以及他们的志向而分为几个系列或类别。最后,作为一个儒家学者同时极有可能是这个祠堂的设计者,武梁的肖像出现在这部历史的结尾处。不论是在整个叙述结构中所处的位置,还是在暗示作者"史家身份"的作用上,这个"自画像"都和司马迁在《史记》的结尾章《太史公自叙》相对应。

《史记》和武梁祠墙壁画像之间的这种平行关系促使我们思考这两部历史作品之间更深层的对应关系。对于司马迁和武梁祠画像的设计者来说,杰出的历史人物是最基本的出发点。这种态度是基于这样的观念:每个人都与他人分享一些共同的特征或动机,因此每个人都属于一个与历史的基本主题或人类的本质相关的更大分类;因而,历史上的男子或女子既是独立的个人又是某种原则的化身。作为一个独立个人,他(她)的生平事迹被详细叙述,他(她)的言语被记载下来;而作为一种原则的化身,他(她)同其他类似人物被归纳入某种"类型",这种类型随之成为历史叙事的一个必要的结构性因素。作为一个独立个人,他(她)的活动、德行、思想及命运赢得历史学家的尊敬、同情或憎恶;作为一种类型,他(她)仅仅是更大价值的缩影,能够被历史学家在其说教性的论述中引用,或如沃森所言,成为"作为一种修辞学工具的历史暗喻"。[12]

如上文所说,司马迁把个体的历史人物归入三个主要部分,即《本纪》、《世家》和《列传》。探讨他的分类标准对理解武梁祠画像中的人物有非常重要的意义,因为这些人物是以相似的标准来归类的。学者使用了不同的方法研究司马迁的分类,包括对这三个部分题目的语言学研究以及对其内涵的文学分析。[13]尽管所有这些研究都有所发现,但依我之见,破解司马迁的分类方法的关键在于《史记》最后一章即《太史公自叙》中所提供的定义。[14]司马迁在这章里写道:《本纪》的内容是"王迹所兴,原始察终,见盛观衰,论考之行事,略推三代,录秦汉,上记轩辕,下至于兹,著十二本纪"。《世家》的内容是"二十八宿环北辰,三十辐共一毂,运行无穷,辅拂股肱之臣配焉,忠信行道,以奉主上,作《三十世家》"。而《列传》所强调的是"扶义俶傥,不令己失时,立功名于天下,作《七十列传》"。

因此,根据司马迁自己的总结,《本纪》旨在以线性方式,通过描述王朝的变更,以展示从传说中的五帝到三代再到秦汉这一历史全过程。《世家》的主题则是王室的"股肱"或辅佐。"辅佐"在这里不能简单地理解为臣僚。这部分所记载的大多数人物是诸侯或地位相近的重要世族成员,他们组成了东周至汉代王室以下的第二级统治阶层。因而,这部分的主题不是政权的传递而是社会的政治结构,即称做"封建"的社会形态。与此相应,这部分的历史叙事改变了《本纪》的结构,而与以前某些史书如《战国策》相近,它们主要以诸侯国的区划来组织历史事件。

《本纪》和《世家》这两部分因此表现出一个清晰的层次结构。通过把历史人物按照朝代和封建关系分类,司马迁得以强调他们不同的社会地位和政治作用。《史记》的最长的部分——《列传》进一步强化了这个层次结构。与前两部分不同,这一部分的重点纯粹是个人。这些人中的大部分既非皇室成员也非诸侯世家,他们没有雄心或潜力来争夺皇位。然而由于他们不同凡响的美德、才智、善行或恶行，他们区别于常人，成为重要的历史人物。同《世家》的体例相似，《列传》或多或少是按年代顺序来编排的。但对于司马迁来说，比年代顺序更重要的是按照人物的社会角色、意识形态或道德品行来分类的可能性。因此《史记》包括了"刺客"、"游侠"、"循吏"、"酷吏"等章节。显然，尽管在这个部分中司马迁记载的是个人，但他的兴趣并不在独立的人。他通过《史记》的层次结构表达了政治和道德原则——他将历史视为一个整体。沃森认为："不管我们如何看待这些个体生命的分类，我们必须认识到，在对形式的探寻中，司马迁将那些激发过他和其国人的基本的历史哲学呈现了出来。"[15]

同样的寻求和描述历史模式的愿望激发了武梁祠画像石的创作，司马迁的历史等级结构为其设计者提供了蓝本。画像开始处的古帝王像与《史记》的第一部分《本纪》呼应。紧接着的列女义士、贤臣刺客图像体现了司马迁《列传》中所遵循的原则，把历史人物按照道德和行为来分类。《史记》中的《世家》也在武梁祠画像中的东周诸侯图像中找到了对应：如同"二十八宿环北辰"，这些图像环绕着象征皇权的中心楼阁内的主人公。

基于两者的并行以及下面将要提及的证据，我们可以肯定武梁祠画像受到了《史记》的直接影响。实际上，尽管司马迁的作品对后来的历史思考和写作产生了深远的影响，但没有其他汉代史家试图再写一部中国通史。东汉和以后各时期历史编纂者的主要兴趣在于撰写断代史，每一位史家的重点是一个单独的朝代。这类作品的结构和内容完全不同于武梁祠上的画像，它们不可能是设计者的范本。从另一方面看，武梁祠画像中对历史的系统表现在东汉艺术中也是孤例，在目前所报道的上百座东汉墓室和祠堂的画像石上，我们还没有发现另一处对中国历史的系统图解。因此，从西汉到武梁祠的修建，与武梁祠历史画像整体结构相似的作品唯有《史记》。

司马迁在完成《史记》之后把一部手稿"藏诸名山"，副本留放京师，"俟后世圣人君子"[16]。据班固记载，《史记》到汉宣帝（公元前73—前49年）时开始流传。[17] 武梁的碑文提到这位儒家学者"广学甄彻，究综典□，靡不□览"。虽然汉代碑文语言倾向于夸张,但我们仍可以设想这位博学的学者会相当熟悉《史记》,因为这部书在公元2世纪已被普遍认做是史学写作的典范。[18] 本书"附录一"中对武梁祠画像榜题的研究进一步证明某些榜题和《史记》之间有直接的联系,例如颛顼和帝喾这两位古帝王的榜题逐字抄录了《史记》中的文字。

此外,《史记》和武梁祠堂画像的内在证据显示司马迁和武梁在学术传统和个人经历上的深层相似。我在上一章中指出武梁属于今文经学派,且受到此派两位大师董仲舒和韩婴的强烈影响。这两位学者和司马迁是同时代人,三人都曾效力于汉武帝。史籍显示这三位学者在历史观有三个重要共同点:一是强调天人感应;二是相信历史的说教功能;三是笃信历史学家的独特作用。司马迁在《史记·董仲舒传》中敬佩地写道:"故汉兴至于五世之间,唯董仲舒名为明于《春秋》。"[19] 董仲舒对《春秋》的解释是牢固地建立在"天命论"上的。司马迁所描写的韩婴也在对历史的理解和解释上与他自己所持的意见相同。如司马迁写道:"鉴于水者见面之容,鉴于人者知吉与凶。"[20] 类似的说法在董仲舒和韩婴的著作中均可看到。董仲舒说:"古之人有言曰:不知来,视诸往。"[21] 韩婴更全面地表达这种观点:"明镜者所以照形也,往古者所以知今也。知恶古之所以危亡,而不务袭蹈其所以安存,则未有以异乎却走而求逮前人也。"[22]

由于历史被认为对现在,特别是对当今王朝的存亡至关重要,所以史家及其著作的重要性也就变得不言而喻。这三位大学者都强调了这一点,也都相信史家本人应该是历史原则的体现或化身。在这个意义上来说,他们认为史家是唯一通晓历史秘密的人,这给予他比世界上任何人更大的权力。司马迁曾经引用董仲舒的话来回答为何孔子要撰写鲁国的历史:"上大夫壶遂曰:'昔孔子为何故作《春秋》哉?'太史公曰:'余闻之董生:周道废,孔子为鲁司寇,诸侯害之,大夫壅之。孔子知时之不用,道之不行也,是非二百四十二年之中,以为天下仪表,贬诸侯,讨大夫,以达王事而已矣。'"[23] 正如沃森十分正确地指出的,在写作《史记》时,司马迁给自己所设想的角色和编撰《春秋》时的孔子一样。[24] 他在《报任安书》中明确地表达了这一点。在这封信中他把自己和一系列杰出的历史人物相比——这些人尽管被囚禁和流放,悲哀愤怒,但都留下了不朽著作。在列举了这些人的事迹后他总结说:"此人皆意有所郁结,不得通其道,故述往事,思来者。……仆窃不逊,近自托于无能之辞,网罗天下放失旧闻,考之行事,稽其成败兴坏之理,凡百三十篇,亦欲以究天人之际,通古今之变,成一家之言。"[25]

这些悲愤且自信的言辞使我们想起武梁的碑文。武梁生活在一个混乱的时代,深感自己不能成就一番事业,只有赋闲在家以保持自己的清白。他一心研读圣贤书,其中的"道"启发了他。他不知疲倦地诲人以道,可能也曾用文字表达其观点。不幸的是我们对他的文学作品毫无所知,但图绘在其纪念祠堂上的历史可以反映他的观点。这部图绘历史在司马迁的作品中找到原型毫不奇怪:相似的经历和思想观念把跨越了三个世纪的这两个人联系在一起。

我需要强调武梁祠画像并非仅仅是简单地重复了《史记》的结构,或仅仅是图示了司马迁所记载的某些故事。虽然司马迁的史学原理使画像的基本主题变得可以理解,但是这部图绘历史的设计者却有着自己的雄心和特殊目的。而且,他的作品受到司马迁之后史学中新的趋势的影响。

武梁祠画像历史和《史记》之间存在不同的一个根本因素是它们的媒介:这部历史是图画在一个三维空间的建筑结构中,而不是书写在简帛之上。如上所述,《史记》的整体结构是层次的而非编年的。[26] 在这样一个结构中,事件通常被打散,描写于不同的条目中,整个历史的叙述随着条目的编排往返进行。然而,武梁祠的图绘历史则试图融合层次和年代顺序这两种叙事结构。其基本手段是通过重新把古帝王(《史记》中《本纪》的主题)与个体历史人物(《史记》中《列传》所载)结合进一个首尾连贯的、基本的年代框架。

在对历史进行阐述的尝试中,武梁祠画像的设计者比一个以文字叙述历史的史家所享有的自由要少得多。不同于一本书,画像的篇幅已经由祠堂的空间预先决定;设计者必须在这有限的空间里经济有效地表现他的观念。其结果是细节部分必得大量省略,题材必须精心挑选以成为对重要历史主题的提示,或者作为较大历史类别的象征。一个历史的进程通常太长和太复杂,因而难以完整地以图画反映。一个解决方法是在画像中以开始和结尾部分来隐喻这样一个过程。例如武梁祠图绘历史始于伏羲、女娲两位人类始祖,而以武梁的画像结束,这两点之间的无数历史事件都被省略了。同样由于对空间的考虑,三代的历史仅仅由中国历史上的第一个朝代夏来表示,商、周的存在则成为隐含的。这种模式继续在其他层次上重复:夏代仅通过其开创者禹和最后一位君主桀来表现。

还需要记住的一点是尽管《史记》为武梁祠的图绘历史提供了框架,但这座祠堂的修建比司马迁的作品晚了近三百年。在这个时期中社会观念和道德标准发生了重要变化,而这些变化反映在了武梁祠画像中。首先,我们看到这部图绘历史的跨度要比《史记》大,对文明起源的兴趣也有所增长。再者,东汉儒学对"三纲"(君臣、父子、夫妻)的强调为武梁祠画像的设计者提供了组合历史人物的新结构。最后,对"君权"的重视给整个图像程序提供了一个焦点。但是归根结底,这些变化可以被看成是司马迁所创立的基本历史叙事结构的继续发展。

古帝王和历史进化

武梁祠右壁上层区域的第一组图像包括十一位古代君王。(图62)这十一个肖像被描绘在十个空间单元里。排列在第一位的伏羲和女娲蛇身相互缠绕,从而组成一个单独的单元;另外九位君王则分别被描绘在相互独立的长方形框中。框的垂直边缘上刻着榜题,注明所表现的君王的名字和主要美德(或恶行)。

这十一位古帝王又被分成三组。第一组是传统上称作"三皇"的伏羲(和他的配偶女娲)、祝融和神农。第二组中的帝王与《史记》所记载的五帝相同,按次序是黄帝、颛顼、喾、尧和舜。最后两位人物——禹和桀组成第三组,二者分别是中国历史上第一个朝代——夏代的创立者和末代君主。下表中是这些人物的次序和组合,序号表明每一个图像在图61中的位置:

三皇:1.伏羲(与女娲在一起),2.祝融,3.神农。

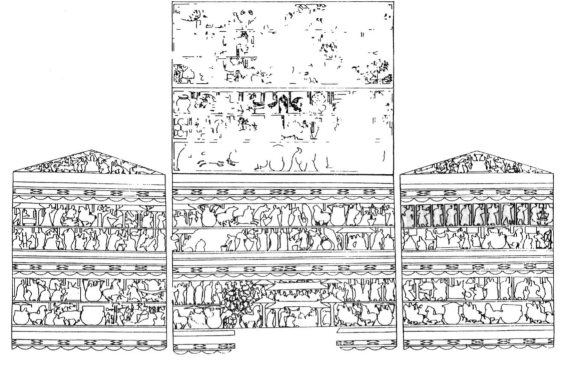

图62 武梁祠古帝王画像位置。

五帝：4.黄帝，5.颛顼，6.喾，7.尧，8.舜。

夏代：9.禹，10.桀。

这些形象的组合不但可以通过榜题和相关的文献清楚地识别出来，而且也可以通过图像本身看到。设计者采用了两种特殊的图像符号使人物的分类更加明确，一是衣冠的式样，二是人物的动作和姿势。

图中描绘了四种不同形式的冠帽和两种类型的服饰。五帝戴着相同的王冠，穿着相同的衣服。他们精美的王冠上部为一长形平板，前部微翘，两端垂有饰物。他们的长袍十分宽松，下部边沿显示出有二或三层。与之相对照，三皇中的第二和第三位（祝融和神农）只是以简单的"巾"来束发。（图63）如同三皇中最年长的伏羲一样，这两位古帝王的服饰也与五帝的宽敞衣袍不同：伏羲和祝融身着短裳，神农穿着一条紧窄的短裤。

作为视觉象征符号，这两类服饰标志了中国早期历史中两个连续的阶段。黄帝建国称帝是这两个阶段的分水岭。武梁祠画像中黄帝的榜题写道："黄帝：多所改作，造兵井田，制衣裳，立宫宅。"（图64）"制衣裳"一语直接指明画像中这位统治者的衣冠的特殊意义。它在中国古典文学中重复出现，意味着文明的开始和国家机制的构造。因此汉代的应劭在其《风俗通》中说："黄帝始制冠冕，垂衣裳，上栋下宇，以避风雨。"[27]

相同的词语也出现在《周易·系辞》里："黄帝、尧、舜垂衣裳而天下治。"[28] 这里，王袍的发明与另一个概念进一步联系——那就是等级社会的建立。这种联系基于中国古代社会中的一个牢固习俗：一个人冠服的形式和装饰代表其社会地位。《三礼》（即《周礼》、《仪礼》和《礼记》）详细地记载了有关冠服的规定。[29] 衣冠的形式及装饰的不同不但意味着不同的官衔和阶级，同时也指示不同的礼仪场合。这种传统延续到东汉时期并进一步被精致化，如《后汉书》中规定："天子、三公、九卿、特进侯、侍祠侯，祀天地明堂，皆冠旒冕，衣裳玄上纁下。乘舆备文，日月星辰十二章，三公、诸侯用山龙九章，九卿以下用华虫七章，皆备五采。"[30]

也是根据《后汉书》，"孝明皇帝永平二年（公元59年），初诏有司采《周官》、《礼记》、《尚书·皋陶篇》，乘舆服从欧阳氏说，公卿以下从大小夏侯氏说。冕皆广七寸，长尺二寸，前圆后方，朱绿里，玄上，前垂四寸，后垂三寸，系白玉珠为十二旒，以其绶采色为组缨"。[31] 这种"旒冕"正是武梁祠画像中五帝所戴王冠的范本。

根据《周易·系辞》记载，黄帝给天下带来了秩序和规则，结束了以往的分裂和混乱。史书中所记载的黄帝既是一个强有力的征服者又是一个有经验的管理者，因此他得以完成这个历史使命。如我们在《史记》中读到："于是黄帝乃征师诸侯，与蚩尤战于涿鹿之野。遂禽杀蚩尤。而诸侯咸尊轩辕为天子，代神农氏，是为黄帝。天下有不顺者，黄帝从而征之，平者去之。"[32] 他以武力征服天下，成为中国历史上第一位大一统的君主，这可以解释武梁祠榜题中"造兵"一语。

这个关于黄帝发明武器并以此统一国家的传说暗示着，在这位权力人物之前并不存在这种以强力获得的和平。实际上，汉代史学认为黄帝之前的时期是自然、和谐及平衡的，因而也就不存在规则化和武力征讨的问题。在武梁祠画像石上，这个远古的乌托邦时代是以三皇为代表的，祝融画像（见图63）旁边的榜题清楚

图63 武梁祠画像,三皇。

地揭示了这种观点:"祝融氏:无所造为,未有耆欲,刑罚未施。"

三皇与五帝的时代因此代表了有为和无为、简朴和精致、平等和等级的对立。在武梁祠画像中,这些对立的概念被赋予视觉形式,即两组帝王不同的衣冠。祝融和神农的简朴衣冠表明他们处于一个原始、平等的时代,他们是"领袖"而非"统治者";五帝共同的冕冠和精美长袍不但表明他们的同一性,而且也象征了一个新的政治时代的开始。

画像设计者对历史分期进行视觉比喻的第二种手段是通过古帝王的不同动作和姿势。这个系列中的大多数人物被描绘成面向同一方向,往右方行走。虽然有些人物手势不同或持有与他们身份相符的工具,但动态一致而明确,而且形象全是侧面。只有三幅画像——三皇之中的伏羲、五帝之中的黄帝以及夏代的禹打破了这种规则。这三个帝王位于这一系列中三个分组的首位,他们的特殊姿势象征他们在古代史中的特殊作用。

献给伏羲的颂词为:"伏戏(羲)仓精,初造王业,画卦结绳,以理海内。"(见图63)这个榜题的内容可能源自《周易》中的一段文字:"古者包牺(伏羲)氏之王天下也。仰则观象于天,俯则观法于地,观鸟兽之文,与地之宜。近取诸身,远取诸物,于是始作八卦,以通神明之德,以类万物之情,作结绳而为网罟,以佃以渔。盖取诸离。"[33]

和武梁祠中其他古代圣王画像的榜题不同(其内容对世系的问题非常关注),这个榜题只字未提伏羲的先人。这一现象以及颂词中提到的他的贡献显示出伏羲被看成为人类历史的开创者。作为"初造王业"的第一位领袖,他不是从人那里,而是从自然现象(天地、禽兽)那里学会了管理的艺术。这种艺术以"八卦"(天地万物的抽象形式以及与未知世界交流的密码)为主要象征,随之启发了他以后所有的杰出君主。

站立在历史的起点,伏羲被认为是介于神、人之间,他的伟大在于把神性的智慧传递给人类社会。因此他在汉代画像中被赋予半人半蛇的奇异形象,手持矩尺以象征他"规划"天下的能力。这些符号都表现了他独特的历史地位。作为人类社会的创造者,他被认为是制定了社会最基本的法则——婚姻。这可以解释为何他总是被描绘成和女娲在一起。这两位创始神被视为人类之父母以及阴、阳这一对普遍元素的化身。他们的结合诞生了一个孩子。在武梁祠画像中,这个孩子一手拉着伏羲,一手拉着女娲,是童蒙人类的象征。

武梁祠画像中伏羲的含义与他的特殊位置和动作紧密联系。他的肖像位于这一图像系列的首位,他的下半身作正面表现,但头部和上身却转向左方。他扭转身躯,面向他的配偶女娲以及所有跟随着他们的君王。他扬起的右手进一步强调了他和其他古帝王的关系。这些视觉形象清晰地表达了一个信息,即他作为历史开创者的身份。作为墙壁上的第一个图像,他前无古人,而是引导着其后的历史人物。代表随后历史发展的古帝王亦步亦趋,紧随着他的脚步。这种设计含蓄地表达了"开始"和"延续"这两个基本历史概念。而且,比较武梁祠和其他东汉画像石上这位人类始祖

图64 武梁祠画像,五帝。

的图像,我们可以看到武梁祠的设计者对伏羲的姿势做了特殊调整以强调他的历史意义:伏羲和女娲的组合在武氏祠画像中共出现了三次(见图109),但只有在武梁祠画像里他位于女娲之右且面向左边。

这些观察使我们相信,武梁祠画像的图像语言有意地表现了历史演进的过程和规律性。这一演进是包含三个阶段的一个连续过程,其图像设计既强调连续性又显示阶段性。设计者发明了一种隐喻性的表现方法:他以一列行走的古代君王来表现历史的连续性,又以三位君王把这列队伍分为三段。伏羲是第一个历史阶段的首创者并领导整个古帝王的队列;黄帝开始了以五帝为代表的第二阶段;第三阶段是以夏代的创立者禹开始的。只有这三位人物被描绘成回过头来,面向后边。黄帝和禹具有相同的姿势和动态:他们一方面跟随着前代君王往前行走,左手指向前方,但同时回转头看着他们的后继者。(图64、65)二者承前启后的象征意义被如此生动地转化成视觉形式,以至于我们几乎可以想象他们在对其后继者说:"紧跟上,向前走!"而后继的君王们确实以谦恭而尊贵的态度跟随着他们的步伐,在一个新时代肇始之后,历史不断延续。

黄帝以建立大一统国家机器而开创了五帝的时代,与之平行的是禹建立了第一个王朝夏而开始了另一个历史阶段。在汉代史学中,夏朝的重要性在于对王位承续模式的根本改变。据信在此以前,政治权力是根据"禅让制"来传递的:国君把王位传给最有德行的人,而不考虑他的出身或社会地位。因而传说记载黄帝传位给颛顼,颛顼让位于喾等等,直到禹的时期。这种非世袭的"禅让制"基于德性,而非基于血缘关系和特权,其结果是所有根据这个历史模式继位的帝王都自然而然是人类美德的模范和化身。[34]

据史书记载,遵循这种传统的禅让模式,舜把王位传给禹,禹然后又挑选了一位贤人作为他的继承者。然而禹的计划却被他儿子所打乱,他篡夺王位当上了皇帝,由此建立起一种新型的、基于血缘关系的政权交接方式。在中国传统历史上,这个事件标志着王朝嬗递的肇始,从夏、商、周、秦一直到汉。随着这一改变,历史发展的模式发生了重大变化:历史不再是以有德行的君主的直线型更替为特征,而是形成螺旋式的发展,每个朝代都经历兴盛和

图65 武梁祠画像,夏禹和桀。

衰亡,个体君王的道德行为在这种进展中起了决定性的作用。三代中的每个朝代都是由一个有德行的君王所建立,而由一位暴虐的君王所终结。每个朝代都因一位聪明、仁慈和勤勉的开国之君的德性而受命于上天,也都因为末代君王骄奢淫逸、自私暴戾的恶行而失去天命。[35] 这两种相互对立的君主类型在武梁祠上是由禹和桀的肖像表现出来的。

如上所述,禹被描绘成既是五帝的追随者,同时又是一个历史新纪元的开创者。禹和桀之间的血缘和政治关系通过对他们肖像的对称安排象征性地表现出来。(图65)禹的上身略微倾向身后的桀,而桀亦稍稍倾向前面的禹,两人手持的器具也相互对称。然而这种构图上的平衡却和两人不同的服饰、举止及象征物形成鲜明的对比,其目的是为了说明一位帝王的仁慈和美德以及另一位的暴戾和腐败。

禹被描绘成一位普通的劳动者,而不是一位显赫的君主。他身穿短袍,头戴尖顶草帽,手持一件称作"耒"的木铲。这幅肖像显然是在提醒观者禹最伟大的功绩——他对洪水泛滥的治理。据传说,禹新婚后第四天就离家领导治水工程,连续工作了八年,直到把洪水引回到原来的河道。与之形成鲜明对比的是,桀身着繁复而精美的长袍,衣褶以流畅、优美的曲线表现,暗示他的衣服是由轻薄精致的织物做成的。再加上腰部系有图案精美的腰带,所有这些特征都把桀的华丽衣着和禹的朴素、几乎呈几何形的俭朴服装区别开来。桀的肩上扛着带长刃的钩戟,这标明了他和其先祖禹的另一个鲜明对照。根据史书记载,桀力大无比,能把铁棒扭曲成任何形状。《史记》说:"桀不务德而武伤百姓,百姓弗堪。"[36] 在武梁祠画像中,桀所持的武器象征了他对权力的滥用,一如"耒"象征着禹的艰辛劳作和治水贡献。戟和耒在构图上的对称有助于阐明和强调两件工具在道德意义上的深刻矛盾。

在画面中禹被描绘成独自一人,但是桀坐在两位相背的女性身上。她们华丽的头饰表明其身份是姬妾或宫女。与桀的硕大身躯相比,她们显得瘦小纤弱,然而她们跪在地上弯着腰,形成一个"人椅",上面坐着这位暴君。《后汉书》记载井丹说:"吾闻桀驾人车,岂此邪?"《帝王纪》曰:"桀以人驾车。"[37]《竹书纪年》中有一段文字记载桀从山区部落中得到两位美女后,就废掉了皇后。[38] 这幅画像可能综合了这两个记载,以表明这位暴君的残忍及对声色之乐的沉溺。

禹和桀是唯一被描绘在武梁祠上的三代君王。如上所述,将商与周之君王省略掉的一个原因是由于装饰空间的限制,要求对图像做精心的挑选。但是一个更重要的原因是设计者对探索和展现历史发展模式和历史人物类型抱有浓厚兴趣,其作品并不仅仅在于表现单独的历史人物和故事。武梁祠画像中的禹和桀集中代表了两种君王类型,而且也象征了任何朝代的兴盛和衰亡。禹的功绩和美德也为商、周的开国之君商汤王和周武王所具备,而桀的暴虐和骄奢同样也是商代和西周的亡国之君纣王和幽王的特征。在祠堂上只描绘禹和桀,是概括三代所共同遵循的"螺旋式"朝代沉浮的一个有效方法。

对模式和类型的兴趣反映了历史写作和政治说教之间的密切关联,而这种关联是汉代以不同媒介和文体表现的历史作品的共同特征。"过去"是"现在"的一面镜子,而史学著作或绘画作品使这面镜子具备可视性。这种认识解释了在汉代王宫或明堂中绘画古代贤王和暴君肖像的习俗。《淮南子》等汉代文献认为这种做法源于古代的君王:"文王周观得失,遍览是非,尧、舜所以昌,桀、纣所以亡者,皆著于明堂。"[39]《孔子家语》中的一段话表达了同样的思想:"孔子观乎明堂,睹四门牖,有尧舜之容,桀纣之像,而各有善恶之状,兴废之戒焉。"[40]但是很有可能这些故事是虚构的,它们反映的只是汉代的习俗。

说这两段话所反映的是汉代的现实可以在《汉书》中找到支持:"(杨)恽上观西阁上画人,指桀纣画谓乐昌侯王武曰:'天子过此,一二问其过,可以得师矣。'画人有尧舜禹汤,不称而举桀纣。"[41]根据这个记载以及王延寿(约公元124—148年)和何晏(公元190—246年)的著作,[42]许多学者认为武梁祠画像中古帝王像的作用是展现好坏不同的君主,如同一部政治教科书。[43]但是这种解释过分强调了这些画像的教诲作用,其更重要的含义在于表达包括武梁在内的东汉史家们所理解的历史发展过程。虽然对于现代历史学家来说,历史的说教功能似乎与对过去的客观重构相互对立,但对于武梁祠画像石的设计者来说,这两个方面的分离却是不自然的和不可思议的。在他看来,作为人类文明发展模式的体现,这些画像必然同时为观者提供道德的准则。

根据武梁祠古帝王画像和相关的历史著作,历史的进化是以人与自然界的分离而开始(正如有的学者建议,"伏羲"的本义是对动物的驯养),紧接的三个重要发展是神农所象征的农业的发明、黄帝所象征的中央集权政治的诞生和有组织的暴力的出现,以及夏代的建立所象征的世袭制的开始。一位20世纪的读者可能会对这种演变模式与现代社会进化论之间的相似惊讶不已。

武梁祠画像所表达的对人类社会发展的兴趣并非偶然,这个问题在东周时已经引起了哲学家和史学家的注意。他们的著作在阐述历史发展时表现出两种倾向:或聚焦于物质文化之发展,或聚焦于社会体制之变革。张光直在他的《中国古代考古》导言中讨论了第一种倾向,引用了公元前3世纪韩非子和公元1世纪袁康的写作来展示当时一种相当先进的历史观。[44]在袁康的《越绝书》中,一位叫风胡子的虚构人物说了这样一段话:

> 轩辕、神农、赫胥之时,以石为兵,断树木为官室……至黄帝之时,以玉为兵,以伐树木为官室……禹穴之时,以铜为兵,以凿伊阙……当此之时,作铁兵。[45]

在评论这段文字时,张光直说:"在提出这个'三个时代'的进化系统时,袁康的风胡子比丹麦的汤姆森(C. J. Thomsen)早了一千多年。因此袁康可能应该被看成和古罗马哲学家卢克莱修(Lucretius, 约公元前94—前55年)比肩的在世界上首次提出这种分类法的考古学家之一。"[46]

《大戴礼记》中的《世本》和《五帝德》,《易经》中的《系辞》以及其他文本,反映了第二种以社会体制之变革为线索解释历史发展的倾向。[47]这种观点在美术中的体现可以武梁祠画像为代表。这一系统的解释者用以衡量社会进化的标准不是不同材料的生产工具,而是将注意力集中在诸如动物驯养、农业、婚姻制度以及政治体制的起源等问题上,而且特别关注政治延续模式的变化。这些学者,包括武梁祠画像的设计者,也许可以被称为中国史学中最早的社会进化论者。

这里我对汉代重构远古社会的努力的评估与一些重要学者的观点有矛盾。这些学者往往把"信史"作为衡量历史写作的基础,认为汉代对古史的重构象征意味太浓,不可为据。这种学术倾向的先驱者是18世纪的崔述。在他之前,从三皇到五帝再到三代的发展通常被认为是过去中国的真实历史。然而崔述提出异议,认为三皇五帝的事迹是累层而写成的。[48]他注意到稍晚的统治者——如三代的君王们——实际出现在最古老的书籍中,而在传统历史序列中更遥远的人物却出现在晚出的书籍里。因而这些遥远的统治者——如三皇、五帝之类更有可能是在东周和秦汉之际被创造出来的。崔述的理论为两位卓越的中国学者——康有为和顾颉刚所追随和发展,前者把这种理论和他的社会改良运动结合起来;后者以西方实证主义和社会科学的研究方法进一步丰富了这种理论。[49]和他们在中国及西方的同行一样,这些学者声称传统的古代史是一部"伪史"。[50]根据他们的理论,禹本来是由一位超自然神祇所转化成的历史人物,在西周之后才进入历史著作;尧和舜是公元前4世纪时被"创造"出来的;五帝在汉代早期司马迁撰写《史记》时才被系统化;而有关三皇的信仰直到东汉时才得到流行。[51]

这些学者们在揭示了传统历史的虚构性及说教作用之后就止步了,但他们的考证提出了关于创造这种伪历史的动机这样一个严肃而重要的问题。为什么周至汉时期的作者们要把历史一步又一步往回延伸?为什么有那么多的哲学家和史学家从事于这种"小说化"历史的编造?仅仅提出这些人的追求是错误的或出于政治动机这样的说法,并不能解决这些问题。

为了探求这种学术潮流的原因,我们必须意识到在传统史学中,历史从不可能和伟大人物相分离。对于两千年前的史家来说,只有通过再造或创造历史人物,把他们认作是人类生产和制度等各种形式的创造者,历史家才能重构遥远的过去。汉代人眼中的古代历史是一部"人格化"的历史,其中虚构的历史人物表现了不同的历史阶段。这些人物一方面象征以往的历史运动,一方面也被有意识地塑造成体现某些特定社会品质的榜样,他们因此对理解过去和认识现在都具有根本的意义。通过这种历史表现,超历史的道德尺度被融入到对历史的重建之中,"过去"变得既富于启发性又具有指导性。

汉代历史学家有着双重使命:他的工作既需要展示过去,也需要给人们指明应该走的道路。汉代史学著作把历史学、政治学、伦理学、神话学和其他人文学科以独特而连贯的形式结合起来,我们很难采用现代西方社会科学的学科分类方法对其加以界定。与此相应,一个历史人物或事件总是具有不同方面的含义,也总可以在不同的层次上被解说。在我看来,唯有认识到这种复杂性,我们才能正确地理解刻于武梁祠中的古代帝王像和其他历史人物的意义,后者展示出三种根本的人际关系和相应道德标准——臣之忠、子之孝和妻之贞。

"三纲"与列女、义士

在十一位古帝王肖像之后,武梁祠画像表现了生活在周代到汉代之间的三组历史人物——列女、义士及忠臣。这些画像在主题和风格两方面都有别于古帝王像。每个古代帝王被单独地描绘在一个封闭的空间里，而这些历史上的男女英雄则是图画故事的中心人物。这些图画故事之间没有间隔，一个接一个形成图像与事件的连续体。

学者们已经根据图像旁边的榜题辨识出这些人物和故事中的绝大部分。容庚辨认出三十三幅画面中的二十九幅。[52] 长广敏雄（Nagahiro Toshio）在京都大学收藏的一个《孝子传》版本中进而找到有关颜乌和原榖的故事。[53] 本书"附录一"中的讨论认为剩余的两幅图画描绘的是赵徇和蒋章训，他们的故事在京都大学的《孝子传》版本和刘宋时期师觉授（公元420—479年）所著的另外一部《孝子传》里可以找到。

全部三十三幅作品的内容及其题材的文献出处将在"附录一"中加以讨论，本节的焦点是另外两个问题：一是汉代图像传记的起源和思想性，一是武梁祠上所绘这类人物在选材上的特殊动机。这三十三幅图画故事可以分为以下几组，每组代表了一个特殊的"道德类型"。图像的序号表明了它在祠堂的位置，如图61所示。

列女：11.梁寡"高行"，12.鲁秋胡妇，13.鲁义姑姊，14.楚昭贞姜，15.梁节姑姊，16.齐义继母，17.京师节女

孝子：18.曾子（东周），19.闵子骞（东周），20.老莱子（东周），21.丁兰（西汉），22.韩伯瑜（西汉？），23.邢渠（东汉？），24.董永（西汉），25.蒋章训（东汉？），28.金日䃅（西汉），31.魏汤（东汉？），32.颜乌（西汉），33.赵徇（东汉），34.原榖（东汉？）

贤兄：26.朱明（东汉）

挚友：29.三州孝人（东汉？）

忠仆：27.李善（东汉，公元25—57年）

仁者：30.羊公（东汉？）

刺客：35.曹沫劫持齐桓公，36.专诸刺杀吴王僚，37.荆轲刺秦王，40.要离刺吴王庆忌，41.豫让刺赵襄子，42.聂政刺韩王

忠臣：38.赵国蔺相如，39.秦国范雎

贤后：43. 齐后"无盐丑女"钟离春

在原来的祠堂建筑中，参观者将很容易理解这些题材的顺序。它们出现在不同的装饰带上，其组合与三面墙壁的自然划分相配合。七个列女的故事（见图66、69、70）占据了后壁和左壁的最上层装饰带；孝子和其他义士的故事位于横贯三面墙壁的第二层装饰带；第三层装饰带表现的是忠臣、刺客和贤后，对称分布于中心楼阁两侧。

如上所述，古帝王是以单个肖像来表现的，而这一大群男女英雄则被描绘为人物故事画的中心。其主要原因是古帝王本人被看做是历史观念和人类道德的化身，而这些历史人物的杰出美德却只能在各种具体情况下和与其他人物相联系时才能显示出来。这些叙事图画的出发点是人际关系的伦理原则。三十三幅作品以三十三个人物为中心，他们在其有生之年展示了这些原则，因此成为"忠"、"孝"和"贞"的典范。这一理解是探寻这些石刻画像内在逻辑的关键。三个系列中的故事围绕着君臣、父子、夫妇之间的关系展开。并非巧合的是，这种分类恰好与作为汉代儒家伦理基础的"三纲"相吻合。

冯友兰曾指出，社会伦理在东周时期就已成为儒家学者的讨论主题，以五种主要的人际关系为出发点，即君臣、父子、夫妇、兄弟和朋友。[54]《左传》、《孟子》、《中庸》和《荀子》等书中都包含关于这五种关系的阐述。[55] 但是这个框架到汉代发生了变化。董仲舒从这五种关系中挑选出三种他认为最重要的关系，将其称之为"三纲"，意思是一张网中系住所有线索的三个结点。[56] 这个术语因此成为对这三种人际关系之重要性的一种隐喻性的表述，它将其定义为社会的基础和把人们紧密联系在一起的枢纽。汉代儒家把三纲看成是根源于宇宙的本质，符合天道阴阳的社会范畴。如董仲舒所言：

> 物莫无合，而合各有阴阳。阳兼于阴，阴兼于阳。夫兼于妻，妻兼于夫。父兼于子，子兼于父。君兼于臣，臣兼于君。君臣、父子、夫妇之义，皆取诸阴阳之道。君为阳，臣为阴。父为阳，子为阴。夫为阳，妻为阴……王道之三纲，可求于天。[57]

公元79年在皇帝支持下编撰而成的《白虎通》代表了东汉时期对儒家经典的最重要的官方解释,反映了董仲舒的"三纲"理论在此时得到进一步巩固。在回答关于"三纲"的定义时,这部书的编撰者班固说:"三纲者何谓也?谓君臣、父子、夫妇也。"[58] 汉代的伦理道德观清楚地反映在武梁祠墙壁画像中,其表现的三个焦点恰恰是忠、孝和节。在三十三幅历史故事画中,九幅集中在君臣关系上,表明了忠的重要性;十三幅表现的是为人楷模的孝子;还有五幅展现了绝对忠诚于丈夫的妻子。与之形成对照的是,以兄弟关系为主题的只有一幅,体现挚友之情的也只有一幅。

在下面的论述中,我将首先阐述列女和孝子们的图像传记。这些图画形成相对独立的两组,与三纲中的两种关系相对应。表现忠臣、刺客和其他历史人物的图像将稍后讨论,这些图像与中心楼阁中的拜谒场面一起体现了以君臣关系为中心的政治和道德原则。

列女

后壁及左壁的第一层装饰带含有七幅叙事性画像(图66),均基于《列女传》中的描述。根据历史记载,这本书是汉成帝时任光禄大夫、校阅皇家藏书的刘向编撰的。东汉历史学家班固在《汉书》中说:"(刘)向以为王教由内及外,自近者始。故采取《诗》、《书》所载贤妃贞妇,兴国显家可法则,及孽嬖乱亡者,序次为《列女传》,凡八篇,以戒天子。"[59] 这段话说明这部书中收集了有关美德与恶行的历史事例,是专为汉代宫廷而编写的一部道德手册。这本书的最初形式也很特殊。据刘向所著《七略别录》的残卷,它是被图绘和注解于一座四扇屏风之上:"臣向与黄门侍郎歆所校《列女传》种类相从为七篇,以著祸福荣辱之效,是非得失之分。画之于屏风四堵。"[60]

以屏风图绘道德训诫的方式并非刘向所创。根据班固在《汉书》中记载的一个关于其祖先班伯的故事,西汉时武帝有一座屏风,上面绘有商纣王和其邪恶的妃子妲己在深夜嬉戏醉酒的场面。武帝问班伯:"纣为无道,至于是虖?"班伯回答说:"《书》云'乃用妇

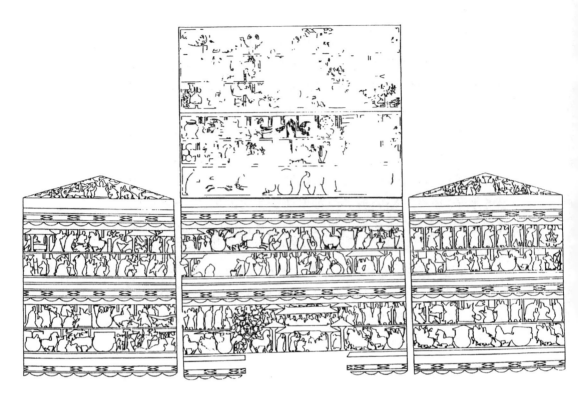

图66 武梁祠列女画像位置。

人之言',何有踞肆于朝?所谓众恶归之,不如是之甚者也。"武帝又问:"苟不若此,此图何戒?" 班伯回答道:"沉湎于酒。"[61]因而,至晚在公元前2世纪,宫廷的屏风上已经绘制有作为道德训诫的女性图像。以这种室内陈设为绘画媒介的原因不难理解:屏风围绕帝王和嫔妃的座位(或床榻),便于他们从所陈列的历史"榜样"中吸取教训。

如班伯故事所显示,这种屏风画的作用与《史记》中的《列传》可以说基本是一致的,都为当前提供历史之镜鉴。班伯对武帝问题的回答并不是有关道德伦理规范的抽象说教,而是一种实用的建议。通过指出商纣王和妃子的恶行,班伯实际上在警告武帝:如果他继续纵容宫中的纵酒行为,他将会面临与商朝末代君王一样的命运。[62]

妲己的故事出现在《列女传》的《孽嬖》一章中。纣王被这个邪恶妇人所迷惑,终日纵酒,沉湎于声色,最终失去了王位。[63]这个传记所含的教喻与武帝和班伯之间所讨论的内容是完全相同的。因此,武帝的屏风或许可以看做是已知最早的"列女图"的文献证据。[64]

　　另有三处文献证明了东汉时"列女图"屏风和其他形式的"列女图"变得愈加流行。《后汉书》中有一段讲述了顺帝(公元126—144年)的皇后品德非常高尚,甚至在入宫之前,她就把表现列女的图画放在身边,不时地参照这些图画来规范自己的行动。[65] 同一书中的《宋弘传》记载了另一个有关列女图的故事。有一天汉光武帝(公元25—57年在位)的宰相宋弘上殿,看见皇帝的王座周围有一座新绘的屏风,上面画的是列女图像。在他们交谈的过程中,皇帝不时转过身去欣赏这些画像中的优美女性。于是宋弘就引用孟子的话说:"未见好德如好色者也。"皇帝意识到自己的错误,便叫人将屏风移开。[66] 第三个证据是东汉诗人王延寿在2世纪初写的《鲁灵光殿赋》,其中所描述的殿内壁画包括:"上及三后,淫妃乱主。忠臣孝子,烈士贞女。贤愚成败,靡不载叙。"[67]

　　这些文献除了可以证明《列女图》在东汉时期普遍流行之外,它们的一些特殊含义也值得注意。如上引第二段文字(宋弘故事)所暗示,尽管这些图画是为了道德说教制作的,但它们也能变成纯粹感官享受的对象,因而引起了一些儒家学者的批评。第一段文字(顺帝妃故事)所说的可能是画在手卷上的《列女图》而非屏风画。第三段文字(《鲁灵光殿赋》)说明列女的画像也被描绘在宫殿的墙壁上。这些资料表明在刘向的《列女传》出现之后,这种插图本传记作品以屏风、壁画和更便于携带的卷轴画三种不同形式复制流行。关于最后一种形式,史载东汉著名的儒家学者蔡邕曾经作过一幅画,名为《小列女图》。[68] 此外,列女图像也被复制在诸如石棺、铜镜和竹篋这些物品上。[69]

　　《列女图》的形式在南北朝时期仍然存在。1966年在山西省大同市发现了一座大型墓葬。据墓志,墓主司马金龙是北魏的一位皇戚,卒于484年。[70] 墓中发现了一具由五块木板组成的漆画屏风,内面所绘的人物都是贤德妇女的图像(图67),所有故事虽然不一定在刘向的原著中出现,但均可在现存版本的《列女传》中找到。此外还有一件传为顾恺之所作的《列女仁智图》摹品,现收藏于北京故宫博物院。(图68)这幅手卷在空白的背景下表现了八组

图67 山西大同司马金龙墓中出土的漆屏风,公元5世纪。

190 | 武梁祠 The Wu Liang Shrine

人物，人物旁的题记记录了她们的姓名和事迹。[71] 当时的人们也在一些礼仪建筑物上继续描绘"列女图"。例如，郭熙记录了西晋时期四川的一位地方官员把包括列女在内的历史人物绘在周公祠的墙壁上。[72] 所有这些作品都承袭了大约五百年前自西汉中期开创的"列女图"的传统。

  武梁祠上的"列女图"乃是建筑上的装饰，因而在类型上接近王延寿描写的灵光殿壁画。学者们也已指出这些画像可能和距武氏家族墓地不远的灵光殿壁画有直接关系。[73] 但是虽然武梁祠的"列女图"在格式和图像表现上可能与那些绘在宫殿或屏风上的画像相似，但两者在功能以及题材的编排方面却很不相同。最重要的是，武梁祠是为一位退隐学者所建的坟墓享堂，是其子孙后代用来向武梁供奉祭品、表达孝思的纪念性建筑。在前面的讨论中，我提到这个祠堂的画像设计与武梁的政治及学术兴趣有密切的关系，这种关系暗示出这位学者参与了其纪念祠堂的设计。祠堂上的"列女图"为这个论点提供了又一批证据。

图68　传顾恺之《列女仁智图》。

刘向《列女传》的前六章包含了九十位妇人的传记，依据不同道德范畴分为如下几类：1. 母仪；2. 贤明；3. 仁智；4. 贞顺；5. 节义；6. 辩通。标题为《孽嬖》的最后一章则包括了邪恶堕落之妇人的传记。[74]

上引刘向在《七略别录》中的陈述似乎表明整个《列女传》是画在一座屏风上的。然而，很难想象一座只有四扇木板的屏风能够描绘并解释上百个故事。[75] 一个证据是五扇板的司马金龙墓屏风描绘了仅仅不到二十个故事。更有可能的是刘向首先编撰了一套标准的插图本《列女传》，分为七章。当"列女图"被复制在屏风或其他媒介上时，复制者一般只挑选有限的一部分图像加以描绘。我们有坚实的证据来支持这种假设，那就是所有现存早期的《列女传》图像，如司马金龙墓屏风、故宫博物院藏《列女仁智图》以及武梁祠画像，都是《列女传》的节选本。

不同的画家（或赞助人）对故事的选择是由他们对绘画预期功能的设想所决定的。比较司马金龙墓屏风和武梁祠可以发现它们在选题中的明显差异。司马金龙墓屏上描绘的九位妇女中有八位是宫廷中的妇人，既有皇后也有嫔妃。这八位女性的故事均取自《列女传》第一、二、三、六章（即《母仪》、《贤明》、《仁智》和《辩通》）。这些图画因此强调宫中妇女的美德，特别是作为母亲的合体举止以及睿智、贤德、善良和聪慧等品质。这种取向可能与屏风的主人是一位身居高位的皇亲国戚有关。这座屏风上只有一幅图像故事（蔡人之妻）出自于《列女传》中的《贞顺》章，而没有一幅图出自《节义》章。设计者似乎对"妇节"这一道德不太感兴趣。

与此相反，武梁祠上部装饰区域中的七幅"列女"故事全部出自《列女传》的《贞顺》和《节义》两章。这里不必细致地介绍每一个故事（有关其文献来源和榜题的讨论见"附录一"）。然而，简单的概述将有助于理解这些画像所反映的核心思想。

第一幅是关于一位被赞誉为"高行"的梁国寡妇的故事。（见图119）在丈夫死后，许多贵族王公，甚至包括国君，都追求这位美女。但她拒绝了所有人，并且割掉自己的鼻子以免再嫁之祸。

第二幅描绘鲁国贞妇秋胡妻的故事。（见图120）在她丈夫秋胡离家为官的五年时间里,这位贞妇全心全意侍奉双亲,抚养孩子。一日她在路边劳作,一个男人企图调戏她。归家后她发现这个陌生男子竟然是自己的丈夫。妇人深感羞愧,愤然投河。

第三幅是关于称为"义姑姊"的一个鲁国妇人的故事。(见图121)这位妇女带着自己的孩子和侄子在田间劳作时遭遇了敌国的军队。为了保护她的侄子,她甘愿牺牲自己的孩子。

第四幅描绘楚昭王之后贞姜的故事。(见图122)国王与王后相约,国王给她的手谕必须加盖授权的玺印以为证据。一日王后正呆在河边的一座亭子中,河水开始上涨。国王派使者前去救护王后,但因为使者所带的手谕没有加盖国王的玺印,王后拒绝离开而被洪水淹死。

第五幅表现梁国称为"节姑姊"的一位妇女的事迹。(见图123)当姑姊的房子着火时,她的儿子和兄弟之子都在屋里。她想救侄子出来,但仓促之中抱起了自己的儿子。为了证明她的忠诚,她重蹈火海自杀了。

第六幅的主人公是齐国的"义继母"。(见图124)故事说一个男人被杀的时候,这位妇人的儿子和继子都在现场。两兄弟都想承担责任。这位母亲要求官府杀了自己的儿子而放过继子,因为她答应故去的丈夫要照顾好继子。

第七幅表现"京师节女"。(见图125)故事说她丈夫的敌人绑架了她的父亲,强迫她帮助他们杀害其夫。妇人牺牲了自己的性命,救下了父亲与丈夫两人。

这些图像可以从两个层次来解释。首先,它们对妇女的道德规范做了一般性的陈述。正如许多学者已指出的,东汉时期女子道德规范中最重要的就是贞节,这一点在整个社会中日渐被强化。[76]值得注意的是,武梁所属的韩诗学派特别注重妇德。这一学派仅存的经典《韩诗外传》反复提到历史上模范妇女的事例,[77]其频繁程度和强度很少见于其他汉代史籍。有趣的是,上面提到汉顺帝的皇后曾以《列女图》作为自己的行动指南,而据文献所载,这位皇后也是一位韩诗学派的追随者,从小就开始研读此学派的典籍。[78]这一汉代的儒学传统可以在一定程度上解释为什么"列女图"在武梁祠中占据如此重要的位置。

从另一个层次上看,这些图像也可以被理解成为武梁个人愿望的表达。两个主题——节妇(尤其是寡妇的贞节)和家族血脉的延续贯穿了这些图画。这两个主题或许是武梁生前心中考虑最多的家庭问题。

我们对武梁之妻一无所知——传统中国文献难得记载非贵族出身的妇女。然而从武梁碑文中我们知道他有三个儿子。孟子说:"不孝有三,无后为大。"【79】如果一个人没有子嗣,他的家族血脉就断了,祖先们也就不能再享有香火供奉。汉代对寡妇贞节的格外重视与这个中心思想有关,因为贞节这一道德规范要求寡妇在亡夫家中继续尽为母之责。

画像的设计者只能使用有限的题材——只能利用当时流行的贤德妇女的故事来表达其思想,因此一些历史化的类比可能并不完全符合实际。例如《列女传》中大多数的主人公是年轻或中年妇女,但武梁死时已74岁,他的妻子可能也已上了年纪。许多《列女传》中的故事讲述妻子抚养儿女的美德,但武梁的三个儿子应该都已长大成人,无须太多照顾。不过,中国文学和艺术中的说教故事所强调的是一般性,诸如性别、社会地位、行为方式和生活状态。这种一般的相似使读者或观者将自己和某一历史典范联系起来。从这一点上看,武梁祠"列女"系列以梁高行的故事为首并非偶然。在《列女传》中的所有传记中,这个故事最富有戏剧性地展示了寡妇应有的品行。图中这位寡妇端坐着,右手持镜,左手握刀。画面以此表现了故事中最紧张刺激的一刻:这位著名的美女正在割掉自己鼻子以维护其忠贞。(见图119)《列女传》中相关的描述告诉我们,当君王派使者给寡妇送去订婚礼物时,她回答道:

> 妾夫不幸早死,先狗马填沟壑,妾守养其幼孤,曾不得专意。贵人多求妾者,幸而得免,今王又重之。妾闻:"妇人之义,一往而不改,以全贞信之节念。"忘死而趋生,是不信也。贵而忘贱,是不贞也。弃义而从利,无以为人。【80】

儒家经典的首章通常被认为具有特殊的意义,概括了一部著作的主要观点和思想倾向。因此汉代解经者把《诗经》四个部分开头的四首诗称作"四始",认为它们凝聚了这部经典的本质。《韩诗外传》也采用了这种阐述方法。[81] 作为一个博学的儒家学者及韩诗学派的大师,武梁似乎把这种方法应用于武梁祠画像石的设计。我在下文将说明,这个假设的证据不但来源于列女画像,也来自随后的义士画像。

贞节也是这一系列中其他三幅图像故事(即楚昭贞姜、齐义继母以及秋胡妻的故事)的中心主题。前两者在主题上接近。贞姜故事背后的观念是妻子必须遵守对丈夫的承诺。用她的话来说,"贞女之义不犯约,勇者不畏死,守一节而已"。齐义继母的故事显示了同样的承诺。这位妇人在解释她为什么决定牺牲自己亲生儿子的时候说:"其父疾且死之时,属之于妾曰:'善养视之。'妾曰:'诺。'今既受人之托,许人以诺,岂可以忘人之托而不信其诺邪!"[82] 这一段话清楚地表明,一位寡妇对她的亡夫的承诺首先是保证她将继续承担母亲的责任。这一主题在武梁祠画像上重复出现似乎并非偶然。这四幅图像在宣扬一些儒家基本伦理规范的同时也在期待着一位特别的观者去遵守所宣传的教诲,此人也许就是武梁的寡妻。

虽然着重点不同,鲁义姑姊和梁节姑姊的图画也隐含了武梁对家族后嗣的考虑。然而,这里武梁说话的对象不是他的妻子,而是某些亲属。这两个故事都说明了一个意念,即如果一位妇人被迫在保护自己的孩子和保护侄子之间做出选择,那么选择后者是正确的,否则的话,她不如死。这个观点通过鲁义姑姊清楚地得到阐述:"(救)己之子,私爱也。(救)兄之子,公义也。"[83] 她做出这个选择不仅因为这个原则是正确的,而且也由于她内心的恐惧。"亡兄子而存妾子,幸而得幸,则鲁君不吾畜,大夫不吾养,庶民国人不吾与也。夫如是,则胁肩无所容,而累足无所履也。"[84]

梁义姑姊也体验到同样的恐惧。在阴差阳错地救了亲生儿子而不是兄长之子后,这位妇人大哭道:"梁国岂可户告人晓也?被不义之名,何面目以见兄弟国人哉!吾欲复投吾子,为失母之恩,吾势不可以生。"[85]

这两个类似的故事肯定是从《列女传》中近百个故事中特意挑选出来的。我们不知道武梁是否有姐妹或女性亲戚,但我们的确知道他有三位兄弟。武梁是不是想通过这两幅画,呼吁武氏家族的成员协助延续他的血脉呢?任何的答案都只可能是推测,但有一件事似乎很清楚,即这些被特殊挑选出来的"列女图"表达了武梁对其子孙后裔的深切关注。这种关注在中国传统文化的语境里是很自然的,因为在这种文化里一个人家族血脉的延续被认为是至关重要的事情。这种根深蒂固的观念不但通过列女故事得到表现,而且也通过下面将会谈到的一幅义士画像表达出来。这个画像描绘的故事讲述了忠诚的仆人李善如何救助小主人脱离危险,并最终帮助他夺回家产。(见图136)武梁碑同样清楚地表明了这一关注,上面的碑文希望作为家庭象征的武梁祠堂将"垂示后嗣,万世不亡"。

孝子与义士

武梁祠上部装饰区域中第二层装饰带包括十七幅画像,描绘了具有孝悌、友爱、忠诚及正义诸种美德的一系列男性。(图69)但"孝"毫无疑问是这里的首要主题:十七幅画中的十三幅描绘了体现这一根本道德的著名历史人物。

"孝"可说是汉代最基本的社会与宗教概念。但这个概念不是汉代的创造,它在《诗经》和孔子的著作中已经出现,孔子并且已经把这一美德放在一个人道德发展的首要地位。[86] 到了东周后期,"孝"被认为是个人生活中最重要的美德,而"忠"则是社会公共生活中最重要的美德。这种双重强调可见于孟子的著作:"景子曰:'内则父子,外则君臣,人之大伦。'"[87] 有汉一代,"孝"的观念具有了更重要的社会意义。许多官方和私人的文献宣称"孝"是所有其他美德的源泉和根基,引导人们朝向最终的"知天命"的目标。《孝经》是汉代广为流行的儒家经典,其作者在第一章里指出:"夫孝,德之本也,教之所由生也。"[88] 第七章中的一段进一步阐述了这个观点:"夫孝,天之经也,地之义也,民之行也。天地之经而民是则之。则天之明,因地之利,以顺天下。是以其教不肃而成,其政不严而治。"[89]

孝因此为汉代统治者提供了治理国家的根本手段。父子关系为君主与臣民及上天与君主之间的关系提供了类比。《白虎通》引用《孝经》的一段话说:"自天子下至庶人,上下通《孝经》者,夫制

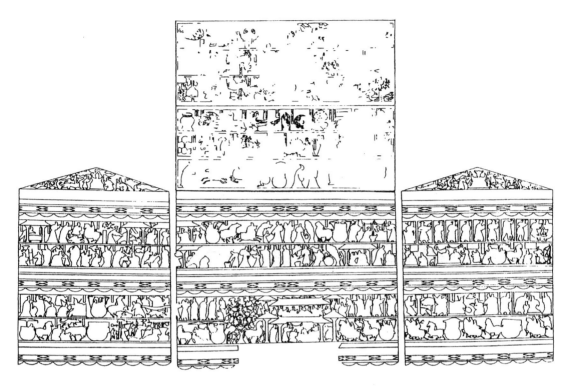

图69 武梁祠画像上义士的位置图。

作礼乐,仁之本。"【90】

正如许多学者所指出,这种观念对汉代政治、宗教、学术及日常生活产生了极大影响。汉代皇帝的谥号都冠以"孝"字,显示出这一观念所具有的极端重要性。自西汉以来,汉代皇帝统治国家的箴言就是"以孝治国",《孝经》亦被官方定为儒生必修之书。【91】同样是在汉代,一个特殊的称号"孝廉"被创立。凡"孝顺之子,顺从之孙,有德之女,正直之妻,生财以济世之男子,以及成为人们楷模的文人",都可被当地官吏推荐为"孝廉"。【92】正如一些学者正确指出,"孝"在整个社会中的这种重要性解释了汉代丧葬艺术在全国范围内的流行。从社会学的角度来说,我们甚至可以说丧葬艺术是行孝的手段和结果。【93】

相应的道德原则也存在于其他一些人际关系中,被当作一个人立身处世的指南。对于兄弟,一个男人须以"悌"为行为准则;对于朋友,必须显示出"友";在侍奉主人时,他必须"忠"和"义";最后,"仁"这一品行应该是他与世界的一般关系的基础。【94】然而,与孝行相比,这些美德在汉代的伦理中是次要的,或者被认为是

"孝"的推衍。

因此,其他这些社会关系和相应的品德在武梁祠画像的等级结构中被安排在次要位置上。它们没有形成独立的系列,而是被综合地表现为一个有道德的人所必备的品质。与对"三纲"的处理相比较,设计者对这些次要的人伦关系和品德的描绘是极有分寸的,每一种关系和品德仅用一个场景来代表。朱明通过对兄弟的慷慨大度证实了"悌"之美德(见图135);三州孝人之间的友谊如此之深,以至于他们组成了一个"家庭",彼此相待如同父子(见图138);正义的仆人李善保护了幼主并且帮助其夺回了家产(见图166);好心的羊公为人们免费提供饮水,他的善行得到了上天的报答(见图139)。这些图像故事告诉观者两件事:一是这些人伦关系与道德是不可或缺的;二是它们从属于孝之美德。

虽然这些普遍的观念和社会因素解释了将义士描绘于汉代纪念性建筑上的最初动机,但不同艺术作品有着特殊的目的和性质,要求我们做更贴近的观察和解释。

本书"附录一"中的讨论显示,和《列女传》一样,《孝子传》(或称《列士传》)的第一个标准版本也是由刘向编撰的。但与《列女传》不同(其原作形式已被重构),我们对东汉时期流传的《列士传》或《孝子传》所知甚少,虽然它可能是武梁祠图像设计者所使用的基本素材。由于这种困难,我们很难将武梁祠上的"义士"图像和文献进行比较,从而判断这些图像的选择如何反映了设计者特别关心的问题。但是有两件事是确定的:一是这些画像是从一个更大的故事集中挑出来的;二是和对列女题材的选择一样,这种挑选必然基于有意识的考虑。这一假设主要是根据对十三幅孝子图的分析得出的。

十三幅图中有八幅集中表现儿子对其母和已故父亲的孝心,有六幅强调对母亲的孝。众所周知,汉代行孝的主要对象是父亲,母子关系是第二位的。孔子曾说:"人之行莫大于孝;孝莫大于严父。"[95]《孝经》的作者也指出,一个人在行孝时应该把对父亲的敬爱延伸到母亲身上。[96] 汉代伦理中对父子关系的强调明显表现在《孝子传》早期版本中,其中大量的传记表达了儿子对父亲的孝行。

因此，武梁祠"孝子"画像主要表现母子关系的倾向令人惊奇。尤其让人惊讶的是这个系列的第一幅图就是这个主题。这幅画像表现了孔子著名的弟子曾参恭顺地跪在坐在织机前的母亲面前。（见图127）旁边的榜题写道："曾子质孝，以通神明，贯感神祇，著号来方，后世凯式，（以正）抚纲。"在这个系列中，这个榜题在内容和风格两个方面都是相当独特的。其他榜题多是概括故事的内容，在文体上平铺直叙。而这一榜题采用"赞"体，起到介绍这个系列图像程序的作用。榜题中"后世"一词——在汉代的文学作品中通常指说话人自己的子孙——对确认设计者心目中的"预设观者"尤其重要。[97] 在这首颂词和武梁祠画像的语境中，"后世"似乎可以被理解为武梁自己的"后代"，被期待以无父但品德高尚的曾子为榜样。

这种解释可由这个图像故事本身来支持，它显示了曾子对母亲的挚爱。榜题的头两行涉及不同文献中记载的一个故事，其出处包括王充的《论衡》、佚名《孝子传》及干宝的《搜神记》等书。[98] 故事说曾子少年丧父，他极端的孝行在他与母亲之间造成一种心灵感应。根据《搜神记》所记，一次曾子随孔子出游，突然感到一阵心悸。他赶回家问母亲发生了什么事，母亲回答说在思念他时咬了自己的手指。孔子评论说，曾子的孝心如此之深，以至于母子纵然远隔万里也能产生心灵感应。[99] 武梁祠上的曾子故事明显地针对丧父的儿子，教导他关于对母亲行孝的重要性。这幅画像和"列女"系列的第一个故事相互呼应，前者教导一位寡妇尽其职责，照顾好一个失去父亲的孩子。这两幅图因此一起展示了理想的母子关系，暗喻着这两位历史人物——寡妇梁高行和丧父之子曾参乃是武梁之妻及其后代的楷模。

下一幅画像的主题也是儿子对母亲的孝行。（见图128）但它的重点不是母子之间的爱，而更强调了儿子在极端困难的情况下如何尽孝道。故事中的孝子闵子骞被继母虐待但从不抱怨，而是更加勤勉地侍奉继母。当继母的残暴最终被揭露，闵子骞却恳求父亲不要休掉她，以便和兄弟一起继续对她尽孝。这个故事的意思可以一言而蔽之："父母可以不慈，子女不可不孝。"

"义士"画像系列中只有前五幅画像带有以赞体写成的榜

题。这些精心写成的颂词意味着这五幅画具有特殊意义,被设计成此系列中的一个特殊组合。非常值得重视的是,这五幅画像在很大程度上恰恰与《孝经》中提到的五种主要孝行相对应。《孝经》说:"子曰:'孝子之事亲也,居则致其敬,养则致其乐,病则致其忧,丧则致其哀,祭则致其严。五者备矣,然后能事亲。'"[100]

第一种孝行,"居则致其敬",与曾子画像的意思吻合。第二种孝行,"养则致其乐",在画像中以老莱子的事迹表达。图中莱子扮作婴儿模样,以取悦年迈的双亲。(见图129)旁边的赞这样写道:"老莱子,楚人也,事亲至孝,衣服斑连,婴儿之态,令亲有驩(欢),君子嘉之,孝莫大焉。"

孝子的第三项孝行,"病则致其忧",通过韩伯瑜的故事来表现。当他的父母年迈或生病时,伯瑜总是深感忧虑。图中韩伯瑜跪在母亲面前被母亲责打,泪湿衣襟。(见图131)然而,他的眼泪却不是源于羞愧或肉体上的疼痛,而是因为他感到母亲的力气不如以往。这个主题由榜题清楚地点了出来:"伯瑜,伤亲年老,气力稍衰,笞之不痛,心怀楚悲。"

很显然,关心照料母亲是这些图像的中心主题,因此五个故事中有四个表现了儿子对活着的母亲的孝顺(其中两人是寡妇),而只有一个故事表现了儿子对父亲的孝而且他是在父亲去世之后实践了这一美德。这幅画像因此图解了第四种孝行:"丧则致其哀。"

这幅场景表现丁兰跪在一个雕像前,其妻跪于另一侧。(见图130)据记载丁兰生活在宣帝时代(公元前73—前49年)。在他的父母去世后,他刻了一个木雕像表现父亲(在这个故事的其他版本中,他刻的是母亲雕像)。他非常恭敬地侍奉这座雕像,好像父亲还活着一样。在做任何决定之前,他和妻子首先都要征得雕像的许可。一次,他根据雕像的授意拒绝了一位邻居的要求,邻居就损坏了雕像。于是丁兰就杀死了他。当差役来抓捕他时,丁兰辞别木雕,木雕也看着他潸然泪下。[101]

武梁祠画像的内容与一些早期文献中记载的这个故事有重要不同。如上所说,早期的几个版本——包括刘向和无名氏的《孝子传》,以及曹植(公元192—232年)的《灵芝篇》——记载的是丁兰刻了母亲的雕像。[102] 然而武梁祠上的榜题清楚地说"立木为父"。这种改变似乎是故意的,与武梁祠上表现金日䃅孝行的图像可互相参照。(见图137)据《汉书》,金日䃅已故母亲的肖像被画在甘泉宫里:"日䃅母教诲两子,甚有法度,上闻而嘉之。病死,诏图画于甘泉宫,署曰'休屠王阏氏'。日䃅每见画常拜,乡之涕泣,然后乃去。"[103] 然而,武梁祠上的榜题却标明金日䃅所拜的画像描绘的是他已故的父亲。

不管武梁祠的设计者是否改变了这些故事的情节或是选择了东汉时流行的其他版本,[104] 这些画像和榜题的含义十分清楚,即后代应向已故的父亲表现出最大的悲伤和尊敬。同一系列中表现孝子颜乌事迹的第五幅图像也强调了这一思想(见图141):颜乌以莫大的孝心侍奉双亲。父亲死后,他因悲伤而变得瘦弱不堪,但仍背土为父亲建墓。他的孝心如此之大,感动得连鸟儿都用嘴来衔泥帮助他。[105] 这幅图像因此表现了最后一种孝行——"祭则致其严"。

但是如果我们结论说这个"义士"系列中的每一幅图像都反映了武梁的实际愿望,那将是一种误导。在计划这一系列图像时他也必须考虑其他的要求。他选择的故事覆盖了一个男人社会关系的全部范围,包括与双亲、兄弟、朋友和主人的关系,而且这些图像基本是按照年代次序来编排的。一方面,他希望所有这些因素都能反映在图像中;另一方面,他也极为清楚地要求其子孙仿效这些历史模范人物,在尽心侍奉母亲的同时永远不要忘记已故的父亲。他的个人愿望是通过精心挑选的历史榜样,特别是通过该系列中前五个故事和对应的榜题表达出来的。用他自己的话来说,这些历史人物是"后世凯式,以正抚纲"。武梁的子孙们似乎回应了他的愿望,在为他所立的碑上特别说明了他们"躬修子道,竭家所有",完成了武梁的祠堂。

君主与臣民之责

一个相当宽的装饰带将义士图像与下部装饰区域分隔开来。下部区域的上层装饰带描绘了九位历史人物的事迹,旁边的榜题标明了主要人物的名字或称号。但是这些画像故事没有像义士和列女的图像那样形成自成一体的系列,而是附属于一个围绕中心楼阁展开的拜谒场景,这个中心楼阁也是下层装饰带中车马和庖厨的焦点。观者不难注意到这些历史叙事画与中心楼阁之间的关系:九幅图像大致以对称的形式安排在楼阁两侧。建筑物右边的画像表现三个刺客(曹沫、专诸和荆轲)及两位大臣(蔺相如和范雎)的事迹;左边的画像表现另外三个刺客(要离、豫让和聂政)及齐国睿智的王后钟离春的故事。(图70)

因此,与武梁祠上部装饰区域不同,下部区域中的图像包括相互关联的两组。第一组由九幅叙事性画面组成,所有这些故事描绘的都是东周时期的事件,也具有解释性的榜题。第二组包括中心楼阁中拜谒的场景及其相关的车骑和庖厨画面,均缺乏解释性的榜题,也没有明确的文献证据说明它们的历史依据。毋宁说,这后一组图像的含义是象征性的。

根据这一初步观察,我对这部分图像的分析将分为两步。首

图70 武梁祠忠臣、刺客和贤后画像位置。

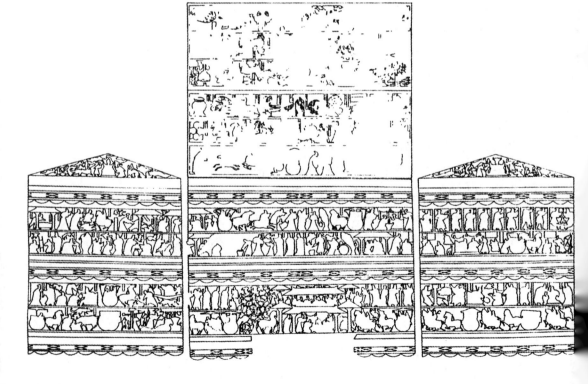

先我将讨论九个历史故事,探究它们在整个武梁祠画像语境中的意义,至于它们的榜题和出处则在"附录一"中加以研究。然后,我将聚焦于中心楼阁中的拜谒场景。作为祠堂中最强有力的形象,这个题材多年来一直是学术界争论的焦点。对这两组画像的考察会引导我们理解整个下部装饰区域所表达的意念,即理想的"君权"以及君臣之间的正确关系。

忠臣、刺客和贤后

与表现"列女"和"义士"的前两个图像系列相比,这儿所描绘的两位大臣、六个刺客和一位皇后缺乏一种共同身份:这些历史故事的主人公包括了男人和女人,他们的事迹和德行也各不相同。另一个区别在于图像和文字的关系:前两个系列中的故事出于《列女传》和《孝子传》这两部文献,而这九个历史人物的故事从未编辑到一本书里,而是散见于不同文学作品,包括《史记》、《战国策》、《列女传》、《吴越春秋》、《琴操》、《大周正乐》等。尽管学者们对其出处的研究为识别图像提供了参考,也有助于确定所描绘的人物和事件,但这种研究几乎没有揭示为什么这些故事会被挑选并组合在一起,以及为什么它们会被绘于武梁祠上。然而要想在这座祠堂的语境中理解这些故事的含义,这两个问题是极其重要的。

幸运的是,刘向在公元前1世纪编撰了另一部文献《说苑》,尽管书中并没有完全包括这九个传记,但它为我们提供了理解选择和组合这些故事的标准的重要信息。刘向在该书的前言中提出当时在理解历史人物的价值方面存在着严重问题。不同作者的记载多有错误,而且对历史人物的意义也有很多曲解。另外,他认为早期文献中所记载的许多事实实际上并无意义,只会让人迷惑不解。于是,他选择了748条他认为对阐明政治原则有重要作用的条目,将它们分为《说苑》中的二十卷。[106] 我们可以从《君道》、《臣术》、《建本》、《指武》、《权谋》等卷名上看到此书的政治性质。[107] 实际上,刘向是通过书中大量搜集的历史人物故事对卷名所指示的政治原则加以阐释。

刘向所作的工作因此并不是抽象地讨论政治哲学,而是首先对古文献进行筛选,将分散于其中的历史人物和事实重新组织在一个统一、精到的结构中。他选择材料的标准是看一个历史人物是否能够展示某种儒家政治原则。因此历史人物展示这些原则的潜力成为他对材料进行组织和分类的尺度。同样的考虑也是司马迁写作《史记》中的《列传》和武梁祠设计者编纂九个历史故事的基础。

武梁祠中的这九个历史故事和刘向的著作之间有另一种相互关系。同它的姐妹篇《新序》一起,《说苑》与《列女传》和《孝子传》共同构成了以"三纲"伦理原则为基础的三部曲。《列女传》的焦点是夫妻之间的关系,《孝子传》的焦点是父子之间的关系,《说苑》和《新序》的焦点是君臣之关系。武梁祠上的历史画像展示了一个相似的结构:三十三幅以历史人物为中心的叙事画被分为三组,恰恰与刘向的三部曲对应。

《说苑》第二章的题目是《臣术》,与武梁祠画像中的蔺相如和范雎故事相对应。二者分别是赵国和秦国的大臣。这一章的引言表达了刘向所宣扬的"为臣之道":"人臣之术,顺从而复命,无所敢专,义不苟合,位不苟尊。必有益于国,必有补于君。"[108]

蔺相如是体现这种"臣德"的典范人物,这位东周末年的著名大臣后来成了中国戏剧和小说的中心人物之一。他的画像出现在武梁祠中心楼阁的旁边(见图61中的38),表现了他保护自己的国家不受强秦侵犯的著名事迹。据《史记》记载,在赵惠文王统治时期,秦国假意用十五个城池来交换赵国的"和氏璧"。赵王和他的大臣们陷入两难之中。如果给了玉,他们很可能得不到城池;如果他们拒绝了秦国的提议,赵国难免会受到秦国强大军队的进攻以至灭亡。最后,蔺相如带着和氏璧前往秦国与秦王谈判。当他发现秦王无意偿付赵国城池时,他设法将和氏璧要回。手持和氏璧,倚着殿上的柱子,他说出了以下这段被认为是中国古代政治辩术典范的话:

> 大王欲得璧,使人发书至赵王,赵王悉召群臣议,皆曰"秦贪,负其强,以空言求璧,偿城恐不可得"。议不欲予秦璧。臣以为布衣之交尚不相欺,况大国乎!且以一璧之故逆强秦

之欢,不可。于是赵王乃斋戒五日,使臣奉璧,拜送书于庭。何者?严大国之威以修敬也。今臣至,大王见臣列观,礼节甚倨;得璧,传之美人,以戏弄臣。臣观大王无意偿赵王城邑,故臣复取璧。大王必欲急臣,臣头今与璧俱碎于柱矣!【109】

这段话之所以为人称道不仅是因为其文学价值,而且主要是因为它对为臣之道的示范性。蔺相如表现出他的胆识和机敏。他既谦恭又自尊,语言修辞率直而锋利。他的所作所为保护了他的君主和国家的利益,但也显示出他的个性和外交才能,在不牺牲道义原则的情况下达到其政治目的。这些在武梁祠上被转化为视觉形象的品质与刘向在《说苑》中所强调的"臣德"完全一致。画像所表现的是蔺相如和秦王会见情节的高潮:蔺相如倚着柱子,手举和氏璧,而秦王却低下身躯,似乎蔺相如的精神力量压服了这个权势冲天的统治者的气焰。

如果蔺相如的图像故事示范了一个大臣应有的品质,六个刺客的图像则展示了另一类忠心耿耿的僚属帮助其主达到政治目的的献身精神。刘向在《说苑》的《奉使》一章中对这种人物予以高度赞扬:"夫专诸刺王僚,彗星袭月,奔星昼出;要离刺王子庆忌,苍隼击于台上;聂政刺韩王之季父,白虹贯日。此三人皆布衣韦带之士怒矣。与臣将四士,含怒未发,其厉于天。士无怒即已,一怒伏尸二人,流血五步。"【110】值得注意的是,专诸、要离和聂政这三个人都出现在武梁祠上。

许多学术著作探讨了这群被称为刺客或游侠的人的历史和社会作用。【111】此处我感兴趣的是构成武梁祠画像基础的这些人的政治象征意义。这些人的社会身份是平民,或者用刘向的话说是"布衣之士"。他们被视为英雄,因为他们毫不犹豫地牺牲自己的生命去消灭强大的敌人。然而,他们所消灭的既非他们的私敌也非绝对意义上的"坏人",而是雇佣他们的人的仇敌或对手。这就是为什么刘向把汇集这类故事的一章称作《奉使》的缘故。刘向把这些人的基本品质通过一个名叫解扬的刺客之口表述出来:"君能制命为义,臣能承命为信。受吾君命以出,虽死无二。"【112】这一理念贯穿于武梁祠上的六幅行刺图中。因为对其内容和文献依据的讨论见于"附录一",此处我只以"要离刺庆忌"(见图149)的故事来说明这些叙事画的共同模式。

吴王想杀掉庆忌太子,后者据称有万夫之勇。吴王的大臣伍子胥推荐勇士要离为刺客。要离感到吴王确实赏识他的才能,决定献出自己和一家的生命来完成吴王的使命。为了取得庆忌的信任,要离要求吴王杀死他的妻子和孩子,焚烧其尸并曝于市,而且砍掉他的右手。要离因此能够假装是吴王暴政的受害者,前去说服庆忌与他合作攻打吴王。庆忌信任了他,但当二者渡过长江时他刺杀了他的新主人。在完成使命之后他的随从向他祝贺时,要离却说:

> 杀吾妻子,以事吾君,非仁也;为新君而杀故君之子,非义也。重其死,不贵无义。今吾贪生弃行,非义也。夫人有三恶以立于世,吾何面目以视天下之士?言讫遂投身于江,未绝,从者出之。要离曰:"吾宁能不死乎?"从者曰:"君且勿死,以俟爵禄。"要离乃自断手足,伏剑而死。【113】

这九个历史场景中第三个,也是最后一个重要主题是君王和王后之间的政治关系,通过绘制于这一系列最左端的钟离春的事迹来表现。(见图61中的43)这一画面也为武梁祠画像设计者是有意识地选择和组合历史题材这一论点提供了最重要的证据。如同那些绘在上层装饰带中的七位列女的传记,这个故事也选自刘向的《列女传》。设计者特意把它单独描绘在下部,是因为它的主题在本质上是政治性的。它表现了王后作为一位政治人物的责任,而不是一个妻子的忠实和贞节。

《列女传》把钟离春描述为一个异常丑陋的女人:"臼头深目,长指大节,印鼻结喉,肥项少发,折腰出胸,皮肤若漆。行年四十,无所容入。"【114】然而,这位妇女却自己提出要嫁给国君。她这一非同寻常的举动并非因为她追求荣耀和宫廷生活的舒适,而是想辅佐君王治理国家。在武梁祠画像中,她站在齐王面前正在向他提出建议。(见图126)根据《列女传》记载,她就国家所面临的几种危险警告了齐王。第一,尽管国家已被强大敌国包围,但君王尚未立太子;第二,尽管老百姓极度疲惫,但君王却耗费大量金钱修建王宫;第三,有德之人隐于山林,而献媚者和骗子则围绕着君王并掌管着国家大事;第四,国王沉溺于声色之乐而忽略了与其他诸侯国的关系。齐宣王被她的话惊醒,接受了她的批评,并立钟离春为王后。结果如《列女传》所说,"齐国大安者,丑女之力也"[115]。

这九个故事因此代表了三种具有杰出品德和才能的"模范"辅佐者,包括掌握国家重要事务的大臣、义无反顾地完成使命的平民,以及对其君主施加重要道德影响的王后。因为汉代文献或其他同时期艺术品中均未发现类似的将这九个历史故事放在一起的组合,我们必须假设这个系列是武梁祠的设计者为了表达自己的政治理想而特殊计划的。[116]但从另外一个角度看,这种历史图画也是一个漫长艺术传统的产物,因为在公共场所描绘忠臣和刺客已有不少先例。据史料记载,给有功之臣和将军画像的例子至晚在西汉中期就已存在,但那时被表扬的官吏通常是当时的著名人物。到了东汉,汉以前的历史人物画像也开始流行。在这两种情况下,绘制画像的主要动机就是为臣民树立楷模。

关于为同时代官吏画像的资料可在《史记》、《汉书》、《后汉书》和其他一些文献里见到。根据这些文献,这类画像被画在宫廷和官邸的墙壁上。麒麟阁是汉武帝见到一只重要的祥瑞麒麟之后建立的,随后成为西汉时期纪念功臣的一处重要场所。武帝不仅下令在大厅里画了麒麟,而且也描绘了一对建立汉王朝有功的大臣和将军的形象。[117]大约一百年后,在汉宣帝甘露三年(公元前51年),另外十一位大臣的肖像被添加在同一宫殿内。据《汉书》记载,这些肖像"法其形貌,署其官爵姓名"[118]。这些壁画连同这座皇宫可能都毁于西汉末年的战争。东汉建立并移都洛阳后,皇室在南宫修建了一座具有类似目的、名为云台的新楼阁。《后汉书》记载公元60年,明帝命令将为建立东汉立下了汗马功劳的二十八位大将和四位大臣的肖像画于云台。《后汉书》中对此事有赞颂:"帝绩思义,庸功是存。有来群后,捷我戎轩。婉娈龙姿,俪景同魏。"[119]

与此类似,被表彰的郡县级的官吏形象也被画在郡府衙门里。应劭的《汉官仪》为此类做法提供了重要证据:"郡府听事壁诸尹画赞,肇自建武,讫于阳嘉,注其清浊进退。所谓不隐过,不虚誉,甚得述事之实。后人是瞻,足以劝惧。"[120]

事实上，在官邸中绘制肖像的做法或许也被引入皇宫。在汉代，除了在特殊的纪念堂如麒麟阁或云台里绘制功臣肖像外，皇宫的大殿里也饰有类似的画像。《后汉书》中提到汉灵帝在熹平六年（公元177年）颁布了一道特殊的诏令，将曾任三公的胡广和太尉黄琼的肖像绘制在大殿里。儒家学者蔡邕奉命写下一首颂词，起首两行是"岩岩山岳，配天作辅"[121]。我们也知道一些古代的历史楷模亦被绘于宫殿和衙邸的墙壁上："尚书奏事于明光殿，省中画古烈士，重行书赞。省中皆以胡粉涂壁，紫素界之，画古烈士。"[122]

尽管对朝廷的贡献和官衔高低是决定谁能够被绘制在宫殿之内的标准，但选择历史楷模的出发点主要还是他们所体现的政治原则。因此这种选择含义深远，被当作是重要的大事处理。东汉的明帝曾经颁布一道特别的诏令，责令当时两位最著名的儒家学者班固和贾逵从儒家经典和历史著作中挑选历史故事作为宫廷壁画的题材。[123] 值得注意的是，这种对绘画题材的选择与刘向为《说苑》挑选历史人物的目的和机制十分相像。

绘于宫殿之中，这些古代的重臣和贤后好像仍然活着，以辅佐当朝皇帝。这与武梁祠画像的构图类似：武梁的历史楷模被安置在中心楼阁的两侧，臣服于楼阁中正在接见臣下的君主形象。

拜谒场景：君权的表现

研究汉代艺术的学者早已认识到中心楼阁拜谒场景的装饰位置、尺寸和精美程度所显示的特殊重要性。（图71）长广敏雄认为"一个适当的理解是，这个场面是这座祠堂的'首要形象'"[124]。克劳森（Doris Croissant）在她的博士论文中以大部分篇幅来讨论中心楼阁的意义。[125] 但是，二人以及其他学者对这个图像所做的释读却从未被汉代艺术史家广泛接受。鉴于这一事实，也由于这幅画面对于理解整个武梁祠画像程序的关键性，我们需要对其主题和来源进行重新考察。换言之，尽管我已经分析了它与周围九个历史场景在构图上的关系，尽管这个构图证明中心楼阁中的人物只能是象征君主，我们仍有必要寻找有关其图像志来源的证据。

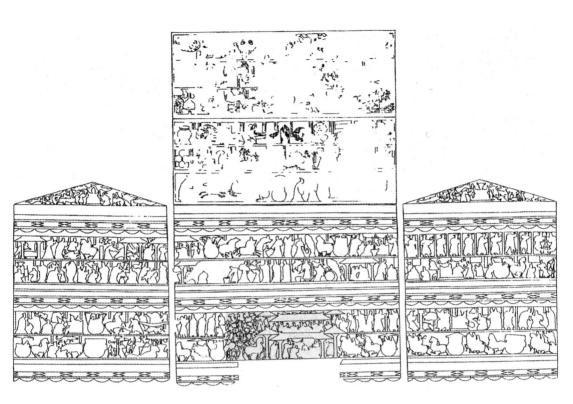

图71 武梁祠中心楼阁画像位置。

拜谒场景在一座带有双阙的精美楼阁的主厅中进行。(图72)建筑结构以完美的剪影风格来表现,具有轮廓分明的几何形状,其画法类似界画,强调建筑物的外轮廓。长广敏雄和克劳森已经很有道理地提出,尽管这个建筑是根据汉代的实际情况设计,但并不是实际建筑物的自然主义再现。相反,它结合了许多幻想的因素,例如支撑楼阁和阙的柱子为人形或神秘动物形。这些形象并非雕刻,因为它们在与相邻屋顶上的男人或女人谈话。楼阁的顶上有凤凰、猴子和喂养瑞鸟的有翼仙人。

拜谒场景以一个坐在榻上的贵人为中心。此人体量巨大,虽然坐着但头几乎触到天花板。武梁祠中的这一形象已严重损坏,但是另外两座武氏祠堂的相似场景(图30、73)为复原这个形象提供了一个清晰的线索。在武氏祠左石室和前石室,这位尊贵人物面朝左方,正抬起胳膊,似乎让跪拜的大臣起身。三个祠堂中的拜谒者的身份略有不同。在武梁祠中,一个男子跪在贵人前面,在他身后站着一位衣着华丽的妇女,正递上一只杯子。在另外两座祠堂里,一位男性官吏代替了这位妇女,正双手持笏躬身朝向主人。

图72 武梁祠中心楼阁画像。

除了大厅里的这些人物外,楼阁两侧还有一些执笏等待接见的官吏。在所有这三座武氏祠中,坐着的中心人物身后都站着一个侍者,肩膀上扛着一个不知名物品,也许是笏或扇子。若干女人坐在楼阁的第二层,尽管她们的服饰和精致的发式差别不大,但总是有一位主要的女性正面坐在中心位置,其他人正在向她献上不同的物品。

关于这一画面的内容和解释有许多推测。首先提出一个比较扎实的解释的是冯氏兄弟,他们在《金石索》中写道:"此通三四层为一事,在第三石之末。虽无标题,然在前二段秦事之后。其楼阁工丽,人物精严,疑当日阿房宫之制,所谓五步一楼,十步一阁者。否,亦君侯宅第也。"[126] 根据这个假设,冯氏兄弟进而认为楼阁上层的中心女性人物是一位皇后或贵族妇女。

20世纪初,卜士礼(Stephen W. Bushell)提出这一场景表现了穆天子会见西王母的故事。[127] 这一观点在一段期间内被西方学者广泛采纳,尽管沙畹(Chavannes)警告说没有任何铭文材料证实这种释读。[128] 卜士礼的观点也被中国现代学者黄明兰所采纳,后者用相同的理论来解释一块饰有拜谒场景的画像石。[129]

容庚在1936年提出了第三个,也许是最有影响力的理论,即拜谒场景中的贵人"殆记室主宴享之事也"[130]。费慰梅的研究进一步支持了容庚的假设,她对三座武氏祠的重构显示出楼阁里的拜

图73 左石室中心楼阁画像。

谒场景和邻近的连理树均饰于三座武氏祠的后壁中心。这一现象使她提出了一个论点,即这三座祠堂"是纪念死去家族成员的享堂,这个作为焦点的场景自然而然地是表现对死者的敬仰"[131]。这一论点似乎非常符合逻辑,以至于影响了许多艺术史家。其结果是这种基本上仍属设论的释读常被学者作为定论,在有关汉代艺术的著作中广泛引用。

第四种假设是日本学者长广敏雄在1961年提出的对费慰梅的回应。[132] 除了武氏祠中的三个相似的场景,长广敏雄又收集了山东地区若干类似的画像或变体,并据此提出一个有关此构图的可能的演化顺序。然而,他最重要的论证涉及到对中心人物的身份确认。他在山东出土的一块画像石的中心人物旁边发现了一个榜题:"此齐王也。"为了解释为何一个诸侯王的像会被刻在为其他死者所修建的祠堂里,长广敏雄转向象征层面,认为"这一场景也许仅仅表现了人们对一个卓越人物的敬仰之情。在这个例子中,这个卓越人物以齐王来象征"[133]。

德国艺术史家克劳森在两年后(即1963年)提出的理论与长广敏雄的解释相似。[134] 但是克劳森没有追随日本学者在铭文中去寻找证据,而是通过楼阁的特征以及建筑中的人物来确认中心贵人的身份。她认为这个楼阁的原本是汉代皇宫,而所有与此中心形象有关的图像也都与汉代宫廷相联系。这一结论使她面临长广敏雄也曾面临的进退两难之境：为什么这些"皇家"题材被用于装饰民间的墓祭祠堂？她的解释是祠堂象征了死者在另一世界的"宫殿"或"官邸"，宫殿里的大人物，虽然来源于对王权的抽象，也因此可以被作为是死者的理想肖像。因而，尽管克劳森和长广敏雄的研究和解释方法有许多不同之处，但他们的结论在一个基本点上是相似的，即他们都认为拜谒场景是对死者表达敬意的一种理想化的表现。他们的观点因此在一定程度上调和了冯氏兄弟和容庚、费慰梅的理论。

与长广敏雄和克劳森一样，我对拜谒场景的讨论集中在两个问题上，一是其图像来源，二是其象征性。但我的结论却不同于前述学者。这些结论可以归结为以下两点：第一，山东地区发现的典型的拜谒场景的原型既不是某位齐王也不是秦国的阿房宫，而是汉代皇帝的标准像，特别是开国皇帝高祖的像。第二，也是更根本的一点，我怀疑拜谒场景表现对死者的景仰这一被广泛接受的假设。我并不排除这种构图可以被用来表现对个体死者的崇拜，但我认为武梁祠的设计者很了解拜谒场景象征"君权"的原始含义。[198]

我的证明是双重的。首先，拜谒场景的中心人物并非死者肖像。支持这个设论的主要根据来自武梁祠本身。武梁的肖像的确出现在这个祠堂里，但它不是中心楼阁的主人公，而是刻在墙壁的左下角。那里，一个"县功曹"（负责表彰贤德之士的地方官员）正跪在一辆牛车前，向车中的一位"处士"呈送礼物。（见图61中的44）这幅图描绘了武梁生平的一个事件，即如他的碑文所记载，当地官府曾邀请这位退隐的学者担任官职。学者对于这个画面的内容意见一致。实际上，这一场景是人们把这座祠堂断定为武梁祠堂的主要证据之一。从图像角度来看，以牛车表现的武梁与碑文对他的描述是一致的：这个隐退的知识分子以其平民身份和儒生的正直而骄傲。因此，如果我们同意这个画像的内容，我们就很难认为在同一座祠堂里，武梁会被再次描绘成帝王的样子，居住在精美的宫殿里并被官员和宫女所包围。

再者，我认为楼阁中的贵人所表现的是一位帝王。冯氏兄弟和克劳森已经提出了相似的观点。冯氏兄弟注意到了拜谒场景和祠堂上其他画像之间的关系，以及楼阁和其内部人物的特征。[135] [199]

克劳森的论证更为全面，她引用了这个画像的两个图像特征作为主要论据。根据《尔雅》、《周礼》、《说文》、《古今注》、《三辅黄图》以及其他汉代和汉代以前的著作，她认为这种两侧带阙的楼阁是皇宫的特征。再者，楼阁里拜谒中心人物的官员们都手持笏板，而笏板是高级官员在谒见皇帝时使用的。根据这些证据，她认为拜谒图像表现的是国君会见大臣的仪式性场面，或称为"朝"。[136]

冯氏兄弟和克劳森的论据具有启发性，但没有提出确切的图像上的认定。有些证据的可靠性也需要重新考虑。正如克劳森自己提到，东汉时期阙不仅仅建在皇宫里，也可建在地方政府的建筑物前，甚至建在官阶较低的人的墓地里。[137] 笏板的使用也并不局限于宫廷，《晋书》记载此类物品官员和平民都可使用。[138] 因此，认为拜谒场景表现宫廷中朝见的这一观点还需要新的和更可靠的证据。

我认为这种证据可以在山东孝堂山祠堂的画像中找到。该祠堂的后壁下部描绘了排成一列的三座楼阁，其图像延伸到两边侧壁上。(图74)每座建筑物中展示了一个谒见场景：官员们手持笏板向一位贵人躬身施礼。每座楼阁的上层都坐着若干妇女，其构

图74 孝堂山祠堂画像中的楼阁和出行图，公元1世纪。拓本。

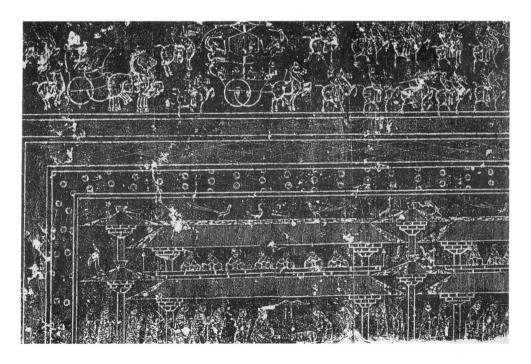

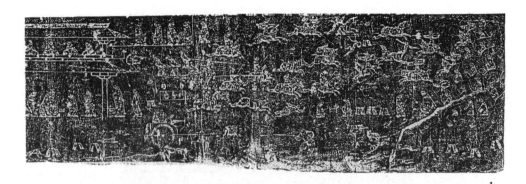

图75　1.孝堂山祠堂画像战争图,公元1世纪。2.献俘场面。拓本。

图安排与武梁祠上的场景非常相似。二者主要的不同之处在于武梁祠上的中心楼阁旁刻有连理树,而在孝堂山祠堂上,环绕中心楼阁的是三幅大构图,每幅带有一处重要题记。这些画面和题记清楚地显示了楼阁中贵人的身份是君王。

中心楼阁的右方是一个宏大的战争场面(图75),汉帝国的骑兵和步兵正与从右边山丘后冒出来的戴尖帽的胡人搏战。三个被俘的敌军士兵手被绑在身后,跪在楼阁右侧。在他们的右方,胡兵涌出的山丘旁有一人屏几而坐,旁边的榜题说明这是"胡王"的形象。这些被俘胡人的下方是一个血淋淋的场面:一名汉兵守卫着一张案几,上面陈列着两个被砍下的敌人头颅。这里,被俘的胡人和砍下的头颅是作为汉军胜利的标志呈献给楼阁里的贵人的,这一场景因此可以被称为"献俘图"。这个解释可以从济南发现的一块画像石上的图像得到证实,这块画像石上画着全副武装的汉兵,正把三个俘虏献给主人。(图76)

孝堂山祠堂后壁的中心楼阁之上是另一画面(见图74),表现了一列由四辆马车和三十个骑马人组成的大型队伍。一辆最精致的马车由四匹马拉着,马头上装饰着鸟形饰物。这类车驾在汉代叫"四维",专供皇帝使用。[139] 车旁边的榜题"大王车"为这个解释

图76 山东济南出土画像石，公元1世纪。上、中段描绘了战斗和献俘场面。拓本。

提供了证据。[140] 第三个画面刻在该祠堂的东壁上，表现蛮夷向汉朝纳贡。（图77）这些友好的蛮夷头戴尖顶帽，恰如西壁上描绘的胡兵。但在这幅画中他们骑着大象和骆驼前来朝拜中国的皇帝。汉代的官方历史记录了相似的事件。例如在汉武帝时期，属于西南夷的一个小国将一头大象作为贡品献给中国皇帝。[141] 骆驼则代表来自北方的贡品。[142] 与这个纳贡行列相对，另一行列由两位中国官员带领，其中一位官员的身份可由身旁的榜题确定为"相"。跟随着这些大臣的是四名步兵和四个手持笏板的官吏，一起前来迎接外邦的友好使团。

孝堂山祠堂的这三个画面均围绕着中心楼阁。学者们相信这些榜题与画像石同时代，这些当时的文字说明这些画面所表现的是最重要的国家大事——战争、和平和君主的威严。这些主题进而与东壁进贡场景下面的一个宽广的水平画面有关，其中图画所表现的是周公辅成王的故事，涉及的是王权的继承问题。（见图76）[143] 理解了这种上下文关系，我们不难推测描绘在祠堂中央，正在接见官吏的贵人的身份。

有关"拜谒图"内容的证据还可以通过比较武梁祠上的若干画像获得。中心楼阁两侧的历史叙事画包括几个东周诸侯王的肖像。他们中有三位是坐像，其服饰和姿势与拜谒场景中的贵人十分相似。（见图146、147、151）尤其值得注意的是，在表现曹沫劫持齐桓公故事的画像中（见图146），齐桓公坐在一榻上，身子前倾，

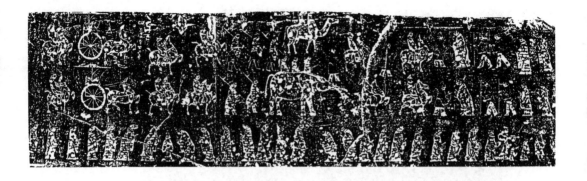

图77 大臣们接见进贡者,孝堂山祠堂,公元1世纪。拓本。

形象和中心楼阁里的贵人如出一辙。桓公的身后有一手持笏板之人,以恭顺的姿势立着,与中心楼阁里的拜谒者也惊人地相似。根据榜题,我们知道这个形象所表现的是齐国的宰相管仲。除了拜谒场景中的人物之外,他是武梁祠画像中唯一一个手持笏板的形象。拜谒场景和这些历史场景的相似性显示,武梁祠画像的设计者或雕刻者在表现中心楼阁拜谒场景时套用了描绘君主在宫廷里接见官吏的传统图像模式。然而,楼阁中贵人的中心位置和超常尺寸又明白无误地宣告:此人的地位超过了历史上的所有统治者。

这个讨论与一个更大的关于皇帝肖像形式的问题相关联,这种肖像在中国早期人物绘画中形成了一个特殊类型。传顾恺之所写的《论画》记载了古帝王像以及三代和汉代的"本纪"图画。根据顾的评论,其中伏羲和神农的画像"虽不似今世人,有奇骨而兼美好,神属冥芒,居然有一得之想";而《汉本纪》所绘图像"超豁高雄,览之若面也"。[144] 从这些话中,我们可以推测这种图画编年史是由个体的统治者肖像组成的。

这些画在很久以前就已遗失了,但人们可以根据现存的早期人物画推测它们的构图方式和图像风格,这些实例包括武梁祠画像中的古帝王像和拜谒场景,以及传顾恺之根据曹植的浪漫诗篇《洛神赋》所绘制的画卷。在这幅叙事性的卷轴画中,诗人曹植有时站在河岸边,有时坐在榻上。在图78所示的画面上,他坐在两棵柳树下沉思,面部呈四分之三侧面,一位侍者站在他的前边,另一位侍者立于他身后。人物的姿势以及整个画面的构图和武梁祠上的拜谒场景有着难以否认的相似性。因为曹植是魏国王子,所以《洛神赋图》的作者在描绘他的时候可能采用了当时流行的表现王者的模式。

认为武梁祠上的拜谒场景表现了帝王肖像的早期格式还可以从现存最古老的一套帝王像得到支持。这一名为《历代帝王图》的卷轴画传为唐代最著名的宫廷画家阎立本所作。十三位皇帝的肖像相继呈现在画卷上,在空白的背景前或坐或立。坐在榻上的那几位都被画成四分之三侧面,身后立有侍者或宫女。(图79)

阎立本在另一幅作品中重复和发展了这一格式。这就是传统上称为《步辇图》的一幅短手卷,它既记录了一个重要的政治事件,也是唐太宗的一幅精彩肖像。(图80)画中体形硕大的太宗坐在步辇上,面朝左方,正在接见一位由中国官吏陪同的毕恭毕敬的吐蕃使者。与武氏祠上的拜谒场景相比,虽然这幅画在人物特征和用笔线条上有许多不同之处,但它们的基本构图仍然是一致的。实际上,这种构图在上述的所有例子——包括汉画像、晋代的《洛神赋》和唐代阎立本的两幅画里都是一致的。可能因为帝王像是当时艺术中最为重大的主题之一,这一程式在一个漫长时期内被延续使用,没有发生本质的变化。

上述论点——即拜谒场景沿用了一种汉代帝王标准肖像的格式——的最有力的支持则来自考古发掘:带有这一构图的画像

图78　顾恺之《洛神赋》局部。

图79 阎立本《历代帝王图》局部。

石集中发现于山东西南部的一个地区,而这个地区曾是汉代皇室进行祖先崇拜活动的一个重要中心。

除了武氏祠上的三幅拜谒图外,长广敏雄在他的1961年的论文中举出八个类似的例子,其中六个出自嘉祥地区。这些证据使他认为"嘉祥地区的人们一定非常熟悉这个'拜谒'的场景"。[145] 自从这篇论文发表以后,越来越多的装饰有这类图像的汉代画像石被发现,单是1981年出版的《山东汉画像石选集》一书就发表了至少二十三个这种场景的拓片。[146] 这个数字应当只是反映了一小部分这类画像石:不仅很多具有相似场景的画像石没有收入这本书,而且更多的这类画像石一定早已在漫长的历史中被毁坏了。[147]

正如长广敏雄所注意到的,他收集的例子在图像和雕刻风格的细节上有所差异。这些画像石中的一部分,如武氏祠和宋山的画像石,将扶桑树和楼阁结合在一起。(图30、72、73、81)但以肥城和济南的一些例子为代表的另外一种构图则缺少树的母题,而是包含了战争场面。(见图74、75)各例在雕刻技巧和图像风格上区别更大。一种可能流行于公元1世纪的风格以阴线勾画稍微凹陷的形象。(图74、75、82)第二种风格以武氏祠和宋山祠堂为代表,流行于2世纪中后期,形象平面浮雕,略高于背景。(图30、72、73、81、83、84)还有别的例子纯粹用流畅的线条阴刻人物,似乎雕刻者把凿子当作毛笔使用。(图85)但是所有这些例子都以拜谒场景为题材,而每一个场景都以一个显赫的人物为中心。

这些例子的相似说明它们均出自一个共同的原型。它们之间的差异则反映了这个流行于山东西南部的构图在两个多世纪内的发展和流变。[148]假设如我建议这一原型出自汉代皇帝的肖像,那么东汉祠堂的修建者是如何熟悉这个原型,又为何要在丧葬纪念物上反复复制这个题材呢?

从汉代建立起,朝廷对统一全国和建立国家宗教的愿望导致了在各级官府推行一种标准的祭祀制度。实现这个目标的一个方法是在诸侯国、郡、县逐级建立崇奉过世皇帝及其祖先的祠庙。在汉王朝建立十年之后的公元前197年,高祖命令所有诸侯王在其首府为他已故的父亲修建祠堂。[149]两年后高祖死了,他的继承人惠帝下诏不但在长安和各诸侯王的首府,而且还在各县府的所在地为高祖修建高庙。[150]按照此例,景帝在公元前156年也颁布法令,在每个诸侯国和郡县为先皇文帝修建祠堂。[151]这种做法在"行孝"的名义下被以后的皇帝固定下来,逐渐成为一种常规。根

图80 传阎立本《步辇图》。该画记录了唐太宗接见吐蕃使者禄东赞的场面。

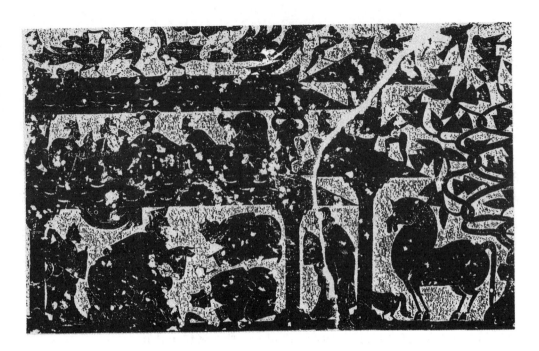

图81 山东宋山嘉祥县的一块画像石的谒见场景。公元2世纪。拓本。

据《汉书》中皇帝近臣韦玄成传中的记载,到了西汉末年,都城中有九座为已逝皇帝修建的祠庙,诸侯国的国都则有多至一百六十七座这类建筑。这一数字应该尚不包括那些在郡县修建的祠堂。[152]

在汉代,商周时期的传统"庙祭"已然衰落,以墓地为中心的祖先崇拜获得长足的发展。体现在皇室的祖先崇拜中,个体皇帝陵园中的礼仪建筑替代了集合性的宗族祖庙。这种转变一方面是当时社会和家庭结构变化的结果,一方面也是皇帝希望巩固君权这一强烈政治动机刺激下的产物。对已故皇帝祠堂的"复制"可以被认为是"从庙到墓"运动的一个结果。通过按照行政等级在全国修建这种礼仪建筑,汉代皇帝将其祖先由家族祭祀的对象提升为全国范围内宗教崇拜的偶像。

然而,作为一种新的宗教实践,这种"复制"祠堂的做法被一些守旧的儒生批评,认为是异端。在汉元帝和汉成帝统治期间(公元前48—前7年),包括韦玄成、贡禹、匡衡和张谈在内的一些官员们发起了一场重建西周皇室祖先崇拜系统的运动。公元前40年,元帝同意了韦玄成和七十个大臣的上疏,废除了"淫祀"以及郡国中对皇帝的祭祀。[153] 但这个改革立即遭到了皇室成员、礼仪官员和一些大臣们的反对。

公元前32年,在取消对太一祭祀的当天,一场可怕的风暴摧毁了一个大殿,并将皇宫里的百余棵大树连根拔起。惊骇之下,成帝向著名学者刘向询问此事的含义。刘向猛烈地抨击了所有的宗教改革,包括对汉初以来全国范围内对皇室祖先崇拜的更改:

> 及汉宗庙之礼,不得擅议,皆祖宗之君与贤臣所共定。古今异制,经无明文,至尊至重,难以疑说正也。前始纳贡禹之议,后人相因,多所动摇。《易大传》曰:"诬神者殃及三世。"恐其咎不独止禹等。[154]

最后一句话可说是杀气腾腾:"遭殃"者不仅包括张禹等,而且也包括皇帝本人。元帝在韦玄成去世的那一年病倒了,他梦见祖先责备他废除他们在诸侯国里的祠庙。这些祖先也向汉元帝最小的兄弟发出了同样的警告。[155] 一个更严重的灾难降临在成帝的身上——他没有后代来延续汉室的皇家血脉,这被认为是对他的宗教改革的报应。[156] 迫于各方面的压力,成帝和他的继承者汉哀帝重建了遍及全国的皇家祠堂。[157]

文献中对东汉时期皇家祖庙的设置语焉不详,这或许表明在宗教改革失败以后,从公元前1世纪末起,在地方上"复制"皇家祠

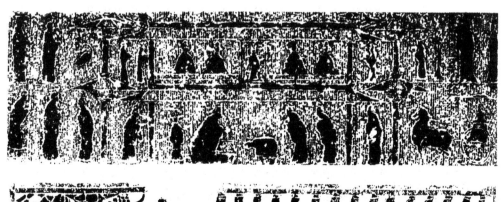

图82 山东嘉祥县蔡氏园画像石的谒见场景。公元1世纪。拓本。

图83 山东临沂白庄画像石上的谒见场景。公元2世纪。拓本。

图84 山东曲阜西颜林村画像石上的谒见场景。公元2世纪。拓本。

堂已成为一种常规行为。一些东汉文献为这一假设提供了间接证据,比如汉高祖的孙子刘章受封于今山东城阳地区,号城阳景王。他死后在山东地区受到广泛崇拜,为他修建的祠堂遍布这一地区。这种崇拜一直持续到东汉。[158] 应劭于公元186年被任命为山东泰山地区的官员,在《风俗通》中记载了这个王孙不仅被他的后代,而且被山东地区的很多平民敬奉为保护神,为他修建的祠堂到处都是,甚至在相邻的湖北省北部也是这样。[159]

从这些历史现象中可以得出几个重要的推论。第一,全国范围内对皇家祠庙的复制必然伴随着全国范围内对皇帝肖像样本的摹制,这使得不同地区的人们和工匠熟悉了这些肖像的格式。据《史记·礼书》,周代的祖先祭祀中以"尸"代表死者。"尸"是一个活着的男性后嗣,通常是死者的孙子。在东周和汉代,随着宗族体系的衰落,这一习俗也已式微。[160] 至汉代,已故祖先的画像或象征物被安放或画在墓葬祠堂里。《汉旧仪》记载,在都城的皇家祠庙中安放有"神座",其上有竹制的称为"俑人"的偶像,代表死者接受供奉。[161] 一个更普遍的做法可能是将死者的形象画、刻于祠堂的主壁。据《汉书·赵岐传》,赵岐死前为自己设计了墓室,并在主要墙壁上画了一幅自画像。[162] 很可能皇帝的肖像也被置于皇家祠庙中或画在祠庙墙壁上。西汉时期的这类祠堂大都为木结构建筑,皇帝的肖像可能绘制成壁画的形式。公元1世纪中叶以后的皇家墓祠用石材修建,这些肖像可能改而以石刻形式出现。

在不同地区仿制皇家祠堂的匠人极可能是当地人而非宫廷工匠。[163] 但是政府未必允许地方上自由地创作皇帝的肖像。更有可能的是,皇帝肖像的模式是以标准形式来刊布的。[164] 这些模式随后成为地方艺术创作的一个重要来源,不仅被用来装饰皇家祠堂,而且被用来装饰各种不同功用的建筑物。1948年索珀(Soper)曾提出一种假设,他说:"这类著名主题的早期版本(如周公和成王;在明帝的宫中制作的一套画像),也许已成为一种模式,在发展缓慢的地方艺术中,这些模式可能被不断复制,在一个长时段内不发生根本的变化。"[165] 皇家祠堂在各地的仿制活动可能是将皇家艺术"模式"传递给地方的一个重要渠道。

帝王祠庙的复制也解释了拜谒场景在山东的一个特定区域极为流行的原因。如上所述,长广敏雄在嘉祥地区收集到九种拜谒场景,这使他提出这个画面应是该地区极为熟悉的母题。据我的研究,我们至少知道邻近地区出土的二十多个相似的"拜谒图"实例,分布于嘉祥、济宁、滕县、肥城、东平和微山等地。这些县都在山东西南部,位于黄河至狭长的微山湖之间的一个带状地区中。在这一地区之外,纯粹的拜谒场景就很少见,或仅是一些变体。[166] 由此就出现了一个问题:如果说皇家祠堂以及皇帝的肖像在整个帝国都被普遍复制,为什么标准的拜谒场景(根据我的假设,这一场景是基于汉代皇帝的肖像)集中出现在这一特殊地区?

这种不规则的分布可能由多种原因造成,比如说单体的石祠堂仅在山东地区流行,在其他地区,相似的场景也许被绘制在寿命较短的木构祠堂里。但是,我认为拜谒场景在微山湖地区流行的理由最有可能是这一地区与汉皇室有独特的关系。在该湖的西岸有一小县叫沛县,是汉高祖刘邦发家之地,因此也是西汉王朝刘氏皇族的故乡。该县与微山县相距仅14.5公里,在微山县发现了五块以上装饰有拜谒场景的画像石。从沛县到滕县相距约42公里,在滕县发现了至少六块类似的画像。嘉祥、济宁和邹县距沛县约96.5公里,这几个地方形成了鲁西南画像石的一个中心,至少有二十二块装饰有拜谒场景的画像石在这三个相邻县里被发现。

图85 山东诸城前凉台出土画像石上以极细的阴线绘制的谒见场景。公元2世纪。1. 拓本。2. 线图。

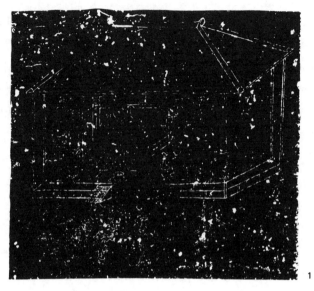

如上面所提到的，为高祖修建的祠堂出现在不同地区。比如《汉书》记载，公元前135年，武帝统治时期，一座修建于辽东的高祖庙在一场自然灾害中被毁坏。[167] 根据朱孔阳的统计，直至清末，为高祖修建的祠堂还存在于河南的灵宝、汝州，河北的临城，陕西的固县，四川的保宁，甘肃的秦州和山东的定陶。[168] 这些地方的高祖庙在汉代的祭祀系统中似乎享有平等的地位，按照规定，郡王和地方官员每年只需向这些祠庙敬献一次祭品。[169] 唯

一的例外是沛县的高祖庙。和其他地方"复制"的高庙不同,这一建筑享有远为显赫的地位。

该庙在汉代国家宗教中的重要性首先表现在:《史记》、《汉书》和《后汉书》经常提到它。根据这些记载,我们知道惠帝在公元前195年修建了沛县以及全国其他地区的高庙。惠帝授予沛县的这座祠庙一个特殊的称号,用来纪念来自这个小县城的汉王朝的缔造者。从那时起,这座庙被称为"原庙",意思是它象征了汉皇室的起源。这一祠庙的规模一定相当宏大,因为《史记》记载说有一百二十个男孩长住在那里,为故去的高祖唱他最喜爱的歌曲。[170] 这类精心准备的祭祀活动被元帝对国家宗教体系的改革暂时打断。在公元前40年,元帝采纳了贡禹的建议,关闭(甚至毁坏?)了原庙。然而当这场运动在公元前34年失败之后,这位皇帝又重建了该庙。[171]

《汉书》中有一段文字说,在平帝统治时期的公元5年,该庙的庙门毁于火。虽然祠堂本身似乎幸免于难,[172] 但它可能毁于西汉末年的政治动乱。王莽心怀野心,旨在推翻刘氏家族的统治并成为新王朝的建立者,为此目的拆毁了京城中的高祖庙。[173] 此外,据说其他许多西汉帝王祠庙均在起义和内战的过程中被毁坏了。[174] 原庙是否能够经受住这双重灾难值得怀疑。据《后汉书》,刘秀在建立东汉王朝之后立即下令在新都洛阳为高祖修建高庙,同时也下令"重修"或重建了沛县的原庙。[175] 这暗示着这座祠庙不是完全毁掉了的话,也一定是受到了相当程度的损坏。(在古汉语中,"重修"既可表示修复也可表示重建。)如果庙里最初的壁画也被毁坏了的话,那么重建工作可能还包括对画像的修复。

东汉统治者对西汉皇室祠堂的修复显然出于政治目的,即证明他们继承王位的合法性。这个计划的一个重要组成部分是对原庙的修复和推崇。该庙变得比以前更受崇敬。除了重建高庙,刘秀还增加了管理祠堂的人数,包括管理者、祭司和乐师。公元29年,刘秀本人出巡到沛县,在庙中祭祀了高祖。这一举动随后成为东汉时期的惯例,每位皇帝或亲自主持祭祀仪式,或派遣特使在沛县原庙内供奉祭品。《水经注》记载桓帝在公元167年于庙前增立了一通石碑。甚至在汉代以后,沛县原庙里的祭祀仍在继续,著名的唐代文人柳宗元曾为唐代皇帝献给原庙的碑写了一篇碑文。[176]

在山东地区,对汉王朝建立者的崇拜并不局限于原庙,也在沛县周围地区一些较小的仿制祠庙中进行。在汉代,一位杰出的已故郡王或官吏有时也被普通老百姓崇拜,对这种人物的纪念性祠堂甚至可由个体家族修建。[177] 对城阳景王的崇拜即是一例。根据应劭的记载,这位西汉王子死后,"自琅琊、青州六郡及渤海,都邑、乡亭、聚落皆为立祠,造饰五二千石车,商人次第为之立服带绶,备置官属,烹杀讴歌,纷籍连日"[178]。如果一位诸侯王已经享受如此崇拜,那么对其祖父的崇敬恐怕尤有过之。与此有关的一个证据是在与沛县相距不远的定陶县,一座最初为汉高祖修建的祠堂直至清代末年还存在。[179] 这就证明为汉高祖建立的祠庙不仅沛县有,在山东的其他地方也有。

汉代的皇帝和王公贵族经常造访原庙和其他仿制的祠庙,在那里举行的祭祀活动对于沛县周围的地区来说一定是极为重要的事件,而这些祠庙可想而知会成为当地宗教文化的中心和民众兴趣的焦点。为了建造或重建这些建筑,当地工匠必须熟悉庙宇的设计及其内部装饰。考虑到这些因素,我们完全可以理解为什么拜谒场景在山东西南地区如此流行。

总结本节的讨论,我假设武梁祠画像的中心图像——拜谒场景表现了"君权"这个概念,其图像很可能源于沛县原庙中高祖的肖像。这一设论基于几个因素:(1)这一场景描绘了宫廷中的朝见;(2)东汉画像中的"拜谒图"具有相当一致的图像特征,说明它们源于一个共同的原型;(3)武梁祠上有着一幅表现武梁的画像,排除了该祠上的拜谒场景描绘这位谦卑的隐退学者的可能性;(4)根据孝堂山祠堂画像的榜题,我们得知围绕着拜谒场景的画面表现了汉代皇帝的仪仗行列以及关系到国家的和平和战争等重要政治主题;(5)武梁祠拜谒场景的构图类似于该祠历史故事画中表现君王的图像;(6)拜谒场景的构图和绘画风格类似于存世的汉代以后的皇帝肖像;(7)在汉代的祖先崇拜中,用"尸"来代表祭祀对象的古老方法被在祠庙中图绘或雕刻受祭者或其象征物的方法所代替;(8)有汉一代,朝廷实行了在诸侯国和郡县"复制"皇室祠庙的政策,这成为国家宗教和官方艺术向地方传播的一个渠道;(9)在以沛县为中心的地区发现了数量可观的拜谒图像,而沛县是汉皇室的发源地。纪念高祖的原庙就坐落在那里,其他复制的皇室祠庙也出现在相邻的县区,这些礼仪建筑的修建必定对当地的艺术产生了强烈的影响。

但是,我最重要的证据还是来自武梁祠画像本身的图像程序。在三面墙壁上的完整构图中,拜谒场景位于中心,被贤明的大臣、有德行的皇后和忠诚的百姓所环绕。在整个武梁祠画像中,没有任何其他形象能够和中心楼阁的富丽堂皇,以及其中正在接见臣下的贵人的尺寸气度相比拟。

这个贵人只可能是以原庙中高祖画像为原型创作的皇权象征。鲁惟一(M. Loewe)曾研究早期中国历史上君主观念的发展,他总结道:"在秦汉时期,帝国的君权经历了从对武力的依赖到对信仰和理论的依赖,从以武力加强统治到开始依靠宗教认同来巩固君权的发展。"[180] 在全国范围内摹制帝王肖像,以及这一形象在一个大的图像程序中的中心位置,生动地反映了绝对皇权在汉代宗教中的新作用。作为这一观念的显现,武梁祠上的拜谒场景印证了景帝丞相申屠嘉的话:"世功莫大于高皇帝。"[181] 因为这位汉代皇帝被认为是伟人中之伟人,因此只能以一种与其德行和成就相称的方式来描绘。

历史学家的自我表现

武梁祠墙壁画像的最后一幅场景出现在东壁左下角(见图86),表现了一个"县功曹"正在向牛车中的一位"处士"致敬(见图87)。大多数学者认为这位处士就是武梁本人。

由于嘉祥发现的一些画像石有着非常相似的图像、绘画风格和雕刻技巧,学者们认为它们是由同一个活跃在公元2世纪后半期的当地作坊制作的。[182] 这些画像石出自武氏三祠、"第四石室"、武氏墓地神道两侧的双阙,以及近年发现的四座宋山小祠堂。许多画像题材在这些墓葬纪念建筑上重复出现,仿佛暗示着匠人们有一种"粉本"。然而,"县功曹"向"处士"致敬的这个场景

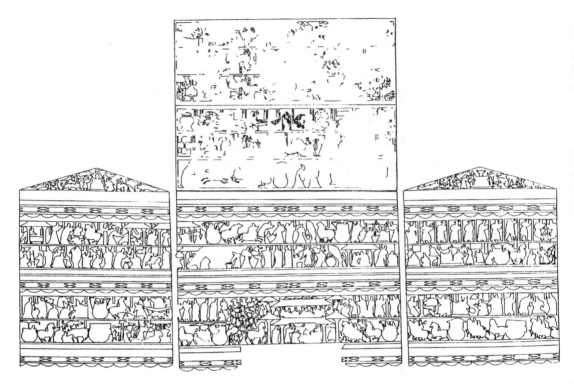

图86 武梁祠中县功曹向处士致敬画像位置。

却只出现在武梁祠上。这一点,再加上画像的主题和思想寓意,都表明它是专门为这座特殊的纪念祠堂设计的。

这一场景既是描述性的又是象征性的。作为一个描述性的画面它记录了武梁生平中一个值得纪念的事件。但同时它也暗示了一个超越这个事件的一般性政治思想,即皇帝应该尊敬并任用有德行的儒生。否则,这些儒生应该保持精神的独立,在政治上隐退。

这一政治主题贯穿了祠堂上的图像。正如榜题所指出的,那些雕刻在屋顶上的祥瑞只有当皇帝"清明尊贤者"、"王者任贤良"、"佞人远,猾奸息"时才会出现。墙壁上描绘的古代贤臣和英雄大多出身寒微,一旦被君王信任并启用,他们都显示出过人的才能并对国家做出了巨大的贡献。钟离春在向齐宣王指出齐国政治弊病的时候说:"贤者匿于山林,谄谀强于左右,邪伪立于本朝,谏者不得通入。"[183] 武梁祠上的最后一个画面概括了这个主题。在武梁祠上它和表现君权的中心楼阁拜谒场景左右并置,表达了儒家政治观念中的一个核心思想,即在一个理想的政治体系中统治者和臣民是相互负责的。正如刘向在《说苑》中所述:"君能制命为义,臣能承命为信。"[184]

虽然武梁祠是在汉桓帝统治时期修建的,但是拜谒场景中的君主绝不是桓帝的肖像。在当时的儒生看来,这位皇帝依赖宦官和皇亲,排斥有德行的隐士,因此成为所有有道者的批评对象。[185] 在这一历史语境里,武梁祠上拜谒场景所表现的君权观念只能在抽象的意义上来理解。武梁并没有接受作官的邀请,可能是因为他不愿加入趋炎附势、溜须拍马之流。他的碑文在形容他的时候写道:"耻世雷同,不窥权门。"但是他并未超脱现实,他对政治的介入在"大位不济,为众所伤"这类辛酸的词语中清晰地表达出来。

武梁的自信和忧虑都来自深深植根于中国知识分子的道统:学者视自己为上天意志的正统诠释者,是世上唯一理解决定国运沉浮之道的人。正如孟子在解释孔子作《春秋》的时候说的:"春秋,天子之事也,是故孔子曰:'知我者,其惟春秋乎;罪我者,其惟春秋乎。'……孔子成春秋,而乱臣贼子惧。"[186] 这里,成文的历史被看做是历史学家的第二自我,是他的道义的体现。一部历史著作充满了这位历史学家的政治和道德评判,因此成为他留名青史,以著述影响世界的一种手段。这也就是为什么没有机会将其理想付诸实践的孔子被称作"素王"的原因。

以同样的精神,司马迁写道:"昔西伯拘羑里,演《周易》;孔子厄陈蔡,作《春秋》;屈原放逐,著《离骚》;左丘失明,厥有《国语》;孙子膑脚,而论《兵法》;不韦迁蜀,世传《吕览》;韩非囚秦,《说难》、《孤愤》;《诗》三百篇,大抵贤圣发愤之所为作也。此人皆意有

图87　县功曹向处士致敬画像。拓本。(采自容庚,1936,30页下—32页下)

所郁结,不得通其道也,故述往事,思来者。"[187] 所有这些人都是司马迁的先驱,也是武梁的前辈。武梁的碑文使我们得以了解他的生活和抱负。通过学习所有前人的著作,包括神秘的图谶,他得以悟道,"年逾从心,执节抱分",最终达到儒家自我完善的最高境界。正如他的前辈们一样,他没有机会完成他在世上的使命,只能够"安衡门之陋,乐朝闻之义"。他没有留下任何文字作品,但我相信武梁祠画像的创作基于他的设计。

几种因素使我做出以上判断。历史记载表明,汉代是文人开始直接参与艺术活动的时期。刘向制作了列女义士传记的插图;[188] 张衡(公元78—139)在宫殿上绘制了神怪壁画;蔡邕(公元132—192)曾画《小列女》、孔子和弟子像,以及一幅名为《讲学图》的画;刘褒在公元147—167年间画了表现《诗经》的《北风图》和《云汉图》;[189] 生活于公元2世纪后半期的赵岐设计了自己墓葬的壁画。[190] 因此,武梁设计自己的纪念堂绝非历史上的孤例,而是相当符合中国艺术发展的趋势。

更有力的证据来自武梁祠画像的独创性:它的许多特征与所有已知的东汉石刻相比是独一无二的。它独特的画像题材包括屋顶上的祥瑞图像、对古代史的系统表现、详尽的榜题和画赞,以及对绘画主题的精心挑选和系统分类(这一点可说是最为重要的)。这些特征与武梁对历史、政治和道德原则的理解密切相关。武梁祠画像包含了汉代艺术中,也许是中国艺术史上最精彩的一部"图像历史"。它的目的如司马迁所说,是"述往事,思来者"。

这部图像历史以人类的发端开始,以武梁本人的"图像签名"结束。两部最伟大的汉代历史著作《史记》和《汉书》具有相似的结构。司马迁在完成对以往历史的总览之后,写下了名为《太史公自序》的最后一章;《汉书》的最后一章也是作者班固的自传。这种结构突出地表明了一种特殊的见解,那就是一个历史学家所具有的神圣职责和使命:他是从古到今所有事件的目击者和诠释者,因此他标志了历史的"最后一章"。

司马迁在《太史公自序》中所写的这段话可以是对武梁祠上的"图像历史"最好的概括:

论考之行事,略推三代,录秦汉,上记轩辕,下至于兹,著十二本纪……二十八宿环北辰,三十辐共一毂,运行无穷,辅拂股肱之臣配焉,忠信行道,以奉主上,作三十《世家》。扶义俶傥,不令己失时,立功名于天下,作七十《列传》。凡百三十篇,五十二万六千五百字,为《太史公书》。序略以拾遗补艺,成一家之言,厥协《六经》异传,整齐百家杂语。藏之名山,副在京师,俟后世圣人君子。[191]

阅读此段文字,我们感到武梁与这位伟大的历史学家享有共同的使命、雄心和对历史的理解。

注释

【1】根据有关赵岣的传记记载,他任官于汉安帝时期(公元107—125年)。见李昉:《太平御览》,北京:中华书局,1960年,1909页;黄任恒:《古考汇传》,广州:聚珍印务局,1925年,13页下。

【2】*Shorter Oxford English Dictionary*(《简明牛津英语词典》),3rd ed., 1973, I, p.968.

【3】E. H. Carr(卡尔), *What is History*? New York: Random House, 1961, pp.5—7.

【4】G. Barraclough(巴拉克劳夫), *History in a Changing World*, London: Basil Blackwell & Mott, 1955, p.14.

【5】司马迁:《史记》,北京:中华书局,1959年,3319页。

【6】同上。

【7】B. Watson(沃森), *Ssu-ma Ch'ien, Grand Historian of China*, New York: Columbia University Press, 1958, p.70—100.

【8】同上, p.92.

【9】同上, p.102.

【10】许多学术著作对《史记》进行了各个方面的探讨。中文的资料,见张传玺等编:《战国秦汉史学论文索引》,北京:北京大学出版社,1983年,353—366页;对《史记》结构之讨论,见:C. S. Gardner(查尔斯·加德纳), *Chinese Traditional Historiography*, Cambridge, Mass.: Harvard University Press, 1938; F. A. Kierman(基尔曼), *Ssu-ma Ch'ien's Historiographical Attitude as Reflected in Four Late Warring States Biographies*, Wiesbaden: Otto Harrassowitz, 1962, pp.6—8; B. Watson, *Ssu-ma Ch'ien, Grand Historian of China*, pp.101—134.

【11】B. Watson, *Ssu-ma Ch'ien, Grand Historian of China*, p.131.

【12】同上, p.139.

【13】同上, pp.101—104.

【14】司马迁:《史记》,3319页。

【15】同注【11】, p.129.

【16】班固:《汉书》,北京:中华书局,1962年,2714页。

【17】同上,2737页。

【18】刘节:《中国史学史稿》,河南:中州书画社,1982年,60—64,3128页。

【19】司马迁:《史记》,3297页。

【20】同上,2423页。这段话引自《墨子》,原文为:"是故子墨子言曰:'古者有语曰:君子不镜于水而镜于人,镜于水,见面之容,镜于人,则知吉与凶。今以攻战为利,则盖尝鉴之于智伯之事乎?此其为不吉而凶;既可得而知矣。'"

【21】董仲舒:《春秋繁露》,浙江书局,1901年,卷五,第三篇,10页。这段话引自《管子》,原文为:"疑今者,察之古不知来者,视之往,万事之生也,异趣而同归,古今一也。"

【22】《韩诗外传》,上海:涵芬楼《四部丛刊》单行本,卷七,11页下。

【23】班固:《汉书》,2717页。原文出自《史记》卷一百三十:"上大夫壶遂曰:'昔孔子何为而作《春秋》哉?'太史公曰:'余闻董生曰:"周道衰废,孔子为鲁司寇,诸侯害之,大夫壅之。孔子知言之不用,道之不行也,是非二百四十二年之中,以为天下仪表,贬天子,退诸侯,讨大夫,以达王事而已矣。"'"

【24】B. Watson, *Ssu-ma Ch'ien, Grand Historian of China*, p.87.

【25】班固:《汉书》,2735页。

【26】同注【24】, pp.107—108.

【27】应劭:《风俗通》,《四部丛刊》初编(一百),1937年,卷一,9页。

【28】《周易·系辞下》。见阮元:《十三经注疏·周易正义》,卷八,北京:中华书局,1980年,87页。

【29】孙希旦:《礼记集解》,上海:商务印书馆,国学基本丛书本,1933年。

【30】范晔:《后汉书》,北京:中华书局,1965年,3663页。

【31】同上。

【32】司马迁:《史记》,3页。

【33】《周易·系辞下》。见阮元:《十三经注疏·周易正义》,卷八,86页。

【34】J. Gates(伽特斯), "Model Emperors of the Golden Age in Chinese Lore," *Journal of the American Oriental Society* 56, 1936, no.1, pp.51—76.

【35】同注【24】, p.139.

【36】司马迁:《史记》,88页。

【37】范晔:《后汉书》,2765页。

【38】瞿中溶:《武氏祠堂画像考》,吴兴希古楼刻本,1825年,"像"2,32页上。

【39】刘安:《淮南子》,《四部丛刊》初编(九十六),1937年,65页。

【40】王肃注:《孔子家语》,卷三,"观周",上海:上海古籍出版社,1990年,29页。

【41】班固:《汉书》,2891页。

【42】S. Bush(卜寿珊) and H. Y. Shih(时学颜), *Early Chinese Texts on Painting*, Cambridge, Mass.: Harvard University Press, 1985, pp.25—27; F. S. Drake(林仰山), "The Sculptured Stones of the Han Dynasty," *Monumenta Serica* 8, 1943, pp.291—293.

【43】李浴:《中国美术史纲》,沈阳:辽宁美术出版社,1984年,225—228页。

【44】K. C. Chang(张光直), *The Archaeology of Ancient China*, 3rd ed., New Haven, Conn.: Yale University Press, 1977, p.2.

【45】袁康:《越绝书》,《四部丛刊》初编(六十四),上海:商务印书馆缩印本,1937年,50页。

【46】同注【44】。

【47】R. Wilhelm(理查德·威廉), *The I Ching*, 3rd ed., Princeton, N. J.: Princeton University Press, 1967, pp.328—336.《大戴礼记》,《四部丛刊》初编(十二),上海:商务印书馆缩印本,1937年,35—36页;司马迁:《史记》,1—82页。

【48】A. W. Hummel(哈姆尔), *Autobiography of a Chinese Historian*, Leiden: E. J. Brill, xxxvii, 1931; J. Gates, "Model Emperors of the Golden Age in Chinese Lore," *Journal of the American Oriental Society* 56, 1936, no.1, p.56.

【49】顾颉刚:《战国秦汉间人的造伪与辨伪》,《北京燕京大学史学年会史学年报》(二),1935年;顾颉刚:《古史辨》,上海:上海古籍出版社重印本,1982年,卷一,序言;康有为:《新学伪经考》,北京:北京古籍出版社,1956年。

【50】顾颉刚:《战国秦汉间人的造伪与辨伪》;《古史辨》卷一,43—46页,卷三,28—69页。H. Maspero(马伯乐), *China in Antiquity*, trans. F. A. Kierman, Jr. Boston: University of Massachusetts Press, 1978, pp.1—23; H. Maspero, "Légendes mythologiques dans le *Chou King*," *Journal Asiatique*, 1924, no.202, pp.1—100; E. Chavannes(沙畹), *Les Mémoires de Seu-ma Ts'ien*, reprinted, Paris: Librairie d'Amérique d'Orient, 1967—1969, vol.1, pp.162—171; B. Karlgren(高本汉), "Some Fecundity Symbols in Ancient China," *Bulletin of the Museum of Far Eastern Antiquities* 2, 1930, pp.1—67; J. Legge(李雅各布), *Chinese Classics*, vol.3; *Shoo King*, Oxford: Clarendon Press, 1871; vol.3, pp.189—200. 对于上述各家不同观点的总结,参见J. Gates, "Model Emperors of the Golden Age in Chinese Lore," *Journal of the American Oriental Society* 56, 1936, no.1, pp.56—76.

【51】顾颉刚:《古史辨》,282—288页。

【52】容庚:《汉武梁祠画像录》,北京:北平考古学社,1936年,7—24页。容庚误认为刻在后壁及东壁上的"京师节女图"是两幅相互独立的图面,并把左边部分当作赵代王后的故事。(14a,b)

【53】长广敏雄:《汉代画像の研究》,东京:中央公论美术,1965年,86页。

【54】Feng Youlan(冯友兰), *A Short History of Chinese Philosophy*, ed. D. Bodde, New York: Macmillan, 1948, p.197.

【55】J. Legge, *Chinese Classics*, vol.5: *The Ch'un Ts'ew with the Tso Chuan*, Oxford: Clarendon Press, 1871, p.718; D. C. Lau(刘殿爵), *Mencius*, Harmondsworth, Eng.: Penguin, 1970, 28/2; D. L. Hsü(许道林), "The Myth of the Five Human Relations of Confucius," *Monumenta Serica* 29, 1970—1971, p.29; W. T. Chan(陈荣捷), *Source Book in Chinese Philosophy*, Princeton, N. J.: Princeton University Press, 1963, pp.12—121.

【56】同注【54】。

【57】董仲舒:《春秋繁露》,卷十二,杭州:浙江书局,1901年。

【58】班固:《白虎通·三纲六纪》。见陈立:《白虎通疏证》,卷八,北京:中华书局,1994年,373页。

【59】班固:《汉书》,1957—1958页。

【60】徐坚:《初学记》,北京:中华书局,1962年,25页;李昉:《太平御览》,701页。参见张心徵:《伪书通考》,商务印书馆,1939年,562页。

【61】班固:《汉书》,4200—4201页。

【62】同上。

【63】刘向:《列女传》,《四部丛刊》初编(六十),上海:商务印书馆缩印本,1937年,90页。

【64】"列女"这个名词通常被误解为"烈女"。该词的最初含义仅指复数的妇女或引申为可作为"范例"的妇女。根据《隋书》,刘向编撰了三本书:《列女传》、《列士传》、《列贤传》。"列"字在所有这些书名中的意思是"系列"或"分类"。《列女传》中包括有高尚和邪恶女人的传记,因此与"烈女"的概念并不完全吻合。

【65】范晔:《后汉书》,438页。

【66】同上,904—905页。原文为:"弘当宴见,御坐新屏风,图画列女,帝数顾视之。弘正容言曰:'未见好德如好色者。'帝即为彻之,笑谓弘曰:'闻义则服,可乎?'对曰:'陛下进德,臣不胜其喜。'"

【67】S. Bush and H. Y. Shih, *Early Chinese Texts on Painting*, p.26.《文选》卷十。

【68】这件事记录在《东观汉记》、孙畅的《述画》和张彦远的《历代名画记》中。于安澜:《画史丛书》,上海:人民美术出版社,1963年,60—61页。

【69】秋胡妻的故事表现在四川出土的一幅棺材上。见闻宥:《四川汉代画像选集》,北京:中国古典艺术出版社,1956年,图版33、40。这位孝顺媳妇也被画在朝鲜乐浪出土的一个著名的竹篑上。

【70】大同博物馆:《山西大同石家寨北魏司马金龙墓》,《文物》,1972年第3期,20—33页。

【71】金维诺:《论顾恺之的艺术成就》,《文物参考资料》,1958年第6期,20—23页;唐兰:《试论顾恺之的绘画》,《文物》,1961年第6期,7—8页;故宫博物院:《中国历代绘画:故宫博物院藏画集》,北京:人民美术出版社,1978年,图20—32。参见J. Cahill

(高居翰), *An Index of Early Chinese Painters and Paintings*, Berkeley: University of California Press, 1980, p.12.

【72】郭熙:《林泉高致》,黄宾虹、邓实:《美术丛书》,北京:神州国光社,卷七,30页。

【73】A. Soper(索珀), "Life-motion and the Sense of Space in Early Chinese Representational Art," *Art Bulletin* 30, 1948, no. 3; p.174.

【74】术语翻译见: A. R. O'Hara(奥哈拉), *The Position of Women in Early China*, Washington, D. C.: Catholic University of American Press, 1945, p.xi.

【75】班固:《汉书》1727页"列传"一章中记录了由刘向所作的《列女传颂图》。"颂"意思是颂词,因此这部分内容包括了列女故事的插图和图的简短注释。

【76】这一变化在班超《妇训》中有所表现。见瞿同祖的探讨: T. T. Ch'u(瞿同祖), *Han Social Structure*, ed. J. L. Dull, Seattle: University of Washington Press, 1972, pp.33—49.

【77】J. R. Hightower(海托华), *Han Shih Wai Chuan*, Cambridge, Mass.: Harvard University Press, 1952.

【78】范晔:《后汉书》,438页。

【79】《孟子》,卷七"离娄章句"。见阮元:《十三经注疏·孟子注疏》,北京:中华书局,1980年,2723页。

【80】刘向:《列女传》,《四部丛刊》初编(六十),58页。A. R. O'Hara, *The Position of Women in Early China*, pp.122—124.

【81】在《韩诗外传》卷五中可见对这类儒家经典解释的一个典型例子:"子夏曰:'关雎何以为国风始也?'孔子曰:'关雎至矣乎!夫关雎之人,仰则天,俯则地,幽幽冥冥,德之所藏,纷纷沸沸,道之所行,如神龙变化,斐斐文章。大哉!关雎之道也,万物之所系,群生之所悬命也,河洛出图书,麟凤翔乎郊,不由关雎之道,则关雎之事将奚由至矣哉!夫六经之策,皆ני论汲汲,盖取之乎关雎,关雎之事大矣哉!冯冯翊翊,自东自西,自南自北,无思不服,子其勉强之,思服之,天地之间,生民之属,王道之原,不外此矣。'"

【82】刘向:《列女传》,《四部丛刊》初编(六十),67页。

【83】同上,65页。

【84】同上,65页。

【85】同上,70页。

【86】M. L. Makra(马克拉), *The Hsiao Ching*, Washington, D. C.: St. John's University Press, 1961; p.v.

【87】《孟子》,卷四"公孙丑章句"下。见阮元:《十三经注疏·孟子注疏》,2694页。

【88】《孝经》,"开宗明义"第一。见阮元:《十三经注疏·孝经注疏》,2545页。

【89】《孝经》,"三才"第七。见阮元:《十三经注疏·孝经注疏》,2549页。

【90】班固:《白虎通德论》卷八,《四部丛刊》初编(二十五),上海:商务印书馆缩印本,1937年,69页。

【91】H. H. Dubs(德效骞), *Pan Ku; The History of the Former Han Dynasty*, 3 vols, Baltimore: Waverly Press, 1938; vol.3, p.183, n17.

【92】T. T. Ch'u, *Han Social Structure*, pp. 205—206.

【93】同上,p.30.

【94】D. L. Hsü, "The Myth of the Five Human Relations of Confucius," *Monumenta Serica* 29, 1970—1971; pp.27—37.

【95】班固:《汉书》,1264页,《孝经》"圣治"章第九。

【96】M. L. Makra(马克拉), *The Hsiao Ching*, p.v.(译者按,原文出自《孝经·纪孝行章第五》,"资于事父以事母而爱同"。)

【97】同样的事例见于范晔:《后汉书》,1003页。

【98】A. Forke(福克), *Lun-Heng: Philosophical Essays by Wang Ch'ung*, 2 vols, New York: Paragon Book Gallery, 1962; pt.II, p.189. 李昉:《太平御览》,北京:中华书局,1960年,370,862页;干宝:《搜神记》,上海:商务印书馆,1957年,133页。

【99】干宝:《搜神记》,133页。

【100】《孝经·纪孝行章第十》。

【101】李昉:《太平御览》,1832页;黄任恒:《古考汇传》,广州:1925年,9页。

【102】李昉:《太平御览》,1909页;沈约:《宋书》,北京:中华书局,1974年,627页。

【103】北京大学历史系:《论衡注释》,北京:中华书局,1979年,920页. A. Forke, *Lun-Heng: Philosophical Essays by Wang Ch'ung*, pt.II, pp.354—355. 班固:《汉书》,2959—2960页。

【104】容庚:《汉武梁祠画像录》,北京:北平考古学社,1936年,12页;瞿中溶:《武氏祠堂画像考》,吴兴希古楼刻本,1825年,"像"3,12页下。

【105】吉川辛次郎:《京都大学图书馆孝子传》,京都:京都大学,1, 27, 28.

【106】刘向:《说苑》,《四部丛刊》初编(七十五),上海:商务印书馆缩印本,1937年,1页。

【107】同上。

【108】同上,7页。

【109】司马迁:《史记》,2439—2441页。

【110】刘向:《说苑》,《四部丛刊》初编(七十五),55页。

【111】B. Watson, *Courtier and Commoner in Ancient China*, New York: Columbia University Press, 1974; pp.1—10, pp. 222—246. 中文出处见张传玺等:《战国秦汉史论文索引》,

北京:北京大学出版社,1983年,364—365页。
【112】同注【100】。
【113】《吴越春秋》,见《四部丛刊》初编(六十四),上海:商务印书馆,1937年,22—24页。
【114】刘向:《列女传》,《四部丛刊》初编(六十),83页。A. R. O'Hara, *The Position of Women in Early China*, p.171。
【115】刘向:《列女传》,《四部丛刊》初编(六十),83—84页。A. R. O'Hara, *The Position of Women in Early China*, pp.171—174。
【116】著名历史人物的画像出现在许多东汉时期的画像石上。除了武梁祠之外,其他著名的例子包括沂南墓、武氏前石室和左石室以及宋山祠堂。但这些肖像中没有一个与武梁祠的构图相同。
【117】司马迁:《史记》,2049页;李浴:《中国美术史纲》,227页。
【118】班固:《汉书》,2468页。
【119】范晔:《后汉书》,789—791页。
【120】范晔:《后汉书》,3389页注引。
【121】范晔:《后汉书》,1511—1512页。
【122】蔡质:《汉官典仪》,《丛书集成》(八七五),长沙:商务印书馆,1937年,3页。
【123】李浴:《中国美术史纲》,227页。
【124】长广敏雄:《汉代祠堂之研究》,《塚本博士颂寿纪念佛教史学论文集》,京都冢本博士颂寿纪念会,1961年,40页。
【125】D. Croissant(克劳森), "Funktion und Wanddekor in der Opferschreine von Wuliang–tz'u," *Monumenta Serica* 23, 1964: pp.88—162。
【126】冯云鹏、冯云鹓:《金石索·石索》,上海:商务印书馆,影印道光元年邃古斋刊本,1821年,70页。
【127】S. W. Bushell(卜士礼), *Chinese Art*, 2 vols, London: Board of Education, 1910: vol.1, fig.16, legend。
【128】E. Chavannes(沙畹), *Mission archéologique dans la Chine septentrionale*, 13 vols, Paris: Imprimerie Nationale, 1913: p.163, n1。
【129】黄明兰:《穆天子会见西王母画像石考释》,《中原文物》,1982年第1期,28—30页。
【130】容庚:《汉武梁祠画像录》,24页下。
【131】W. Fairbank(费慰梅), *Adventures in Retrieval*, Harvard–Yenching Institute Studies 28, Cambridge, Mass.: Harvard University Press, 1972: p.85。
【132】长广敏雄:《汉代祠堂之研究》,《塚本博士颂寿纪念佛教史学论文集》,1961年。
【133】同上,40页。
【134】同注【125】,pp.151—152。
【135】冯云鹏、冯云鹓:《金石索·石索》,70页。
【136】同注【125】,pp.132—140。
【137】同上,pp.134—138。
【138】房玄龄:《晋书》,北京:中华书局,1974年,773页。
【139】范晔:《后汉书》,3644页。
【140】学者对大王车的榜题有不同的解释。索珀(A. Soper)提出,孝堂山祠堂是为王章修建的,王章死于公元前24年,他把这一榜题解释为"大王的马车"。见:A. Soper, "The Purpose and Date of the Hsiao–t'ang–shan Offering Shrine: A Modest Proposal," *Artibus Asiae* 36, 1974, no.4: pp.259—261。李发林在《山东画像石研究》(济南:齐鲁书社,1982年,88—92页)中将同一榜题读作"诸侯王的马车"。我的讨论见第三章中祠堂的归属问题。
【141】在汉武帝统治的元狩二年(前121年)"南越献驯象",班固:《汉书》,176页。
【142】有意思的是,看到"蛮夷进贡"的图像以同样方式描绘在一个车饰上,这一车饰出土于河北定县三盘山。其装饰纹样包括一头大象,象征着从南方进贡来的贡品,一头骆驼象征着从北方进贡来的贡品。见:Wu Hung(巫鸿): "A Sanpan Shan Chariot Ornament and the *Xiangrui* Design in western Han Art," *Archives of Asian Art* 37: pp.43—44。
【143】包华石(M. Powers)讨论了"周公辅成王"主题的政治含义。见:M. Powers, "Pictorial Art and its Public in Early Imperial China," *Art History* 7, 1984, no.2: p.153。
【144】于安澜:《画史丛书》,上海:人民美术出版社,1963年,卷一,70页下。
【145】长广敏雄:《汉代祠堂之研究》,《塚本博士颂寿纪念佛教史学论文集》,53页。
【146】山东省博物馆、山东省文物考古所编:《山东汉画像石选集》,济南:齐鲁书社,1982年,图1、2、10、12、21、86、102、104、133、152、172、181、193、224、275、316、323、332、333、362、473、501、547。
【147】有些典型的拜谒场景没有收入这部目录,包括于1978年和1980年在宋山发现的四块画像石,1979年在五老注发掘的三块画像石中,一块为席克门(L. Sickman)和索珀(A. Soper)的著作所采用(见:L. Sickman and A. Soper, *The Art and Architecture of China*, London: Penguin Books, 1956: pl.26),一块为芬斯特布施(K. Finsterbusch)的著作所采用。(见:K. Finsterbusch, *Verzeichnis und Motivindex der Han–Darstellungen*, 2 vols, Wiesbaden: Otto Harrassowitz, 1971: no. 373.)
【148】如孝堂山祠堂和五老注画像石上拜谒场景这些早期例子所显示,它们的雕刻技巧和图像风格可以追溯至公元1世纪中期。还有一些其他例子,包括武梁祠上的雕刻,其历史已被追溯至公元1世纪的后半期。

[149] 班固：《汉书》，67—68页。
[150] 司马迁：《史记》，392页。
[151] 同上，436页。
[152] 班固：《汉书》，3115页。
[153] 同上，3116—3117页。
[154] 同上，1258—1259页。
[155] 同上，3121页。
[156] 同上，1259、3125页。
[157] 同上，1259页。
[158] 应劭：《风俗通》，《四部丛刊》初编（一百），62—63页。
[159] 同上。
[160] J. Legge, *The Religions of China*, New York: Charles Scriber's Sons, 1881: pp.76—77. 司马迁：《史记》，1159—1161页。
[161] 范晔：《后汉书》，3148页。这段文字显示：一块称之为"主"的牌位和一个"俑人"象征着已故皇帝。但牌位藏于室内，俑人在祭祀时陈列。
[162] 范晔：《后汉书》，2121页。
[163] 在范晔《后汉书》3610页的记载中，官衔为"将作大匠"的官员负责庙、墓、陵园和宫殿的建筑。而且这些建筑均建在都城，并被认为是皇家专属建筑。汉代的官方历史仅记载了两个例外：张安世和单超的墓葬建筑，二者都非皇亲国戚，但其墓葬却是由皇家工匠建造的。这是皇帝恩赐给他们的一种特殊荣誉。见班固：《汉书》，卷五十九；范晔：《后汉书》，卷七十八；杨树达：《汉代婚丧礼俗考》，上海：商务印书馆，1933年，158页。
[164] 《汉书》中提到了皇家藏书中一项叫做"孔子徒人图法"。这类图书可能是制作图像或画像的样本。有关讨论见M. Powers, "Pictorial Art and its Public in Early Imperial China," *Art History* 7, 1984, no.2: 141.
[165] A. Soper, "Life-motion and the Sense of Space in Early Chinese Representational Art," *Art Bulletin* 30: 1948, no.3: 175.
[166] 例如，在芬斯特布施的《汉画主题的目录与索引》(K. Finsterbusch, *Verzeichnis und Motivindex der Han-Darstellungen*, 1971: no. 373)中记载，在四川和山西没有拜谒场景。然而，有趣的是，拜谒场景在南阳地区很普遍，南阳离山东西南部不远。最近出版的《南阳汉画像石》中包括了七个这样的场景。见南阳

汉画像石编辑委员会编：《南阳汉画像石》，北京：文物出版社，1985 年，图3、4、15、56—1、212、215、216。
[167] 班固：《汉书》，159页。
[168] 朱孔阳：《历代陵寝备考》，上海：上海申报馆，1937年，十，4页下—5页上。
[169] 同上，3页下。
[170] 司马迁：《史记》，北京：中华书局，1959年，292页。
[171] 同注【168】，3页下。
[172] 同上，4页上。
[173] 同上。
[174] 范晔：《后汉书》，28页。
[175] 同注【168】。
[176] 同上，4页上、下。
[177] 杨树达：《汉代婚丧礼俗考》，157页；李浴：《中国美术史纲》，228页。
[178] 应劭：《风俗通》，《四部丛刊》初编（一百），62页。
[179] 同注【168】，4页下。
[180] M. Loewe(鲁惟一), *Chinese Ideas of Life and Death*, London: George Allen & Unwin, 1982, p.144.
[181] 班固：《汉书》，138页。
[182] J. M. James(詹姆斯), "The Dating of the Left Wu Family Offering Shrine," *Oriental Art* 31, 1985: pp.31—41.
[183] 刘向：《列女传》，《四部丛刊》初编（六十），83—84页。
[184] 刘向：《说苑》，《四部丛刊》初编（七十五），55页。
[185] M. Powers, "Hybrid Omens and Public Issues in Early Imperial China," *Bulletin of the Museum of Far Eastern Antiquities* 55, 1983: pp.7—12.
[186] 阮元：《十三经注疏》，1816年，北京：中华书局影印本，1980年，2714—2715页。原文出自《孟子》卷六"滕文公章句"下。
[187] 司马迁：《史记》，3300页。
[188] 班固：《汉书》，1227页。
[189] 张彦远：《历代名画记》，于安澜：《画史丛书》，上海：人民美术出版社，1963年，60页下—61页上。
[190] 范晔：《后汉书》，2121页。
[191] 司马迁：《史记》，3319页。

跋：武梁祠石刻画像的思想观念

> 中世纪人的所有伟大的思想都被铭诸于石。
> ——维克多·雨果《巴黎圣母院》

雨果不是艺术史家，但他从巴黎圣母院的雕刻上直观地抓住了中世纪大教堂的经院哲学和百科全书式的特征——这是西方艺术史家一直希望展示的中世纪艺术的本质。从博韦的樊尚（Vincent of Beauvais，约1190—约1264）所著的《巨镜》(The Great Mirror)的四个部分里，这些艺术史家找到了理解巴黎圣母院和其他大教堂雕刻的类比甚至解释："自然之镜"依照上帝造物的顺序记录了所有自然现象；"训诫之镜"反映了人类知识的所有分支，其目标是解释宇宙之谜；"道德之镜"证明了知识不过是美德的一种媒介；最后，"历史之镜"记录了在上帝的注视下人类千百年的发展进程。用艾米尔·马尔（Emile Male）的话来说，以石头形象蕴含这些教诲，中世纪大教堂展示了"一种足以拥抱整个宇宙的伟大努力"[1]。

在一个基本的层面上，马尔的话可以用来形容古今中外许多宗教艺术，包括汉代的纪念碑艺术。像西方中世纪艺术一样，这个古代中国的艺术传统也是试图将一个礼仪建筑——一座庙宇或祠堂转化为宇宙的缩影。这也正是武梁祠画像的一个基本目的。[2]

天以可见的征兆将自己显现在武梁祠的屋顶上，而屋顶是最适合表现"天"在空间中存在的装饰位置。在武梁祠里，"天"在上而"地"在下,这与汉代儒家学派创立人董仲舒有关"天覆无外"的主张是一致的。[3]这里的"天"不是一个物质的、无生的实体。它拥有目的、愿望和智慧,它回应人类的活动并指导他们,它扬善惩恶。

但是这个有目的和意志的"天"又不是一神论中的上帝或西方宗教艺术中描绘的人形神。观者在武梁祠祥瑞图中所看到的"天"既是具体的自然现象也是抽象原则的体现。"天"与墙壁上描绘的人类世界相互对应、彼此依存:人类被"天"覆盖,他们的活动激发了"天"的反应,把抽象的原则显现为具体可读的符号。

武梁祠上描绘的人类历史遵循了汉代史学的基本线索。这个图像历史既揭示了历史发展的模式也规定了人类的行为标准。正如祥瑞表达了天的意志,独立的历史人物把历史、道德以及政治标准具体化。一个紧凑而首尾一致的图像程序使观者通过视觉形式感知设计者的历史观。

这个图像历史始于伏羲和女娲。这两个半人半兽的虚幻人物处于神界与人界之间,他们的结合诞生了人类第一个婴孩。跟随他们的是神农和颛顼,他们简朴的衣冠象征了阶级产生以前的无为时代。这个乌托邦的大同世界由于人类卷入政治事务,由于有组织的暴力的开始和法律的制定而结束。五帝的肖像表现了这个历史变化——他们所穿戴的精美王冠和长袍指示出政治权力和"文"的概念。这五个恭顺地相互跟随的帝王形象象征了中国政治史上的黄金时代。相对于先前的自然和谐,此时政治权威和国家机器产生了,带来了人为的和平与协调。接下来的两幅画面表现了下一个历史阶段——朝代史的开始。随着世袭制成为权力继承的法定模式,历史不再直线发展,而是遵循着朝代的诞生、衰落和交替这一螺旋形模式演进。每个朝代由一个拥有杰出美德、秉承天命的开国皇帝建立,但后代的恶行终于使他们失去祖先创立的大业。汉代的思想家把这两种相反类型的帝王看做是朝代更替的直接原因,在武梁祠上这两个类型分别由夏代的创立者禹和亡国之君桀概括表现。

武梁祠上描绘的古帝王像对应于司马迁《史记》的第一部分《本纪》;随后对著名历史人物的描绘则与该书的《列传》和《世家》部分平行。如王延寿在其《鲁灵光殿赋》中所说,这些人物是"忠臣孝子,烈士贞女"。武梁祠画像使我们了解的是这些人物形象在一个礼仪建筑中所构筑的完整的图像程序。在这个祠堂中,历史人物被组织为三组,以作为汉代儒家政治理论和伦理基础的"三纲"——君臣、父子和夫妇之间的关系为中心。在这个框架内,画像石的设计者将历史记载转化为道德教训,将所描绘的男女主人公转化为教化者。一个接一个的历史故事把观者引向最后一幅画面,即对武梁本人的描绘。这幅画面标志了整部图像历史的结束。

在武梁祠对宇宙的表现中,天界与人类世界之间的关系从根本上说是政治的和伦理的,两者之间的互动沿循着一条垂直的路径:在屋顶表现为征兆图像,在墙壁表现为历史人物。宇宙的这个垂直结构进一步与由东、西山墙画像构成的水平结构结合在一起。正如鲍尔(Wolfgang Bauer)所指出的,在中国古代的宇宙观里,"东方和西方总是仙界的方向"[4]。宇宙的这种水平维度主要与死后而不是与此生相联系。西王母和东王公的仙境里淌着不死之水,生长着不死之树,是人们寄托了对永久幸福之向往的福地。

然而,如果因此把武梁祠画像完全看成是表达抽象哲学思想的图式,那将是一种错误的理解。不论是在印度教或佛教的寺院,还是在基督教的教堂里,不同宗教传统对宇宙的表现总是服务于特定的功能。在中国,最早对宇宙的图像表现——马王堆1号墓出土的著名帛画——将天上、人间和地下世界连接成一个连贯的图像结构。大多数学者认为这幅楚地的帛画是为了丧葬礼仪而制作,很可能是用来招魂的。

武梁祠上的装饰是现存中国艺术史上第二个最古老的"宇宙图像",我们必须根据祠堂在中国古代仪礼中的多重功能来理解它的意义。像马王堆帛画一样,它的一个功能与根深蒂固的灵魂信仰有关。

《礼记》中记载了中国古代关于灵魂的二分信仰。根据这部儒家礼仪的经典,一个人死了之后"魂气归于天,形魄归于地"[5]。一位称作张子的儒家学者解释了这个理论与祠堂/坟墓的二元关系。在概括了《礼记》的某些章节后他总结说:"体魄则降,智气在上,故立之主以祀之,以至其精神之极。而谨严其体魄,以竭其深长之思。此古人明于鬼神之情状,而笃于孝爱之诚实者也。"[6]

明代作家邱琼在一篇探讨"墓祭"起源的文章中更清楚地陈述了这种理论。他认为"墓祭"礼仪是在公元1世纪中叶由汉明帝首创的,后代的统治者效仿了他的先例。他写道:"人子于其亲,当一于礼而不苟于其生也,则既事之以礼矣。追其死也,其体魄之归地者,为宅兆以藏之。其魂气之在乎天者,为庙祐以栖之。"[7]

张子和邱琼的话使人回想起楚帛画的礼仪功能。通过招魂的礼仪,死者的游魂被召回并依附在招魂的工具上,这样它就能被带回墓地与死者的"体魄"重新结合。虽然"孝"的观念在以后的丧葬艺术中得到了更多关注,对双重灵魂的信念从东周到明清一直都存在着。几乎可以肯定,一些东汉的墓葬建筑及其画像反映了这种信念。比如位于山东省东阿县,建于公元154年的芗他君祠堂上有一段题记,中间一段与邱琼的观点非常相似。其中说无患和奉宗两兄弟在父母去世以后思念父母的养育之恩,非常悲怆,因此"兄弟暴露在冢,不辟晨昏,负土成墓,列种松柏,起立石祠堂,冀二亲魂零(灵)有所依止"[8]。

这种"冀……魂灵有所依止"的功能为理解2世纪丧葬祠堂的基本象征性结构提供了一把钥匙。如同武梁祠一样,这些祠堂的屋顶常常用来展示上天的场景(包括天象、天界诸神、征兆等),两面山墙上通常描绘西王母和东王公,而墙壁上一般描绘的是人间的事情。山东一座东汉祠堂铭文中的一句话总结了这种象征性结构:"上有云气与仙人,下有孝友贤仁。"[9] 如上所述,这种结构把祠堂转化为一个微型宇宙。死者虽然离开了人间,但他的灵魂仍得以跻身于这个模拟的宇宙之中。

尽管东汉的祠堂装饰在基本的象征结构上大同小异,但在具体图像的内容上却显示出极大的差别。一些祠堂偏重神话题材,另一些却雕刻着整排的孔子弟子图像。墓葬祠堂是个人和家族的纪念碑,对图像题材的不同选择必然反映了赞助人的不同考虑。[10] 但赞助人参与祠堂设计的程度以及参与的原因也可能有着相当大的差距。我们应该仔细分析每一座祠堂,以确定其画像究竟是工匠按照粉本制作的,还是由死者的家人或者祠堂的供奉者设计的。只有对图像和文献进行综合分析,我们才能完成这个研究。进行这种研究需要保存完好的整套画像石,还需要文献或(和)能够提供死者生平信息的铭文。据我所知,武梁祠即便不是唯一的,也是最好的具有这种例证的东汉享堂。武梁的碑文记载了这座祠堂是由他的子孙建造的,工匠的名字叫卫改。但是祠堂上的画像与武梁的生平及思想之间的密切关系使我们相信这些图像是由武梁本人设计的。

根据武梁的碑文,他是一位隐退的儒士,居家读书与教学。他的画像被刻在武梁祠图像历史的结尾,正好与司马迁和班固在各自历史著作中的自传位置匹配。碑文还告诉我们武梁属于韩诗学派,从文献记载我们了解到这个学派的成员以通晓预兆和拥有高尚的社会道德而闻名。再者,作为一位退隐"处士",武梁属于公元2世纪中叶一场激烈的权力斗争之中的一个政治派别,因此武梁祠画像宣扬隐退的价值和儒家政治理想绝非偶然。此外,武梁的碑文提到他"广学甄彻,穷综典□,靡不□览"。而武梁祠画像严密整合的图像程序以及措辞工整的榜题表明了设计者在史学和文学方面的不凡功力。

确定武梁祠画像的设计者有两个方面的重要性。第一,这种确定可以帮助解释该祠堂许多与众不同的特征;第二,它使武梁祠成为中国历史上最早的由个人设计以传达自己思想的艺术作品。

东汉是中国艺术史上的一个重要转折时期,在这期间一些文人学者开始以独立艺术家的身份出现。这类文人从东、西汉之交开始直接参与艺术活动,如刘向、蔡邕、刘褒等都创作了以著名文学作品为题材的绘画。赵岐为自己的墓葬建筑设计了画像,并为每幅图撰写了赞词,这为武梁设计他自己祠堂的画像提供了一个适当的类比。由于这些文献所记载的绘画作品没有一幅幸存下来,武梁祠画像遂成为我们研究中国艺术中"个性"肇始的独一无二的材料。

"个性"(individualism)一词在这里意味着显现个人动机的艺术形式(主要指题材)。对汉以前艺术的研究表明,青铜器、玉器、陶器和漆器基本上是根据当时流行的艺术和思想潮流来制作的,缺少表现个人思维的明确标记。甚至在汉代和汉以后的时期内,习俗和共性仍然是艺术创造中最起作用的因素,在礼仪和宗教艺术中尤其如此。从这个角度看,武梁祠画像的宇宙结构可以被看做是东汉祠堂装饰中的程式化的表现。这个结构支持着一座祠堂在葬礼仪式中的基本功能和象征意义,但并不表现赞助人或艺术家的个人趣味。武梁祠画像的个性首先表现在对题材的选择和组合上。这些题材既作为构筑宇宙结构的材料,也反映了设计者对政治和道德问题的特殊考虑。

通过比较武梁祠和其他祠堂的屋顶画像,可以证明前者对题材的选择目的性极强。如前所述,在许多东汉祠堂的装饰结构中,屋顶总是用来表现天界。然而,在武梁祠之外的其他所有东汉时期祠堂上,我们所看到的天界是有关"天"的种种幻想的或现实的景观,如日月星辰、牛郎织女、雷公风伯,以及龙凤和其他神秘动物。尽管这些图像表现了天的存在,满足了人们对神话的兴趣,但它们没有显示汉代儒家宇宙观中天的更为重要的方面,即天作为政治和伦理原则的本源及体现。作为今文学派的一名激进成员,武梁不可能忽略这个方面的内容。那些经他仔细挑选可与祠堂屋顶相配的图像具体而微地体现了上天意愿的征兆。这种"意愿"实际上表达了武梁本人的政治观点,比如我们在这些征兆的榜题里读到:"玉马,王者清明尊贤者则至","白马红鬣,王者任贤良则见"。

同样,武梁祠墙壁画像所表现的历史体系也是非常独特的,只能被认为是一个具有强烈政治倾向的饱学儒生的作品。这里,武梁把人类世界解释为历史演进模式的外化和社会关系的集合。他将历时的历史进程和共时的社会切面结合入一个波澜壮阔的大画面中,这个图像历史因此蕴含着深厚的儒学传统,也传达了武梁对善恶的判断以及他希望劝导观者选择正确道路的努力。

最后的这个论点引导我们回到武梁祠画像的功能问题。墓地上的祠堂是东汉时期复杂的礼仪系统中的一种工具。除了作为魂灵之寄托,祠堂也是家庭成员进行祖先崇拜和社会活动的中心。

一旦一个祠堂建造起来,祖先的灵魂居住在里面以后,死者和生者之间的关系便通过不断的祭祀而得以延续。《礼记》说:"凡治人之道。莫急于礼。礼有五经。莫重于祭。"[11]北乡侯为其父母建造的祠堂上刻有"朝半祠祭,随时进食"的铭文,说明了东汉祠堂和祭祀的关系。[12]相似的表述也见于其他东汉祠堂铭文和文献。[13]最重要的祭祀是岁末的"腊"祭,所有的家族成员都聚集到祠堂来祭祖。这个仪式在芗他君祠堂的铭文中有清楚的描述:芗的儿子建造祠堂并希望"岁腊拜贺,子孙欢喜"[14]。

"祭"的最重要的功能是为生者提供与祖先交流的机会。在古代中国,生者通过供奉祭品和接受祖先教诲来表达他们的孝心。这种双向交流过程乃是祖先崇拜的根本,被作为一种宗教规则描述在《礼记》中:"祭之日。入室。僾然必有见乎其位。周还出户。肃然必有闻乎其容声。出户而听。忾然必有闻乎其叹息之声。是故先王之孝也,色不忘乎目,声不绝乎耳,心志嗜欲不忘乎心。"[15]武梁把他的训诫表达在他的纪念堂的画像里,而非被动地把他的"心、志、嗜、欲"留他的后代去回忆。通过精心挑选的历史模范人物,他教导他的遗孀、儿孙、亲戚和仆人们按照正确的儒家规范行事。似乎是唯恐观者不懂得画像的这个意义,他在为孝子曾子题写的赞中写着:"后世凯式,以正抚纲。"

225　　一个东汉的祠堂是家族内部祖先崇拜的中心,但也是大型社会聚会的场地。根据文献我们可以区分出汉代葬礼仪式的五个主要部分:1.发丧——死者的家属把死讯通知给所有的家族成员和死者的朋友、弟子和同僚;2.奔丧——家族成员赶赴死者家庭哀悼死者;3.吊丧——死者的朋友、弟子和同僚向死者家属表示慰问;4.会丧——家族成员和其他人参加正式的葬礼仪式;5.送丧——参加葬礼的人护送葬礼队伍到达墓地。汉代人以推迟埋葬日期著称,有时候送葬活动在人死之后一年或两年之后才进行。[16]推迟的一个原因是等待吉祥的埋葬日期,但也有可能是因为需要更充分时间建造墓葬和享堂。

这个过程的最后的两个步骤与祠堂有关。一些祠堂是在墓主死亡之前建造的,而另外一些则是在长期准备最后葬仪集会的过程中修建的。这些集会的规模令人吃惊,例如在著名学者孔光(公元前65—公元5)的葬礼上,护送其灵柩的马车数量超过一万辆。而另一位以正直出名的官吏陈寔(公元104—187)的葬礼有三万多人参加。当儒家学者郑玄去世后,"自郡守以下尝受业者,缞绖赴会千余人"[17]。根据《盐铁论》记载，即使是普通人的葬礼也常常颇为讲究，主人家准备的盛宴上有大量的酒和食物，以及各种各样的款待活动。[18]

许多葬礼仪式有着重要的社会和政治目的。客人参加仪式是因为与死者有某种特殊联系。例如，郑玄葬礼的来宾多为这位儒学大师的弟子，其与死者的关系不仅是学术上的，而且也有强烈的政治因素。丧葬祠堂总是由家人建造，但是来宾常在祠堂前树碑以赞誉死者。正如包华石正确地指出，碑文的内容表明了客人的动机：这些文字的目的在于赞扬死者在学术和政治生涯中的功绩，表达对共同理想的献身精神，以及提高立碑者自己的声望。由于这种声望和汉代的举荐制度有关，它对一个人的升迁也至关重要。[19]

与碑相比，祠堂更多地表达了死者及其家庭的观念和欲望。在武梁这个例子中，其祠堂上的图像肯定了他作为一个儒家学者的成就，表达了他对儒家政治和道德原则的信奉，鼓励他的朋友和弟子去遵循这些原则。对于他的子孙们来说，这座祠堂的建立证明了他们的孝行，同时也提高了他们的公众声望。

因此，如果仅仅把"孝"作为东汉时期祠堂流行的原因就不免失之简单。更全面的说法是通过妥善地安排墓地和建造精美祠堂，孝子得以履行其公众责任，这种责任随着时间变化而愈趋详备。早期的祠堂铭文常常只提到死者的姓名和官职、死亡日期和祠堂的完工日期。[20]但是到了东汉后期，铭文的重点转为表达赞助人的孝行。如芗他君祠堂(公元154年)和安国祠堂(公元158年)上镌刻的铭文，在冗长的文字中描述了生者的悲伤和对逝者的感激之情，他们对建造祠堂以及举行祭祀活动的贡献，他们的一般道德信仰和成就，如此等等。这种话语被不断重复，充斥祠堂上的题铭。下面所引铭文的一个共同主题是生者与家族墓地的感情联系：

(安国的三个弟弟)悲哀思慕，不离冢侧，草庐□□，负土成坟。徐养陵柏，朝暮祭祠。

鲁北乡侯……阳三老自思省居，乡里无宜，不在朝廷，又无经学，志在供养。子道未返，感切伤心，晨夜哭泣，恐身不全。[21]

或者如武梁碑文所说：

> 孝子仲章、季章、季立，孝孙子侨，恭修子道，竭家所有，选择命石，南山之阳，擢取妙好，色无斑黄，前设坛墠，后建祠堂。

东汉祠堂铭文的另一个共同话题是建造祠堂的费用以及为筹备所需资金而做的努力。从题记中我们可以得知以下七座东汉祠堂的建造费用：

1. 戴氏祠堂（公元113年）：一万七千钱。
2. 永建五年祠堂（公元130年）：□五千钱（"五"前面缺字）。
3. 杨氏祠堂（公元137年）：一万钱。
4. 文叔阳祠堂（公元144年）：一万七千钱。
5. 芳他君祠堂（公元154年）：二万五千钱。
6. 安国祠堂（公元158年）：二万七千钱。
7. 孔耽墓（公元182年）：三万钱（包括祠堂和坟墓）。[22]

武梁和其兄弟为过世的母亲建造的石阙上也有类似的话，提到他们为在家族墓地增建石阙和一对石狮共花费十九万钱。

这些墓葬纪念建筑大多数属于当地士绅和低级官吏。一些家庭在人死后如想立即建造祠堂的确可能会遇到资金不足的困难。但奇怪的是一些铭文似乎竭力强调经济的窘迫以及需要长时间筹集费用来建造祠堂等情况。[23]尽管这些陈述清楚地表达了建祠者的孝心，但是它们也提出了一个问题：为什么要如此渲染他们的孝心？为什么要将建祠花费的细账如此公开地刻在祠堂上？

为了解释这种现象，我们必须理解东汉祠堂的公众性。墓地是当时社会集会的中心场所，因此为死者家属提供了表明他们孝行的机会。而"孝"是汉代举"孝廉"的一个首要标准。[24]换句话说，一座耗资巨大的祠堂具有双重意义。一方面通过建立这种礼仪建筑，生者能够履行对死者的道德义务；另一方面它能给这些家庭成员带来声誉以至更实惠的好处。

这两种动机既给墓葬建筑以真实的内容，也造成了丧葬礼仪的虚伪和纪念文辞的浮夸，以至当时许多人认识到过分修建丧葬建筑带来的危险。在东汉的一场著名的有关盐铁国有化的辩论中，一位参与者对耗资巨大的丧葬设施背后的动机提出了质疑：

"今生不能致其爱敬,死以奢侈相高。虽无哀戚之心,而厚葬重币者,则称以为孝,显名立于世,光荣著于俗。故黎民相慕效,至于发屋卖业。"【25】

这段议论可以帮助解释在祠堂上镌刻详细而感情丰溢的纪念铭文的趋势。根据当时的逻辑,一个家庭为死者建造祠堂的花费能够成为他们孝行的一种标志。因此在题记中夸张地描述其筹集所需资金和建造祠堂时的艰辛,会增强公众对建祠者的敬意。

东汉祠堂处于一个复杂的社会网络之中,它既是私人的又是公众的。武梁祠是武梁和家中活着的人进行交流的媒介,是他和社会公众交流的媒介,也是他的家人和公众进行交流的媒介。在举行葬礼仪式期间和仪式之后,祠堂对家族成员和公众都是开放的,因此可以继续发挥它的社会作用,正如一座东汉祠堂上的题记所言:"涕泣双并,传告后生,勉修孝义,无辱生生。唯诸观者,深加哀怜……明语贤仁四海士,唯省此书,无忽矣。"【26】

德效骞曾说汉代儒学"从东周末期半隐居式的学究的学说发展而来,在汉代成为政府的官学,任何希望踏入公众生活的人都不得不采纳它。儒学的这个胜利使它成为中国文化中的支配性因素,并极深地影响了这个世界上相当大的一部分人"【27】。

儒学的胜利来之不易。这个胜利的获得是因为许多代儒生辛勤的和近乎英雄般的努力,他们希望把所有的概念和事物综合入一个有序的体系。其结果是使儒学成为一个庞然大物,与它那同样巨大的孪生兄弟——新建立的汉帝国平起平坐。对于汉代人来说,这种综合体系的必要性被前朝秦代这个使人惊恐的反例加以证明——秦始皇对哲学、历史、伦理和所有其他知识分支的迫害导致了自己朝代的覆亡。具有反讽意味的是,秦代的反知识政策与汉代的"大同"观念有其相似之处。但是对于秦来说,"大同"意味着绝对中央权力之下一个毫无生气的世界。最可以说明这种"大同"实质的就是秦始皇陵。那里,巨大的坟冢象征着中心权力,围绕着它的是庞大的国家机器——军队、臣僚和百姓,都被以一种令人心寒的方式复制和埋在地下。与之相对照,汉代儒家的"大同"概念意图平衡各种矛盾的力量。根据这种哲学,一旦这些力量被平衡了，万物就变得相互联系、相互依存，组成一个和谐的统一体。武梁祠石刻画像以视觉化的方式表现了这种观念。

中国美术史研究中对"儒家美术"兴趣的缺乏实在令人吃惊。与佛教艺术和道教艺术的学术成就相比较，对艺术中的儒家思想观念的讨论非常罕见，以致使人怀疑儒家美术是否存在。在提出武梁祠体现了汉代儒家的思想，是汉代儒家艺术的一个杰出例子时，有必要对此一艺术传统的一些基本特征进行界定。

汉代儒家美术的第一个，也可能是最重要的特征是对一种无所不包的宇宙的表现，这也是武梁祠画像最基本的目的。"无所不包"意味着对任何外在创造者或终极原因的否定，这个宇宙是通过自身内在的秩序而完成的。[28]用李约瑟（Joseph Needham）的话来说，它是"一种没有秩序创造者的意愿的有序和谐"[29]。如杜维明在下面这段引文中所强调的，这个特征把汉代儒学及其艺术和其他许多古代宗教和它们的艺术区别开来：

> 严格地说，并非是因为中国人缺乏上帝创世的观念，以致他们别无选择，只好接受有机生成的宇宙论。实际的情况是，由于他们把宇宙理解为不断的创造力的展现，因此无法在他们的思考中纳入"上帝以其手或意志创世的观念，以及所有其他诸如此类的机械论的、目的论的和有神论的宇宙哲学"。中国人对存在的连续性的执著，而不是由于他们缺少创世神话，使他们把自然看做是一种"具有非人格宇宙功能的、包罗万象的和谐"。[30]

就像我们在武梁祠画像中所看见的，这样一种有机宇宙论是汉代对宇宙的艺术表现的核心。图像没有显示一种超越宇宙的外部力量，甚至"天"也只是在对人事的反应中表现自己。这些图像表现的不是神的深奥说教，而是宇宙本身的实在，因为它们的相互关系揭示了宇宙内在的、不可改变的运转。

这种理解将我们导向汉代儒家美术的第二个特征：这种宇宙结构的图像学配置。[31]因为宇宙同时是自在的和自为的，它必须是包括一切的和解释一切的。它既是物质的又是形而上的，它拥抱这个世界以及方外的一切。而且，只有当所有这些事物都被合理地纳入一个基本的隐喻性规范之内,解释所有事物的愿望才能实现。董仲舒下面这段话为汉代儒家的这一宇宙观建立了一个坚实的框架:

> 凡物必有合。合必有上,必有下,必有左,必有右,必有前,必有后,必有表,必有里。有美必有恶,有顺必有逆,有喜必有怒,有寒必有暑,有昼必有夜,此皆其合也。阴者,阳之合。妻者,夫之合。子者,父之合。臣者,君之合。物莫无合,而合各相阴阳。阳兼于阴,阴兼于阳,夫兼于妻,妻兼于夫,父兼于子,子兼于父,君兼于臣,臣兼于君。君臣、父子、夫妇之义,皆取诸阴阳之道。君为阳,臣为阴,父为阳,子为阴,夫为阳,妻为阴,……王道之三纲,可求于天。[32]

同样的对应关系——上与下、东与西、天上与人间、君与臣、父与子、夫与妇统辖着武梁祠石刻画像的设计。汉代儒学包容一切和解释一切的性质在两个层面上与汉代儒家艺术的图像有关:一方面,容纳宇宙的雄心产生了一种百科全书式的艺术;另一方面,宇宙论的阐释模式为艺术提供了创作图像的一把实用的钥匙。

然而,儒家的宇宙观仅仅为图像的表现设立了一个基本的框架,用来构筑这个图像宇宙的"原材料"则大部分留给了个人。因而,汉代儒家艺术的第三个也是最后一个主要特征是:即使这种艺术有一种严格的图像程序,但对具体图像之选择和运用却是灵活的。抽象的对应——上与下、东与西、天与人可以由无限变化的题材来表现。所以尽管汉代艺术中流行一些单个的题材,但题材的组合却是每座祠堂各不相同。祠堂的某一特定位置可以由与某一概念对应的不同题材装饰,这种现象表明一个特定纪念物的装饰题材是从许多套"画样"或粉本中挑选出来的。同样的现象也说明了在题材选择上的双重动机。首先,每个图像题材必定在一般意义上联系着一个较大的观念,因此能够成为被观众理解的公共符号;在这个意义上,这个题材可以被相同类别中的其他题材替代,整个图像程序将不受这种置换的影响。第二,对题材的选择也必然反映了挑选者的个人偏爱,由于汉代儒学及其艺术的百科全书性质,他的爱好和观念可以通过陈规化的符号而有效地传达出来。

　　因而,任何被用来装饰祠堂的题材都起到双重的隐喻作用。在武梁祠画像中,故事和征兆的图像来源于图籍和其他流行画集。这些图籍中的素材既隐喻着抽象的观念,又是表达个人思想的参考书和索引。经过选择和重新组合,一套现有的画像被装饰在武梁祠上。作为抽象观念的体现,这些画像是非人格化宇宙的微观模块;作为个人思想的表达,它们揭示了武梁的知识倾向和政治抱负。我在这本书中提出武梁祠画像的这种内涵意味着中国艺术中"个性"之肇始。但是在这个历史阶段,个性还只能通过运用陈规化的形式实现。形式被当成语汇,艺术家是修辞学家,而"意义"则在象征性和再现性艺术的微妙交接处显露出来。

注释

[1] E. Male(艾米尔·马尔), *Religious Art*, 2d Noonday ed., New York: Noonday Press, 1959, p.94.

[2] 有关四川汉代石棺上所表现的宇宙缩影之讨论,见Wu Hung(巫鸿), "Myths and Legends in Han Funerary Art," in *Stories from China's Past*, San Francisco: Chinese Cultural Foundation, 1987, pp.263—376.

[3] 原文出自董仲舒:《春秋繁露》卷十,浙江书局,1901年。

[4] W. Bauer(鲍尔), *China and the Search for Happiness*, Trans. M. Shaw, New York: Seabury Press, 1976, p.42.

[5] 原文出自《礼记·郊特牲》,见孙希旦:《礼记集解》,上海:商务印书馆,国学基本丛书,1933年。

[6] 朱孔阳:《历代陵寝备考》,上海:上海申报馆,1937年,卷十三,4页引。

[7] 同上,5页引。

[8] 罗福颐:《芗他君石祠堂题字解释》,《故宫博物院院刊》,1960年第2期,179页引。

[9] 李发林:《山东汉画像石研究》,济南:齐鲁书社,1982年,105页引。

[10] M. Powers(包华石), "Pictorial Art and its Public in Early Imperial China," *Art History* 7, 1984, no.2, pp.146—149.

[11] 原文出自《礼记·祭统》。

[12] 方若引:《校碑随笔》,1923年,京都:朋友书店重印本,1978年,卷一,5页上、下。

[13] 李发林:《山东汉画像石研究》,104页。

[14] 罗福颐:《芗他君石祠堂题字解释》,《故宫博物院院刊》,1960年第2期,179页;又见班固:《汉书》,北京:中华书局,1962年,3115—3116页。

[15] 原文出自《礼记·祭义》。

[16] 杨树达:《汉代婚丧礼俗考》,上海:商务印书馆,1933年,132—144页。

[17] 班固:《汉书》,3364页;范晔:《后汉书》,北京:中华书局,1965年,2067、1211页。

[18] 桓宽:《盐铁论》,上海:上海古籍出版社,1974年,卷六。

[19] M. Powers, "Pictorial Art and its Public in Early Imperial China," *Art History* 7, 1984, no.2, p.144.

[20] 早期题记的一个典型例子是山东汶上路公食堂,题记写道"天凤三年立食堂:路公严治春秋不踰(逾)"。引自傅惜华:《汉代画像全集》,北京:中法汉学研究所,1950年,卷一,图129。

[21] 李发林:《山东汉画像石研究》,104页;方若:《校碑随笔》,卷一,5页上、下。

[22] 方若:《校碑随笔》,卷一,5页下;关野贞:《支那山东省にけゐ汉代坟墓の表饰》,东京:东京帝国大学工科大学,1916年,80—82、114—115、127—128页;山东省博物馆,山东省文物考古研究所:《山东汉画像石选集》,济南:齐鲁社,1982年,15—16页;罗福颐:《芗他君石祠堂题字解释》,《故宫博物院院刊》,1960年第2期,179页;李发林:《山东汉画像石研究》,106页;洪适:《隶释》,1166年,见《石刻史料新编》(九),台北:新文丰出版公司,1957年,6806页。

[23] 李发林:《山东汉画像石研究》,106页;洪适:《隶释》,见《石刻史料新编》(九),6806页;山东省博物馆,山东省文物考古研究所:《山东汉画像石选集》,济南:齐鲁书社,1982年,15—16页。

[24] M. Powers, "Hybrid Omens and Public Issues in Early Imperial China," *Bulletin of the Museum of Far Eastern Antiquities* 55, 1983, pp.17—23.

[25] 桓宽:《盐铁论》卷六,69—70页。

[26] 李发林:《山东汉画像石研究》,107页。

[27] H.H.Dubs(德效骞), *Pan Ku: The History of the Former Han Dynasty*, 3 vols, Baltimore: Waverly Press, 1938: vol.3, p.435, n17. 参见:B.E. Wallacker(沃拉克), "Han Confuciusm and Confucius in Han," in D.T. Roy and T.H. Tsien, eds., *Ancient China: Studies in Early Civilization*, Hong Kong: Hong Kong University Press, 1978, pp.215—227.

[28] F.W. Mote(穆特), *Intellectual Foundations of China*, New York: Knopf, 1971, pp.17—18.

[29] J. Needham and Wang Ling(李约瑟等), *Science and Civilization in China*, vol.2, Cambridge, Eng.: Cambridge University Press, 1954, p.287.

[30] Tu Weiming(杜维明), *Confucian Thought*, Albany: SUNY Press, 1985, p.36; F.W. Mote, *Intellectual Foundations of China*, p.20.

[31] "图像学"(Iconology)一词在本书指的是"内容"。它不涉及对母题和形象所做的文学来源研究。

[32] 原文出自董仲舒:《春秋繁露》卷十二。

附 录

Appendixes

【一】榜题、图像志、文本

武梁祠是东汉时期唯一一座从始至终刻有榜题的墓祭祠堂。这些榜题有两种,既包括注明图像内容的短小铭文,还包括一些概括故事和表达对所表现的道德行为崇敬之情的较长篇幅的颂词。与之相对照,东汉时期其他的祠堂,如孝堂山祠堂、另外两座武氏祠以及那些单块的画像石,其榜题则都是短小和不连贯的,也没有以赞体风格写成的颂词。

由于这个原因,武梁祠榜题成为研究汉画像图像志的珍贵材料,学者们对此已经讨论了数百年。一些重要的著述,如翁方纲、阮元、冯云鹏、沙畹、容庚、瞿中溶和长广敏雄的著作,都着重于抄录、注释榜题和断定其文本来源以及相关的图像。年复一年,越来越多的榜题和故事被成功地识读出来,这些成果是进一步解释武梁祠画像石的坚实基础。

以下附录综合了先前学术著作在这方面的成果并提供其他信息,试图识读以前没有辨认出来的题记和图像,并研究了大量的参考文献来确定这些榜题和图像构图的直接文本来源。*

这个附录可看做是对武梁祠铭文和图像志的一项独立研究,与本书下编中对武梁祠画像图像程序的解释密切相关。对图像志的识读集中在单独的图像或画面上,而对程序的分析表明了这些有各种不同来源的独立主题是怎样和为什么被组织在一个大的

---

* 全部的榜题和相关的参考文本在本书英文版中被重新翻译成英文,因为以前的著作里错误太多。——译者按

图像构图之中。接下来的讨论与艺术和文献的历史都有关系。武梁祠画像是由图像和文本两部分组成。因而，他们可以被称为"带注释的图像"(annotated illustrations)或"图像文本"(illustrated texts)。实际上，这种形式所代表的是一种汉代流行的文学和艺术门类。而且，由于一个故事经常可以有不止一种文本来源，因而这种图像志的研究不可避免地会涉及不同文本之间的关系，以及这些文本和武梁祠画像石之间的关系。实际上，许多描绘在祠堂上的图像故事是这些故事现存的最早版本。

征　兆

两方屋顶画像石上的祥瑞征兆图像被雕刻成行，每幅图像的榜题既指明了该征兆的名称，也叙述了其出现的条件。在祥瑞石二上，从顶部开始的第一、二行由祥瑞图像组成，第三行填满了无榜题的车马人物图像。但祥瑞石一上的三行图像全都是祥瑞图像。

因为画像石遭到了严重损坏，许多图像和榜题已经变得模糊甚至完全消失了，辨认和复原原来的榜题一直是一项重要的学术任务。复原这些榜题的基本资料是《宋书》的卷二八和卷二九，其中提供了详细的祥瑞条目和至刘宋（公元420—479年）末期它们出现的状况。[1] 这部书是公元6世纪上半叶梁朝的沈约所著[学者们认为《宋书》是基于南齐（公元479—502年）的何承天和徐爰所著的《刘宋史》]。[2] 另一个重要的文本来源是《瑞应图记》，为6世纪的孙柔之撰。这本书现在的版本是由清代学者皮锡瑞从传世著作的引文中整理出来的，其主要的根据是《艺文类聚》和《太平御览》这两部百科全书，以及唐代的占卜索引《开元占经》。[3]

尽管《宋书》和《瑞应图记》中的祥瑞条目晚于武梁祠之后三个多世纪写成，但它们与武梁祠榜题之间的密切关系显而易见。实际上，一些榜题与这些文本里的类似部分完全一致，其他榜题则是原文的简写本。因此这两个后世目录或许全部或部分基于东汉文本，而这个东汉文本曾是武梁祠祥瑞图的来源。孙柔之著作的书名支持了这种假设，它也暗示出书中的一些短小段落原本就是祥瑞图像的解释部分。武梁祠画像石清楚的表现了这种图录形式。

征兆图像也出现在常称之为"祥瑞石三"的画像石上（我称之为"征兆石三"）。然而，此图的性质与武梁祠顶上的祥瑞图像不同（见本书第三章）。其上不仅雕刻有瑞兆，而且还有预示不祥事件的凶兆。榜题的文本来源也显示出更大的多样性。其中瑞兆文本的来源与武梁祠祥瑞图相似，但是那些凶兆与《山海经》里的某些段落有明显的对应关系。学者一般认为《山海经》本来就包括有插图和文本描述，在祠堂画像中引用这部书或许说明了《山海经》在东汉时期的宗教意义。[4] "征兆图三"上残留的凶兆图像因此提供了现已不存的汉代插图版《山海经》的情况。

下文中，榜题里的汉文符号破折号（——）表示此处一段话已损毁严重，文字无法阅读；方框（□）表示模糊的字或字的部分。我对某些榜题的记录反映出原来榜题复原后的情况。在这些例子里，榜题的残留部分必须与文本材料之间有明显的对应关系。然而，其他许多榜题因为破损或缺乏与之相对应的文本而很难复原。在这种情况下，在武梁祠的榜题之后录有选自《宋书》和《瑞应图记》中的最接近的段落。

祥瑞石一（见图34—1）

第一行

1. **榜题**："狼（浪）井——"（图88）

    参考文献：

    《宋书》载"浪井不凿自成，王者清静则应"[5]。

    《瑞应图记》载"王者清静则浪井出，有仙人主之"[6]。

图88 浪井，武梁祠屋顶画像。复原图。（采自冯云鹏、冯云鹓，1821，图4.21）

2. **榜题**："——息——士则至。"（尚未辨认出来）

3. **榜题**："神鼎（不）炊自熟,五（味）自（成）。"（图89）

参考文献：

《宋书》载"神鼎者,质文之精也。知吉知凶,能重能轻。不炊而沸,五味自生。王者盛德则出"[7]。

《瑞应图记》载"神鼎者,质文精也,知吉凶存亡。能轻能重,能息能行。不灼而沸,不汲自盈,中生五味。昔黄帝作鼎象太一,禹治水收天下美铜以为九鼎象九州。王者兴则出,衰则去"[8]。

《墨子》载"曰鼎成四足而方,不炊而自烹,不举而自藏,不迁而自行"[9]。

图89 神鼎,武梁祠屋顶画像。复原图。（采自冯云鹏、冯云鹓,1821,图4.22）

4. **榜题**："（麒麟）不刳胎残少则至。"（图90）

参考文献：

《宋书》载"麒麟者,仁兽也。牡曰麒,牝曰麟,不刳胎剖卵则至。麇身而牛尾,狼项而一角,黄色而马足。含仁而戴义,音中钟吕,步中规矩,不践生虫,不折生草,不食不义,不饮洿池,不入坑穽,不行罗网。明王动静,有仪则见"[10]。

图90 麒麟,武梁祠屋顶画像。复原图。（采自冯云鹏、冯云鹓,1821,图4.23）

《瑞应图记》中也包括了上面这段话,但还提到麒麟的其他美德："食禾之实,饮珠之精。……不群居,不侣行。……彬彬乎文章,巾巾乎礼乐。王者德及幽隐,不肖斥退,贤者在位则至"[11]。

《春秋感应符》载"麟一角者,明海内共一王也,王者不刳胎剖卵则出"[12]。

沙畹对此段的翻译有误。[13]原文的意思是当王者不伤害动物时麒麟就会出现。

5. **榜题**："——至——"（尚未辨认出来）

6. **榜题**："——周时——"（尚未辨认出来）

7. **榜题**："不漉池如渔,则黄龙游于池。"（图91）

图91 黄龙,武梁祠屋顶画像。复原图。（采自冯云鹏、冯云鹓,1821,图4.24）

参考文献：

《宋书》载"黄龙者,四龙之长也。不漉池而渔,德至渊泉,则黄龙游于池。能高能下,能细能大,能幽能冥,能短能长,乍存乍亡"[14]。

《瑞应图记》里有几种关于"黄龙"的不同说法。其中一个基本与《宋书》相同,其余的都经过缩略。[15]

8. **榜题：** "蓂荚,尧时(生阶)。"(图92)

参考文献：

《宋书》载"蓂荚,一名历荚,夹阶而生,一日生一叶,从朔而生,望而止,十六日,日落一叶,若月小,则一叶萎而不落,尧时生阶"[16]。

《瑞应图记》载"蓂荚者,叶圆而五色,一名历荚。十五叶,日生一叶,从朔而望毕。十六日,毁一叶,至晦而尽。月小则一叶卷而不落。圣明之瑞也,人君德合乾坤则至"[17]。

图92 蓂荚,武梁祠屋顶画像。复原图。(采自冯云鹏,冯云鹓,1821,图4.25)

第二行

9. **榜题：** "六足兽,谋及众则至。"(图93)

参考文献：

在《宋书》和《瑞应图记》里有相应的一段文字,它与榜题的不同之处在于增加了"王者"和"庶"字："六足兽,王者谋及众庶则至。"[18]

10. **榜题：** "白□□□者□□则至。"(尚未辨认出来)

11. **榜题：** "——英——"(尚未辨认出来)

12. **榜题：** "——女□——日□——"(尚未辨认出来)

图93 六足兽,武梁祠屋顶画像。复原图。(采自冯云鹏,冯云鹓,1821,图4.26)

第三行

图94 白虎，武梁祠屋顶画像。复原图。(采自冯云鹏、冯云鹓, 1821, 图4.27)

13. **榜题**："白(虎)，王者不暴(虐，则白虎)至，仁不害人。"(图94)

    参考文献：

    《宋书》载"白虎，王者不暴虐，则白虎仁不害物"[19]。

14. **榜题**："——白□如事——"（尚未辨认出来）

15. **榜题**："——不方□——"（尚未辨认出来）

16. **榜题**："白□王者□□则至。"（尚未辨认出来）

祥瑞石二（见图34—2）

第一行

17. **榜题**："——旬——"（尚未辨认出来）

18. **榜题**："(玉)马，(王者)清明尊贤(则至)。"(图95)

    参考文献：

    《宋书》载"玉马，王者精明尊贤者则出"[20]。
    《瑞应图记》里和武梁祠上的榜题基本一致："玉马者，王者精明尊贤则至。"[21]

19. **榜题**："玉英，五常(并修)则(见)。"

    参考文献：

    《宋书》载"玉英，五常并修则见"[22]。
    《瑞应图记》载"王者五常并循则玉英见"[23]。

图95 玉马，武梁祠屋顶画像。复原图。(采自冯云鹏、冯云鹓, 1821, 图4.29)

20. 榜题:"赤羆,仁(佞)奸(息则)至。"(图96)

    参考文献:

    《宋书》载"赤熊,佞人远,奸猾息,则入国"[24]。

    《瑞应图记》载"王者远佞人,除奸猾,则赤熊见"[25]。

    沙畹将"仁"字误读并误译,[26] 如《宋书》和《瑞应图记》所证,榜题中的"仁"字是"佞"字的简化形式。

图96 赤羆,武梁祠屋顶画像。复原图。(采自冯云鹏、冯云鹓,1821,图4.31)

21. 榜题:"木连理,王者德(洽,八方为一)家,则连理生。"(图97)

    参考文献:

    《宋书》载"木连理,王者德泽纯洽,八方合为一,则生"[27]。

    《瑞应图记》载"木连理,王者德化洽八方合为一家,则木连理(生)"[28]。

图97 木连理,武梁祠屋顶画像。复原图。(采自冯云鹏、冯云鹓,1821,图4.32)

22. 榜题:"璧流离,王者不隐过则至。"(图98)

    参考文献:

    《宋书》里有相同的文字。[29]

    《瑞应图记》所载有所不同:"王者不多娶妻妾,则碧琉璃见。"[30]

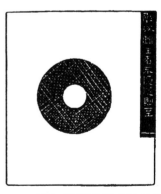

图98 璧流离,武梁祠屋顶画像。复原图。(采自冯云鹏、冯云鹓,1821,图4.33)

23. 榜题:"玄圭,水泉流通,四(海)会同则至。"(图99)

    参考文献

    《宋书》载"玄圭,水泉流通,四海会同则出"[31]。

24. 榜题:"比翼鸟,王者德及高远则至。"(图100)

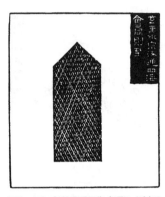

图99 玄圭，武梁祠屋顶画像。复原图。(采自冯云鹏、冯云鹓，1821，图4.34)

图100 比翼鸟，武梁祠屋顶画像。复原图。(采自冯云鹏、冯云鹓，1821，图4.35)

图101 比肩兽，武梁祠屋顶画像。复原图。(采自冯云鹏、冯云鹓，1821，图4.36)

参考文献：

《宋书》里有相同的文字。[32]

25. **榜题**："比肩兽，王者德及（鳏）寡则至。"（图101）

参考文献：

《宋书》里有相同的文字。[33]

26. **榜题**："白鱼，武（王渡孟）津，入于王（舟）。"（图102）

参考文献：

《宋书》载"白鱼，武王渡孟津，中流入于王舟"[34]。

图102 白鱼，武梁祠屋顶画像。复原图。(采自冯云鹏、冯云鹓，1821，图4.37)

27. **榜题**："比目鱼，王（者）明无不（徇则）至。"（图103）

参考文献：

《宋书》载"比目鱼，王者德及幽隐则见"[35]。

《瑞应图记》载"王者明德幽远，则比目鱼见"[36]。沙畹对此段文字进行了翻译。[37]

28. **榜题**："（银）甕，（刑）法得（中则至）。"（图104）

参考文献：

《宋书》载"银麃，刑罚得共，民不为非则至"[38]。

《瑞应图记》载"王者宴不及醉，刑罚中，人不

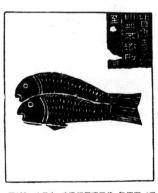

图103 比目鱼，武梁祠屋顶画像。复原图。(采自冯云鹏、冯云鹓，1821，图4.38)

为非,则银甕出"[39]。

第二行

29. 榜题:"——盈,王者清广则至。"(尚未辨认出来)

图104 银甕,武梁祠屋顶画像。复原图。(采自冯云鹏、冯云鹓,1821,图4.42)

30. 榜题:"——则——"(尚未辨认出来)

31. 榜题:"——生后稷——"(尚未辨认出来)

32. 榜题:"皇帝时南(夷)乘鹿来甒巨鬯。"
    参考文献:
    《宋书》载"巨鬯,三禹之禾,一稃二米,王者宗庙修则出,黄帝时南夷乘鹿来献鬯"[40]。

33. 榜题:"——王——"(尚未辨认出来)

34. 榜题:"渠(搜),(禹时)来(献裘)。"(图105)
    参考文献:
    《宋书》载"渠搜,禹时来献裘"[41]。

图105 渠搜,武梁祠屋顶画像。复原图。(采自冯云鹏、冯云鹓,1821,图4.39)

35. 榜题:"白马朱鬣,(王者任贤)良则至。"(图106)
    参考文献:
    《宋书》载"白马朱鬣,王者任贤良则见"[42]。

36. 榜题:"泽马,王者劳来(百姓)则(至)。"(图107)
    参考文献:
    《宋书》载"泽马,王者劳来百姓则至"[43]。

图106 白马,武梁祠屋顶画像。复原图。(采自冯云鹏、冯云鹓,1821,图4.40)

图107 泽马，武梁祠屋顶画像。复原图。（采自冯云鹏，冯云鹓，1821，图4.40）

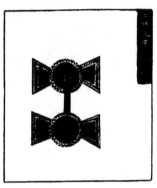

图108 玉胜，武梁祠屋顶画像。复原图。（采自冯云鹏，冯云鹓，1821，图4.43）

37. 榜题："玉胜，王者——"（图108）

参考文献：

《宋书》载"金胜，国平盗贼，四夷宾服则出"[44]。

征兆石三（"有鸟如鹤"画像石）（见图18、38）

第一行

1. 榜题："有鸟如鹤，□□□喙，名□□，其鸣自（叫），□有动矣。"

参考文献：

《山海经》载"有鸟焉，其状如鹤，一足、赤文青质而白喙，名曰毕方。其鸣自叫也，见则其邑有讹火"[45]。

第二行

2. 榜题："（比肩兽，王）者德及鳏寡（则至）。"

参考文献：

《宋书》，见上文25。

3. 榜题："比目鱼，王者德广，明无不通则至矣。"

参考文献：

《宋书》和《瑞应图记》，见上文27。

第三行

4. 榜题："——者——"（尚未辨认出来）

5. 榜题："（一）角兽——"

参考文献：

《宋书》载"一角兽,天下平一则至"[46]。

6. **榜题**："□□如——吉——"(尚未辨认出来)

7. **榜题**："有□□□身长尾□□□□名曰法□□(行)则衔其尾,(见)之则民凶矣。"

参考文献：

《山海经》载"有兽焉,其状如豹而长尾,人首而牛耳,一目,名曰诸犍。善咤,行则衔其尾,居则蟠其尾"[47]。

古帝王

十一位古代帝王像旁边刻着两种模式的榜题。第一种,如在颛顼、喾和桀榜题中所看到的,用简单、不押韵的言辞来表明人物的身份。第二种,是比较复杂的言辞。每一榜题由两部分组成。第一部分是帝王的姓名或号,以及他主要的德行和贡献;第二部分由押韵的二至四句组成,每句四字。这些特征表明这第二种榜题属于在东汉时期广为流行的"赞"体文学形式。

十一位古帝王可以分为三组:三皇、五帝以及夏代的创立者和最后一位皇帝。关于这种分组以及三皇的序列,秦汉时期主要流行着五种理论:

1. 伏羲、神农、燧人。见于《含文嘉》、《潜夫论》、《白虎通》和《尚书大传》。[48]
2. 伏羲、女娲、神农。见于《潜夫论》、《春秋运斗枢》、《吕氏春秋》和《礼记》。[49]
3. 伏羲、祝融、神农。见于《礼号谥记》。[50]
4. 伏羲、神农、祝融。见于《白虎通》。[51]
5. 伏羲、神农、黄帝。见于《礼稽命征》和《帝王世纪》。[52]

武梁祠上的三皇顺序与第三种理论,即应劭《风俗通》中所引《礼号谥记》的说法一致。

汉代学者似乎一致认为五帝为黄帝、颛顼、喾、尧和舜。[53]武

图109 1、2.伏羲和女娲,武梁祠屋顶画像,复原图。(采自冯云鹏、冯云鹓,1821,图3.7)
3.后石室第四石。(采自沙畹,1913,第二册,图60,第123)
4.后石室第五石。(采自沙畹,1913,第二册,图70,第134)

梁祠上五帝的顺序也按照此顺序。

以下的讨论集中于刻在肖像旁边的榜题。这些榜题常与汉代文献相对应，尤其是和《周易》的《系辞》、《白虎通》的《号》、《风俗通》的《五帝》一章、《大戴礼记》中的《五帝德》一章，以及《史记》中的《五帝本纪》。这些著作中的相关段落抄录于榜题之后。

画面1：伏羲和女娲（图109）

榜题："伏戲（羲）苍精，初造王业，画卦结绳，以理海内。"

参考文献：在武梁祠画像石上，伏羲以右手举矩尺，他的配偶女娲以对称的形式描绘，他们的蛇尾交缠在一起。一个小人形悬挂在这两位人类初祖之间，应是表现由女娲和伏羲所体现的阴、阳这两种宇宙力量的结合而生的初始人类。榜题的来源是《周易》的《系辞》部分和东汉时班固编撰的《白虎通》。《系辞》说：

> 古者包牺（伏羲）氏之王天下也，仰则观象于天，俯则观法于地，观鸟兽之文，与地之宜，近取诸身，远取诸物，于是始作八卦，以通神明之德，以类万物之情，作结绳而为网罟，以佃以渔，盖取诸离。[54]

据《白虎通》：

> 古之时未有三纲六纪，民人但知其母，不知其父。能覆前而不能覆后。卧之法法，行之吁吁，饥即求食，饱即弃余，茹毛饮血，而衣皮苇。于是伏羲仰观象于天，俯察法于地，因夫妇，正五行，始定人道。画八卦以治下，下伏而化之，故谓之伏羲也。[55]

但这两篇文献都没有提到"苍精"一词。只有郑康成在注释《礼记》的《月令》一章中的太昊时称伏羲为苍精之君。*据《春秋文耀钩》记载，苍精君在东宫，为青龙。[56]

画面2：祝融（图110）

榜题："祝诵（融）氏：无所造为，未有耆欲，刑罚未施。"

参考文献：还没有找到任何文献与榜题完全相符。然而，《白虎通》中曾暗示祝融的美德在于"无所作为"："谓之祝融何？祝者，属也，融者，续也。言能属续三皇之道而行之。故谓祝融也。"[57] 武梁祠这个榜题的最后一行与《大戴礼记》中《盛德》中的一条记载有关："刑罚之源，生于嗜欲好恶不节。"[58]

图110 祝诵，武梁祠画像石。
1. 拓本。(采自容庚, 1936, 1页下)
2. 复原图。(采自冯云鹏, 冯云鹓, 1821, 图3.8)

* 陈浩注之原文为："太昊，伏羲，木德之君。"见《四书五经》中《礼记》83页，未见郑康成注。
——译者注

画面3：神农（图111）

榜题："神农氏：因宜教田，辟土种谷，以振万民。"

参考文献：图中的神农作耕田状。这幅图的原文可以在《系辞》中找到："包牺氏没，神农氏作，[59] 斲木为耜，揉木为耒，耒耨之利，以教天下，盖取诸益。日中为市，致天下之民，聚天下之货，交易而退，各得其所。"[60]

画面4：黄帝（图112）

榜题："黄帝：多所改作，造兵井田，（垂）衣裳，立宫宅。"

参考文献：在武梁祠画像石上，黄帝与三皇的不同之处在于他戴着皇冠穿着皇袍——这是生活趋于精致的象征。紧接的四位帝王——颛顼、喾、尧和舜穿着都与黄帝相似，不同之处是他们的姿势。与黄帝榜题最接近的文本可以在应劭的《风俗通》中《五帝》部分找到："黄帝始制冠冕，垂衣裳，上栋下宇，以避风雨。"[61]

《系辞》有更详细的说明。如："神农氏没，黄帝尧舜氏作。"[62] "黄帝、尧、舜垂衣裳而天下治，盖取诸乾坤。刳木为舟，剡木为楫，舟楫之利，以济不通，致远以利天下，盖取诸涣。服牛乘马，引重致远，以利天下，盖取诸随。重门击柝，以待暴客，盖取诸豫。断木为杵，掘地为臼，臼杵之利，万民以济，盖取诸小过。弦木为弧，剡木为矢，弧矢之利，以威天下，盖取诸睽。上古穴居而野处，后世圣人易之以宫室，上栋下宇，以待风雨，盖取诸大壮。"[63]

图111 神农，武梁祠画像石。
1. 拓本。(采自容庚，1936，2页上)
2. 复原图。(采自冯云鹏、冯云鹓，1821，图3.9)

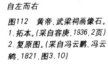

自左而右

图112 黄帝，武梁祠画像石。
1. 拓本。(采自容庚，1936，2页)
2. 复原图。(采自冯云鹏、冯云鹓，1821，图3.10)

图113 颛顼，武梁祠画像石。
1. 拓本。(采自容庚，1936，2页下)
2. 复原图。(采自冯云鹏、冯云鹓，1821，图3.11)

图114 喾，武梁祠画像石。
1. 拓本。(采自容庚，1936，3页上)
2. 复原图。(采自冯云鹏、冯云鹓，1821，图3.12)

画面5：颛顼（图113）

榜题："帝颛顼高阳者，黄帝之孙，而昌（意之）子。"
参考文献：在《史记》的《五帝本纪》一章中有与榜题完全一致的说法。[64] 在《大戴礼记》中也有类似的描述："颛顼，黄帝之孙，昌意之子也，曰高阳。"[65]

画面6：帝喾（图114）

榜题："帝喾高辛者，黄帝之曾孙也。"
参考文献：在《史记》的《五帝本纪》一章中有与榜

自左而右

图115 尧,武梁祠画像石。
1. 拓本。(采自容庚,1936,3页)
2. 复原图。(采自冯云鹏、冯云鹓,1821,图3.13)

图116 舜,武梁祠画像石。
1. 拓本。(采自容庚,1936,3页下)
2. 复原图。(采自冯云鹏、冯云鹓,1821,图3.14)

图117 禹,武梁祠画像石。
1. 拓本。(采自容庚,1936,4页上)
2. 复原图。(采自冯云鹏、冯云鹓,1821,图3.15)

题一致的说法。[66] 然而《大戴礼记》中却载:"宰我曰:'请问帝喾。'孔子曰:'玄嚣之孙,蛟极之子也,曰高辛'。"[67] 榜题的根据因此是《史记》。

画面7:尧(图115)

榜题:"帝尧放勋:其仁如天,其智如神,就之如日,望之如云。"

参考文献:这个榜题是根据《大戴礼记》中《五帝德》一章里的一段文字:"宰我曰:'请问帝尧。'孔子曰:'高辛之子也,曰放勋。其仁如天,其知如神;就之如日,望之如云'。"[68]

画面8：舜（图116）

榜题："帝舜名重华，耕于历山，外养三年。"

参考文献：这段榜题是根据《史记》的《五帝本纪》里一段文字："虞舜者，名曰重华。……舜耕历山，历山之人皆让畔；渔雷泽，雷泽上人皆让居，陶河滨，河滨器皆不苦窳。一年而所居成聚，二年成邑，三年成都。"[69]

画面9：禹（图117）

榜题："夏禹：长于地理，脉泉知阴，随时设防，退为肉刑。"[70]

参考文献：榜题的首两行引自《尚书》里《刑德政》一章。该文已佚，仅从其他文献的引文中得知。[71] 最后一行引自《汉书》的《刑法志》："禹承尧舜之后，自以德衰而制肉刑。"[72]

图118 桀，武梁祠画像石。
1. 拓本。(采自容庚，1936，4页下)
2. 复原图。(采自冯云鹏、冯云鹓，1821，图3.16)

画面10：夏桀（图118）

榜题："夏桀"。

参考文献：图中，夏代的最后一位皇帝桀肩扛带长刃弯钩的戟，由两位妇女抬着。唯一与这个图像有关的文献记载出现在《后汉书》中的《井丹传》中："丹笑曰：'吾闻桀驾人车，岂此邪？'"[73] 瞿中溶从《竹书纪年》中找到另外一个根据，书中说夏桀从山区部落得到了两位美女，名"婉"、"丹"，之后他就废弃了皇后妹喜。瞿中溶认为图中的妇女可能是这两位女性。[74]

列　女

武梁祠榜题中镌刻的名号标明了八位列女的身份。从这些榜题和图像本身来看,显然这些图像的文本来源是西汉刘向的《列女传》。大多数历史学家认为《列女传》写于公元前1世纪的下半叶。[75]

武梁祠上部装饰区域中的七个故事全部选自于《列女传》的第四、五章;刻在下部区域的钟离春的故事选自第六章。如本书中第五章所讨论,这种题材安排与祠堂的图像程序是一致的。

刘向编撰完《列女传》之后,将其写在一面屏风之上并绘以图像。[76]据《东观汉记》,生活在公元2世纪下半叶的蔡邕又为这本书配了插图。[77]汉以后的一些重要的画家继承了这种传统,把列女作为重要的题材加以描绘。例如,卫协(公元3世纪)画了一套插图,通常称之为《大列女》,以别于蔡邕的《小列女》。[78]卫协的画后来又成为顾恺之(约公元346—407)一套新插图的范本。[79]这三部作品可能均为绢本,早已全部失传。武梁祠画像石上的图像是中国艺术史上最早、最完整的一套《列女传》插图。

以下讨论的榜题按照图像的顺序,即从右到左,从后壁的3号画像石到左壁的2号画像石。《列女传》在1890年被萨福德(A. C. Safford)翻译成英语,1945年奥哈拉(A. R. O'Hara)重译。[80]

画像石三(武梁祠后壁)

画面1:梁高行(图119)

榜题:"梁高行";"奉金者";"使者"。

参考文献:《列女传·梁寡高行》:

> 高行者,梁之寡妇也。其为人荣于色而美于行。夫死早,寡不嫁。梁贵人多争欲取之者,不能得。梁王闻之,使相聘焉。高行曰:"妾夫不幸早死,先狗马填沟壑,妾守

图119 梁高行的故事，武梁祠画像石。
1. 拓本。（采自容庚，1936，33页上—35页上）
2. 复原图。（采自冯云鹏、冯云鹓，1821，图3.46—47）

养其孤幼，曾不得专意。贵人多求妾者，幸而得免，今王又重之。妾闻：'妇人之义，一往而不改，以全贞信之节。'忘死而趋生，是不信也。贵而忘贱，是不贞也。弃义而从利，无以为人。"乃援镜持刀以割其鼻曰："妾已刑矣。所以不死者，不忍幼弱之重孤也。王之求妾者以其色也。今刑余之人殆可释矣。"于是相以报，王大其义，高其行，乃复其身，尊其号曰高行。君子谓高行节礼专精。诗云："谓予不信，有如皎日。"此之谓也。

颂曰：高行处梁，贞专精纯，不贪行贵，务在一信，不受梁聘，劓鼻刑身，君子高之，显示后人。【81】

武梁祠上的梁高行故事画像是一幅相当宽阔的水平构图。左边是两匹马拉着的一驾马车，君王的使者站在马车旁边等候高行回话。画家似乎按照男女有别的惯例,把使者画在门外(比较图122楚昭贞姜的故事)。这两个例子都有一位女性作为传达使者话语的中间人物。在梁高行画像的右半部,从屋顶垂下的一块帷幔表示室内空间。帷幔下面,一位妇女捧给高行君王的礼物。这位贞妇端坐着,右手持镜,左手持刀。这幅图表现了故事最具有悲剧性的一幕:这位美女正在割鼻以保全其贞洁。

画面2:鲁秋胡妻(图120)

榜题:"秋胡妻";"鲁秋胡"。

参考文献:《列女传·鲁秋洁妇》:

> 洁妇者,鲁秋胡子妻也。既纳之五日,去而官于陈,五年乃归。未至家,见路旁妇人采桑,秋胡子悦之,下车谓曰:"若曝采桑,吾行道远,愿托桑荫下□下赍休焉。"妇人采桑不辍,秋胡子谓曰:"力田不如逢丰年,力桑不如见国卿。吾有金,愿以与夫人。"妇人曰:"嘻!夫采桑力作,纺绩织纴,以供衣食,奉二亲,养夫子。吾不愿金,所愿卿无有外意,妾亦无淫佚之志,收子之赍与笥金。"秋胡子遂去,至家,奉金遗母,使人唤妇至,乃向采桑者也,秋胡子惭。妇曰:"子束发辞亲,往仕五年乃还,当所悦驰骤,扬尘疾至。今也乃悦路傍妇人,下子之装,以金予之,是忘母也。忘母不孝,好色淫佚,是污行也,污行不义。夫事亲不孝,则事君不忠。处家不义,则治官不理。孝义并亡,必不遂矣。妾不忍见,子改娶矣,妾亦不嫁。"遂去而东走,投河而死。君子曰:"洁妇精于善。夫不孝莫大于不爱其亲而爱其人,秋胡子有之矣。"君子曰:"见善如不及,见不善如探汤。秋胡子妇之谓也。"诗云:"维是褊心,是以为刺。"此之谓也。

> 颂曰:秋胡西仕,五年乃归,遇妻不识,心有淫思,妻执无二,归而相知,耻夫无义,遂东赴河。[82]

图120 秋胡妻的故事,武梁祠画像石。
1. 拓本。(采自容庚,1936,35页)
2. 复原图。(采自冯云鹏,冯云鹓,1821,图3.48—49)

这幅武梁祠画像表现了秋胡和妻子在路旁见面的情景。这位妇女正在采桑,用手折弯一棵树枝,篮子挂在树上。秋胡戴着官帽,肩背旅囊,上身前倾,好像在调戏这个妇女。然而,这个妇女并没有停止她手中的劳作。她唯一的动作是抬起右手,似乎在反抗这个男子的言语对她的侮辱。

画面3:鲁义姑姊(图121)

榜题:"兄子,义姑姊";"姑姊儿";"齐将军"。
参考文献:《列女传·鲁义姑姊》:

鲁义姑姊者,鲁野之妇人也。齐攻鲁至郊,望见一妇人,抱一儿,携一儿而行,军且及之,弃其所抱,抱其所携而走于山,儿随而啼,妇人遂行不顾。齐将问儿曰:"走者尔母耶?"曰:"是也。""母所抱者谁也?"曰:"不知也。"齐将乃追之,军士引弓将射之,曰:"止,不止,吾将射尔。"妇人乃还。齐将问所抱者谁也,所弃者谁也。对曰:"所抱者妾兄之子也,所弃者妾之子也。见军之至,力不能两护,故弃妾之子。"齐将曰:"子之于母,其亲爱也,痛甚于心,今释之,而反抱兄之子,何也?"妇人曰:"己之子,私爱也。兄之子,公义也。夫背公义而向私爱,亡兄子而存妾子,幸而得幸,则鲁君不吾畜,大夫不吾养,庶民国人不吾与也。夫如是,则胁肩无所容,而累足无所履也。子虽痛乎,独谓义何?故忍弃子而行义,不能无义而视鲁国。"于是齐将按兵而止,使人言于齐君曰:"鲁未可伐也。乃至于境,山泽之妇人耳,犹知持节行义,不以私害公,而况于朝臣士大夫乎!请还。"齐君许之。鲁君闻之,赐妇人束帛百端,号曰义姑姊。公正诚信,果于行义。夫义,其大哉!虽在匹妇,国犹赖之,况以礼义治国乎!诗云:"有觉德行,四国顺之。"此之谓也。

颂曰:齐君攻鲁,义姑有节,见军走山,弃子抱侄,齐将问之,贤其推理,号妇为义,齐兵遂止。[83]

图121 鲁义姑姊的故事,武梁祠画像石。
1. 拓本。(采自容庚,1936,36页上—38页上)
2. 复原图。(采自冯云鹏、冯云鹓,1821,图3.50—53)
3. 前石室第七石。(采自沙畹,1913,第二册,图49,第104)

武梁祠画像对义姑姊故事的描绘非常精彩。两匹奔跑的马拉着将军的战车、一个张弓射向画中妇女的骑兵和一个奔跑的士兵代表了齐国的军队,占据了这个水平构图的大部分画面。军队正处于激烈的运动之中,眼看要冲过站在画面右边末端的妇女。这个妇女怀中抱着她的侄子,同时在抛弃她的亲生儿子。(图121—2)她回头看着追赶的敌国军队,已经意识到面临的危险。但她的动作坚定而高尚。整个画面以激烈和松弛、武力和精神力量的直接冲突为特征。

这个故事也被绘在武氏祠前石室。(图121—3)但是在这个画面中,两位大臣捧着金子和丝帛送给鲁义姑姊,而她跪在地上感谢君王的恩惠。她的怀中仍抱着她的侄儿,她自己的儿子在她身后雀跃。

画面4:楚昭贞姜(图122)

榜题:"楚昭贞姜";"使者"。
参考文献:《列女传·楚昭贞姜》:

> 贞姜者,齐侯之女,楚昭王之夫人也。王出游,留夫人渐台之上而去。王闻江水大至,使使者迎夫人,忘持其符,使者至,请夫人出,夫人曰:"王与官人约令,召官人必以符。今使者不持符,妾不敢从使者行。"使者曰:"今水方大至,还而取符,则恐后矣。"夫人曰:"妾闻之:贞女之义不犯约,勇者不畏死,守一节而已。妾知从使者必生,留必死。然弃约越义而求生,不若留而死耳。"于是使者取符,则水大至,台崩,夫人流而死。王曰:"嗟夫!守义死节,不为苟生,处约持信,以成其贞。"乃号之曰贞姜。君子谓贞姜有妇节。诗云:"淑人君子,其仪不忒。"此之谓也。
>
> 颂曰:楚昭出游,留姜渐台,江水大至,无符不来,夫人守节,流死不疑,君子序焉,上配伯姬。[84]

图122 楚昭贞姜的故事,武梁祠画像石。
1. 拓本。(采自容庚,1936,17页,38页)
2. 复原图。(采自冯云鹏,冯云鹓,1821,图3.54—55)

在武梁祠画像中,楚王王后姜坐在宫殿中,四周是她的女仆。她伸出手臂,似乎要求看跪于厅外的使者的印符。

画像石二(武梁祠左壁)

画面5:梁节姑姊(图123)

榜题:"长妇儿";"梁节姑姊";"捄(救)者";"姑姊儿";"姑姊:其室失火,取兄子往,辄得其子,赴火如亡,示其诚也。"

图123 梁节姑姊的故事，武梁祠画像石。
1. 拓本。(采自容庚，1936，17页下—18页下)
2. 复原图。(采自冯云鹏、冯云鹓，1821，图3.32—33)

参考文献：《列女传·梁节姑姊》：

> 梁节姑姊者，梁之妇人也。因失火，兄子与己子在火中，欲取兄子，辄得其子，独不得兄子。火盛，不得复入，妇人将自趣火，其人止之曰："子本欲取兄之子，惶恐卒误得尔子，中心谓何，何至自赴火？"妇人曰："梁国岂可户告人晓也？被不义之名，何面目以见兄弟国人哉！吾欲复投吾子，为失母之恩，吾势不可以生。"遂赴火而死。君子谓节姑姊洁而不污。诗曰："彼其之子，舍命不渝。"此之谓也。

> 颂曰：梁节姑姊，据义执理，子侄同内，火大发起，欲出其侄，辄得厥子，火盛自投，明不私己。【85】

图中表现的是梁节姑姊将要再次冲进房中的瞬间。画面中没有描绘文章所说的梁节姑姊和她朋友之间的谈话，却描绘了朋友要把她从着火的房间拉回。通过这个画面，文本信息被转化为视觉表现。

画面6：齐义继母（图124）

榜题："追吏（骑）"；"后母子"；"前母子"；"齐继母"；"死人"。

参考文献：《列女传·齐义继母》：

> 齐义继母者，齐二子之母也。当宣王时，有人斗死于道者，吏讯之，被一创，二子兄弟立其傍，吏问之，兄曰："我杀之。"弟曰："非兄也，乃我杀之。"期年，吏不能决，言之于相，相不能决，言之于王，王曰："今皆赦之，是纵有罪也。皆杀之，是诛无辜也。寡人度其母，能知子善恶。试问其母，听其所欲杀活。"相召其母问之曰："母之子杀人，兄弟欲相代死，吏不能决，言之于王。王有仁惠，故问母何所欲杀活。"其母泣而对曰："杀其少者。"相受其言，因而问之曰："夫少子者，人之所爱也。今欲杀之，何也？"其母对曰："少者，妾之子也。长者，前妻之

子也。其父疾且死之时，属之于妾曰：'善养视之。'妾曰：'诺。'今既受人之托，许人以诺，岂可以忘人之托而不信其诺邪！且杀兄活弟，是以私爱废公义也；背言忘信，是欺死者也。夫言不约束，已诺不分，何以居于世哉！子虽痛乎，独谓行何！"泣下沾襟。相入言于王，王美其义，高其行，皆赦不杀，而尊其母，号曰义母。君子谓义母信而好义，洁而有让。诗曰："恺悌君子，四方为则。"此之谓也。

颂曰：义继信诚，公正知礼，亲假有罪，相让不已，吏不能决，王以问母，据信行义，卒免二子。[86]

图中五个人物均与此情节直接有关。死人躺在地上；骑

图124 齐义继母的故事，武梁祠画像石。
1. 拓本。（采自容庚，1936，19页上—20页上）
2. 复原图。（采自冯云鹏、冯云鹓，1821，图3.34—35）

在马上的官吏来抓捕罪犯。两个儿子面向官吏作揖，都承认自己有罪。其中一个跪在死人的旁边，另一个站在后边。继母站在画面左端，悲伤地张开双臂，好像是在哀悼她必须失掉一个儿子的命运。

画面7：京师节女（图125）

榜题："京师（节）女"；"怨家攻者"。
参考文献：《列女传·京师节女》：

> 京师节女者，长安大昌里人之妻也。其夫有仇人，欲报其夫而无道径，闻其妻之仁孝有义，乃劫其妻之父，使要其女为中谲。父呼其女告之，女计念：不听之则杀父，不孝，听之，则杀夫，不义。不孝不义，虽生不可以行于世。欲以身当之，乃且许诺，曰："旦日，在楼上新沐，东首卧则是矣。妾请开户牖待之。"还其家，乃告其夫，使卧他所，因自沐居楼上，东首开户牖而卧。夜半，仇家果至，断头持去，明而视之，乃其妻之头也。仇人哀痛之，以为有义，遂释不杀其夫。君子谓节女仁孝厚于恩义也。夫重仁义轻死亡，行之高者也。论语曰："君子杀身以成仁，无求生以害仁。"此之谓也。
>
> 颂曰：京师节女，夫仇劫父，要女问之，不敢不许，期处既成，乃易其所，杀身成仁，义冠天下。【87】

武梁祠画像表现了节女和丈夫变换了睡觉的地方之后被杀的情节。图中，她静静地躺在屋内床上。仇家上半身探进房子中，举起匕首将要行刺。

画面8：钟离春（图126）

榜题："齐王"；"无盐丑女钟离春"。
参考文献：《列女传·齐钟离春》：

图125 京师节女的故事,武梁祠画像石。
1. 拓本。(采自容庚,1936,20页)
2. 复原图。(采自冯云鹏、冯云鹓,1821,图3.26)

附录一 榜题、图像志、文本 | **283**

钟离春者,齐无盐邑之女,宣王之正后也。其为人极丑无双,白头深目,长指大节,卬鼻结喉,肥项少发,折腰出胸,皮肤若漆。行年四十,无所容入,炫嫁不售,流弃莫执。于是乃拂拭短褐,自诣宣王,谓谒者曰:"妾齐之不售女也。闻君王之圣德,愿借后宫之埽除,顿首司马门外,唯王幸许之。"谒者以闻,宣王方置酒于渐台,左右闻之,莫不掩口大笑曰:"此天下强颜女子也,岂不异哉!"于是宣王乃召见之,谓曰:"昔者先王为寡人娶妃匹,皆已备有列位矣。今女子不容于乡里布衣,而欲干万乘之主,亦有何奇能哉?"钟离春对曰:"无有。特窃慕大王之美义耳。"王曰:"虽然,何喜?"良久曰:"窃尝善隐。"宣王曰:"隐固寡人之所愿也,试一行之。"言未卒,忽然不见。宣王大惊,立发隐书而读之,退而推之,又未能得。明日,又更召而问之,不以隐对,但扬目衔齿,举手拊膝,曰:"殆哉殆哉!"如此者四。宣王曰:"愿遂闻命。"钟离春对曰:"今大王之君国也,西有衡秦之患,南有强楚之仇,外有二国之难。内聚奸臣,众人不附。春秋四十,壮男不立,不务众子而务众妇。尊所好,忽所恃。一旦山陵崩弛,社稷不定,此一殆也。渐台五重,黄金白玉,琅玕笼疏翡翠珠玑,幕络连饰,万民罢极,此二殆也。贤者匿于山林,谄谀强于左右,邪伪立于本朝,谏者不得通入,此三殆也。饮酒沉湎,以夜继昼,女乐俳优,纵横大笑。外不修诸侯之礼,内不秉国家之治,此四殆也。故曰殆哉殆哉。"于是宣王喟然而叹曰:"痛哉无盐君之言!乃今一闻。"于是拆渐台,罢女乐,退谄谀,去雕琢,选兵马,实府库,四辟公门,招进直言,延及侧陋。卜择吉日,立太子,进慈母,拜无盐君为后。而齐国大安者,丑女之力也。君子谓钟离春正而有辞。诗云:"既见君子,我心则喜。"此之谓也。

颂曰:无盐之女,干说齐宣,分别四殆,称国乱烦,宣王从之,四辟公门,遂立太子,拜无盐君。[88]

图126 钟离春的故事,武梁祠画像石。
1. 拓本。(采自容庚,1936,28页)
2. 复原图。(采自冯云鹏、冯云鹓,1821,图3.44)

附录一 榜题、图像志、文本 | 285

在武梁祠画像中,钟离春站在齐宣王的面前,艺术家夸张了她的大嘴和暴露在外的牙齿。她的上身略微前倾,似乎正在向宣王提出建议。齐宣王则面向钟离春张开手臂,表达对她的感激之情。

孝子和义士

十六位孝子的故事出现在古代帝王像和列女像的下边。画像石一(武梁祠两壁)上的四个故事从右向左分别是曾子、闵子骞、莱子和丁兰。接下去画像石三(武梁祠后壁)上的七幅图,表现的是柏瑜、邢渠、董永、蒋章训(?)、朱明、李善和金日䃅的孝行。画像石二(武梁祠东壁)上的五个故事分别是三州孝人、羊公、魏汤、颜乌、赵徇和原穀的事迹。

根据唐代学者许南容的《对书史》,刘向编撰了第一套插图本的《孝子传》。[89]《太平御览》中的材料支持许的观点,这部宋代的百科全书中所收的两位著名孝子的传记引自刘向的一部名为《孝子图》的书。[90] 在句道兴的《搜神记》(敦煌藏经洞版)中,引用了刘向相同书名的著作。[91] 唐代僧侣道世在《法苑珠林》一书中称这部书为《孝子传》,其原因当如现代学者黄任恒解释的:"窃疑(刘)向书原名《孝子图》,而每图系以事迹,故《法苑珠林》遂称为'传'也。"[92] 关于这部著作的早期版本,《南史》中有一段很有趣的记载:刘宋时期(公元420—479年)皇宫被偷出的珍宝中有一部《孝子传》的珍本。[93] 虽然一些《孝子图》的新版本在那个时期已经出现了,[94] 但是这些新版本似乎不可能被当作国家的珍宝。这个被窃的珍本因此很可能是一个早期版本,或许就是刘向的原作。

一些学者已经注意到,刘向的《孝子图》和《孝子传》都没有被列入《隋书·经籍志》(完成于公元630年),因此怀疑作品的真实性。实际上,刘向的著作确实被列入《隋书》中,但使用的题目是《列士传》。《隋书》说:"刘向典校经籍,始作《列仙》、《列士》、《列女》之传。"[95] 正如《列女传》包括了模范女性的生平事迹,《列士传》的中心内容是模范男子。《列士传》这个题目表明刘向的原作不只包括孝子的生平事迹,而且还包括以其他美德著名的历史人物。这部作品后来被称作《孝子传》是因为其重点为表现孝行。

复原刘向的原作现在已不可能;只有四个传记的片断保存于后来的类书中。[96]有意义的是,这部失传的著作和武梁祠画像之间有着密切的关系。祠堂上描绘的义士不仅包括十三位孝子,而且还有一位贤兄(朱明)、三位正直的朋友(三州孝人)、一位义士(羊公)和一位忠实的仆人(李善)。实际上,我们应该把武梁祠上的图像称作图版《列士传》,而不是图版《孝子传》。而且,刘向的原作显然是由单个故事的图、文两部分组成的。这种格式亦表现在武梁祠上:每一故事通过一幅图像和榜题来表现,有时增以押韵的"赞"来总结故事的情节,颂扬图中人物的美德。

《隋书》称刘向"始作"列女和义士的传记,是指刘向首创了这种列传的标准编撰格式。刘向以后,《孝子传》和《列女传》的内容随时间不断变化。几种新版的《孝子传》出现于魏晋和南朝时期(公元220—588年)。《隋书·经籍志》列举了八种不同的版本,都写于这个时期。[97]新旧《唐书》的《经籍志》中提到更多的版本。[98]与刘向的原著一样,这些汉代以后的《孝子传》也都全部失传了。一些清代和现代学者,如黄奭和黄任恒,根据后来类书的引证重辑了几种早期的版本。[99]他们的研究显示《孝子传》在汉代以后的版本不但包括早些时候著名的孝子故事,而且还包括一些晚近孝子的传记。因而,《孝子传》的发展的特征是故事的连续不断的积累,以及以流行的和有影响的晚近人物代替影响较小的人物。南北朝以后,这些故事的总体数量逐渐达到约一百个,但"二十四孝"通常指二十四个最著名的孝子。元代郭居敬的《全像二十四孝诗选》是这个晚期集合的最早例子,所收包括南北朝时期、唐代和宋代的孝子。[100]

本节的研究旨在追溯武梁祠"列士"画像的同时代的文本来源。为此目的,汉代和汉后的著作是最有用的。除了由刘向、师觉授、萧广济、虞盘佑和郑缉之编撰的五种早期的《孝子传》外,其他一些重要的书籍还包括佚名《孝子传》、传为刘向作的《说苑》、王充的《论衡》、《后汉书》、曹植的诗《灵芝篇》、干宝的《搜神记》、孙盛的《逸人传》,以及一本非常重要但年代不明,现收藏于日本京都大学的《孝子传》。调查的结果见表A.1,其中列出了武梁祠"列

表A.1 武梁祠"列士"画像的文本来源

故事	刘向	曹植	萧广济	虞盘佑	师觉授	郑缉之	无名氏	京都	其他
曾子				×			×	×	《战国策》《史记》
闵子骞					×		×	×	《说苑》
莱子					×		×	×	《初学记》《列女传》
丁兰	×	×				×	×	×	《逸人传》
伯瑜		×						×	《说苑》
邢渠			×					×	
董永	×	×				×	×	×	
蒋章训(?)								×	
朱明								×	《吴地记》
李善								×	《后汉书》
金日䃅									《史记》《论衡》
三州孝人				×				×	
羊公						×		×	《搜神记》
魏汤			×				×		
颜乌								×	
赵苟					×				
原毂							×	×	

来源：[汉]刘向《孝子图》；[魏]曹植《灵芝篇》；[晋]萧广济《孝子传》；[东晋]虞盘佑《孝子传》；[刘宋]师觉授《孝子传》；[刘宋]郑缉之《孝子传》；[晋—南朝?]佚名《孝子传》；京都大学《孝子传》。

士"画像所涉及的文献。

在武梁祠画像描绘的十七个故事的十九位义士中，九或十位为东汉人。他们的故事肯定不包括在刘向在西汉时撰写的原作中，但是他们或许源于增订以后的东汉版《列士传》。我对与武梁祠画像石有关文献的调查表明，十七个故事中的十二个可以在写于公元前1世纪到公元5世纪的六本《孝子传》的幸存部分找到；十七个故事中有十五个记录在京都大学收藏的《孝子传》里。其他的故事可以在《汉书》和另外的书籍中找到。这就表明武梁祠"列士"画像的根据是文献（以及绘画）而不是口头传说。实际上，这些画像可被看做是现存最早且最完整的《孝子传》或《列士传》。

画像石一（武梁祠西壁）

画面1：曾子(图127)

榜题："曾子质孝,以通神明,贯(感)神祇,著号来方,后世凯式,(以正)抚纲"；"谗(言)三至,慈母投杼。"

参考文献：榜题由两个相对独立的部分组成；第一部分赞扬曾子的孝行,第二部分描述武梁祠上描绘的图像。曾子是中国历史上最著名的孝子,被认为是《孝经》的作者。实际上,第一段榜题的前三行重复了《孝经·感应》里表达的思想："子曰：昔者明王,事父孝,故事天明；事母孝,故事地察；长幼顺,故上下治；天地明察,神明彰矣。"[101]

曾子与其母之间的心灵感应成为后来许多作品的主题。据我所知,这个传说首次记载在王充的《论衡》里：

> 传书言："曾子之孝,与母同气。曾子出薪于野,有客至而欲去。曾母曰：'愿留,参方到。'即以右手 其左臂。曾子左臂立痛,即驰至,问母(曰)：'臂何故痛？'母曰：'今者客来,欲去,吾 臂以呼汝耳。'"盖以至孝与父母同气,体有疾病,精神辄感。"[102]

与这个故事略有区别的两个版本是佚名《孝子传》和干宝《搜神记》中的记载。[103]《搜神记》中写道："曾子从仲尼在楚而心动,辞归问母,母曰：'思尔啮指。'孔子曰：'曾参之孝,精感万里'。"[104]

榜题第二部分所讲述的故事首次出现在《战国策》里：

> 昔者曾子处费,费人有与曾子同名族者而杀人,人告曾子母曰："曾参杀人。"曾子之母曰："吾子不杀人。"织自若。有顷焉,人又曰："曾参杀人。"其母尚织自若也。顷之,一人又告之曰："曾参杀人。"其母惧,投杼逾墙而走。夫以曾参之贤,与母之信也,而三人疑之,则慈

图127 曾子的故事,武梁祠画像石。
1. 拓本。(采自容庚,1936,5页)
2. 复原图。(采自冯云鹏、冯云鹓,1821,图3.18—19)

290 | 武梁祠 The Wu Liang Shrine

母不能信也。[105]

这个故事在汉代广泛流传。司马迁将《战国策》里的这段话抄入《史记》。[106]《淮南子》和《易林》等书中都有"三人成市虎,一里能挠椎"的说法。[107] 在武梁祠画像中,曾子的母亲坐在织机前,转过身来,因为恐惧而失落手中之梭。左边跪着向曾子母叩头的那个人可能是报告坏消息的信使。但是由于其恭顺的动作和上方的榜题,他更可能就是曾子本人。如果我们接受第二种解释,那么这幅图就把有关曾子的两个题材——他的纯孝和他母亲被谎言所欺连接了起来。在汉代以后的著作里,曾子的孝行常由两个故事代表,都记载在无名氏的《孝子传》里。[108] 第一个故事讲曾子休掉妻子,因为妻子给母亲吃了未熟的梨。第二个故事中说:"曾参食生鱼,甚美,因吐之。人问其故,参曰:'母在之日,不知生鱼味。今我美,吐之。'"[109]

这两个故事似乎都与武梁祠图像没有直接联系。画像以一种普遍而抽象的方式表现曾子的孝行和对母亲的尊敬。

画面2:闵子骞(图128)

榜题:"闵子骞:与假母居,爱有偏移,子骞衣寒,御(车)失棰";"子骞后母弟,子骞父"。

参考文献:刘向的《说苑》曾包括闵子骞的故事。但下面所引的这段《艺文类聚》中的记载文字不见于今版《说苑》:

> 闵子骞,兄弟二人。母死,其父更娶,复有二子。子骞为其父御车,失辔,父持其手,衣甚单,父则归,呼其后母儿,持其手,衣甚厚温,即谓其妇曰:"吾所以娶汝,乃为吾子。今汝欺我,去无留。"子骞前曰:"母在一子单,母去四子寒。"其父默然。故曰:孝哉闵子骞,一言其母还,再言三子温。[110]

这个故事以更为连贯复杂的形式出现在刘宋时期师觉

图128 闵子骞的故事,武梁祠画像石。
1. 拓本。(采自容庚,1936,5页下—6页下)
2. 复原图。(采自冯云鹏、冯云鹓,1821,图3.20—21)

授的《孝子传》里:

> 闵损,字子骞,鲁人,孔子弟子也。以德行称。早失母,后母遇之甚酷,损事之弥谨。损衣皆藁枲为絮,其子则绵纩厚重。父使损御,冬寒失辔,后母子御则不然。父怒诘之,损默然而已。后视二子衣,乃知其故。将欲遣妻,谏曰:"大人有一寒子犹尚垂心,若遣母,有二寒子也。"父感其言乃止。【111】

在武梁祠画像中,闵子骞的同父异母弟驾驭着马车,他自己跪在车后。其父坐在马车上,转过身来对着子骞,把手放在他肩上。这个场景描绘了当父亲发现真相后子骞恳求父亲不要将后母赶走这一时刻。弟弟驱赶马车这一情节出现在师觉授的《孝子传》里,但《说苑》版本没有这个情节。这表明师觉授所做的增益可能是根据东汉时有关闵子骞传说的版本,如武梁祠画像之例。

画面3:莱子(图129)

榜题:"老莱子楚人(也):事亲至孝,衣服斑连,婴儿之态,令亲有驩,君子嘉之,孝莫大焉";"莱子父,莱子母"。

参考文献:师觉授的《孝子传》包括莱子故事的一个早期版本:

> 老莱子者,楚人也,行年七十,父母俱存。至孝蒸蒸,常著斑斓之衣,为亲取饮,上堂脚跌,恐伤父母之心,因僵仆为婴儿啼。孔子曰:"父母老,常言不称老,为其伤老也。"若老莱子可谓不失孺子之心矣。[112]

徐坚(公元659—729)的《初学记》引了这个故事的另一个版本:"老莱子,至孝奉二亲,行年七十,婴儿自娱,著五色彩衣。尝取浆上堂,跌扑为小儿啼,或弄乌鸟于亲侧。"[113]《艺文类聚》从一部失传的《列女传》中所引的第三种莱子故事将这两种版本结合起来:"老莱子孝养二亲。行年七十,婴儿自娱,著五色采衣。尝取浆上堂,跌仆,因卧地为小儿啼。或弄乌鸟于亲侧。"[114]

武梁祠画像表现了四个人物:莱子的父母坐在帷幔下的榻上;一位妇女手持盘子,正在侍候他们进食;右边,莱子跌倒在地并抬起手臂。武氏祠前石室中的图像重复了此图的左边部分,但右部与武梁祠图像不同。(图129—3)前石室的图像中,那位女性——可能是莱子之妻(她的故事记录在《列女传》中)——消失了,取而代之的是地上的一只盘子。莱子跪在父母的前面,手持顶端有鸟的杖。这种杖叫做鸠杖,是汉政府赠给耄龄之人的。这件器物因此表现莱子的年纪。然而,另一种解释是这只鸟是莱子用来取悦父母的真鸟,正如莱子传说的某些版本中所描写的那样。

图129 莱子的故事，武梁祠画像石。
1. 拓本。(采自容庚，1936，7页上—8页上）
2. 复原图。(采自冯云鹏、冯云鹓，1821，图3.22—23)
3. 前石室第七石。(采自沙畹，1913，第二册，图49，第104)

1

2

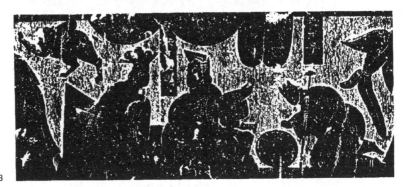

3

294 | 武梁祠　The Wu Liang Shrine

画面4：丁兰（图130）

榜题："丁兰：二亲终殁，立木为父，邻人假物，（报）乃借与。"

参考文献：丁兰故事的两种不同版本存在于汉代和魏晋时期。第一个版本见于刘向、郑缉之以及无名氏的《孝子传》：

> 丁兰，河内野王人也。年十五丧母，刻木做母，事之供养如生。兰妻夜火灼母面，母面发疮。经二日，妻头发自落，如刀锯截，然后谢过。兰移母大道，使妻从服，三年拜伏。一夜忽如风雨，而母自还。邻人所假借，母颜和即与，不和即不与。邻人曰：枯木何知？遂用刀斫木，母流血。兰还悲号，造服行丧。廷尉以木感死。宣帝嘉之，拜太中大夫者也。【115】

曹植的《灵芝篇》讲述了一个相似的故事："丁兰少失母，自伤蚤孤茕。刻木当严亲，朝夕致三牲。暴子见陵侮，犯罪以亡形。丈人为泣血，免戾全其名。"【116】

丁兰故事的第二个版本见于孙盛的《逸人传》，同一故事被收入《太平御览》和《初学记》里：【117】

> 丁兰者，河内人也，少丧考妣，不及供养，乃刻木为人，仿佛亲形，事之若生。朝夕定省，后邻人张叔妻从兰妻借，看兰妻跪投木人，木人不悦，不以借之。叔醉疾来，酗骂木人，杖敲其头。兰还，见木人色不怿，乃问其妻，具以告之，即奋剑杀张叔。吏捕兰，兰辞木人去，木人见之，为之垂泪。郡县嘉其至孝通于神明，图其形象于云台也。【118】

这两个版本之间的区别是显而易见的。在第一个版本中，雕像所表现的是丁兰的母亲，其妻和邻人都被描写成制造麻烦的人。在第二种版本中，双亲都已去世，雕像表现的是父亲。其妻被描写成孝顺的儿媳妇。这个版本也包括了丁兰复仇的新情节。武梁祠上的图像和榜题都显示与第二种版本的密切联系。图中，丁兰和妻子在向雕像表示敬意。其妻似乎

图130 丁兰的故事,武梁祠画像石。
1. 拓本。(采自容庚,1936,8页)
2. 复原图。(采自冯云鹏、冯云鹓,1821,图3.24—25)
3. 左石室第八石。(采自沙畹,1913,第二册,图64,第128)
4. 前石室第十三石。(采自沙畹,1913,第二册,图56,第116)

很孝顺。这种相似性证明丁兰传说的第二个版本出现时期的下限是公元2世纪中期。

然而，武梁祠画像在表现上和第一个版本之间还有一些相似之处。图中的丁兰跪在木雕像的前面，妻子跪在一边。根据榜题，这个画面表现了丁兰在询问木雕像是否允许借东西给邻居。然而在魏代的《灵芝篇》和晋代的《逸人传》里，是丁兰的妻子询问雕像；唯有在《说苑》里征求雕像意见的才是丁兰。而且，武梁祠画像缺少报仇的场面：丁兰似乎在征得木雕像的同意后就把东西借给邻居。这个故事简明易懂，且有一个圆满的结局，丁兰的孝行主要通过他制作木雕像来表现。报仇的情节很可能是汉代以后加上的。当东汉的应劭在《风俗通》里提到丁兰时，他只是写道："世间共传丁兰克木而事之。"[119] 他所强调的重点和武梁祠画像是一致的。

另外两个描写丁兰孝行的图像也出现在武氏祠的画像中。三幅图像表现了同样的情节，但构图各异。左石室上的同题作品为武梁祠图像的简化。（图130—3）武梁祠画像中的丁兰妻子、前景中的鹤以及榜题都被省略，只留下丁兰和雕像作为故事的角色。前石室图像与武梁祠中的场景相似，但图中人物均被安排在单一的基线上。（图130—4）武梁祠和左石室画像中的丁兰面向左方，但前石室的构图却是反过来的。很可能汉代的工匠在设计画像石时应用了纸帛材料上的画稿，从纸的正反两面都可以复制。

画像石三（武梁祠后壁）

画面5：伯瑜（图131）

榜题："（伯）瑜：（伤）亲年老，气力稍衰，笞之（不）痛，心怀楚悲"；"瑜母"。

参考文献：《说苑》中的一段文字为这段榜题提供了最早的出处和相关例证："伯俞（瑜）有过，其母笞之，泣，其母曰：'他日笞子未尝见泣,今泣何也？'对曰：'他日俞得罪笞尝痛,今母之力不能使痛,是以泣。'"[120]

曹植的《灵芝篇》中也有一段关于伯瑜的文字。然而,这首诗把柏瑜和莱子的传说结合在一起,反映了一种较晚的综合："伯瑜年七十,采衣以娱亲,兹母笞不痛,歔欷涕沾巾。"[121]

在武梁祠图像中,伯瑜跪在手拄拐杖的老母亲前面。他举起被长袖覆盖的双臂,似乎在抹泪。《隋书》记载了当时太学中的伯瑜画像：某个不孝的人被他的侄子所控告,但太守并未判他有罪,而是让人把他带往太学中参观。此人被那里表现伯瑜事迹的壁画深深感动,从此悔过自新,成为一个有德之人。[122] 伯瑜的故事也绘在武氏祠前石室上。(图131—3)

图131 伯瑜的故事,武梁祠画像石。
1. 拓本。(采自容庚,1936,39页)
2. 复原图。(采自冯云鹏、冯云鹓,1821,3.57)
3. 前石室第七石。(采自沙畹,1913,第二册,图49,第104)

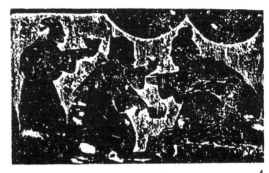
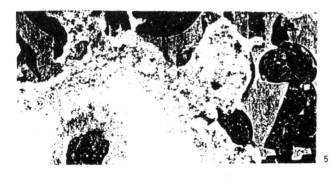

图132 邢渠的故事,武梁祠画像石。
1. 拓本。(采自容庚,1936,39页下—40页上)
2. 复原图。(采自冯云鹏、冯云鹓,1821,图3.57)
3. 左石室第八石。(采自沙畹,1913,第二册,图64,第128)
4. 前石室第十三石。(采自沙畹,1913,第二册,图56,第116)
5. 前石室第七石。(采自沙畹,1913,第二册,图49,第104)

画面6:邢渠(图132)

榜题:"渠父";"邢渠哺父"。
参考文献:《隋书·经籍志》中列有晋代萧广济撰写的《孝子传》。[123] 这部著作现已失传。所存部分见于《太平御览》和《天中记》,记载了邢渠的孝行:"邢渠失母,与父亲仲居。性至

孝,穷无子,佣以给父。父齿落不能食,渠常自哺之,专专然代其喘息。仲遂康休,齿落更生,百余岁乃卒也。"【124】

邢渠的故事在武氏祠上描绘了四次。除武梁祠以外,左石室中有一图,前石室有两种版本。(图132—3至132—5)两位中心人物——邢渠和其父的构图是固定的:孝子跪着用筷子给父亲喂饭,父亲坐着,上身向着儿子前倾。但是每幅图中的环境却不同:左石室中的图像最简单,表现的仅仅是邢渠和其父,省略了任何背景。(图132—3)武梁祠画像所表现的故事发生在一个大厅里。在前石室的图像中,悬挂的帷帐象征了室内空间,一个站立在帷帐外的妇女递过来一碗饭。(图132—4、132—5)邢渠的故事也被描绘在出土于乐浪的彩绘漆箧上,乐浪曾是汉代的领地。这个场景由三个人物组成:邢渠,其父,和称为"孝妇"的一位妇女。前石室和乐浪彩箧上所绘的邢渠故事因而不同于萧广济的记载,其中提到邢渠"穷无子",暗示出他非常贫穷以致不能结婚,甚至无钱为其父雇佣一个仆人。

画面7:董永(图133)

榜题:"永父";"董永千乘人也。"

参考文献:《太平御览》引用了刘向《孝子图》中的这个记载:

前汉董永,千乘人。小失母,独养父。父亡无以葬,乃从人贷钱一万。永谓钱主曰:"后若无钱还君,当以身作奴。"主甚怜之。永得钱葬父毕,将往为奴,于路忽逢一妇人,求为永妻,永曰:"今贫若是,身复为奴,何敢屈夫人之为妻。"妇人曰:"愿为君妇,不耻贫贱。"永遂将妇人至。钱主曰:"本言一人,今何有二?"永曰:"言一得二,于理乖乎!"主问永妻曰:"何能?"妻曰:"能织耳。"主曰:"为我织千匹绢,即放尔夫妻。"于是索丝,十日之内,千匹绢足。主惊,遂放夫妇二人而去。行至本相逢处,乃谓永曰:"我是天之织女,感君之孝,

图133 董永的故事,武梁祠画像石。
1.拓本。(采自容庚,1936,40页下—41页下)
2.复原图。(采自冯云鹏、冯云鹓,1821,图3.58)

291　　天使我偿之。今君事了,不能久停。"语讫,云雾四垂,忽飞而去。[125]

　　句道兴的《搜神记》有与此相似的故事,但是两个版本都不完整。与刘向所述相比,句道兴的版本缺少几句话,但在"小失其母,独养老父"之后多出对解释武梁祠画像很重要的一段话:"家贫困苦,至于农月,与辘车推父于田头树荫下。与人客作,供养不阙。"[126]

　　在武梁祠画像中,董永的父亲坐在树荫下的手推车上;

董永本人站在父亲前面劳动。空中飞翔的一位神仙应是织女。这样，这幅图就把连续发生的两个情节连接在一幅单一的画面中。第一个情节是董永当父亲活着时在田地中劳动；第二个情节是织女在回报孝子之后飞走。

然而，这种解释可能会受到来自于基于曹植《灵芝篇》的另一种解释的挑战："董永遭家贫，父老财无遗。举假以供养，佣作致甘肥。责家填门至，不知何用归。天灵感至德，神女为秉机。"[127]

诗中第三行与前面所引的版本完全背离：董永借钱不是为了安葬父亲，而是为了在父亲有生之年供养父亲。诗中甚至也没提到其父之死——刘向版本中一个关键的情节。如果按照《灵芝篇》解释，武梁祠画像的内容可以是董永供养父亲的情景。

画面8：蒋章训（？）（图134）

榜题： "章孝母"。

参考文献： 图中一位妇女独自站立。学者们没有找到其文本来源。在我看来画像所表现的可能是记录在京都大学图书馆藏的《孝子传》里的蒋章训的故事：

> 蒋章训，字元卿。与后母居，孝敬蒸蒸，未尝有缓。后母无道，恒训为憎。训悉之，父墓边造草舍居，多栽松柏，其荫茂盛。乡里之人为休息，往还车马亦为息所。于是后母嫉妒甚于前时，以毒入酒，将来令饮。训饮不死。或夜持刀欲杀训，惊，不害。如之数度，遂不得害。爰后母叹曰：是有天护，吾欲加害，此吾过也。便欲自杀。训谏不已。还，后母怀仁，遂为母子之义也。[128]

图134　蒋章训（？）的故事，武梁祠画像石。
1. 拓本。（采自容庚，1936，42页上）
2. 复原图。（采自冯云鹏、冯云鹓，1821，图3.81）

蒋章训的继母在故事里扮演着很重要的角色，这或许是为什么只有她的形象出现在图中的原因。但是这个解释不是没有问题的，因为榜题称她的儿子"章孝"而非

"章训"。是否雕刻者漏掉了"训"字?除非我们找到更为可信的文本依据,否则这个问题将难于最后解决。

画面9:朱明(图135)

榜题:"朱明";"朱明弟";"朱明(儿)";"朱明妻"。

参考文献:朱明的故事在《孝子传》早期的版本中没有记载。三个相关的记载是徐坚《初学记》中所引用的《朱明、张臣尉赞》,陆广微的《吴地记》,以及京都大学藏《孝子传》。《初学记》中的"赞"相当抽象:"诗咏张仲,今也朱明。轻财敦友,衣不表形。寡妻屏秽,堂棣增荣。臣尉逸然,丑类感诚。"[129]

容庚认为朱明一定生活在东汉时期。武梁祠画像石的时间和"赞"这一典型的东汉文学形式支持他的观点。值得注意的是,朱明在"赞"中被当作与作者同时代的人。[130]然而,"赞"对朱明道德的赞扬过于概括,因而对理解武梁祠画像的帮助不大。

《吴地记》中对朱明的故事的描述较为详细:"郡人朱明孝义立身,而家大富,与弟同居。弟听妻言树坏宅,欲弃兄异居。明知其意,乃以金帛余谷尽给与弟,唯留空宅。忽一夕,狂风骤雨,悉吹财帛还归明宅。弟与妻羞见乡里,自尽。明乃舍宅为寺,号朱明寺。"[131]但是朱明故事的这个版本与武梁祠图像很不一致:武梁祠中没有包括朱明的弟媳妇,而描绘的是其妻和儿子。(补:《吴地记》中记载的朱明生活在汉代以后,应为另一人。)京都大学藏《孝子传》为武梁祠画像提供了最确切的文献根据:

> 朱明者,东都人也。有兄弟二人。父母没后,不久分财,各得百万。其弟骄慢,早尽已分。就兄吃求,兄恒与之。如之数度,其妇忿怒,打骂小郎。明闻之,曰:汝,他姓。他是吾骨肉也。四海之女皆可为妇。骨肉之复不可得。遂逐其妇,永不相见也。[132]

在武梁祠画像中,朱明和弟弟站在右边,他的妻子和儿

图135 朱明的故事,武梁祠画像石。
1. 拓本。(采自容庚,1936,42页上—43页上)
2. 复原图。(采自冯云鹏、冯云鹓,1821,图3.59—60)

子站在左边。这位妇女要离开,她的儿子拉住她的手似乎求她留下来。图像一方面清楚地描绘了朱明和其弟的亲密关系以及妻子离去的情节;另一方面,文献中所缺少的对母子关系的表现成了画像视觉表现的一个重心。

画面10:李善(图136)

榜题:"李氏遗孤";"忠孝李善"。

参考文献:这幅图像现在多已残破,但是根据《隶续》和《金石索》的复原图，原来的图像表现了一位妇女要把竹筐中的一个婴儿拉出来，左方一位男人向婴儿跪拜。(图136—2)这个故事记录在《后汉书·李善传》和京都大学藏《孝子传》里。《后汉书》中的一段文字如下：

> 李善字次孙，南阳淯阳人，本同县李元苍头也。建武中疫疾，元家相继死没，唯孤儿续始生数旬，而资财千万，诸奴婢私共计议，欲谋杀续，分其财产。善深伤李氏而力不能制，乃潜负续逃去，隐山阳瑕丘界中，亲自哺养，乳为生湩，推燥居湿，备尝艰勤。续虽在孩抱，奉之不异长君，有事辄长跪请白，然后行之。闾里感其行，皆相率修义。续年十岁，善与归本县，修理旧业。告奴婢于长吏，悉收杀之。[133]

京都大学藏《孝子传》中记载的故事不同于《后汉书》的版本。谋杀婴儿的情节完全被省略，而加入了关于上天回报李善美德的情节。[134]从《后汉书》的版本判断，武梁祠图像中那位妇女是想谋杀婴儿的坏仆人，跪在地上的男人则是忠诚的李善。

图136　李善的故事，武梁祠画像石。
1. 拓本。(采自容庚，1936，43页)
2. 复原图。(采自冯云鹏、冯云鹓，1821，图3.61)

画面11：金日磾(图137)

榜题："休屠像"；"骑都尉"。

参考文献：王充在《论衡》中记录了金日磾的故事："金翁叔，休屠王之太子也，与父俱来降汉。父道死，与母俱来，拜为骑都尉。[135]母死，武帝图其母于甘泉殿上，署曰'休屠王焉提。'[136]翁叔从上上甘泉，拜谒起立，向之泣涕沾襟，久乃去。"[137]

王充的记载或许是根据《汉书》中金日磾的传

图137 金日磾的故事，武梁祠画像石。
1. 拓本。(采自容庚，1936，44页)
2. 复原图。(采自冯云鹏、冯云鹓1821，图3.62)

记,其中包括了有关金氏家族的更详细的信息以及汉武帝对金日䃅的戏剧性的提拔:

> 金日䃅字翁叔,本匈奴休屠王太子也。武帝元狩中,票骑将军霍去病将兵击匈奴右地,多斩首,虏获休屠王祭天金人。其夏,票骑复西过居延,攻祁连山,大克获。于是单于怨昆邪、休屠居西方多为汉所破,召其王欲诛之。昆邪、休屠恐,谋降汉。休屠王后悔,昆邪王杀之,并将其众降汉。封昆邪王为列侯。日䃅以父不降见杀,与母阏氏、弟伦俱没入官,输黄门养马,时年十四矣。
>
> 久之,武帝游宴见马,后官满侧。日䃅等数十人牵马过殿下,莫不窃视,至日䃅独不敢。日䃅长八尺二寸,容貌甚严,马又肥好,上异而问之,具以本状对。上奇焉,即日赐汤沐衣冠,拜为马监,迁侍中驸马都尉光禄大夫。日䃅既亲近,未尝有过失,上甚信爱之,赏赐累千金,出则骖乘,入侍左右。贵戚多窃怨,曰:"陛下妄得一胡儿,反贵重之!"上闻,愈厚焉。
>
> 日䃅母教诲两子,甚有法度,上闻而嘉之。病死,诏图画于甘泉宫,署曰"休屠王阏氏。"日䃅每见画常拜,乡之涕泣,然后乃去。[138]

武梁祠之金日䃅故事图像现已严重毁坏,只留下一个男人在一座精美的建筑物里跪拜的图像。《金石索》刊载的复原图像显示一位妇人坐在右边,可能是金日䃅的母亲的像。(图137—2)这个复原的画面与文献一致但背离了武梁祠榜题。根据榜题,原来武梁祠画像中金日䃅跪拜的对象是他的父亲休屠王的肖像。我在第五章中论证了在这个场景以及孝子丁兰画像中,武梁祠的设计者有意地把死者的身份由女性变为男性。《金石索》中的复原图像是根据文献而非根据雕刻本身。

画像石二（武梁祠东壁）

画面12：三州孝人（图138）

榜题："三州（孝）人也"。

参考文献：三州孝人的故事记录在萧广济《孝子传》里：

> 三州孝人者，各一州人，皆孤单茕独。三人间会树下息，因相访问。老者曰："宁可合为断金之业邪？"二人曰："诺。"即相约为父子。因命二人于大泽中作舍，且欲成。父曰："此不如河边。"二人曰："诺。"河边舍几成，父曰："又不如河中。"二人复填河，二旬不立。有一书生过之，为缚两土朏投河中。会父往，呼止之曰："尝见河可填耶？观汝行尔。"相将而去。明日俱至河边，望见河中土高丈余。【139】

京都大学藏《孝子传》里记载的故事具有相似的情节，但是更

图138 三州孝人的故事，武梁祠画像石。拓本。（采自容庚，1936，21页）

为详细。武梁祠画像描绘了站在右边的人面对正在拜见他的两个人,所表现的应该是三位陌生人互相认做父亲和儿子的情节。

画面13：羊公（图139）

榜题："义浆羊公"；"乞浆者"。

参考文献：图中羊公以传统的姿势坐在右边,正在把什么东西——或许是一杯水——递给站在左边的男人。两个人中间是一只瓮,上面置一勺。这幅画像是对羊公故事最早的表现。最早描写这个故事的文献则是晋代干宝的《搜神记》,引文见下。这个故事更为发展了的形式出现在梁元帝的《孝德传》、无名氏《孝子传》和京都大学藏《孝子传》中。[140]

> 杨公伯雍,洛阳县人也,本以侩卖为业。性笃孝,父母亡,葬无终山,遂家焉。山高八十里,上无水,公汲水,作义浆于阪头,行者皆饮之。三年,有一人就饮,以一斗石子与之,使至高平好地有石处种之,云："玉当生其中。"杨公未娶,又语云："汝后当得好妇。"语毕不见。乃种其石,数岁,时时往视,见玉子生石上,人莫知也。有徐氏者,右北平著姓,女甚有行,时人求,多不许;公乃试求徐氏,徐氏笑以为狂,因戏云："得白璧一双来,当听为婚。"公至所种玉田中,得白璧五双,以聘。徐氏大惊,遂以女妻公。天子闻而异之,拜为大夫。乃于种玉处,四角作大石柱,各一丈,中央一顷地,名曰"玉田"。[141]

画面14：魏汤（图140）

榜题："汤父"；"魏汤"。

参考文献：魏汤的故事在萧广济和无名氏的《孝子传》都有记载。两个版本都保存在《太平御览》里:

> 魏汤,少失母,独与父居邑,养蒸蒸,尽于孝道。父

图139 义浆羊公的故事,武梁祠画像石。
1. 拓本。(采自容庚,1936,21页下—22页上)
2. 复原图。(采自冯云鹏,冯云鹓,1821,图3.37)

有所服刀戟,市南少年欲得之,汤曰:"此老父所爱,不敢相许。"于是,少年殴拽汤父,汤叩头拜谢之。不止。行路书生牵止之,仅而得免。后父寿终,汤乃杀少年,段其头以谢父墓焉。【142】

武梁祠画像中有三位人物。站在右边的年轻人手持一剑;魏汤的父亲跪在这个年轻人面前;身后的魏汤举起双臂,

图140 魏汤的故事,武梁祠画像石,拓本。(采自容庚,1936,22页上—23页上)

似乎在乞求"市南少年"放过老父。

画面15：颜乌(图141)

榜题："孝乌"。

参考文献：画像中一棵大树，一只大鸟栖息于上，旁边是"孝乌"榜题。所隐含的故事与汉代颜乌的孝行有关。这个故事在所有传世的《孝子传》中都没有记载，只有在日期未定的京都大学版本中可以找到：

> 颜乌者，东阳人也。父死，葬送躬自，负直筑墓，不加他力。于时其功难成，精信有感，乌乌数千，衔块加填，墓忽成。尔乃乌口流血，块皆染血。以是为县名，曰乌阳县。王莽之时，改为乌者县也。[143]

武梁祠图像的存在把这个传说的由来追溯至东汉时期。

图141 颜乌的故事，武梁祠画像石。拓本。（采自容庚，1936，23页）

图142 赵徇的故事，武梁祠画像石。拓本。（采自容庚，1936，23页下）

画面16：赵徇（图142）

榜题："赵盾（徇）"。

参考文献：图中，一个男人坐在矮榻上；另一个身材矮小的人，或许是一个孩子，站在他的正前方，好像在给他喂食。榜题已被毁坏，这个故事以前没有被辨认出来。《太平御览》和《初学记》中所引师觉授的《孝子传》里有一段话，可以被认为是这幅图的文本来源：

> 赵狗（徇），幼有孝性。年五六岁时得甘美之物，未尝敢独食，必先以哺父。父出，则待还而后食。过时不还，则倚门啼以候父。至数年，父没。狗思慕羸悴，不异成人。哭泣哀号，居于冢侧。乡族嗟叹，名闻流著。汉安帝时，官至侍中。【144】

画面17：原穀（图143）

榜题："孝孙父"；"孝孙"；"孝孙祖父"。

参考文献：这个故事见于《太平御览》中引用的无名氏《孝子传》：

> 原穀者，不知何许人。祖年老，父母厌患之，意欲弃之。穀年十五，涕泣苦谏。父母不从，乃作舆，异弃之。穀乃随收舆归。父谓之曰："尔焉用此凶具？"穀云："恐后父老，不能更作，是以取之尔。"父感悟愧惧，乃载祖归侍养。克己自责，更成纯孝，穀为纯孝孙。【145】

在武梁祠画像中，原穀的祖父坐在地上，原穀右手举起一小舆，转过身来对父亲说话。画像所表现的情节是当父亲抛弃祖父以后，原穀要将小舆

图143 原穀的故事,武梁祠画像石。
拓本。(采自容庚,1936,24页)

拿回去,以此来规劝其父的不孝行为。

忠　臣

武梁祠后壁的3号画像石上刻有蔺相如和范雎这两位贤臣的故事。两幅图并列,刻于中心楼阁的右边,由下向上数第二层装饰带中。

画面1: 蔺相如(图144)

榜题:"(蔺相如赵臣)也,奉璧于秦";"秦王"。

参考文献:蔺相如被认为是中国古代的一位杰出的智勇双全的大臣,他的故事可说是家喻户晓。根据保存在《太平御览》中的一些片断内容,学者们认为这个故事可能首次出现在《战国策》里,据此司马迁在《史记》里写下了著名的《廉颇蔺相如列传》。[146]

根据司马迁的记载,蔺相如是赵国人,是宦官令缪贤

图144 蔺相如的故事,武梁祠画像石。
1. 拓本。(采自容庚,1936,45页)
2. 复原图。(采自冯云鹏、冯云鹓,1821,图3.63)

314 | 武梁祠 The Wu Liang Shrine

的门客。当时赵惠文王得到了一块叫"和氏璧"的珍贵玉璧,但是很快秦王知道了这件事,提出用十五座城池交换这块玉璧。赵王和他的大臣们陷于进退两难的境地。如果他们把玉璧给秦,秦国可能不履行诺言,给赵国城池;如果不给玉璧,他们又担心秦国的军队来攻打他们。于是他们希望能够找到一个去秦国回复的使者,缪贤推荐了蔺相如。司马迁的记叙如下:

> 秦王坐章台见相如,相如奉璧奏秦王。秦王大喜,传以示美人及左右,左右皆呼万岁。相如视秦王无意偿赵城,及前曰:"璧有瑕,请指示王。"王授璧,相如因持璧却立,倚柱,怒发上冲冠,谓秦王曰:"大王欲得璧,使人发书至赵王,赵王悉召群臣议,皆曰'秦贪,负其强,以空言求璧,偿城恐不可得。'议不欲予秦璧。臣以为布衣之交尚不相欺,况大国乎?且以一璧之故逆强秦之欢,不可。于是赵王乃斋戒五日,使臣奉璧,拜送书于庭。何者?严大国之威以修敬也。今臣至,大王见臣列观,礼节甚倨;得璧,传之美人,以戏弄臣。臣观大王无意偿赵王城邑,故臣复取璧。大王必欲急臣,臣头今与璧俱碎于柱矣!"相如持其璧睨柱,欲以击柱。秦王恐其破璧,乃辞谢固请,召有司案图,指从此以往十五都予赵。相如度秦王特以诈佯为予赵城,实不可得,乃谓秦王曰:"和氏璧,天下所共传宝也。赵王恐,不敢不献。赵王送璧时,斋戒五日,今大王亦宜斋戒五日,设九宾于廷,臣乃敢上璧。"秦王度之,终不可强夺,遂许斋五日,舍相如广成传。相如度秦王虽斋,决负约不偿城,乃使其从者衣褐,怀其璧,从径道亡,归璧于赵。[147]

武梁祠画像表现了这一情节的高潮。画面中间是既代表宫殿也用来刻榜题的一根柱子,将画面分成左右两个部分。蔺相如举起双臂站在右边,一手举玉璧。秦王在左边,上半身微微弯下,谨慎地看着蔺相如。两位主要人物动作的对比强调出他们戏剧性的冲突。

画面2：范雎（图145）

榜题："范且"；"魏须贾"。

参考文献：与蔺相如的故事一样，范雎的列传也是首次出现在《战国策》里，之后被司马迁在《史记》中加以改写。[148]根据《史记》的记载，范雎是魏国的一个穷汉，在周游列国之后成了中大夫魏须贾的门客。一次去齐国办公事，被他的主人误解且被狠狠地羞辱了一通。范雎被打得皮开肉绽、"折胁折齿"，羞辱他的人轮番往他身上撒尿。但是范雎设法逃走了，后来成为强大的秦国的丞相，并改名为张禄。赵王慑于秦国的武力，派须贾出使秦国。须贾出乎意料地遇见了范雎。下面这段《史记》中的文字描述的是武梁祠上的这一画像：

> 须贾……乃肉袒膝行，因门下人谢罪。于是范雎盛帷帐，侍者甚众，见之。须贾顿首言死罪，曰："贾不意君能自致于青云之上！贾不敢复读天下之书，不敢复与天下之事！贾有汤镬之罪，请自屏于胡貉之地，唯君死生之！"范雎曰："汝罪有几？"曰："擢贾之发以续贾之罪，尚未足。"范雎曰："汝罪有三耳。昔者楚昭王时而申包胥为楚却吴军，楚王封之以荆五千户，包胥辞不受，为丘墓之寄于荆也。今雎之先人丘墓亦在魏，公前以雎为有外心于齐而恶雎于魏齐，公之罪一也。当魏齐辱我于厕中，公不止，罪二也。更醉而溺我，公其何忍乎？罪三矣。然公之所以得无死者，以绨袍恋恋，有故人之意，故释公。"乃谢罢。[149]入言之昭王，罢归须贾。

> 须贾辞于范雎，范雎大供具，尽请诸侯使，与坐堂上，食饮甚设。而坐须贾于堂下，置莝豆其前，令两黥徒夹而马食之。[150]

在武梁祠画像中，须贾跪在范雎的前面。故事中说到的"黥徒"一手拉住须贾的衣袖，另一手喂他草豆掺拌的饲料。

图145 范雎的故事,武梁祠画像石。
1. 拓本。(采自容庚,1936,45页下—46页下)
2. 复原图。(采自冯云鹏、冯云鹓,1821,图3.64—65)

附录一 榜题、图像志、文本 | 317

须贾前面置一器皿，可能是盛放饲料的容器。

刺　客

中国历史上六位著名刺客的故事雕刻在武梁祠左右两侧下部的第二层装饰带上。画像石一（右壁）从右到左是曹沫、专诸和荆轲，画像石二（左壁）是要离、豫让和聂政。图像旁边的小榜题标明了主要人物的身份。

《史记》中的《刺客列传》一章所载的五位刺客都出现在武梁祠上，这使得许多学者认为武梁祠图像的文本来源是司马迁的著作。[151] 然而更贴切的考察揭示出更为复杂的情况。正如表 A.2 所示，描绘在武梁祠上的刺客是一些事迹广泛流传的著名英雄，他们的故事的不同版本出现在东周至东汉时期的各种书籍中。在若干例子中，武梁祠上的图像并没有按照《史记》的描述，而是根据另外的来源。

表A.2　刺客的文本来源

来源	曹沫	专诸	荆轲	要离	豫让	聂政
《荀子》	×					
《韩非子》					×	
《管子》	×					
《战国策》	×*	×	×*	×	×*	×*
《吕氏春秋》	×		(×*)	×		
《史记》	×*	×*.	×*	×	(×*)	×*
《春秋公羊传》	(×*)					
《淮南子》	×		×			
《盐铁论》	×		×			
《吴越春秋》		(×*)				
《说苑》					×	
《越绝书》		×		×		
《琴操》						(×*)
《大周正乐》						×*
《燕丹子》			×			
《论衡》			×	×		

注：带星号的表示故事的完整版本；带圆括号的表示故事的版本最接近武梁祠画像石。

画像石一（武梁祠西壁）

画面1：曹沫劫持齐桓公（图146）

榜题："管仲"；"齐桓公"；"曹子劫桓"；"鲁庄公"。

参考文献：曹沫的故事记载在《史记》的《刺客列传》中。

> 曹沫者，鲁人也，以勇力事鲁庄公。庄公好力。曹沫为鲁将，与齐战，三败北。鲁庄公惧，乃献遂邑之地以和。犹复以为将。

> 齐桓公许与鲁会于柯而盟，桓公与庄公既盟于坛上，曹沫执匕首劫齐桓公，桓公左右莫敢动，而问曰："子将何欲？"曹沫曰："齐强鲁弱，而大国侵鲁亦甚矣，今鲁城坏即压齐境，君其图之！"桓公乃许尽归鲁之侵地。既已言，曹沫投其匕首，下坛，北面就群臣之位，颜色不变，辞令如故。桓公怒，欲倍其约。管仲曰："不可。夫贪小利以自快，弃信于诸侯，失天下之援。不如与之。"于是桓公乃遂割鲁侵地，曹沫三战所亡地尽复予鲁。[152]

《史记》记载的曹沫的故事由三个主要部分组成：1.他三次被齐国军队打败；2.他在柯的会盟中劫持齐桓公，要回了战争中丢失的土地；3.会盟后，管仲建议齐桓公签订盟约。《战国策》中描绘了相似但较为简单的故事情节，只包括了前两部分，或许可以看做是《史记》版本的原型。[153] 这个故事的另一个版本出现在《春秋公羊传》和《吕氏春秋》里。[154] 在此版本中管仲出现在会盟上。武梁祠画像表现了管仲在场时桓公被劫持这个情节，显示出与第二个版本更为紧密的联系。辨识这个图像来源的另外证据，或可通过比较各种书籍中与武梁祠榜题中曹沫的名字来获得。他的名字在《史记》和《战国策》里大多数地方写作曹沫，但是在《左传》、《吕氏春秋》、《汉书》和《盐铁论》里写作曹翙，在《公羊传》和《淮南子》里却称作曹子。[155] 武梁祠榜题上也是曹子。这样，武梁祠

图146 曹沫劫持齐桓公的故事，武梁祠画像石。
1. 拓本。(采自容庚，1936，9页上—10页上)
2. 复原图。(采自冯云鹏、冯云鹓，1821，图3.26—27)

图像里有两个细节不同于《史记》版本，而与《公羊传》完全一样，这表明后者是武梁祠图像最直接的来源。

画面2：专诸刺杀王僚(图147)

榜题："二侍郎。专诸炙鱼，刺杀吴王"；"吴王"。

参考文献：根据《史记》记载，专诸是吴国堂邑人。当伍子胥从楚国逃往吴国时，他认出专诸是一个很有才能的人，就把他推荐给公子光。公子光的父亲即已去世的吴王诸樊，他没有将王位传给自己的儿子而是传给了其弟，然后王位又传给了公子光的侄子僚。公子光对这种状况很不满意，便密谋篡位。当他网罗到专诸以后,他像对待贵客一样招待他。

直到九年以后公子光的机会才来到。王僚派军攻楚,但很快惨败。趁此机会,公子光要求专诸去刺杀王僚。武梁祠表现了这个刺杀的场景,《史记》的描述如下:

> 四月丙子,光伏甲士,于窟室中,而具酒请王僚。王僚使兵陈自宫至光之家,门户阶陛左右,皆王僚之亲戚也。夹立侍,皆持长铍。酒既酣,公子光详为足疾,入窟室中,使专诸置匕首鱼炙之腹中而进之。既至王前,专诸擘鱼,因以匕首刺王僚,王僚立死。左右亦杀专诸,王人扰乱。公子光出其伏甲以攻王僚之徒,尽灭之,遂自立为王,是为阖闾。阖闾乃封专诸之子以为上卿。【156】

图147 专诸刺杀王僚的故事,武梁祠画像石。
1. 拓本。(采自容庚,1936,10页上—11页下)。
2. 复原图。(采自冯云鹏、冯云鹓,1821,图3.28—29)

武梁祠上的图像描绘的是当专诸从鱼肚子取出匕首，将要刺杀王僚的那一瞬间。盛鱼的盘子还没有掉在地上，王僚的两个卫士已经用长戟刺入刺客的身体。

《史记》里记载的大多数刺客在《战国策》里也可以找到，然而《战国策》并没有对专诸刺杀王僚的故事做充分描述。在《战国策》里，专诸被当作一位熟悉而不需要做更多解释的杰出的勇士。有关专诸故事最早的完整版本见于《左传》。[157] 尽管简略，但它包括了后来在《史记》里得以扩展的基本部分。这个故事也出现在一些汉代和之后的著作中，包括《吴越春秋》、《越绝书》以及其他一些书中，情节略有改动。[158] 瞿中溶注意到武梁祠画像中一个细节，认为或许揭示出这个图像和《吴越春秋》中的记载联系更为紧密。王僚卫士所使用的武器在《左传》和《史记》中被描写为铍，是一种剑一样的兵器，但在《吴越春秋》里说是长戟。[159] 武梁祠上描绘的武器很明显是戟而不是剑。

画面3：荆轲刺秦王（图148）

榜题："荆轲"；"樊於其(于期)头"；"秦武阳"；"秦王"。

参考文献：荆轲也许是中国历史上最著名的刺客，尽管他试图刺杀嬴政（未来的秦始皇）以悲剧结局。据《战国策》和《史记》，荆轲来自于卫国，在游历各诸侯国之后，最后来到燕都，在此被一位智者田光发现，并做了他的门客。

其时，燕太子丹正在寻求一位勇士来刺杀秦王，因为秦王不但羞辱过这位太子，而且秦军也威胁着其他各国的生存。田光推荐了荆轲来担当此项使命。临行之前，两位重要的人物为了这项使命而牺牲了生命。第一位是田光本人，他为了绝对保守秘密而自杀。另一位是从秦国来避难的将军樊于期，他把自己的头给了荆轲，后者可以用以取得秦王的信任。太子丹花费百金从赵国买了一把锋利的匕首，并让工匠在刀刃上淬上毒。他又为荆轲找了一位叫秦舞阳的副手。此人在十三岁就杀过人，有名的凶狠暴烈，发怒时没有人敢看他一眼。

图148 荆轲刺秦王的故事,武梁祠画像石。
1. 拓本。(采自容庚,1936,11页下—12页下)
2. 复原图。(采自冯云鹏、冯云鹓,1821,图3.30—31)
3. 前石室第十一石。(采自沙畹,1913,第二册,图55,第113)

当荆轲到达秦国时,秦王在咸阳宫召见了他。《史记》中的下面这段文字生动描述了会见的情况:

> 荆轲奉樊于期头函,而秦舞阳奉地图匣,以次进。至陛,秦舞阳色变振恐,群臣怪之。荆轲顾笑舞阳,前谢曰:"北蕃蛮夷之鄙人,未尝见天子,故振慴。愿大王少假借之,使得毕使于前。"秦王谓轲曰:"取舞阳所持地图。"轲既取图奏之。秦王发图,图穷而匕首见。因左手把秦王之袖,而右手持匕首揕之。未至身,秦王惊,自引而起,袖绝。拔剑,剑长,操其室。时惶急,剑坚,故不可立拔。荆轲逐秦王,秦王环柱而走。群臣皆愕,卒起不意,尽失其度。而秦法,群臣侍殿上者不得持尺寸之兵;诸郎中执兵皆陈殿下,非有诏召不得上。方急时,不及召下兵,以故荆轲乃逐秦王。而卒惶急,无以击轲,而以手共搏之。是时侍医夏无且以其所奉药囊提荆轲也。秦王方环柱走,卒惶急,不知所为,左右乃曰:"王负剑!"负剑,遂拔以击荆轲,断其左股。荆轲废,乃引其匕首以擿秦王,不中,中桐柱。秦王复击轲,轲被八创。轲自知事不就,倚柱而笑,箕踞以骂曰:"事所以不成者,以欲生劫之,必得约契以报太子也。"于是左右既前杀轲。【160】

在武梁祠画像中,荆轲刚将匕首掷向秦王。观者不但通过荆轲的动作知道这个情节刚刚发生,而且也通过一个细节了解瞬间的时态:尽管匕首已刺入柱子,但其所系的丝带仍然径直向后飞起。荆轲的帽子在搏斗中已丢掉,头发像剑一样竖起。一个卫士用双臂抱住荆轲,但似乎还不能让他屈服。他是画面中唯一的英雄:秦王在柱子的另一端奔跑,秦舞阳害怕地仆倒在地。另外两个细节进一步揭示了这个故事的悲剧性质:将军樊于期的头静静地躺在敞开的盒子中,匕首没有刺中秦王,而是嵌在柱中。

学者们认为司马迁的《荆轲列传》是根据《战国策》中的原型写的,而《史记》中的故事又给以后的《燕丹子》提供了材料。【161】

武梁祠上的图像显示出匕首的尖端从柱子的另一边透

出来,《史记》没有描述这个相当夸张的细节,但是武氏祠上的"荆轲刺秦王"画像却描绘了这个细节(另外两个图像在左石室和前石室里,见图29、148—3)。关于这一点,王充的《论衡》里有一段很有意思的文字:

> 儒书言:"荆轲为燕太子刺秦王,操匕首之剑刺之,不得。秦王拔剑击之,轲以匕首擿秦王,不中,中铜柱,入尺。"欲言匕首之利,荆轲势盛,投锐利之刃,陷坚强之柱,称荆轲之勇,故增益其事也。夫言入铜柱,实也;言其入尺,增之也。铜虽不若匕首坚刚,入之不过数寸,殆不能入尺。[162]

我们不知道王充提到的"儒书"是什么。但是由于王充生活在公元2世纪的后半叶,这说明这些书籍大约与武梁祠同时。正如王充所述,这些"儒书"竭力把荆轲的故事戏剧化,这个趋势在武氏祠画像石上可以明显看见。

画像石二(武梁祠东壁)

画面4:要离刺庆忌(图149)

榜题:"王庆忌";"要离"。

参考文献:文献中描写的要离是一个身材瘦弱但极其勇敢的男子。吴王光曾使专诸杀掉了王僚(见上述),现在想除掉先王的儿子庆忌。然而庆忌力大无比,有万夫之勇。他徒步可以追上野兽,空拳可抓飞禽。面对这样一个敌人,伍子胥又一次推荐了杰出的刺客要离。

刺杀行动按照要离的计划展开。首先要离假装成一个在捕的要犯,逃离吴国国都。吴王在气愤之下杀了他的妻子儿女并且焚尸于市。于是要离避难于各诸侯国,到处散播他的冤情,直到天下人都知道他是无辜的。在赢得庆忌的信任后,要离陪伴庆忌渡过长江来攻吴,在船上刺杀了庆忌。下面这段文字引自《吴越春秋》,与武梁祠画像相符若节:

图149 要离刺庆忌的故事，武梁祠画像石。
1. 拓本。(采自容庚,1936,25页)
2. 复原图。(采自冯云鹏、冯云鹓,1821,图3.39)

1

2

　　将渡江于中流，要离力微，坐与上风，因风势以矛钩其冠，顺风而刺庆忌，庆忌顾而挥之，三捽其头于水中，乃加于膝上，"嘻嘻哉！天下之勇士也！乃敢加兵刃于我。"左右欲杀之，庆忌止之，曰："此是天下勇士。岂可一日而杀天下勇士二人哉？"乃诫左右曰："可令还吴，以旌其忠。"于是庆忌死。

要离渡至江陵,愍然不行。从者曰:"君何不行?"要离曰:"杀吾妻子,以事吾君,非仁也,为新君而杀故君之子,非义也。重其死,不贵无义。今吾贪生弃行,非义也。夫人有三恶以立于世,吾何面目以视天下之士?"言讫遂投身于江,未绝,从者出之。要离曰:"吾宁能不死乎?"从者曰:"君且勿死,以俟爵禄。"要离乃自断手足,伏剑而死。[163]

要离的名字在战国和秦汉时期意味着勇敢献身。许多书籍中,包括《战国策》、《史记》、《淮南子》和《盐铁论》等,都提到他的事迹。[164]然而,他刺杀庆忌的完整记载只出现在《吕氏春秋》和《吴越春秋》里。两个故事有细节上的差异,如《吴越春秋》描写庆忌"三捽其头于水中,乃加于膝上",而《吕氏春秋》说:"王子庆忌捽之,投之于江,浮则又取而投之,如此者三。"[165]武梁祠上的图像显示坐在船上的庆忌正在抓住要离的头发,"捽其头于水中"。这幅图似乎与《吕氏春秋》有更为紧密的联系。

画面5:豫让刺杀赵襄子(图150)

榜题:"豫让杀身,以报知己";"赵(襄子)"。

参考文献:根据《史记》记载,豫让是晋国人。他先为范氏、后为中行效力,但都没有得到他们的重用。他离开之后成为智伯的门客,得到了智伯的格外尊重。后来智伯被赵襄子杀,智伯的头盖骨被髹上漆做成饮器。

豫让逃到山中,计划要杀掉仇人为智伯报仇。他先藏在厕所企图杀死赵襄子,但被抓住。赵襄子因为他对故主的忠诚而放掉他,但这并没有动摇豫让报仇的决心。他在身上涂上漆,使浑身肿烂像长满了疮。又吞炭而破坏嗓音,完全改变了自己的形象,直到没有一个人能认出他来。于是他隐藏在襄子马车经过的桥上,准备再次刺杀襄子。但是当襄子经过桥上时他的马突然受惊,豫让又一次被抓住:

图150 豫让刺杀赵襄子的故事，武梁祠画像石。
1. 拓本。(采自容庚，1936，25页下—26页下)
2. 复原图。(采自冯云鹏，冯云鹓，1821，图3.40—41)

于是襄子乃数豫让曰："子不尝事范、中行氏乎？智伯尽灭之，而子不为报仇，而反委质臣于智伯，智伯亦已死矣，而子独何以为之报仇之深也？"豫让曰："臣事范、中行氏，范、中行氏皆众人遇我，我故众人报之。至于智伯，国士遇我，我故国士报之。"襄子喟然叹息而泣曰："嗟乎豫子！子之为智伯，名既成矣，而寡人赦子，亦已足矣。子其自为计，寡人不复释子。"使兵围之。豫让曰："臣闻明主不掩人之美，而忠臣有死名之义。前君已宽赦臣，天下莫不称君之贤。今日之事，臣固伏诛，然愿请君之衣而击之，焉以致报仇之意，则虽死不恨。非所敢望也，敢布腹心。"于是襄子大义之，乃使使持衣与豫让。豫让拔剑三跃而击之，曰："吾可以下报智伯矣！"遂伏剑自杀。死之日，赵国志士闻之，皆为涕泣。【166】

武梁祠表现豫让刺杀赵襄子的画像把两个最富有戏剧性的情节结合在一幅单独的构图之中。左边,襄子坐在马车里,马突然受惊。右边,豫让左手持一长剑,另一只手指着地上的衣服,似乎将要刺仇人的衣服,以此来象征他为老主人报仇。

通常认为《史记》里豫让的传记是根据《战国策》而来。[167] 但是《吕氏春秋》和《说苑》还包括了两种不同的版本。《吕氏春秋》记载的豫让事迹的中心情节不是豫让复仇,而是豫让和襄子的一个随从青荓之间的友谊。故事说当青荓发现豫让藏在桥下准备刺杀襄子,他自杀了,以此方式来解决对主人的忠诚和与豫让的友谊之间的矛盾。[168]《说苑》中的故事则集中在豫让为杀死襄子不断地乔装打扮,对豫让自杀的情节渲染很少。[169] 这两部书都没有描写豫让刺襄子的衣服以象征复仇,而《史记》和武梁祠画像生动地描绘了这一情节。

画面6:聂政刺韩王(图151)

榜题:"韩王";"聂政"。

参考文献:据《史记》,聂政是轵人。杀人之后为逃脱报复,与母亲和姐姐一道来到齐国,以做屠夫为生。一段时间以后,韩国的一位高官晏仲子与韩国的宰相侠累不和。晏仲子逃离韩国后,四处寻人向侠累报仇。最后他找到了聂政。他给聂政的母亲送去礼物,让其母劝说聂政同他合作,但是聂政拒绝了他的请求。因为作为一个儿子他有责任来照顾母亲。然而聂政在心里被这位大臣对他价值的欣赏所感动。因此他在母亲死后去见晏仲子,答应去刺杀侠累。司马迁这样描述刺杀的场景:

> 遂谢车骑人徒,聂政乃辞独行。杖剑至韩,韩相侠累方坐府上,持兵戟而卫侍者甚众。聂政直入,上阶刺杀侠累,左右大乱。聂政大呼,所击杀者数十人,因自皮面决眼,自屠出肠,遂以死。[170]

图151 聂政刺杀韩王的故事，武梁祠画像石。
1. 拓本。(采自容庚，1936，27页上—28页上)
2. 复原图。(采自冯云鹏、冯云鹓，1821，图3.42—43)

《战国策》里聂政的故事在某些细节上不同于《史记》，例如聂政刺杀的不仅是侠累，而且还有韩王：

> 韩适有东孟之会，韩王及相皆在焉，持兵戟而卫者甚众。聂政直入，上阶刺韩傀。韩傀走而抱哀侯，聂政刺之，兼中哀侯，左右大乱。聂政大呼，所杀者数十人。因自皮面抉眼，自屠出肠，遂以死。[171]

在武梁祠画像中，韩王坐在王座上，聂政左手持剑将要刺杀韩王。画面中没有侠累。一个重要的细节是聂政的膝盖上有一张琴,这在《史记》和《战国策》里都没有提到。武梁祠上的图像因此很可能是根据《琴操》里面的聂政的故事,这是公元2世纪蔡邕的著作:

> (聂)政父为韩王治剑,过期不成,王杀之。时政未生。及壮,问其母曰:父何在?母告知。政欲杀韩王,乃学涂入王宫。拔剑刺王,不得,逾城而出。去入太山,遇仙人,学鼓琴。漆身为厉,吞炭变其音。七年而琴成。欲入韩,道逢其妻,从置栉对妻而笑。妻对之泣下。政曰:夫人何故泣?妻曰:聂政出游,七年不归,吾尝梦想思见之。君对妾笑,齿似政齿,故悲而泣。政曰:天下人齿皆政若耳,胡为泣乎?即别去,复入山中。仰天而叹曰:嗟乎!变容易声,欲为父报仇,而为妻所知。父仇当何时复报?援石击落其齿。留山中三年习操持。入韩国,人莫知政。政鼓琴阙下,观者成行,马牛止听。以闻韩王,招政而见之,使之弹琴。政即援琴而歌之。内刀在琴中。政于是左手持衣,右手出刀,以刺韩王,杀之。曰:乌有使者生不见其父可得使乎?政杀国君,知当其母,即自犁剥面皮,断其形体,人莫能识。乃枭磔政形体,市悬金其侧,有知此人者,赐金千金。遂有一妇人往而哭曰:嗟乎!为父报仇耶!顾谓市人曰:此所谓聂政也,为父报仇,知当其母,乃自犁剥面。何爱一女之身,而不扬吾子之名哉!乃抱政尸而哭。冤结陷塞,遂绝行脉而死。[172]

这个故事与《史记》和《战国策》所记载的聂政事迹关系不大,但与另一个著名的刺客高渐离的故事相似。据《史记》,高渐离是一位有名的抚琴高手,也是荆轲的密友。荆轲死后,他改名换姓,隐居起来,但是很快因为他高超的弹琴技巧而出名,最后被秦王嬴政召见:

> 秦始皇召见,人有识者,乃曰:"高渐离也。"秦皇帝惜其善击筑,重赦之,乃矐其目。使击筑,未尝不称善。稍益近之,高渐离乃以铅置筑中,复进得近,举筑朴秦皇

帝,不中。于是遂诛高渐离,终身不复近诸侯之人。【173】

高渐离的故事在东汉时期进一步得到扩展。王充在《论衡》里写道:

> 传书又言:燕太子丹使刺客荆轲刺秦王,不得,诛死。后高渐丽复以击筑见秦王,秦王说之;知燕太子之客,乃冒其眼,使之击筑。渐丽乃置铅于筑中以为重,当击筑,秦王膝进,不能自禁,渐丽以筑击秦王额。秦王病伤,三月而死。【174】

聂政刺杀韩王和高渐离刺杀秦始皇都表现在武氏画像石上。前者在武梁祠,后者在左石室。两幅画像的构图一致。不同之处仅在于他们互为镜像,一幅图的榜题是"韩王",另一幅榜题则是"秦王"。东汉时期,聂政和高渐离的故事似乎已经混淆;文学作品和画像石都反映了这种变化。

注释

【1】沈约:《宋书》,北京:中华书局,1974年,759—878页。
【2】刘节:《中国史学史稿》,河南:中州书画社,1982年,97页。
【3】《瑞应图记》最完整的版本是清代学者叶德辉所辑。见叶德辉:《观古堂瑞所著书》,湘潭叶氏丛书,1902年。
【4】见第三章的讨论。
【5】沈约:《宋书》,863页。
【6】孙柔之:《瑞应图记》,见叶德辉:《观古堂瑞所著书》,6页上、下。
【7】沈约:《宋书》,867页。
【8】同注【6】,10页上。
【9】见皮锡瑞:《汉碑引纬考》,光绪三十年(1904年)刊本,36页下。
【10】沈约:《宋书》,791页。
【11】同注【6】,23页上。
【12】引用在《开元占经·寿经》;参看皮锡瑞:《汉碑引纬考》,36页下。
【13】E. Chavannes(沙畹), *Mission archéologique dans la Chine septentrionale*, Paris: Imprimerie Nationale, 1913, vol. 13, p. 168.
【14】沈约:《宋书》,796页。
【15】同注【6】,32页下—33页上。
【16】沈约:《宋书》,862页。
【17】同注【6】,15页上。
【18】沈约:《宋书》,807页;同注【6】,32页下。
【19】沈约:《宋书》,804页。
【20】同上,848页。
【21】同注【6】,27页下—28页上。
【22】沈约:《宋书》,851页。
【23】同注【6】,9页上、下。
【24】沈约:《宋书》,803页。
【25】同注【6】,26页上。
【26】同注【13】,p.170。
【27】沈约:《宋书》,853页。
【28】同注【6】,16页下。
【29】沈约:《宋书》,851页。
【30】同注【6】,12页上。
【31】沈约:《宋书》,851页。
【32】同上,812页。
【33】同上,807页。
【34】同上,852页。
【35】同上,860页。
【36】同注【6】,35页上、下。
【37】同注【13】,p.172页。
【38】沈约:《宋书》,812页。
【39】同注【6】,10页下。
【40】沈约:《宋书》,861页。
【41】同上,863页。
【42】同上,802页。
【43】同上。
【44】同上,852页。
【45】袁珂:《山海经校注》,1980年,上海:上海古籍出版社,52页。
【46】沈约:《宋书》,807页。
【47】同注【45】,73页。
【48】王符:《潜夫论》,北京:中华书局,1985年,382页;班固:《白虎通》,《丛书集成》(二百三十八至二百三十九),长沙:商务印书馆,1937年,21页;应劭:《风俗通》,《四部丛刊》初编(一百),上海:商务印书馆缩印本,1937年,8页。参见瞿中溶:《武氏祠堂画像考》,吴兴希古楼刻本,1825年,3页上,容庚:《汉武梁祠画像录》,1936年,北京:北平考古学社,8页下。
【49】王符:《潜夫论》,382页;应劭:《风俗通》,《四部丛刊》初编(一百),8页。参见瞿中溶:《武氏祠堂画像考》,3页;容庚:《汉武梁祠画像录》,8页。
【50】应劭:《风俗通》,《四部丛刊》初编(一百),8页。
【51】班固:《白虎通》,《丛书集成》(二百三十八至二百三十九),21页。
【52】司马迁:《史记》,北京:中华书局,1959年,2页。参见瞿中溶:《武氏祠堂画像考》,3页上。
【53】瞿中溶:《武氏祠堂画像考》,"像"2,1—3页。容庚:《汉武梁祠画像录》,9页下。
【54】原文出自《周易·系辞下》。
【55】陈立撰:《白虎通疏证》,中华书局,1994年,50—51页。
【56】阮元:《十三经注疏·礼记正义》,卷十四,北京:中华书局,1980年,1353页;瞿中溶:《武氏祠堂画像考》,2页下。(陈浩注之原文为:"太昊、伏羲,木德之君。"见《四书五经》中《礼记》,83页。未见郑康成注。——译者注)
【57】陈立撰:《白虎通疏证》,52页。
【58】《大戴礼记》,《四部丛刊》初编(八),上海:商务印书馆缩印本,1937年,42页。
【59】R. Wilhelm(理查德·威廉)把包牺氏和神农氏翻译为"庖牺氏族"和"神农氏族"。(见:R. Wilhelm, *The I Ching*, 3rd ed.

Princeton, N. J.: Princeton University Press, 1967, p. 330.) 然而,词语"氏"指的是单个的神话传说人物而不是一群人。

[60] 原文出自《周易·系辞下》。

[61] 同注[50],9页。

[62]《周易·系辞下》,R. Wilhelm, *The I Ching*, 3rd ed., p. 331. "当神农氏族离开后,之后就是黄帝的氏族以及尧舜氏族。"

[63]《周易·系辞下》。

[64] 司马迁:《史记》,11页。

[65] 同注[58],35页。

[66] 司马迁:《史记》,13页。

[67] 同注[65]。

[68] 同上。

[69] 司马迁:《史记》,31—34页。

[70] 根据《汉书》中的文字,见下面注释[73]。

[71] 李昉:《太平御览》,北京:中华书局,1960年,999页。

[72] 班固:《汉书》,北京:中华书局,1962年,1112页。

[73] 范晔:《后汉书》,北京:中华书局,1965年,2765页。

[74] 瞿中溶:《武氏祠堂画像考》,32页上。

[75] 班固:《汉书》,1928—1966页。

[76] 见第五章"列女"部分的讨论。

[77] 张彦远:《历代名画记》,于安澜:《画史丛书》,上海:人民美术出版社,1963年,60页下—61页上。

[78] 同上,66页上、下。

[79] 同上,70页下。

[80] A. C. Safford(萨福德), *Typical Women in China*, Shanghai: Kelly & Walsh, 1891; A. R. O'Hara(奥哈拉), *The Position of Women in Early China*, Washington, D. C.: Catholic University of American Press, 1945, xi.

[81] 刘向:《列女传》,《四部丛刊》(六十),上海:商务印书馆缩印本,1937年,58页。

[82] 同上,68页。

[83] 同上,65页。

[84] 同上,55页。伯姬是宋共公(公元前588—前576年在位)的妻子。

[85] 同上,70页。

[86] 同上,67页。

[87] 同上,73页。

[88] 同上,83—84页。

[89] 许南容:《对书史》,《全唐文》,卷九百零二,黄任恒:《古孝汇传》,广州:聚珍印务局,1925年,1页下。

[90] 见黄任恒:《古孝汇传》,1页上。

[91] 容庚:《汉武梁祠画像录》,21页下。

[92] 同上。

[93] 同上,1页上、下。

[94] 这些版本是郑缉之和师觉授所著。

[95] 魏征:《隋书》,北京:中华书局,1973年,982页。

[96] 这四篇列传分别是关于舜、董永、丁兰和郭巨的故事;黄任恒:《古孝汇传》,1页下。

[97] 魏征:《隋书》,976页。

[98] 刘昫:《旧唐书》,北京:中华书局,1975年,2001—2002页;欧阳修、宋祁:《新唐书》,北京:中华书局,1975年,1480页。

[99] 黄奭:《黄氏逸书考》,怀荃室藏版,卷八十六,1865页上;黄任恒:《古孝汇传》。

[100] Dai Nihon Masamune Bunko: In the Dai Nihon Masamune Bunko, Harvard Yenching Library microfilm no. Fc-1958.(大日本正宗文库藏,哈佛燕京图书馆缩微胶卷)

[101] 原文出自《孝经》"感应"章第十六。

[102] 北京大学历史系:《论衡注释》,北京:中华书局,1979年,330—331页。

[103] 李昉:《太平御览》,1706、3829页。

[104] 干宝:《搜神记》,上海:商务印书馆,1957年,133页。

[105] 原文出自《战国策》,卷四"秦二"。

[106] 司马迁:《史记》,2311页。

[107] 刘安:《淮南子·说山训》,《四部丛刊》初编(九十六),上海:商务印书馆缩印本,1937年;瞿中溶:《武氏祠堂画像考》,"像"3,11页下。

[108] 李昉:《太平御览》,3829页;黄任恒:《古孝汇传》,12页上、下。

[109] 同上。

[110] 欧阳询:《艺文类聚》,上海:中华书局,1965年,369页;瞿中溶:《武氏祠堂画像考》,"像"3,4页下。

[111] 李昉:《太平御览》,1908页;瞿中溶:《武氏祠堂画像考》,"像"3,4页下。

[112] 李昉:《太平御览》,1907—1908页;瞿中溶:《武氏祠堂画像考》,"像"3,8页下—9页上;黄任恒:《古孝汇传》,11页下;容庚:《汉武梁祠画像录》,11页上。

[113] 瞿中溶:《武氏祠堂画像考》,"像"3,9页上;黄任恒:《古孝汇传》,11页下。

[114] 欧阳询:《艺文类聚》,369页;瞿中溶:《武氏祠堂画像考》,"像"3,9页上。

[115] 李昉:《太平御览》,1832页;道释:《法苑珠林》,上海:商务印书馆,1929年,49页;黄任恒:《古孝汇传》,9页上、下。

[116] 沈约:《宋书》,627页。

[117] 孙盛生活于公元4世纪,是一位著名的儒家学者。房玄龄:《晋书》,北京:中华书局,1974年,2147页。

【118】李昉:《太平御览》,1909页;瞿中溶:《武氏祠堂画像考》,12页上;容庚:《汉武梁祠画像录》,11页下。

【119】应劭:《风俗通》,"愆礼"第三,《四部丛刊》初编(一百);瞿中溶:《武氏祠堂画像考》,"像"3,13页上。

【120】刘向:《说苑》卷第三,《四部丛刊》初编(七十五),上海:商务印书馆缩印本,1937年,李昉:《太平御览》,1907页,欧阳询:《艺文类聚》,369页,瞿中溶:《武氏祠堂画像考》,"像"5,17页上、下。

【121】沈约:《宋书》,627页。

【122】魏征:《隋书》,1676页。

【123】同上,976页。

【124】李昉:《太平御览》,1897页,陈熠文《天中记》,台北:商务印书馆,1981年,卷二十四,瞿中溶:《武氏祠堂画像考》,"像"5,19页上;黄任恒:《古孝汇传》,8页上、下,容庚:《汉武梁祠画像录》,21页下。

【125】李昉:《太平御览》,1899页。

【126】罗振玉:《敦煌零拾》,上虞罗氏自印本,1924年;干宝:《搜神记》,上海:商务印书馆,1957年,16页。

【127】沈约:《宋书》,627页。

【128】吉川辛次郎编:《京都大学图书馆孝子传》(I),京都:京都大学,31—32页。

【129】徐坚:《初学记》,北京:中华书局,1962年,426页;容庚:《汉武梁祠画像录》,1936,北京:北平考古学社,22页上。

【130】容庚:《汉武梁祠画像录》,22页上。

【131】同上。

【132】吉川辛次郎编:《京都大学图书馆孝子传》(I),14—15页。

【133】范晔:《后汉书》,北京:中华书局,1965,2679页。

【134】吉川辛次郎编:《京都大学图书馆孝子传》(I),45—46页。

【135】福克(Forke)将官名"骑都尉"翻译为"皇太子"。A. Forke, *Lun-Heng: Philosophlical Essays by Wang Ch'ung*, 2 vols, New York: Paragon Book Gallery, 1962, pt. II, p.354.

【136】福克原注:"文章中休屠王焉提没有意义。在金日䃅的列传中,后两个字写作䃅氏,这是金日䃅母亲的姓,应当插入焉提。"见:A. Forke, *Lun-Heng: Philosophlical Essays by Wang Ch'ung*, pt. II, p.354.

【137】北京大学历史系:《论衡注释》,920页;A. Forke, *Lun-Heng: Philosophlical Essays by Wang Ch'ung*, pt. II, pp.354—355.

【138】班固:《汉书》,2959—2960页。

【139】李昉:《太平御览》,292页;李昉:《太平广记》,北京:人民文学出版社,1159页;黄任恒:《古孝汇传》,27页上、下,容庚:《汉武梁祠画像录》,15页下—16页上。

【140】李昉:《太平广记》,2325页;李昉:《太平御览》,3828,4326页,欧阳询:《艺文类聚》,1429页;虞世南:《北堂书钞》,台北:文海出版社,1962年,卷一四四,10页上;吉川辛次郎编:《京都大学图书馆孝子传》(I),46,47页。

【141】干宝:《搜神记》,137页。

【142】李昉:《太平御览》,1621,2206页;黄任恒:《古孝汇传》,29页上;容庚:《汉武梁祠画像录》,16页下。

【143】吉川辛次郎编:《京都大学图书馆孝子传》(I),27—28页。

【144】李昉:《太平御览》,1909页;徐坚:《初学记》,北京:中华书局,1962年,421页;黄任恒:《古孝汇传》,13页下。

【145】李昉:《太平御览》,2360页;黄任恒:《古孝汇传》,28页上、下。

【146】F. A. Kierman(基尔曼), *Ssu-ma Ch'ien's Historigraphical Attitude as Reflected in Four Late Warring States Biographies*, Wiesbaden: Otto Harrassowitz, 1962, p.17.

【147】司马迁:《史记》,2440—2441页。

【148】瞿中溶:《武氏祠堂画像考》,6页。

【149】此处杨宪益夫妇的英译有误,见:Hsien-i Yang, and Gladys Yang, *Selections from Records of the Historian*, Beijing: Foreign Languages Press, 1979, p.106.

【150】同上,pp.105—106.

【151】容庚:《汉武梁祠画像录》,13页下。

【152】司马迁:《史记》,2515—2516页。

【153】《战国策·齐策》,《四部丛刊》初编(五十八至五十九),上海:商务印书馆缩印本,1937年。

【154】瞿中溶:《武氏祠堂画像考》,16页上、下。

【155】同上。

【156】司马迁:《史记》,2516—2518页。

【157】J. Legge(李雅各布), *Chinese Classics*, vol.5: *The Ch'un Ts'ew with the Tso Chuan*, Oxford: Clarendon Press, 1871, p.719.

【158】袁康:《越绝书》,《四部丛刊》初编(六十四),上海:商务印书馆缩印本,1937年,49页;《吴越春秋》,见《四部丛刊》初编(六十四),卷三,18—19页。见容庚:《汉武梁祠画像录》,12页上、下。

【159】瞿中溶:《武氏祠堂画像考》,"像"3,23页上。

【160】司马迁:《史记》,2534—2535页。

【161】《战国策·燕策》,《四部丛刊》初编(五十八至五十九),卷九;余嘉锡:《四库全书提要辨证》,北京:中华书局,1980年,1165页。

【162】A. Forke, *Lun-Heng: Philosophical Essays by Wang Ch'ung*, pt. II, p.503.

【163】《吴越春秋·阖闾内传第四》,《四部丛刊》初编(六十四),

22—24页.

【164】J. I. Crump（克拉姆）, *Chan-kuo Ts'e*, 2d ed., San Francisco, Chinese Materials Center, 1979, p.454.

【165】《吕氏春秋》,《四部丛刊》初编（六十四）, 442—444页; 瞿中溶:《武氏祠堂画像考》, 19页上、下.

【166】司马迁:《史记》, 2521页.

【167】《战国策·赵策》,《四部丛刊》初编（五十八至五十九）,卷六.

【168】许维遹:《吕氏春秋集释》, 1935年, 479—481页.

【169】刘向:《说苑》,《四部丛刊》初编（七十五）, 上海: 商务印书馆缩印本, 1937年, 25页.

【170】司马迁:《史记》, 2524页.

【171】译文选自J. I. Crump, *Chan-kuo Ts'e*, 2d ed., p.458.

【172】蔡邕:《琴操》, 见杨宗稷:《琴学丛书》, 北京, 1911年, 11页上—12页上.

【173】司马迁:《史记》, 2537页.

【174】王充:《论衡》卷第四, 见北京大学历史系:《论衡注释》.

【二】
武梁祠研究年表
(1061—2005年)

329	1061	欧阳修在《集古录》中收录了武斑碑和武荣碑的碑文。
	1069	欧阳棐在《集古录目》中提到武斑碑和武荣碑。
	1117	赵明诚在《金石录》中著录了：1.武斑碑；2.武开明碑；3.武梁碑；4.武氏祠石阙；5.武梁祠画像石；6.武荣碑。他记录了前五项铭文并做评语。
	1166	洪适在《隶释》中记录以上六项铭文。
	1167	卫博在《定庵类稿》中提及武梁祠画像石。
	1168—1179	洪适在《隶续》中复制了武梁祠画像及"孔子见老子"画像。
	1250	史绳祖在《学斋占毕》中记载了其祖父史子坚对武梁祠画像石的讨论。
	1344	清代金石学家黄易在《前后石室画像跋》中引洪山石崖元人题字云："至正四年(1344)昏垫最甚，当时浊浪奔腾，石室尽损，积淤盈丈。"
330	1705	朱彝尊在《曝书亭金石文字跋尾》、《曝书亭集》中讨论武氏祠画像。
	1777	《嘉祥县志》："县南三十里紫云山西汉太子墓享堂三座，久没土中，不尽者三尺，石壁刻伏羲以来祥瑞及古忠孝任务，极纤巧；汉碑一通，文字不可辨。"
	1786	黄易发掘武梁祠，出土画像石约二十五块，石阙二，刻有"武家林"文字的断石柱和武斑碑。

1787　黄易谋划建屋保护武氏祠画像，以避风雨及洪水，并易于打制拓片。这是武氏祠研究史上最重要的事件之一。
　　　黄易撰《修武氏祠堂记略》，刻于所建保管室中。
　　　翁方纲撰《重立汉武氏祠石记》。

1789　修建保管室期间，李克正和刘肇镛发现一组十件画像石。
　　　李克正在武氏祠南三里、东北半里各发现一件画像石。
　　　翁方纲在《两汉金石记》中记录了这些新发现。

1796　钱大昕在《潜研堂金石文跋尾》中讨论了武梁祠的三块墙壁画像石，以及左石室第一石和孔子见老子画像。
　　　黄易撰《前后石室画像跋》、《左石室画像跋》及《祥瑞图跋》。

1797　毕沅和阮元作《山左金石志》。

1800　黄易出版《小蓬莱阁金石文字》，其中复制了所谓的武梁祠画像"唐拓本"以及不同学者的跋文。

1805　王昶在《金石萃编》中复制武梁祠墙壁三石上的画像，并录武氏祠全部铭文和榜题。

1821　冯云鹏和冯云鹓在《金石索》中复制了大部分武氏祠画像石。

1825　瞿中溶出版《武氏祠堂画像考》，此为第一部关于武氏祠画像的专著。

1845　徐宗干出版《济州金石志》，其中有对武氏祠的描述。

1847　马邦玉在《汉碑录文》中记录武氏祠的全部铭文。

1862　方朔出版《枕经堂金石书画题跋》，其中有他和黄易及其他人对武氏祠的题跋。

1871　轩辕华发现"有鸟如鹤"和"荷馈"画像石。

1872　张德蓉在《金石聚》中记录全部武氏祠画像。

1875　陆增祥在《八琼室金石补正》中录"荷馈"和"王陵母"画像。

1880　陈锦将"王陵母"画像移入武氏祠保管室。
　　　丁文江将"荷馈"石移入武氏祠保管室。

1881　卜士礼(Stephen W. Bushell)将第一套武氏祠画像石的拓片带至欧洲，尔后在柏林的东方议会(Oriental Congress)展览。

1882　蔡纫秋发现另外三块画像石。

1886　米尔斯(Lieutenant Dd. Mills)访问武氏祠遗址。

1891　沙畹(Edouard Chavannes)考察武氏祠遗址。

1893　沙畹出版《中国汉代石刻》。

1903　劳弗(B. Laufer)访问武氏祠遗址。

1907　沙畹再次考察武氏祠遗址。

　　　沃尔帕(P. Volpert)发现石阙前的一对石狮。

1909　关野贞出版《后汉的石祠与画像石》。

1910　吴君蔚在当地官府的支持下新建武氏祠保管室。

1911　劳弗出版《中国汉代墓葬雕刻》。

1913　郑业敩在《独笑斋金石文考》中注释两块新出土的画像石。

　　　沙畹出版《中国北方考古记》。

1914　孙葆田在《山东通志》中记录"武梁墓"画像石。

1915　大村西崖出版《支那美术史·雕塑编》。

1916　关野贞出版《中国山东省汉墓图录》。

1923　方若在《校碑随笔》中讨论武梁祠画像石。

1926　陆和九在《汉武氏石室画像题字补考》中研究武氏祠铭文。

1927　罗振玉在《雪堂所藏金石文字簿录》中讨论武梁祠画像石。

1930　长广敏雄出版《武氏祠画像石》。

1931　费雪(O. Fischer)出版《中国汉代绘画》。

1933　陈培寿出版《汉武梁祠画像题字考补》。

1934　费慰梅(Wilma Fairbank)访问武氏祠遗址。

1935　威尔斯(W. H. Wells)出版《早期中国绘画》,其中头两章论汉代浮雕。

1936　容庚出版《汉武梁祠画像录》。

1939　劳干出版《论鲁西画像刻石三种:朱鲔石室,孝堂山,武氏祠》。

1941　费慰梅发表《汉武梁祠建筑原形考》一文,讨论武氏祠建筑的复原问题。

1942　费慰梅发表《汉代壁面艺术的一个建筑关键》一文,对武氏祠和朱鲔祠的建筑起源与画像风格的关系进行了分析。

1943　林仰山(F. S. Drake)发表论文《汉代石刻》,第一章概述以往的武氏祠研究。

1946　柏克豪夫(L. Bachhofer)出版《中国艺术简史》。

1948　索珀(A. Soper)出版《中国早期表现艺术的生命运动和空间感》一文。

1954	苏立文(Michael Sullivan)发表论文《古代中国的画像艺术与向往自然的态度》。
1957	郑德坤(T. K. Cheng)发表《阴阳五行与汉代艺术》一文。
1961	时学颜(H. Y. Shih)完成博士学位论文《早期中国画像风格》。该文首次试图建立汉画像石发展的区域年代学。

长广敏雄发表《论汉代祠堂》,此为对汉代祠堂的综合研究。他为"中心楼阁"题材做了图像志论证。

陈明达发表《汉代的石阙》,对汉代石阙进行综合研究。
| 1963 | 秋山进午发表《武氏祠复原的再检讨》一文。
| 1964 | 克劳森(Doris Croissant)发表了她的学位论文的一部分《武梁祠的功能与墙面装饰》。次年发表论文的另一部分《武梁祠画像石的构成》。
| 1965 | 长广敏雄编辑出版题为《汉代画像之研究》的文集,其中有长广敏雄的《石雕之功能》、《武梁祠中四十三图的图像志解释》、《汉代艺术中的肖像与人物表现》,吉姆拉(Eiichi Kimura)的《汉代石雕的"神秘怪异"性质》,以及克劳森关于武梁祠的风格研究(见上)。

李发林发表论文《略谈汉画像石的雕刻技法及其分期》,文中依据雕刻技法对汉画像进行分期。

土居淑子发表《释汉武氏祠画像石的水陆交战图》。
| 1966 | 芬斯特布施(K. Finsterbusch)出版《汉画主题的目录与索引》第一卷(1971年出版第二卷)。
| 1966—1967 | 布林(A. Bulling)发表关于几种重要汉画题材的综合研究论文《东汉流行的三个主题:升鼎、过桥、神像》。
| 1967—1968 | 布林发表另一研究论文《汉代艺术中的历史剧》。
| 1968 | 索珀发表论文《整个世界是个大剧场:一个注释》,作为对布林1966—1968年论文的回应。
| 1969 | 彭春夫在中国文化学院(台北)完成硕士论文《汉朝武氏祠画像研究》。
| 1972 | 费慰梅出版文集《复得中的冒险》,其中包括她对武氏祠、孝堂山祠和朱鲔祠画像的研究。
| 1974 | 林巳奈夫出版他的图像志研究《汉代鬼神的世界》。

1976 白瑞霞(P. Berger)在《武梁祠的桥上战争:一个方法论的问题》一文中提出对战争画像的一种新解释。

1978 包华石(M. Powers)在芝加哥大学完成博士学位论文《汉代艺术中的权力形态》。

1980 蒋英炬与吴文祺发表论文《试论山东汉画像石的分布、刻法与分期》。

白瑞霞在伯克利加州大学完成学位论文《中国东汉艺术中的礼仪与节日:山东与江苏》。

1981 李发林出版文集《山东画像石概述》。

蒋英炬与吴文祺发表论文《武氏祠画像石建筑配置考》,对费慰梅的重建进行再考察。

武氏祠保管所对两座武氏家族墓葬进行了发掘(1、2号墓)。

1982 李发林出版《山东汉画像石研究》,收入迄今为止所知的山东画像石,并进行细致的年代研究。

信立祥在北京大学完成硕士论文《汉画像石的分区与分期》,试图为汉代画像石建立一个类型学体系。

1983 包华石发表论文《早期中国皇家的混合预兆和公众问题》,这是一项聚焦于"祥瑞"的关于武氏祠的社会——历史学研究。

詹姆斯(J. James)在俄亥俄大学完成博士学位论文《两处后汉墓葬的图像志研究:武氏祠与和林格尔墓》。

1984 包华石发表论文《早期帝国时代的画像艺术及其公众》,这是他对武氏祠的社会历史学研究的一个总括。

1985 詹姆斯发表论文《论武氏祠左石室的年代》。

1989 巫鸿出版专著《武梁祠:中国古代画像艺术的思想性》。

1991 刘兴珍、岳凤霞出版《中国汉代画像石:山东武氏祠》图录(英文本)。

包华石出版专著《早期中国的艺术和政治表达》。

1995 蒋英炬、吴文祺出版专著《汉代武氏墓群石刻研究》。

1996 詹姆斯出版专著《汉代墓葬和享堂艺术引论》。

2000 信立祥出版专著《汉代画像石综合研究》(日文版1996年出版)。

2005 美国普林斯顿大学美术馆举办《重刻中国的过去:武氏祠的艺术、考古和建筑》展览,并出版图录质疑武氏祠的可靠性。

【三】武氏祠画像石详目

名称（黄易编号）	高度（厘米）	宽度（厘米）	重要出版物*	祠堂中位置	收藏地点	蒋吴编号
武梁祠一	184	140	沙畹75；关野贞53；傅惜华2.114	西壁（武梁祠）	武氏祠保管所	武梁祠三
武梁祠二	184	139.5	沙畹76；关野贞54；傅惜华2.117	东壁（武梁祠）	武氏祠保管所	武梁祠二
武梁祠三	162	241	沙畹77；关野贞55；傅惜华2.122	后壁（武梁祠）	武氏祠保管所	武梁祠一
祥瑞图一	114	279	沙畹79；关野贞56；傅惜华2.190	屋顶前部（武梁祠）	武氏祠保管所	祥瑞图一
祥瑞图二	114	278	沙畹78；关野贞57；傅惜华2.191	屋顶后部（武梁祠）	武氏祠保管所	祥瑞图二
前石室一	39	167	沙畹103；关野贞58；傅惜华2.166	后壁西上部（前石室）	武氏祠保管所	前石室一
前石室二	117	202	沙畹105；关野贞59；傅惜华2.168	东壁上部（前石室）	武氏祠保管所	前石室二
前石室三	70	169	沙畹107；关野贞60；傅惜华2.170	后壁（前石室）	武氏祠保管所	前石室三

名称（黄易编号）	高度（厘米）	宽度（厘米）	重要出版物*	祠堂中位置	收藏地点	蒋吴编号
前石室四	51	352	沙畹108；关野贞61；傅惜华2.171、172	后壁中部（前石室）	武氏祠保管所	前石室四
前石室五	117	203	沙畹106；关野贞62；傅惜华2.173	西壁上部（前石室）	武氏祠保管所	前石室五
前石室六	96	203	沙畹109；关野贞64；傅惜华2.174	西壁下部（前石室）	武氏祠保管所	前石室六
前石室七	96	203	沙畹104；关野贞65；傅惜华2.176	东壁下部（前石室）	武氏祠保管所	前石室七
前石室八	62	227	沙畹112；关野贞66；傅惜华2.178	中央屋顶板的两边之一	武氏祠保管所	前石室八
前石室九	62	227	沙畹111；关野贞67；傅惜华2.179	中央屋顶板的两边之一	武氏祠保管所	前石室八
前石室十	29	177.5	沙畹120；傅惜华2.180、181	东横梁（前石室）	武氏祠保管所	前石室九
前石室十一	70	94	沙畹113；关野贞68；傅惜华2.182	龛西墙与后壁西部（前石室）	武氏祠保管所	前石室十
前石室十二	70	73	沙畹114；关野贞69；傅惜华2.184	龛西墙与后壁西部（前石室）	武氏祠保管所	前石室十
前石室十三	70	73	沙畹116；关野贞70；傅惜华2.185	龛东墙与后壁东部（前石室）	武氏祠保管所	前石室十一
前石室十四	70	94	沙畹117；关野贞70；傅惜华2.187	龛东墙与后壁东部（前石室）	武氏祠保管所	前石室十一
前石室十五	30	198	沙畹115；傅惜华2.188	西横梁（前石室）	武氏祠保管所	前石室十二
左石室一(a)	64	111.5	沙畹119；关野贞85；傅惜华2.147	第四石室一墙面两部分之一		左石室一
左石室一(b)（王陵母画像）	61.5	81	沙畹118；关野贞86；傅惜华2.148	第四石室一墙面两部分之一		左石室一

名称（黄易编号）	高度（厘米）	宽度（厘米）	重要出版物*	祠堂中位置	收藏地点	蒋吴编号
左石室二	90	210	沙畹110、121；关野贞88；傅惜华2.149	东壁上部（左石室）	武氏祠保管所	左石室二
左石室三	98	210	沙畹122；关野贞89；傅惜华2.152	东壁下部（左石室）	武氏祠保管所	左石室三
左石室四	97.5	69	沙畹123；关野贞90；傅惜华2.155	后壁西部（左石室）	武氏祠保管所	左石室四
左石室五	97.5	78	沙畹124；关野贞91；傅惜华2.158	后壁东部（左石室）	武氏祠保管所	左石室五
左石室六	36	172	沙畹125；关野贞92；傅惜华2.160	后壁东上部（左石室）	武氏祠保管所	左石室六
左石室七	72	73.5	沙畹127；关野贞93；傅惜华2.161	龛东壁（左石室）	武氏祠保管所	左石室七
左石室八	71	74	沙畹128；关野贞94；傅惜华2.162	龛西壁（左石室）	武氏祠保管所	左石室八
左石室九	72	165	沙畹129；关野贞95；傅惜华2.164	龛后壁（左石室）	武氏祠保管所	左石室九
后石室一	148	167.5	沙畹130；关野贞73；傅惜华2.125	屋顶东背部分（左石室）	武氏祠保管所	后石室一
后石室二	140	167.5	沙畹131；关野贞74；傅惜华2.127	屋顶东前部分（左石室）	武氏祠保管所	后石室二
后石室三	129	169	沙畹132；关野贞75；傅惜华2.129	屋顶西前部分（左石室）	武氏祠保管所	后石室三
后石室四	121	215	沙畹133；关野贞76、78；傅惜华2.133、139	屋顶西前部分（前石室）	武氏祠保管所	后石室四
后石室五	121	222	沙畹134；关野贞77、79；傅惜华2.136、140	屋顶东背部分（前石室）	武氏祠保管所	后石室五

名称 (黄易编号)	高度 (厘米)	宽度 (厘米)	重要出版物*	祠堂中位置	收藏地点	蒋吴编号
后石室六	51	250	沙畹135； 关野贞80； 傅惜华2.141、142	后壁中间部分 （左石室）	武氏祠保管所	后石室六
后石室七	99	212	沙畹136； 关野贞81； 傅惜华2.143	西壁下部 （左石室）	武氏祠保管所	后石室七
后石室八	64	239	沙畹139； 关野贞82； 傅惜华2.144	中央屋顶横梁 两边之一（左石室）	武氏祠保管所	后石室八
后石室九	64	239	沙畹140； 关野贞83； 傅惜华2.145	中央屋顶横梁 两边之一（左石室）	武氏祠保管所	后石室八
后石室十	91	211	沙畹141； 关野贞84； 傅惜华2.146	西壁上部 （左石室）	武氏祠保管所	后石室九
孔子见老子 画像	39	168	沙畹137； 关野贞63； 傅惜华2.194	后壁西上部 （前石室）	武氏祠保管所	
荷馈画像	63	52	沙畹143； 关野贞87； 傅惜华2.193	一石壁 （第四石室）	?	
祥瑞图三 （有鸟如鹤 画像）	111	110	沙畹80； 关野贞99； 傅惜华2.192	屋顶石 （第四石室）	武氏祠保管所	
南道旁画像	67	155	关野贞100； 大村西崖175； 傅惜华2.195	?	武氏祠保管所	
东北墓间画像	64	61	关野贞101； 大村西崖176	?	武氏祠保管所	
蔡题一石	90	142		?	武氏祠保管所	
蔡题二石	84	171		?	武氏祠保管所	
蔡题三石	57	213		?	武氏祠保管所	
舞蹈画像	25	100	蒋吴184	?	武氏祠保管所	
耳杯盛鱼画像	49	132	蒋吴184	?	武氏祠保管所	
残脊石	31	209	蒋吴图2	左石室脊石	武氏祠保管所	
供案石	25	167	蒋吴图4	左石室供案石	武氏祠保管所	
装饰纹残石	25	71.5	蒋吴图3	后壁脚（左石室）	武氏祠保管所	
柱头一			费慰梅图9	中心柱一部分 （左石室或前石室）	?	

名称（黄易编号）	高度（厘米）	宽度（厘米）	重要出版物*	祠堂中位置	收藏地点	蒋吴编号
柱头二**	23—27	45,70	沙畹144—146；费慰梅图9	中心柱一部分（左石室或前石室）	?	
西阙			关野贞35—40、44、45、48		武氏祠保管所	
东阙			关野贞34、41—43、46、47、49、50		武氏祠保管所	
西石狮			关野贞33		武氏祠保管所	
东石狮			关野贞32		武氏祠保管所	
"武家林"石柱	70	13.5	傅惜华2.200		武氏祠保管所	
武梁碑			洪适6.13		?	
武斑碑			关野贞243		武氏祠保管所	
武开明碑			赵明诚14.9		?	
武荣碑			关野贞242		济宁市	

注：
* 沙畹：《中国北方考古记》；费慰梅：《汉武梁祠建筑原形考》；洪适：《隶续》；蒋吴（蒋英炬与吴文祺）：《武氏祠画像石建筑配置考》；傅惜华：《汉代画像全集》；大村西崖：《支那美术史·雕塑编》；关野贞：《中国山东省汉墓图录》；赵明诚：《金石录》。
** 此二石非"柱头"，现均藏于武氏祠保管所。

【四】引用文献目录

英文文献

缩略语：

    AA   *Artibus Asiae*

    AB   *Art Bulletin* (College Art Association of America)

  BIHP   *Bulletin of the Institute of History and Philology, Academia Sinica*

BMFEA   *Bulletin of the Museum of Far Eastern Antiquities*

  HJAS   *Harvard Journal of Asiatic Studies*

Anderson, W. 1886. *Descriptive and Historical Catalogue of a Collection of Japanese and Chinese Paintings in the British Museum*. London: British Museum.

Bachhofer, L. 1931. "Die Raumdarstellung in der chinesischen Malerei des ersten Jahrtausends n. Chr" (The representation of space in Chinese paintings of the first millennium A. D.). In *Münchner Jahrbuch der Bildenden Kunst* (Munich yearbook of pictorial arts), vol. 3. Trans. H. Joachim into English. MS in the Rübel Art Library, Harvard University.

——. 1946. *A Short History of Chinese Art*. New York: Pantheon House.

Barnard, N. 1967. "The Ch'u Silk Manuscript and Other Archaeological Documents." In idem, ed., *Early Chinese Art and Its Possible Influences in the Pacific Basin*. New York: Intercultural Arts Press, 1: 38—59.

——. 1973. *The Ch'u Silk Manuscript: Translation and Commentary*. Canberra: Australian National University Press.

Barraclough, G. 1955. *History in a Changing World*. London: Basil Blackwell & Mott.

Bauer, W. 1976. *China and the Search for Happiness*. Trans. M. Shaw. New York: Seabury Press.

Berger, P. 1976. "The Battle at the Bridge at Wu Liang Tz'u: A Problem in Method." *Early China* 2 (Fall): 3—8.

——. 1980. "Rites and Festivities in the Art of Eastern Han China: Shantung and Kiangsu Provinces." Ph. D. dissertation, University of California, Berkeley.

Bielenstein, H. 1950. "An Interpretation of the Portents in the *Ts'ien Han Shu*." *BMFEA*, no.22: 127—144.

———.1956. *Emperor Kuang Wu (A. D. 25—57) and the Northern Barbarians*. London: Canberra Press.

———.1980. *The Bureaucracy of Han Times*. London: Cambridge University Press.

Bilsky, L. J. 1975. *The State Religion of Ancient China*. Asian Folklore and Social Life Monographs. Taipei.

Bodde, D. 1940. *Ssu-ma Ch'ien*. New Haven, Conn.: American Oriental Society.

Brinker, H. 1964—1965. "Eine chinesische Reliefplatte im Museum Rietberg, Zürich" (A Chinese carved slab in the Rietberg Museum, Zurich). *AA* 27: 311—334.

Buckens, F. 1921. "Les Antiquités funéraires du Honan central" (Ancient funerary artifacts of central Honan). *Bulletin de la Société d'Anthropologie de Bruxelles* 36: 59—164.

Bulling, A. 1966—1967. "Three Popular Motifs in the Art of the Eastern Han Period: The Lifting of the Tripod, the Crossing of a Bridge, Divinities." *Archives of Asian Art* 20: 25—53.

———.1967—1968. "Historical Plays in the Art of the Han Period." *Archives of Asian Art* 21: 20—38.

———.1969. "Rebuttal to Alexander Soper's 'All the World's a Stage: A Note.'" *AA* 31, nos. 2—3: 204—209.

Bush, S., and H. Y. Shih. 1985. *Early Chinese Texts on Painting*. Cambridge, Mass: Harvard University Press.

Bushell, S. W. 1910. *Chinese Art*, 2 vols. London: Board of Education.

Cahill, J. 1980. *An Index of Early Chinese Painters and Paintings*. Berkeley: University of California Press.

Campbell, J. 1974. *The Mythic Image*. Princeton, N. J.: Princeton University Press.

Carr, E. H. 1961. *What Is History?* New York: Random House.

Chan, W. T. 1963. *Source Book in Chinese Philosophy*. Princeton, N. J.: Princeton University Press.

Chang, K. C. 1963. "Changing Relationships of Men and Animals in Shang and Chou Myths and Art." In idem, *Early Chinese Civilization*. Cambridge, Mass.: Harvard University Press, 1976, 174—198.

———.1968. "Archaeology and Chinese Historiography." *World Archaeology* 13, no. 2: 156—169.

———.1977. *The Archaeology of Ancient China*, 3d ed. New Haven, Conn.: Yale University Press.

———.1983. *Art, Myth and Ritual*. Cambridge, Mass.: Harvard University Press.

Chavannes, E. 1893. *La Sculpture sur pierre en Chine au temps des deux dynasties Han* (Stone sculpture in China during the two Han dynasties). Paris: Ernest Leroux.

———.1913. *Mission archéologique dans la Chine septentrionale* (An archaeological mission to northern China). 13 vols. Paris: Imprimerie Nationale.

———.1914. "Six monuments de la sculpture chinoise" (Six Chinese monuments). *Ars Asiatica Monograph*, no. 2.

———.1967—1969. *Les Mémoires historiques de Seu-ma Ts'ien* (The *Shi Ji* of Sima Qian). Reprinted, Paris: Librairie d'Amérique d'Orient.

Chen, C. Y. 1975. *Hsün Yüeh: The Life and Reflections of an Early Medieval Confucian*. London: Cambridge University Press.

Cheng, T. K. 1957. "Yin-yang Wu-hsing and Han Art." *HJAS* 20, nos. 1—2: 162—186.

———.1958. "Ch'ih-yu: The God of War in Han Art." *Oriental Art*, n. s. 4, no. 2: 45—54.

Ch'u, T. T. 1972. *Han Social Structure*, ed. J. L. Dull. Seattle: University of Washington Press.

Croissant, D. 1964. "Funktion und Wanddekor in der Opferschreine von Wuliang-tz'u" (Function and the wall decorations of the offering shrines of the Wu Liang Ci). *Monumenta Serica* 23:88—162.

———.1965. "Die Szenenkomposition auf den Reliefs von Wu-liang-tz'u" (The composition of the Wu Liang Ci carvings). In Nagahiro Toshio 1965: 156—168.

Crump, J. I. 1979. *Chan-kuo Ts'e*, 2d ed. San Francisco: Chinese Materials Center.

de Bary, W. T., ed. 1960. *Sources of Chinese Tradition*, vol. 1. New York: Columbia University Press.

de Crespigny, R. 1969. *The Last of the Han*. Center of Oriental Studies Monograph 9. Canberra: Australian National University Press.

———.1980. "Politics and Philosophy Under the Government of the Emperor Huan." *T'oung Pao*, 2d ser., 66: 41—83.

Dolby, W., and J. Scott. 1974. *Si Ma Qian: Warlords*. Edinburgh: Southside.

Dore, H. 1938. *Research into Chinese Superstitions*. Shanghai: T'usewe Printing Press. Trans. M. Kennelly. Taipei: Ch'eng-wen Publishing Company, 1966.

Drake, F. S. 1943. "The Sculptured Stones of the Han Dynasty." *Monumenta Serica* 8: 280—318.

Dubs, H. H. 1938a. *Pan Ku: The History of the Former Han Dynasty*, 3 vols. Baltimore: Waverly Press.

———.1938b. "The Victory of Han Confucianism." *Journal of the American Oriental Society* 58: 438—449.

———.1942. "An Ancient Chinese Mystery Cult." *Harvard Theological Review* 35: 221—240.

Eberhard, W. 1957. "The Political Function of Astronomers and Astronomy in Han China." In J. Fairbank, ed., *Chinese Thought and Institutions*. Chicago: University of Chicago Press.

Ebrey, P. 1980. "Later Han Stone Inscriptions." *HJAS* 40, no. 2: 325—353.

Edwards, R. 1954. "The Cave Reliefs at Mahao." *AA* 17, no. 1: 5—28; no. 2: 103—129.

Erkes, E. 1926. "Chinesisch-amerikanische Mythenparallellen" (Parallels between Chinese and American myths). *T'oung Pao* 24: 32—53.

Fairbank, W. 1941. "The Offering Shrines of 'Wu Liang Tz'u.'" *HJAS* 6, no. 1: 1—36. Reprinted in Fairbank 1972: 43—86.

———.1942. "A Structural Key to Han Mural Art." *HJAS* 7, no. 1: 52—88. Reprinted in Fairbank 1972: 89—140.

———.1972. *Adventures in Retrieval*, Harvard-Yenching Institute Studies 28. Cambridge, Mass.: Harvard University Press.

Feng Youlan (Fung Yu-lan). 1948. *A Short History of Chinese Philosophy*. ed. D. Bodde. New York: Macmillan.

———.1953. *History of Chinese Philosophy*, 2 vols. Trans. D. Bodde. Princeton, N. J.: Princeton University Press.

Finsterbusch, K. 1966, 1971. *Verzeichnis und Motivindex der Han-Darstellungen* (Catalogue and index to motifs of Han pictorial representation), 2 vols. Wiesbaden: Otto Harrassowitz.

Fischer, O. 1931. *Die chinesische Malerei der Han-Dynastie* (Chinese painting in the Han Dynasty). Berlin: Paul Neff Verlag.

Fontein, J., and Wu Tung. 1976. *Han and Tang Murals*. Boston: Museum of Fine Arts.

Forke, A. 1962. *Lun-Heng: Philosophical Essays by Wang Ch'ung*, 2 vols. New York: Paragon Book Gallery.

Franke, W. 1948. "Die Han-zeitlichen Felsengräber bei Chia-ting" (Rock tombs of the Han at Jiading). *Studia Serica* 7: 19—39.

Gardner, C. S. 1938. *Chinese Traditional Historiography*. Cambridge, Mass.: Harvard University Press.

Gates, J. 1936. "Model Emperors of the Golden Age in Chinese Lore." *Journal of the American Oriental Society* 56, no. 1: 51—76.

Gernet, J. 1972. *A History of Chinese Civilization*. London: Cambridge University Press.

Hamada Kosaku. 1936. "On the Painting of the Han Period." Trans. W. Acker. *Memoirs of the Research Department of the Toyo Bunko* 8: 33—44.

Hawkes, D. 1985. *The Songs of the South*. Harmondsworth, Eng.: Penguin.

Hentze, C. 1928. *Chinese Tomb Figures: A Study in the Beliefs and Folklore of Ancient China*. London: Coldston.

———.1937. *Frühchinesische Bronzen und Kultdarstellungen* (Early Chinese bronzes and religious images). Antwerp.

Hightower, J. R. 1952. *Han Shih Wai Chuan*. Cambridge, Mass.: Harvard University Press.

Hsü, D. L. 1970—1971. "The Myth of the Five Human Relations of Confucius." *Monumenta Serica* 29: 27—37.

Hulsewé, A. F. P. 1955. *Remnants of Han Law*. Leiden: E. J. Brill.

———.1965. "Texts in Tombs." *Asiatische Studien* 18/19: 78—79.

———.1975. "The Problems of the Authenticity of Shih-chi, Ch. 123, the Memoir of Ta Yuan." *T'oung Pao* 61, nos. 1—3: 83—147.

———.1979. *China in Central Asia*. Leiden: E. J. Brill.

Hummel, A. W. 1931. *Autobiography of a Chinese Historian*. Leiden: E. J. Brill.

Ingholt, H., and L. Lyons. 1957. *Gandhāran Art in Pakistan*. New York: Pantheon.

James, J. M. 1982. "Bridges and Cavalcades in Eastern Han Funerary Art." *Oriental Art* 28, no. 2: 165—171.

———.1983. "An Iconographic Study of Two Late Han Funerary Monuments: The Offering Shrines of the Wu Family and the Multichamber Tomb at Holingor." Ph. D. dissertation, Iowa University.

———.1985a. "The Dating of the Left Wu Family Offering Shrine." *Oriental Art* 31: 34—41.

———.1985b. "Interpreting Han Funerary Art: The Importance of Context." *Oriental Art* 31: 283—292.

Karlgren, B. 1930. "Some Fecundity Symbols in Ancient China." *BMFEA* 2: 1—67.

———.1946. "Legends and Cults in Ancient China." *BMFEA* 18: 199—367.

———.1977. *The Book of Odes*. Stockholm: Museum of Far Eastern Antiquities.

Kierman, F. A. 1962. *Ssu-ma Ch'ien's Historiographical Attitude as Reflected in Four Late Warring States Biographies*. Wiesbaden: Otto Harrassowitz.

Kleinbauer, W. E. 1971. *Modern Perspectives in Art History*. New York: Holt, Rinehart & Winston.

Lagerwey, J. 1975. "A Translation of the Annals of Wu and Yueh, Part I, with a Study of the Sources." Ph. D. dissertation, Harvard University.

Lau, D. C. 1970. *Mencius*. Harmondsworth, Eng.: Penguin.

Laufer, B. 1911. *Chinese Grave Sculptures of the Han Period*. London: E. L. Morice, E. C. Steshert, and E. Leronx.

———.1912. "Five Newly Discovered Bas-reliefs of the Han Period." *T'oung Pao* 8: 3—8.

Legge, J. 1871. *Chinese Classics*. Vol. 3: *Shoo King*; vol. 5: *The Ch'un Ts'ew with the Tso Chuan*. Oxford: Clarendon Press.

———.1879. *Hsio King*. In *Sacred Books of the East*, pt. II. Oxford: Clarendon Press.

———.1881. *The Religions of China*. New York: Charles Scribner's Sons.

———.1885. *Li Ki*. In *Sacred Books of the East*, vols. 27—28. London: Oxford University Press.

———.1891. *The Tao Te Ching, the Writings of Chuang-tzu, the Thai-shang*. In *Sacred Books of* the East, vols. 39—40. London: Oxford University Press.

Liebenthal, W. 1952. "The Immortality of the Soul in Chinese Thought." *Monumenta Nipponica* 8: 327—397.

Loewe, M. 1979. *Ways to Paradise: The Chinese Quest for Immortality*. London: George Allen & Unwin.

——.1982. *Chinese Ideas of Life and Death*. London: George Allen & Unwin.

Maenchen-Helfen, O. 1945. "Some Remarks on Ancient Chinese Bronzes." *AB* 27: 238—239.

Makra, M. L. 1961. *The Hsiao Ching*. Washington, D. C.: St. John's University Press.

Male, E. 1959. *Religious Art*, 2d Noonday ed. New York: Noonday Press.

March, B. 1931. "Linear Perspective in Chinese Painting." *Eastern Art* no. 3: 113—139.

Maspero, H. 1910. "Le Songe et l'ambassade de l'empereur Ming" (The dream and the embassy of Emperor Ming). *Bulletin de l'Ecole française d'Extrême-Orient* 10:95—130.

——.1924. "Légendes mythologiques dans le *Chou King*" (Myths in the *Book of History*). *Journal Asiatique*, no. 202: 1—100.

——.1978. *China in Antiquity*. Trans. F. A. Kierman, Jr. Boston: University of Massachusetts Press.

Mei, Y. P. 1974. *The Ethical and Political Works of Motse*. Reprinted: Taipei: Ch'eng-wen Publishing Company.

Mote, F. W. 1971. *Intellectual Foundations of China*. New York: Knopf.

Nagahiro, Toshio. 1961. "A Study on the Central Pavilion Scenes of the Wu Family Shrines." Trans. M. Hickman. *Acta Asiatica* 2: 40—58.

Needham, J., and Wang Ling. 1954. *Science and Civilization in China*, vol. 2. Cambridge, Eng.: Cambridge University Press.

O'Hara, A. R. 1945. *The Position of Women in Early China*, Washington, D. C.: Catholic University of America Press.

Powers, M. 1978. "The Shape of Power in Han Art." Ph. D. dissertation, University of Chicago.

——.1981. "An Archaic Bas-relief and the Chinese Moral Cosmos in the First Century A. D." *Ars Orientalis* 12: 31—36.

——.1983. "Hybrid Omens and Public Issues in Early Imperial China." *BMFEA* 55: 1—55.

——.1984. "Pictorial Art and Its Public in Early Imperial China," *Art History* 7, no. 2: 135—163.

——.1986. "Artistic Taste, the Economy and the Social Order in Former Han China." *Art History* 9, no. 3: 285—305.

——.1987. "Social Values and Aesthetic Choices in Han Dynasty Sichuan: Issues of Patronage." In *Stories from China's Past*. San Francisco: Chinese Cultural Foundation, 54—63.

Rowland, B. 1947. "Review of Ludwig Bachhofer: *A Short History of Chinese Art*." *AB* 29, no. 2: 139—141.

Rowley, G. 1974. *Principles of Chinese Painting*, rev. ed. Princeton, N. J.: Princeton University Press.

Rudolph, R. C. 1951. *Han Tomb Art of West China*. Berkeley: University of California Press.

——.1963. "Preliminary Notes on Sung Archaeology." *Journal of Asian Studies* 22: 169—177.

Safford, A. C. 1891. *Typical Women of China*. Shanghai: Kelly & Walsh.

Segalen, V., G. de Voisins, and J. Lartigue. 1914—1917. *Mission archéologique en Chine*, vol. 1, *L'art funéraire à l'époque des Han* (Archaeological mission to China, vol. 1, Funerary art during the Han). Paris: Geuthner.

Shih, H. Y. 1959. "I-nan and Related Tombs." *AA* 22, no. 4: 277—312.

——.1960. "Han Stone Reliefs from Shensi Province." *Archives of the Chinese Art Society of America* 14: 49—64.

———.1961. "Early Chinese Pictorial Style: From the Later Han to the Six Dynasties." Ph. D. dissertation, Bryn Mawr College.

———.1963. "Some Fragments from a Han Tomb in the Northwestern Relief Style." *AA* 25, nos. 2—3: 149—162.

Sickman, L., and A. Soper. 1956. *The Art and Architecture of China*. London: Penguin Books.

Sirén, O. 1925. "Sculpture." In *Chinese Art, Burlington Magazine* Monographs, 47—56.

———.1930. *A History of Early Chinese Art*, vol. 1, *The Han Period*. London: E. Benn.

Soper, A. 1941. "Early Chinese Landscape Painting." *AB* 23, no. 2: 141—164.

———.1948. "Life-motion and the Sense of Space in Early Chinese Representational Art." *AB* 30, no. 3: 167—186.

———.1954. "King Wu Ting's Victory over the 'Realm of Demons,'" *AA* 17, no. 1: 55—60.

———.1968. "All the World's a Stage: A Note." *AA* 30, nos, 2—3: 249—259.

———.1974. "The Purpose and Date of the Hsiao-t'ang-shan Offering Shrine: A Modest Proposal." *AA* 36, no. 4: 249—266.

Sullivan, M. 1954. "Pictorial Art and the Attitude Toward Nature in Ancient China." *AB* 36, no. 1: 1—19.

Thorp, R. 1979. "Mortuary Art and Architecture of Early Imperial China." Ph. D. dissertation, University of Kansas.

———.1986. "Architectural Principles in Early Imperial China: Structural Problems and Their Solution." *AB* 68, no. 3: 360—378.

Tjan, T. S. 1949, 1952. *Po Hu T'ung: The Comprehensive Discussions in the White Tiger Hall*, 2 vols. Leiden: E. J. Brill.

Tu, Weiming. 1985. *Confucian Thought*. Albany: SUNY Press.

Waley, A. 1923. *Introduction to the Study of Chinese Painting*. London: Ernest Benn.

———.1938. *The Analects of Confucius*. New York: Vintage Books.

———.1983. *Chinese Poems*. London: George Allen & Unwin.

Wallacker, B. E. 1978. "Han Confucianism and Confucius in Han." In D. T. Roy and T. H. Tsien, eds., *Ancient China: Studies in Early Civilization*. Hong Kong: Hong Kong University Press, 215—227.

Wang Zhongshu, 1982. *Han Civilization*. Trans. K. C. Chang. New Haven, Conn.: Yale University Press.

Watson, B. 1958a. *Ssu-ma Ch'ien, Grand Historian of China*. New York: Columbia University Press.

———.1958b. *Records of the Historian*. New York: Columbia University Press.

———.1961. *Records of the Grand Historian of China*, 2 vols. New York: Columbia University Press.

———.1974. *Courtier and Commoner in Ancient China*. New York: Columbia University Press.

Wells, W. H. 1935. *Perspective in Early Chinese Painting*. London: E. Coldston.

Wilhelm, R. 1967. *The I Ching*, 3d ed. Princeton, N. J.: Princeton University Press.

Wölfflin, H. 1915. *Principles of Art History*. Trans. M. D. Hottinger. Reprinted Mineola, N. Y.: Dover Publications, 1950.

Wu Hung. 1984. "A Sanpan Shan Chariot Ornament and the Xiangrui Design in Western Han Art." *Archives of Asian Art* 37: 38—59.

———.1986. "Buddhist Elements in Early Chinese Art," *AA* 47: 263—376.

———.1987a. "Myths and Legends in Han Funerary Art." In *Stories from China's Past*. San Francisco: Chinese Cultural Foundation, 72—81.

———. 1987b. "Xiwangmu, the Queen Mother of the West." *Orientations* 18, no. 4: 24—33.

———. 1987c. "The Earliest Pictorial Representations of Ape Tales: An Interdisciplinary Study of Early Chinese Narrative Art and Literature." *T'oung Pao* 73: 86—112.

Yang, H. Y., and Gladys Yang. 1979. *Selections from Records of the Historian*. Beijing: Foreign Languages Press.

Yao, Shan-yu. 1948. "The Cosmological and Anthropological Philosophy of Tung Chung-shu." *Journal of the North-China Branch of the Royal Asiatic Society* 73: 40—68.

Yu, Y. S. 1962. "Views of Life and Death in Later Han China." Ph. D. dissertation, Harvard University.

Zürcher, E. 1959. *The Buddhist Conquest of China*. Leiden: E. J. Brill.

中文及日文文献

以汉语拼音为序

安志敏、陈公柔.长沙战国缯书及其有关问题.文物.1963年第9期.48—69页.
安志敏.论沂南画像石墓的年代问题.考古通讯.1955年第2期.16—20页.
安作璋.山东汉代儒学.山东师范学院学报.1979年第5期.
班固.白虎通.丛书集成(二百三十八至二百三十九).
———汉书.北京:中华书局.1962.
虞世南.北堂书钞.台北:文海出版社.1962.
毕沅、阮元.山左金石志.1797.石刻史料新编(十九).7202—7498页.
亳县博物馆.亳县曹操宗族墓葬.文物.1978年第8期.32—45页.
蔡邕.独断.程荣.汉魏丛书.明万历壬辰序(1592).新安程氏刊本.
———琴操.杨宗稷.琴学丛书.北京.1911.
蔡质.汉官典仪.丛书集成(八百七十五).
蔡中郎文集.上海:商务印书馆.1938.
长广敏雄.汉代画像の研究.东京:中央公论美术出版.1965.
———汉代冢祠堂について.塚本博士颂寿纪念佛教史学论文集.京都塚本博士颂寿纪念会.1961.546—566页.
———武氏祠画像石に就いて.东洋美术.第4册.1930.109—113页.第5册.36—37页.
常任侠.汉代艺术研究.上海:上海出版公司.1955.
陈俊成.宋代金石学著述考.台北:自印本.1976.
陈梦家.古文字中的商周祭祀.燕京学报.1936年第19期.91—156页.
陈明达.汉代的石阙.文物.1961年第12期.9—23页.
陈槃.谶纬释名.中央研究院历史语言所集刊.第11本.297—316页.
———谶纬溯源.同上刊.第11本.317—335页.
———古谶纬全佚书存目解题.同上刊.第12本.53—59页.
———古谶纬书录解题.同上刊.第10本.369—382页.第12本.35—51页.第17本.59—64页.第22本.25—100页.
———古谶纬书录解题附录.同上刊.第10本.383—402页.第17本.65—77页.
———秦汉间之所谓"符应"论略.同上刊.第16本.1—67页.
———先秦两汉帛考.同上刊.第24本.185—196页.
陈培寿.汉武梁祠画像题字补考.北京:自印本.1933.
陈熠文.天中记.台北:商务印书馆.1981.
丛书集成.长沙:商务印书馆.1937.

崔述.考信录.中国学术名著.台北:世界书局.1960年.第四卷(一至二).

大村西崖.支那美术史:雕塑篇.全2卷.东京:佛教刊行会图像部.1915—1920.

大戴礼记.四部丛刊(十二).

大同市博物馆.山西大同石家寨北魏司马金龙墓.文物.1972年第3期.20—33页.

董仲舒.春秋繁露.浙江书局.1901.

杜葆仁.西汉诸陵位置考.考古与文物.1980年第1期.29—33页.

段拭.汉画.北京:中国古典艺术出版社.1958.

尔雅.丛书集成(一千一百三十九).

法苑珠林.道释.上海:商务印书馆.1929.

范祥雍.洛阳伽蓝记校注.上海:上海古籍出版社.1978.

范晔.后汉书.北京:中华书局.1965.

方若.校碑随笔.1923.京都:朋友书店重印本.1978.

方朔.枕经堂金石书画题跋.1862.石刻史料新编.二集(十九).14219—14278页.

房玄龄.晋书.北京:中华书局.1974.

冯云鹏,冯云鹓.金石索.1821.上海:商务印书馆影印道光元年邃古斋刊本.1934.

傅惜华.汉代画像全集.北京:中法汉学研究所.1950.

干宝.搜神记.上海:商务印书馆.1957.

故宫博物院.历代艺术馆.北京:故宫博物院.1956.

——中国历代绘画.故宫博物院藏画集.北京:人民美术出版社.1978.

顾颉刚.古史辨.全7册.上海:古籍出版社重印本.1982.

——战国秦汉间人的造伪与辨伪.北京燕京大学史学年会史学年报(二).1935.209-240页.

顾炎武.金石文字记.石刻史料新编(十二).9191—9304页.

关百益.南阳汉画像集.上海:中华书局.1933.

关野贞.后汉の石庙及び画像石.国华.第225号.1909.189—198页.第227号.245—257页.

——支那山东省に于ける汉代坟墓の表饰.东京:东京帝国大学工科大学.1916.

郭沫若.古史论集.北京:人民出版社.1961.

——先秦天道观之进展.青铜时代.北京:科学出版社.1966.1—53页.

郭熙.林泉高致.黄宾虹、邓实.美术丛书.北京:神州国光社.1928.第2集.第7辑.

郝懿行.山海经笺疏叙.见袁珂.山海经校注.1980.482—485页.

何浩天.汉画与汉代社会生活.台北:中华丛书审编委员会.1969.

河南省博物馆.南阳汉画像石概述.文物.1973年第6期.16—25页.

洪适.隶释.1166.石刻史料新编(九).6747—7042页.

——隶续.1168—79.石刻史料新编(十).7087—7202页.

胡道静.梦溪笔谈校正.上海:上海出版公司.1956.

胡适.易林断归崔篆的判决书.胡适选集.台北:文星书店.1966.

湖南省博物馆、考古研究所.长沙马王堆一号汉墓.北京:文物出版社.1973.

黄明兰.穆天子会见西王母画像石考释.中原文物.1982年第1期.28—30页.

黄任恒.古孝汇传.广州:聚珍印务局.1925.

黄奭.韩诗内传.黄氏逸书考.1865.怀荃室藏版.卷十二.

——刘向孝子传.萧广济孝子传.师觉授孝子传.同上书.1865.卷八十六.

黄易.前后石室画像跋.1796.见方朔.枕经堂金石书画题跋.1862.卷二.石刻史料新编.二集(十九).14253—14254页.

——祥瑞图跋.1796.同上书.卷二.同上书.二集(十九).14254页.

——小蓬莱阁金石文字.1800.道光十四年石墨轩翻刻本.1834.

——修武氏祠堂记略.1787.见翁方纲.两汉金石记.1789.卷十五.44页下—49页上.石刻史料新编(十).7427—7429页.

——左石室画像跋.1796.见方朔.枕经堂金石书画题跋.1862.卷二.石刻史料新编.二集(十九).14254页.

黄展岳.中国西安洛阳汉唐陵墓的调查与发掘.考古.1981年第6期.531—538页.

济宁文物管理委员会、嘉祥文物保护研究所.山东嘉祥宋山1980年出土的汉画像石.文物.1982年第5期.60—69页.

嘉祥武氏祠保管所.山东嘉祥宋山发现汉画像石.文物.1979年第9期.1—6页.

江苏省文物管理委员会.江苏徐州汉画像石.北京:科学出版社.1959.

蒋英炬、吴文祺.试论山东汉画像石的分布,刻法与分期.考古与文物.1980年第4期.108—114页.

——武氏祠画像石建筑配置考.考古学报.1981年第2期.165—184页.

蒋英炬.对汉画像石中儒家思想的批判.考古.1977年第1期.7—12页.

——汉代的小祠堂:嘉祥宋山汉画像石的建筑复原.考古.1983年第8期.745—751页.

焦循.孟子正义.上海:商务印书馆.1933.

金维诺.论顾恺之的艺术成就.文物参考资料.1958年第6期.19—24页.

京都大学图书馆孝子传.吉川辛次郎编.京都:京都大学.1960.

旧唐书.刘昫.北京:中华书局.1975.

驹井和爱.王莽始建国二年镜に见えたる图样に就いて.考古学杂志.第18卷1号.1927.31—33页.

瞿中溶.武氏祠堂画像考.吴兴希古楼刻本.1825.

开元占经.四库全书珍本.台北:台湾商务印书馆.1973.第4集(一百七十二至一百八十一).

康有为.新学伪经考.北京:古籍出版社.1956.

赖炎元.韩诗外传考征.全2册.台北:台湾省师范大学.1963.

劳干.敦煌长史武斑碑校释.1964.同上书.141—176页.

——论鲁西画像刻石三种:朱鲔石室,孝堂山,武氏祠.1939.劳干学术论文集.台北:艺文印书馆.1976.1185—1189页.

礼记.见孙希旦.礼记集解.1933.

李发林.汉画像中的九头人面兽.文物.1974年第12期.82—86页.

——略谈汉画像石的雕刻技法及其分期.考古.1965年第4期.199—204页.

——山东汉画像石研究.济南:齐鲁书社.1982.

——山东画像石概述.文史哲.1981年第2期.86—88页.

李昉.太平广记.北京:人民文学出版社.1959.

——太平御览.北京:中华书局.1960

李文信.沂南画像石墓年代的管见.考古通讯.1957年第6期.67—76页.

李晓东.河北易县燕下都故城勘察和试掘.考古学报.1965年第1期.83—106页.

李学勤.东周的文明.北京:文物出版社.1984.

李浴.中国美术史纲.沈阳:辽宁美术出版社.1984.

郦道元.水经注.上海:商务印书馆.国学基本丛书本.1933.

林巳奈夫.汉代鬼神的世界.东方学报.第46册.1974.223—306页.

——后汉时代の车马行列.东方学报.第37册.1964.183—226页.

刘安.淮南子.四部丛刊(九十六).

刘敦愿.汉画像石上的针灸图.文物.1972年第6期.47—51页.

刘节.中国史学史稿.河南:中州书画社.1982.

刘铭恕.汉武帝祠中黄帝蚩尤古战图考.中国文化研究汇刊.1942年第2卷.34—36页.

刘盼遂.论衡集解.北京:古籍出版社.1957.

刘文典.淮南鸿烈集证.上海:商务印书馆.1926.

刘向.列女传.四部丛刊(六十).

——说苑.四部丛刊(七十五).

——新序.四部丛刊(七十四).

陆和九.汉武氏石室画像题字补考.北京:墨庵金石丛书.1926.

陆增祥.八琼室金石补正.1857.石刻史料新编(六至八).3947—6130页.

吕不韦.吕氏春秋.见许维遹.吕氏春秋集释.1935.

罗福颐.芗它君石祠堂题字解释.故宫博物院院刊.1960年第2期.178—180页.

罗振玉.敦煌零拾.上虞罗氏自印本.1924.

——唐风楼藏秦汉瓦当文字.上虞罗氏自印本.1914.

——雪堂所藏金石文字簿录.上虞罗氏自印本.1927.

洛阳博物馆.洛阳西汉卜千秋壁画墓发掘简报.文物.1977年第6期.1—12页.

马邦玉.汉碑录文.1847.石刻史料新编.二集(八).6109—6222页.

马得志等.1953年秋安阳大司空村发掘报告.考古学报.1955年第9期.25—40页.

马子云.谈武梁祠画像的宋拓与黄易拓本.故宫博物院院刊.1960年第2期.170—177页.

木村英一.汉画像石の含玄怪性について.见长广敏雄.汉代画像の研究.1965.99—117页.

内蒙古自治区博物馆.和林格尔汉墓壁画.北京:文物出版社.1978.

南京博物院.徐州青山泉白集东汉画像石墓.考古.1981年第2期.137—150页.

南阳汉画像石编辑委员会.南阳汉画像石.北京:文物出版社.1985.

欧阳棐.集古录目.1069.石刻史料新编(二十四).17923—18008页.

欧阳修.集古录跋尾.1061.石刻史料新编(二十四).17819—17922页.

欧阳询.艺文类聚.上海:中华书局.1965.

彭春夫.汉朝武氏祠画像研究.台北:中国文化学院.1969.

皮锡瑞.汉碑引纬考.光绪三十年刊本.1904.

钱大昕.潜研堂金石文跋尾.19世纪.石刻史料丛书乙编.台北:艺文出版社.1966.11—12页.

秋山进午.武氏祠复原の再检讨.史林.1963年第6期.105—124页.

全汉升.北宋汴梁的输出入贸易.中央研究院历史语言研究所集刊.第8本.第2分册.1939.189—301页.

饶宗颐.长沙出土战国缯书新释.九龙:义有昌记印务公司.1958.

日知录.见黄汝成.日知录集释.湖北:崇文书局重印本.1872.

容庚.汉武梁祠画像录.北京:北平考古学社.1936.

阮元.十三经注疏.1861.北京:中华书局影印本.1980.

芮逸夫.伏羲女娲.大陆杂志.1950.第1卷.第12期.8—11页.

山东省博物馆,山东省文物考古研究所.山东汉画像石选集.济南:齐鲁书社.1982.

山海经.见袁珂.山海经校注.1980.

山西省博物馆.山西石雕艺术.北京:文物出版社.1962.

陕西省博物馆.陕西东汉画像石选集.北京:文物出版社.1958.

陕西省文物管理委员会.潼关吊桥杨氏墓群发掘简报.文物.1961年第1期.56—66页.

商承祚.战国楚帛书述略.文物.1964年第9期.8—22页.

沈约.宋书.北京:中华书局.1974.

石刻史料新编.台北:新文丰出版公司.1957.

石刻史料新编.第二辑.台北:新文丰出版公司.1979.

石田幹之助.黄河黄河の水源及び昆仑山に关すゐ支那人の知识の变迁.史学杂志.第25编.1914.1022—1054页.1173—1193页.

史绳祖.学斋占毕.1250.丛书集成(三百一十三).

水野清一.汉の蚩尤伎について——武氏祠画像の解.东方学创立二十五周年纪念论文集.东方学报.第25册.1954.161—177页.

司马迁.史记.北京:中华书局.1959.

四部丛刊.初编.上海:商务印书馆缩印本.1937.

松本荣一.敦煌本瑞应图卷.美术研究.184号.1956.241—258页.

魏征.隋书.北京:中华书局.1973.

孙葆田.山东通志.1914.石刻史料新编.二集.9147—9392页.

孙次舟.汉武氏祠画像一二考释.历史与考古.1937年第3期.14—17页.
孙柔之.瑞应图记.见叶德辉.观古堂所著书.湘潭叶氏刊本.1902.
孙文青.南阳草店汉墓享堂画像记.国闻周报.第10卷(四百一十).1933.
——南阳汉画像访榻记.金陵学报.1934.第4卷.第2期.157页.
——南阳汉画像汇存.南京:金陵大学中国文化研究所.1937.
孙希旦.礼记集解.上海:商务印书馆.国学基本丛书本.1933.
孙诒让.周礼正义.上海:中华书局.四部备要本.1934.
孙宗文.略谈汉代画像石及其史料价值.历史教学.1957年第12期.37—39页.
——蚩尤考.中和月刊.1941.第2卷.第4期.27—50页.第5期.36—57页.
——洛阳西汉卜千秋墓壁画考释.文物.1977年第6期.17—22页.
——评沂南古画像石墓发掘报告.考古通讯.1957年第6期.77—87页.
唐兰.关于"夏鼎".文史.1979年第7期.1—8页.
——昆仑所在考.国立北京大学国学季刊.1937.第6卷.第2期.
——试论顾恺之的绘画.文物.1961年第6期.7—12页.
滕固.南阳汉画像石刻之历史的及风格的考察.蔡元培,胡适,王云五编张菊生先生七十生日纪念论文集.上海:商务印书馆.1937.483—502页.
土居淑子.汉武氏祠画像石水陆交战图の解释.史林.第48卷(三).1965.97—116页.
王昶.金石萃编.1805.石刻史料新编(一至四).1—2988页.
王充.论衡.见北京大学历史系.论衡注释.北京:中华书局.1979.
王符.潜夫论.北京:中华书局.1985.
王思礼.山东肥城汉画像石墓调查.文物参考资料.1958年第4期.34—36页.
王逸.楚辞补注.台北:广文书局.1962.
王仲殊.汉潼亭弘农杨氏冢茔考略.考古.1963年第1期.30—33页.
王重民.敦煌古籍叙录.北京:中华书局.1979.
望都二号汉墓.北京:文物出版社.1959.
卫博.定庵类稿.1167.四库全书珍本初集.卷四百二十至四百二十二.
文化大革命期间出土文物.北京:文物出版社.1972.
闻宥.四川汉代画像选集.北京:中国古典艺术出版社.1956.
翁方纲.复初斋文集.1788.近代中国史料丛刊本.台北:文海出版社.1969.第43辑.四百二十一.
——两汉金石记.1789.石刻史料新编(十).7203—7498页.
倭什布.嘉祥县志.山东嘉祥.1777.
吴越春秋.四部丛刊(六十四).
西武美术馆、朝日新闻社.大黄河文明の流れ.东京:西武美术馆.1986.
小南一郎.西王母と七夕传承.东方学报.第46册.1974.33—81页.
谢敏聪.中国历代帝陵考略.台北:正中书局.1979.
欧阳修,宋祁.新唐书.北京:中华书局.1975.
信立祥.汉画像石的分区和分期.硕士论文.北京:北京大学.1982.
徐坚.初学记.北京:中华书局.1962.
徐苹芳.中国秦汉魏晋南北朝时代的陵园和茔域.考古.1981年第6期.521—530页.
徐州博物馆.论徐州汉画像石.文物.1980年第2期.44—55页.
徐宗干.济州金石志.道光二十五年徐氏刊本.1845.1899编.
徐宗元.帝王世纪辑存.北京:中华书局.1964.
许维遹.吕氏春秋集释.北京:文学古籍刊行社.1935.
桓宽.盐铁论.上海:上海古籍出版社.1974.
杨宽.中国古代陵寝制度研究.上海:古籍出版社.1985.
野末佳予子.汉武梁祠衣服考.生活文化研究.第12集.1963.

叶奕苞.金石录补.石刻史料新编(十二).8985—9190页.

易林.严灵峰.无求备斋易经集成.卷一百五十一至一百五十二.台北:成文出版社.1976.

应劭.风俗通.四部丛刊(一百).

——汉官仪.丛书集成(八百七十五).

于安澜.画史丛书.上海:人民美术出版社.1963.

于豪亮.钱树、钱树座和鱼龙漫衍之戏.文物.1961年第11期.43—45页.

余嘉锡.四库提要辩证.北京:中华书局.1980.

俞伟超.东汉佛教图像考.文物.1980年第5期.68—77页.

袁宏.后汉记.上海:商务印书馆.国学基本丛书本.1937.

袁康.越绝书.四部丛刊(六十四).

袁珂.山海经校注.上海:古籍出版社.1980.

——中国神话传说词典.上海:辞书出版社.1984.

曾布川宽.昆仑山と升仙图.东方学报.第51册.1979.83—186页.

曾昭燏等.关于沂南画像石墓中的画像的题材和意义——答孙作云先生.考古.1959年第5期.245—249页.

——沂南古画像石墓发掘报告.上海:文化管理局.1956.

战国策.四部丛刊(五十八至五十九).

张传玺等.战国秦汉史论文索引.北京:北京大学出版社.1983.

张德蓉.二铭草堂金石聚.清同治衢州张氏刊本.1872.

张彦远.历代名画记.见于安澜.画史丛书.1963.卷一.

张宗祥.校正三辅黄图.上海:古典文学出版社.1958.

赵明诚.金石录.1117.石刻史料新编(十二).8799—8984页.

赵铁寒.说九鼎.古史考述.台北:正中书局.120—140页.1965.

郑业敩.独笑斋金石文考.北京:燕京大学考古学社.1935.

中国古代绘画选集.北京:人民美术出版社.1963.

中国社会科学院考古研究所.辉县发掘报告.北京:科学出版社.1956.

——新中国的考古发现和研究.北京:文物出版社.1914.

——殷墟妇好墓.北京:文物出版社.1984.

中华人民共和国出土文物展览展品选集.北京:文物出版社.1973.

周辉.清波杂志.1192.丛书集成(二千七百七十四).

周礼.四部丛刊(三至四).

朱剑心.金石学.1940.香港:商务印书馆重印本.1964.

朱孔阳.历代陵寝备考.上海:申报馆.1937.

朱锡禄.嘉祥五老洼发现一批汉画像石.文物.1982年第5期.71—78页.

朱彝尊.曝书亭集.1705.上海:商务印书馆.国学基本丛书本.1935.

——曝书亭金石文字跋尾.1705.石刻史料新编(二十五).18663—18728页.

【五】索引

本索引中的条目以汉语拼音为序；正体页码为原书页码，即本书正文边码。斜体页码为本书注释部分页码。

哀章, 96
安德森, 威廉 (Anderson, William), 50起
安国, 226；安国祠堂, 226起
柏克豪夫, 路德维希 (Bachhofer, Ludwig), 51起, 55起, *332*
巴黎圣母院, 218
白帝, 91
白集祠堂, 30, 32, 111
白马朱鬐, 76, 104, 106, 223；有关文献, *242*起
白瑞霞 (Berger, Patricia), 29, 45, 60起, 63, *334*
白鱼, 75, 86, 88；有关文献, *241*
"拜谒"图：有关研究, 58, 60, 62, 196起；在武梁祠上, 145起, 170, 186起, 193—201；在汉代和汉代之后的艺术中, 199, 202, 364起；起源, 204起, 210—215。亦见"中心楼阁"图
班伯, 172
班超, *234*
班固：关于征兆, 79；关于皇族世系, 90起, 192起；关于《史记》, 153；道德和说教故事, 170, 172, 217；"自传"传统, 222；关于伏羲, 247
包华石 (Powers, Martin)：武氏祠石刻的画像风格, 56, 68；武氏祠石刻的社会背景, 64, 103, 225；征兆母题, 104；武梁祠榜题, 240起；论著, *334*
包牺, 160, 247起
北斗, 46

北乡侯, 224, 226
奔丧, 225
比肩兽, 75, 104；有关文献, *241*, *243*
比目鱼, 75, 104；有关文献, *241*, *243*
比翼鸟, 75, 85, 104；有关文献, *241*
毕方鸟, 81, *243*
毕沅, *330*
璧, 75, 104；有关文献, *240*
伯希和 (Pelliot, Paul), 12
伯(柏)瑜, 168, 184起, 272, 274；有关文献, *286*起
博士, 103
卜千秋墓, 111, 123, 131, 134
卜士礼 (Bushell, Stephen W.), 49, 196, *331*
不死药, 127
布林 (Bulling, Anneliese), 61起, *333*
《步辇图》, 204
蔡人之妻, 176
蔡纫秋(寿生), 7, *44*, *331*, *338*, *348*
蔡邕, 113, 193, 325；《列女图》, 173, 216, 223, 253
苍精, 160, 245, 248
苍精君, 248
苍梧, *159*
曹褒, 35
曹炽(曹褒之子), 35
曹沫, 147, 168, 186, 201；有关文献, 310—313

曹全碑,6
曹氏家族墓地,33,35起
曹嵩,35
曹腾,35
曹胤,35
曹植:关于孝子,185,274,284,287,291;肖像,202起
禅让制,162
蟾蜍(月精),116,127,132,141
昌益,250
长广敏雄:"拜谒"图,60,194,197,204起,210;武梁祠石刻的图像志,167,233;论著,332起
长戟,315
嫦娥,127
朝,199
陈锦,21,44,331
陈明达,333
陈培寿,332
陈实,225
谶,98,100起
城阳景王,209,212
蚩尤,61,159
赤黑,75,104,239起
赤松子,131
"出行"图:有关研究,49,58,62,333;在武梁祠上,145起,186;在孝堂山祠堂上,200
楚王英,160
楚昭王,168,176,254,259,262,308起
处士,28,198
刺客:武梁祠上的画像,134,145,147,152,168;政治思想性,170,186-192;有关文献,310,315-320
崔述,166
崔篆,123,159
妲己,172
大乘佛教,135
大村西崖,28,47起,83,332,338
大夫,301
大傩,61
大同,228
大王车,200,235
大小宗,34
大众部佛教,135
大宗,34

戴氏祠堂,226
单穴墓,32起
德效骞(Dubs,H.H.),228;西王母,108,121,123,128,130
帝喾,153,157,162,244起,249;有关文献,250
《帝王图》,203
吊丧,225
丁兰,168,185,272,274,298;有关文献,282,284起
丁文江,44,331
《鼎书》,93
东方朔,82
东宫,115,248
东汉皇家祠庙,206-213
东汉皇室墓地,33起
东王公:图像志和画像风格,46,138起;武梁祠上的画像,108,110起,133起,146,220起;传说,116起,125起
董永,168,272,274;有关文献,289起
董仲舒:征兆理论,86,94,99,102,105,218;史学,89,153起;道德观,169起,229
杜乔,106
端方,46
段拭,64
断代史,152起
多室墓,30-37
阿房宫,196起
二十四孝,273
贰负,82
发丧,225
樊尚(博韦的)(Vincent of Beauvais),218
樊于期(於其),315,317起
范且(睢),145,169,186,188,305;有关文献,308起
方若,332
方朔,331
方相氏,61
房山,118
放勋,参见尧
飞廉,92
费慰梅(Fairbank,Wilma):对武氏祠的复原,12-16,18起,332;武氏祠的主人,24,28;武氏祠的风格,46,334;武氏祠石刻的图像志,57起,69,196起;武氏祠石刻目录,338

费雪，奥托(Fischer, Otto)，47，60，332

芬斯特布施(Finsterbusch, K.)，333

丰公，90

风伯，113，115起。亦见箕星

风胡子，165

封建，151

冯氏兄弟，196—199；冯云鹏，11，45起，48，90，233，331；冯云鹓，331

凤凰：在征兆图典中，79；作为祥瑞，87，91，107，362；作为皇家象征，111；建筑装饰，195，223

佛，134—140，*160*

佛教，134起，*160*

佛塔，135

伏生，123

伏羲，武梁祠上的画像，40，144，156—161，219，330；在其他武氏祠石刻上，63，111；在汉代思想和艺术中，116起，127，202；在汉代史学中，165；有关文献，245，247起

扶桑树，196

傅惜华，48，*83*，338

干宝，183，274，300

甘泉宫，77，185，296，298

高渐离，326起

高庙(高祖之庙)，210起

高辛，250起

高阳，250

"个性"，223

公沙穆，45

公孙卿，93起

龚翔麟，207，211

贡禹，101

古帝王：武梁祠中的画像，49，143起，152起，156，219，272；作为西王母的代理人，131；在汉代和汉之后的艺术中，164，202；有关文献，244

古器物学：宋，38起，42；清，42起

古文经学派，98

顾颉刚，166

顾恺之，45，173，202起，253

顾炎武，42起

卦，160，245，247

关野贞：实地考察和论著，7，46，48，331起，351；对武梁祠的复原，12；武氏祠石刻目录，338

管仲，41，201，311起

郭巨祠堂，11。亦见孝堂山祠堂

郭熙，173

郭象，82

国，83

海神，46

韩哀侯，325

韩伯瑜，参见伯瑜

韩非，165，216

韩傀，325

《韩诗外传》，97—106，177起，222

韩王，147，169，190，323

韩婴，99起，153起

汉哀帝，209

汉安帝，*232*，304

汉成帝，207，209

汉高祖：世系和天命，90起，94；祠庙，102，206，210—213；"拜谒"图，197

汉光武帝，34，98，100，172，211起

汉和帝，66，177

汉桓帝，25，103，106，212，215

汉惠帝，206，211

汉景帝，206，213

汉灵帝，103，106，193

汉明帝，134起，159，192起，210，360

汉平帝，211

汉顺帝，172

汉文帝，206

汉武帝，54，99，153；汉武帝和征兆，77，82，91，93起，192，201，364；长生，122，124，127；说教图，172，296；皇室祠庙，210

汉献帝，42，66

汉宣帝，82起，153，185，192，284

汉元帝，207起，211

汉章帝，66，91

汉昭帝，66

郝懿行，82

何晏，164

和林格尔墓，77，92，139

和氏璧，189，305

河间献王，313起，319

河图，97起，101，107，*234*

核心家庭,36起

"荷馈"石,参见武氏祠石刻

阖闾王,314。亦见公子光

赫胥,165

洪适:对武氏祠石刻的记录,4,6,45,88,329,338;武氏祠的主人,27;研究方法,39起,46

后稷,87起,131,242

"后稷诞生"图,76

胡粉,193

胡王,200

笏板,195,201

黄帝:有关征兆,87–91,99,236,242;神鼎,93起;在汉代史学中,105,151,165,217;和西王母的联系,127;武梁祠上的画像,157–162;有关文献,245,249起

黄易,11起,29,329,331;发现武氏祠石刻,4–7,16,21,27,42起,330;对武氏祠的复原,10,15,49,*84*

会衰,225

霍去病,*160*,298

箕星,112起,115起。亦见风伯

季札,42

稷,参见后稷

家属,36

贾逵,98,193

姜源,88

蒋英炬和吴文祺,65;武氏祠石刻目录,8,14,338;对武氏祠的复原,15–20,334

蒋章训(元卿),167起,272,274;相关文献,291起

匠作大将,*236*

焦赣,*159*

蛴极,250

节,170。亦见贞节

节妇,49,272;画像风格,134,167;武梁祠上的画像,144起,147,169–178,220,253;作为历史典故,152,182;有关文献,191,252–253,273

今文经学派,97–106,153,223

金匮,96

金人,*160*

金日䃅(翁叔),168,185,272,274;有关文献,296,298,*335*

金石学,39,42起

京师节女,168,177,*233*;有关文献,267

经,43,99

荆轲,146起,186,310,326;有关文献,315,317起

"荆轲刺秦王"图,53,138,169

鸠杖,282

九鼎,93

九阶段循环论,89

九尾狐,92,116起,132,141

巨畅(㲽),76,87;有关文献,*250*

君主,146起,156,186,193,212起

郡,83

康有为,166

考据,43,48

克劳森(Croissant, Doris),60,63,194,197起,333

孔安国,98

孔耽祠堂,227

孔光,225

孔鲤(伯鱼),131

孔子,131,164,251,279;孔子见老子,43起;政治思想,105起,154;孔子和儒家经典,178,216,362;关于孝,180,182起,277,280

《孔子徒人图法》,364

匡衡,207

昆仑:神话,109,117–127,132,140起;图像表现,118起,123,139

"扩大的家庭",33,35

"腊"祭,224

莱子,41,168,184,272,274,287;有关文献,280,282

狼(浪)井,75,235

劳弗,伯沙德(Laufer, Berhold),12,59起,63,331

劳干,332起

老子,43起,62

雷公,223

雷神,46

耒,163

礼,221,224

李发林,65起,333起

李刚祠堂,42

李固,106

李克正,7,20,330

李善(次孙),41,144,168,180,182,272起;有关文献,295

李续,295

李元, 295

李约瑟(Needham, Joseph), 229

理念风格, 53, 85

历史特殊论, 58, 60, 62

郦道元, 30, 32, 35

廉颇, 305

凉风之山, 126

梁高行, 168, 176, 178, 184, 253–254

梁冀, 106

梁节姑姊, 41, 168, 177, 179; 有关文献, 262, 264

廖扶(文起), 101

"列", 233

列女, 216, *233*, 273, 361; 列女图, 172起, 177, 180; 故事, 176, 180; 武梁祠上的画像, 184

《列女传》: 武梁祠石刻的文献依据, 147, 179, 191, 252–269, 274, 282;《列女传》的历史, 170–176; 在刘向的三纲理论中, 182, 188, *233*, 273, 362; 提到, 178, 182, 187

《列女仁智图》, 173

《列女传颂图》, *234*

列士, 273

《列士传》, *234*

列仙, 273

《列仙传》, *234*

林巳奈夫, 62起, 333起

林仰山(Drake, F.S.), 47, 49, 332

蔺相如, 145, 169, 186, 188起; 有关文献, 305–308

灵光殿, 172起, 219

灵魂: 魂, 220起, 224; 魄, 220起

刘褎, 216, 223

刘苍(东平王), 98

刘敞, 39

刘向, 216, 223;《山海经》, 82;《列女传》, 170–176, 191, 252起;《孝子传》, 182–187, 272起;《说苑》, 188, 190, 193, 215; 关于宗教改革, 207; 武梁祠石刻的文献依据, 278, 280, 282, 289, 291, 361

刘歆, 82, 86, 171

刘秀, 参见汉光武帝

刘章, 参见城阳景王

刘肇铺, 7, 33

流沙, 122, 125

柳宗元, 212

六博, 116, 141

六足兽, 75, 104, 238

龙, 90起, 96, 111, 131, 137, 139, 223; 黄龙, 75, 91, 104, 237; 白龙, 92; 青龙, 92; 四龙, 237

龙虎座, 139起

卢克莱修(Lucretius), 165

鲁恭王, 98

鲁秋胡妇, 40, 70, 168, 176, 178; 有关文献, 254起; 在四川地区的艺术中, *233*

鲁义姑姐, 168, 176, 179; 有关文献, 256起

鲁昭公, 44

鲁庄公, 147, 311起

陆和氏, 332

陆探微, 45

陆增祥, 331

路公祠堂, 42, *250*

吕不韦, 216

罗利, 乔治(Rowley, George), 52起, 85

罗振玉, 332

罗正钧, 8

《洛神赋图》, 202, 204

洛书, 97起, 101, *234*

麻濠墓, 136–139

马邦玉, 331

毛公, 98

妹喜, 252

孟李, 25

孟卯, 25

孟子, 105, 172, 177, 180, 216

弥勒佛, 129

米尔斯(Mills, D.), 49起, 331

闵子骞, 53, 168, 184, 272, 274; 有关文献, 278起

明光殿, 193

明堂, 122, 159, 164

莫莱, 75, 90; 有关文献, 273起

缪贤, 305起

木村荣一, 333

木连理, 75, 104, 199, 205; 有关文献, 240。亦见连理树

墓/祠, 30, 33

南宫敬叔, 43

南武阳石阙, 52

拟浮雕, 56

拟绘画, 56
聂政, 147, 169, 186, 190, 310; 有关文献, 323–327
牛郎, 223
女娲, 63; 在汉代艺术中, 111起, 116起; 在武梁祠上的画像, 144, 156起, 161, 219, 245
欧阳棐, 3, 329
欧阳修, 3起, 39, 329
偶像之表现, 110, 133起, 141
"庖厨"图, 49, 145起, 186
彭春夫, 33
彭山墓, 136
彭祖, 131
钣, 315
菩萨, 137
菩提树, 135
齐房, 77
齐桓公, 40, 147, 168, 201, 311起
齐继母, 41, 168, 177起; 有关文献, 264, 266
齐王, 60, 197
齐宣王, 145, 147, 191, 269, 271
"奇迹", 86, 88, 128
麒麟, 75, 79, 87, 91, 104, 107; 麒, 236起, 麟, 236起, 234; 有关文献, 236起
麒麟阁, 192起
钱大昕, 330
"桥头水路攻战"图, 58–62, 200, 205, 332起
秦始皇: 武梁祠中的画像, 40–41, 308, 318; 寻鼎, 94起; 在刺客故事中, 147, 315, 317, 326; 在蔺相如故事中, 189起, 305起; 秦始皇陵, 228; 佛教的传入, 160。亦见"秦始皇寻鼎"图, "荆轲刺秦王"图
"秦始皇寻鼎"图, 44, 138。亦见"取鼎"图
秦王, 参见秦始皇
秦武阳, 315, 317起
青龙, 115, 248
青荓, 323
情节型构图, 133起, 159
庆忌, 147, 169, 190起, 319
邱琼, 221
秋胡, 254起
秋胡贤妻, 参见秋胡
秋山进午, 14起, 333
屈原, 121, 123, 126, 216

瞿中溶, 46, 233, 252, 315, 331
"渠搜献裘"图, 76, 88, 242
"取鼎"图, 61。亦见"秦始皇寻鼎图"
仁, 182, 221, 239, 251
仁者, 参见义士
任安, 154
容庚: 论著, 10, 47, 332; 武梁祠图像志, 49, 167, 233, 294, "拜谒"图, 196起
肉髻, 136起, 140
儒, 102
儒家: 山东作为发源地, 64, 117; 史学和征兆理论, 89, 105; 道德观, 139, 156, 224; 宇宙观, 218, 228起
儒家美术, 192起, 284
阮元, 43起, 233, 330
瑞图(祥瑞图录), 参见征兆图录
弱水, 124起
三代: 在汉代史学中, 87, 151, 155, 162, 166; 鼎的神话, 93, 95; 在武梁祠石刻中的表现, 162起, 217, 219; 在汉代之后的艺术中, 202
三纲, 62, 武梁祠墙壁图像结构的关键, 156, 167, 169起; 汉代道德观, 182; 刘向三纲理论结构的关键, 188
三皇: 在汉代史学中, 87, 166; 武梁祠上的画像, 157–160; 有关文献, 244起, 248
三阶段循环论, 89
三州孝人, 144, 168, 272起; 有关文献, 299
三足乌, 92, 116起, 141
沙畹(Chavannes, Edouard), 58; 实地考察和论著, 18起, 46–50, 83, 331起; 关于武氏祠石刻, 27起, 196, 233; 关于武梁祠榜题, 237, 239起, 243
《山海经》, 132; 武氏祠石刻的文献依据, 80起, 235, 243起; 作为征兆目录, 81–84; 西王母传说, 108
山墙, 118
单超, 236
商汤王, 164
商武丁王, 59
商纣王, 92, 164, 172
舍利, 139
申包胥, 308
申屠贾, 213
神道, 30, 214
神鼎, 75, 90, 104; 传说, 92–96; 有关文献, 236

神农, 157起, 160, 165, 202, 219; 有关文献, 245, 248起

神仙, 108; 海中仙山, 119; 西王母以及昆仑山, 122–140; 与儒家和佛教的联系, 139起

神座, 209

胜(头饰), 76, 79, 104, 116–140

尸, 213

石狮, 参见武氏祠石刻

石柱头, 参见武氏祠石刻

时学颜, 54起, 60, 67, 332

史(历史记录), 213

史(史官), 43

史绳祖, 329

史学, 40, 70, 147, 219; 汉代, 87, 89, 153, 159, 162, 166; 《史记》, 148起

史子坚, 40, 329

侍中, 304

叔向, 42

舒雅, 82

舜: 和征兆的联系, 107; 在西王母传说中, 123, 357; 在武梁祠上的画像, 157, 249; 在汉代史学中, 162, 166; 在汉代艺术中, 164; 有关文献, 245, 251起

《说苑》: 在刘向的三纲理论中, 188, 193; 政治思想, 190, 215; 武梁祠石刻的文献依据, 274, 278, 280, 285, 287, 310, 323

司马金龙, 173, 175起

司马迁: 汉代的皇族世系, 90起; 鼎的神话, 93; 箕星, 115; 西王母传说, 122起, 127; 史学, 148–156, 166, 188; 和武梁的相似之处, 216–222; 武梁祠石刻的文献依据, 277, 305–310, 318, 325

司马相如, 122, 127

四阶段循环论, 89

四始, 178

"四维"车, 200

宋恭公, 334

宋弘, 172

宋山祠堂, 96, 111, 118, 205

送丧, 225

颂, 234

苏立文(Sullivan, Michael), 332

燧人, 245

孙葆田, 332

孙柔之, 95, 234

孙子, 216

孙宗, 25

索珀(Soper, Alexander), 52起, 59, 62, 210, 332起

太帝, 126, 132, 140

太昊, 248

太一, 207

汤姆森(Thomsen, C. J.), 165

唐本(武氏祠石刻的唐代拓本), 45

唐帝, 参见尧

唐太宗, 204

唐檀(子产), 101

陶渊明, 82

滕固, 56

悌, 180, 182

天, 45, 113, 234, 251, 290–296, 303, 362; 武梁祠的图像志, 74, 76, 218起, 223; 征兆理论, 85–106, 153; 和神仙信仰的联系, 119, 127起, 131; 道德观, 170, 180起, 229, 275

天帝(太一), 88, 207

天津, 159

天命: 在汉代的神学中, 85–99, 105, 153; 受命符, 86起; 个别统治者, 88–96; 历史循环, 162, 219

天命理论, 85起, 129

天下, 83

天柱, 126

天子, 317

田光, 315, 317

田氏, 101

通史, 149起

图录风格, 77, 82, 84起, 97

土居淑子, 60, 333

兔(玉兔), 112, 116起, 119, 127, 140起

瓦萨里(Vasari, Giorgio), 51

王昶, 330

王充: 征兆目录, 79; 孝行故事, 183, 274起, 296; 刺客故事, 318起, 326

王璜, 98

王莽, 67, 96–103, 211, 303

王母, 参见西王母

王武, 164

王延寿, 159, 164, 172, 219, 358

王逸, 79

王章, 235

望都二号墓, 2, 77

威尔斯(Wells, W. H.), 332

韦玄成, 206起

纬, 98起

卫博, 329

卫改, 222

卫协, 253

"位置的意义", 57起, 69

魏齐, 308

魏汤, 168, 272, 274, 302起

文, 89

文叔阳祠堂, 226

文艺复兴, 50起

翁方纲(厚伯), 43, 45, 233, 330

翁难乙, 92起

沃尔夫林(Wölfflin, Heinrich), 51起

沃尔帕, P.(Volpert, P.), 7, 331

无畏印, 136起, 140

无盐丑女, 参见钟离春

吴道子, 45

吴公子光, 315, 317起, 326

吴君蔚, 8, 331

吴王僚, 147, 168, 190, 313起

吴文祺, 参见蒋英炬和吴文祺

吾丘寿王, 94

五德, 239

五帝, 87; 在《史记》中, 151; 武梁祠中的画像, 157–162, 219, 244起; 在汉代史学中, 166。亦见古帝王

五凤冠, 211

五阶段循环论, 89, 94起, *122*

武氏祠: 发现, 4起; 保护, 7; 复原, 11起, 17, 21; 年代和主人, 26, 28起, 37; 有关研究, 38–58, 64, 69, 329–334; 工匠, 96, 214

——第四石室, 24, 37, *46*, 214

——后石室: 发现, 6起; 复原, 12–17; 单个画像石, 15–21; 主人, 24, 28起; 目录, 337

——前石室: 发掘, 6起; 复原, 11起, 15, 18起, 21, 23起; 主人, 28起, 37; 单个画面, 111, 195, 258, 282–89, 318; 榜题, 233; 目录, 335起

——武梁祠, 参见其他条目

——左石室: 发掘, 7; 单个画像石, 7起, 16起, 63, 96,

111, 195, 285, 289, 318, 326; 复原, 12, 16–23; 主人, 28起, 37; 榜题, 233; 目录, 336起

武氏祠石刻: 发现, 7起; 各类遗存, 8, 16, *44*起, 337起, 347起; 拓本, 9; 保管室, 9, 12, 14, 18, 49, 330起; 有关研究, 39–69, 330起; 目录, 335。亦见武氏祠

——3号征兆石("有鸟如鹤"石; 3号祥瑞石): 发现, 7, *44*, 331; 建筑复原, 20起, 23; 图像志和画像风格, 80–85, 97; 思想内涵, 104, 106; 有关文献, 235, 243; 有关研究, 337

——碑: 武斑碑, 3起, 6, 25起, 59, 329起, 333, 338; 武开明碑, 3, 8, 25, 329, 338; 武梁碑, 3, 8, 25, 27起, 222, 329, 338; 武荣碑, 7, 26, 329, 338

——"荷馈"石, 7起, 20起, 331

——"孔子见老子"石刻, 4起, 43, 329起, 337

——石阙, 3–8, 214, 329, 338; 西阙, 6, 24起, 27, 37, 227, 338

——石狮, 7, 25起, 31, 227, 331, 338

——"王陵母"石: 发现, 7, 331, 347; 建筑复原, 20起, 23, 349; 有关研究, 332, 336

——"武家林"石柱, 6起, 16, 330, 338

——祥瑞石, 6, 11; 祥瑞石一, 75, 234起, 335; 祥瑞石二, 75, 234, 335

——柱头, 8, 18起, 338

——左石室第一石, 7, 20起, *45*, 330, 336, 349

武氏祠文管所, 8–10, 338

武氏家族, 3, 63; 世系, 24起, 37, 48, 59, 63

——武斑(宣张), 25–29, 36, 59

——武季立, 25, 226

——武景兴, 25起, 37

——武季章, 25, 226

——武开明, 25–29, 36起

——武梁(绥宗), 76, 96; 世系, 25起; 墓碑, 25, 97, 153起, 180, 186, 226; 祠堂主人, 27起, 36起; 学术传统, 98–102; 作为隐士, 102–106, 215; 武梁祠的设计者, 102, 175–186, 217, 223–230; 武梁祠中的自我表现, 148, 150, 155, 198, 212, 214起, 220; 史学家, 164, 216, 224

——武荣(含和), 3, 25, 27起, 36

——武始公, 25起, 37

——武仲章, 25, 226

——武子侨, 25, 226

武氏墓地, 49, 56, 80, 96, 111, 173, 285; 有关记载, 3

起,39起;发现和保护,4起,7起,330;复原,11,
    21;年代,24,27;结构,33–37;综合研究,45起
五种人际关系,169
五种元素,63,89
伍子胥,190,313,319
务成昭,*158*
西伯,216。亦见周文王
西阁,164
西母,119
西王国,*158*
西王母,46;和征兆母题的联系,79;有关研究,108–
    110;武梁祠上的画像,110–111,146,220起;阴
    的象征,111–117;和昆仑神话的联系,117–126;
    宗教意味,126–132;诏筹,128,130,141,*159*;公
    元3年的群众性宗教运动,128–131,*159*;形象,
    132–141;与"拜谒图"的联系,196
"希有"鸟,126
喜龙仁(Sirén, Osvald),8,18
解扬,190
侠累,324起
夏桀,92;武梁祠上的画像,40,144,157,216;在汉代
    史学中,155,162起;有关文献,244,252
夏启,92
夏无且,317
仙海,125
贤后,147,169,186起,213。亦见钟离春
贤兄,144,168,273
咸阳宫,317
县,83
县功曹,28,198
芎它君,221,224,226
芎无患,221
相,201
祥瑞,参见征兆
孝,53,62,64,170,211,255,303;武梁,97;作为道德
    准则,167,180–186,206;孝和丧礼,224,226起;
    作为个人品德,277–294
孝廉,25,181
孝顺媳妇,*233*
孝孙,25,144,226,304起
孝堂山祠堂,233,332;建筑,12,14;画像风格,52,56;
    山墙石刻,112,116,134;拜谒、战争、出行和进贡

场景,199起,213
孝乌,303
孝子:人物,25,185,226;武梁祠中的画像,49,134,
    144,168起;在汉代艺术中,173,219;在汉代社会
    中,180起;有关文献,272起,289,292,298,302,
    305
《孝子传》:武梁祠石刻的文献依据,167,185,187,
    277–282,287,292,294,299–304;编纂的历史,
    180,182起,272–275
《孝子图》,272,289,291
信立祥,66起,334
邢渠,168,272,274;有关文献,287,289
邢仲,287,289
休屠,296,298
须贾,308–310
徐宗干,331
轩辕,参见黄帝
轩辕华,7,20,23,331
玄圭,75,88,104;有关文献,240
玄嚣,250
悬圃,126,*159*
薛汉,100起
荀子,119,127
崖墓,32
炎帝,159
阎立本,203起
颜乌,167起,185,272,274;有关文献,303
晏婴,42
晏仲子,324,325
燕太子丹,315,317起,326
扬雄,122
羊公(雍伯),41,144,168,182,272起;有关文献,300
    起
阳,111–117,140
杨彪,34
杨氏祠堂,226
杨氏墓地,33起,37
杨恽,164
杨震,34
尧:有关的征兆,87,90,237;汉代的皇族世系,90起;
    和西王母的联系,131,*158*;武梁祠上的画像,
    157,249;在汉代艺术中,164;在汉代史学中,

166；有关文献，245，251起
姚君鹏，8
摇钱树，136，139
要离，147，169，186，190起，310；有关文献，319起
叶瀚，28
一角兽，244
沂南墓，119，139起
义：武梁，97；武梁祠石刻的主题，104，239；道德准则，178-182，189起，215，254，257，262，266起，269，294起
义士，168，186，287；政治思想性，105，191；武梁祠上的画像，144起，152；167，169，178；作为历史典故，180，182；有关文献，272起，287。亦见孝子；贤兄；挚友；忠臣。
邑，83
羿，127
益，83
阴：西王母，109-112，125，140；女娲，116起；夏禹，252
阴山，158
阴阳，99起，126；在汉代艺术中，63，112；女娲和伏羲，63，112，161，245；汉代的史学，89；西王母和东王公，111，116起；道德观的起源，170，229
阴阳五行学派，89
银瓮，75，242
尹畴，158
尹俭祠堂，31起
尹勤，103
隐士：社会群体，97，102-106，215；武梁，148，214，222
印度佛教艺术，133起，137，139，141
嬴政，参见秦始皇
应劭：征兆目录，79；风伯，115；古帝王，158，245，249；汉代人物画像，192；山东的皇家祭祀，209，212；孝子，285
永嘉五年祠堂，226
俑人，209，236
游侠，190。亦见刺客
友，182
"有鸟如鹤"石，参见武氏祠石刻
宇宙，221，229起
雨果，维克多(Hugo, Victor)，218
禹：在《山海经》中，82；有关的征兆，87起，107，242；神鼎，95，236；在西王母传说中，119，127，131，158；

汉代的史学，155，165起；武梁祠上的画像，157-164，219；有关文献，251起
玉花，75，112；有关文献，247
玉马，75，104，106，223；有关文献，239
豫让，147，169，310；有关文献，321起
原穀，144，167起，272，274；有关文献，304起
原庙，211-213
袁康，165
云台，192起，284
灾异，参见征兆
宰我，251
赞，143，184，244
泽马，76，104，243
曾布川宽，121
曾参，参见曾子
曾子，144，168，183起，224；有关文献，272-278
詹姆斯，简(James, Jean)，29，61，118，334
张安世，236
张德祠堂，32
张德荣，331
张衡，98，216
张匡，103
张骞，160
张僧繇，82
张谈，207
张仲(张臣尉)，292-294
张子，220起
赵代王后，361
赵惠文王，189，305
赵明诚(德父)，3起，6，11，39起，329，338
赵岐，41起，101，209，216，223
赵襄子，146起，169，321-323
赵徇，144，167起，272，274，232；有关文献，303起
赵晔，103
贞姜，168，176，178起，254；有关文献，259
贞节：作为道德准则，167，176起；作为个人品德，178，191，254，260，262
征兆，86-87，92，128，138起，238，300-301；政治思想性，86-106，222；有关文献，234
——祥瑞，11，49；政治思想性，76，86-91，96；和武梁的关系，96起，100，104起
——灾异：政治思想性，76，86，103-106，129；在征兆

石刻上,80起,83起;在汉代艺术中,97
——征兆图典,77,95,97,234;祥瑞,80—84,92;灾异,83起
——征兆图像(征兆母题,征兆设计):在武梁祠上,21,75起,84—90,96起,101起,106;在汉代艺术中,77,89;思想性,129,218,220,223,230
郑德坤,63,332
郑康成,248
郑玄,115,225
郑业斆,331
芝,89
织女,223,290起
质,77
郅恽,100
挚友,144,168,273
智伯,321起
"中心楼阁"图:有关研究,57—61,199;在武梁祠上,145起,152,186,189,193;在孝堂山祠堂上,201。亦见"拜谒"图
中行氏,322
忠,262,266;武梁,97;武梁祠石刻的主题,167;作为道德准则,170,180,182,190;作为个人品德,321,323
忠臣,173,219;武梁祠上的画像,134,145,147,152,169,186起,213;汉代道德观,170,215;有关文献,305
忠仆,144,168,273
忠心的子民,147,167,169,213
钟离春,145,147,169,186,191,215,252;有关文献,269,271起
重华,251。亦见舜
周成王,62,201,210
周公,62,173,201,210
周姬姓氏族,88
周穆王(穆天子),123,127,196
周文王,99,164,216
周武王,86起,164,241
周幽王,164
朱明,144,168,182,272起;有关文献,292起;朱明寺,294
朱鲔祠堂,42,332,334;建筑,11,30,32;画像风格,52,54,56
朱彝尊,43,33
诸樊王,313
诸犍,81,83,244
诸少孙,91
"主"(木牌),236
祝融,157—160,245;有关文献,248
专诸,147,168,186,190,310;有关文献,313起
颛顼,153,157,162,219,244起;有关文献,249起
庄子,119,127
子夏,*234*
子展,42
宗人,36
族(宗族),35
族墓,35
左丘,216

编 者 按

本书从起始至第四章由柳扬翻译,第五章、跋和附录由岑河负责(研究生宋莉、高明、雷朝晖参与了这部分的一些前期工作)。译稿由柳扬和巫鸿进行总校订,各章注释由邹清泉统校。徐津除翻译整理附录中日文文献、索引外,对译文的一致性也提出了具体意见。中央美术学院人文学院郑岩先生对编辑亦多帮助。敬致谢忱。